公益广告教程

Public Service Announcement

宋玉书 著

图书在版编目(CIP)数据

公益广告教程/宋玉书著. —北京：北京大学出版社，2017.10
(21世纪新闻与传播学规划教材·广告学系列)
ISBN 978-7-301-28766-8

Ⅰ.①公… Ⅱ.①宋… Ⅲ.①公益广告—教材 Ⅳ.①F713.842

中国版本图书馆CIP数据核字(2017)第226840号

书　　　名	公益广告教程 GONGYI GUANGGAO JIAOCHENG
著作责任者	宋玉书　著
责 任 编 辑	胡利国
标 准 书 号	ISBN 978-7-301-28766-8
出 版 发 行	北京大学出版社
地　　　址	北京市海淀区成府路205号　100871
网　　　址	http://www.pup.cn　新浪微博　@北京大学出版社
电 子 信 箱	ss@pup.pku.edu.cn
电　　　话	邮购部 62752015　发行部 62750672　编辑部 62753121
印 刷 者	北京鑫海金澳胶印有限公司
经 销 者	新华书店
	730毫米×980毫米　16开本　19印张　341千字 2017年10月第1版　2017年10月第1次印刷
定　　　价	48.00元

未经许可，不得以任何方式复制或抄袭本书之部分或全部内容。
版权所有，侵权必究
举报电话：010-62752024　电子信箱：fd@pup.pku.edu.cn
图书如有印装质量问题，请与出版部联系，电话：010-62756370

目 录

第一章 公益广告的性质和特点 ………………………………………（1）
    一、公益广告的性质 ………………………………………………（1）
    二、公益广告的特点 ………………………………………………（6）
    三、公益广告与公益营销广告、公关广告、政治广告的差异 ………（11）

第二章 公益广告的功能 ……………………………………………（27）
    一、宣传教育功能 …………………………………………………（27）
    二、动员组织功能 …………………………………………………（29）
    三、监督警示功能 …………………………………………………（30）
    四、知识传播功能 …………………………………………………（31）
    五、公益文化培育功能 ……………………………………………（33）
    六、形象建设功能 …………………………………………………（34）

第三章 公益广告的传播主体 ………………………………………（46）
    一、公益组织 ………………………………………………………（46）
    二、政府和公共服务机构 …………………………………………（47）
    三、企业 ……………………………………………………………（49）
    四、广告公司和媒介机构 …………………………………………（50）

第四章 公益广告传播的运作模式和管理体制 ……………………（60）
    一、美国、日本、韩国的公益广告传播运作模式 ………………（60）
    二、中国的公益广告传播运作模式 ………………………………（67）
    三、中国的公益广告传播管理体制 ………………………………（75）

第五章 公益广告的选题和主题 ……………………………………（100）
    一、选题的来源 ……………………………………………………（100）
    二、选题的基础 ……………………………………………………（103）
    三、选题的分类 ……………………………………………………（108）

四、主题的提炼和表达 …………………………………………… (119)
　　五、中外公益广告的视点和诉求 ………………………………… (128)

第六章　公益广告传播的策划和策略 ………………………………… (140)
　　一、公益广告传播策划的必要性 ………………………………… (140)
　　二、公益广告传播策略 …………………………………………… (149)

第七章　公益广告的创意和表现 ……………………………………… (176)
　　一、创意和表现的重要性 ………………………………………… (176)
　　二、公益广告的创意 ……………………………………………… (178)
　　三、公益广告的表现方法 ………………………………………… (194)
　　四、中外公益广告的创意表现 …………………………………… (210)
　　五、公益广告创意表现的科技手段运用 ………………………… (218)

第八章　公益广告的艺术化和审美价值 ……………………………… (227)
　　一、公益广告的艺术化 …………………………………………… (227)
　　二、公益广告的审美价值和审美特征 …………………………… (229)

第九章　公益广告的媒介传播 ………………………………………… (247)
　　一、公益广告的传播媒介及媒介传播力 ………………………… (247)
　　二、传统媒介与新兴媒介的整合传播 …………………………… (252)

第十章　公益广告传播效果 …………………………………………… (272)
　　一、公益广告传播效果的层次 …………………………………… (272)
　　二、影响公益广告效果的因素 …………………………………… (277)
　　三、公益广告效果的评估方法 …………………………………… (284)

附　　录　公益广告促进和管理暂行办法 …………………………… (294)

后　　记 ………………………………………………………………… (298)

第一章
公益广告的性质和特点

一、公益广告的性质

广告因传播目的、诉求内容不同而形成商业广告和非商业广告两大类别。公益广告作为一种非商业广告,既有广告的一般特征,又以公益目的和公益诉求形成鲜明特质,彰显独特价值,成为一种被广泛运用的社会宣传工具、公共传播形式。

公益广告的"公益"即公共利益,将"公益"作为公益广告的界定标志,突出了公益广告的属性与特征,说明了公益广告的利益指向和特有价值,显示了公益广告与商业广告、政治广告的区别。

国内外关于公益广告的论著、教材以各种方式描述、阐释公益广告的本质特征,为公益广告定义。执教于美国的李海容教授和Charles Salmon撰文阐释,美国媒体上的倡导酒后不开车、反对虐待儿童、提倡戒烟戒毒、提倡回收废物保护环境、使用避孕套预防艾滋病等广告,被统称为公益广告(Public Service Advertising),发布公益广告旨在增进公众对突出的社会问题的了解,影响他们对这些问题的看法和态度,改变他们的行为和做法,从而促进社会问题的解决和缓解。[①] 深圳大学陈丽娜博士"通过查阅 PROQUEST、EBSCO、Journal of Advertising Research、Journal of Advertising 等国外文献数据库,收集了近百篇关于国外公益广告的学术论文,发现国外文献研究中对于公益广告的概念界定非常清晰,统称为 PSA(Public Service Advertising 或 Public Service Announcement),即将公益广告作为公共服务广告来进行定位。"[②]

---

① 李海容、Charles Salmon:《公益广告与社会营销》,载《现代广告》1997年第3期。
② 陈丽娜:《公益广告的认知演化过程:从宣传、观念营销到传播——公益广告国内外研究综述》,载《广告大观(理论版)》2013年10月。

我国的公益广告教材、论著也都为公益广告下了定义。高萍的《公益广告初探》的定义是：公益广告是为公众利益服务的非商业广告，旨在以倡导或警示等方式传播某种公益观念，促进社会精神文明建设。① 刘林清、和群坡主编的《公益广告学概论》根据是否具有商业营利性因素，将公益广告分为狭义的公益广告和广义的公益广告。狭义的公益广告是所有组织或者个人发布的，以非营利为目的，以宣传维护公共道德、时政理念、公共利益为内容的广告作品和广告运作模式。广义的公益广告是所有组织或者个人发布的，以宣传维护公共道德、时政理念、公共利益为内容的广告作品和广告运作模式。狭义的公益广告剔除商业和营利的因素，广义的公益广告包含商业和营利因素。②

2016年国家工商行政管理总局、国家互联网信息办公室、工业和信息化部、住房和城乡建设部、交通运输部、国家新闻出版广电总局联合颁布的《公益广告促进和管理暂行办法》是我国第一部专门为公益广告制定的行政规章，其中第二条这样界定公益广告："本办法所称公益广告，是指传播社会主义核心价值观、倡导良好道德风尚、促进公民文明素质和社会文明程度提高、维护国家和社会公共利益的非营利性广告。政务信息、服务信息等各类公共信息以及专题宣传片等不属于本办法所称的公益广告。"这一条肯定了公益广告是非营利性广告，对公益广告和各类公共信息、专题片进行了区分，但这只是对中国公益广告的界定，"传播社会主义核心价值观"等体现了中国公益广告的特色。

上述关于公益广告的定义、阐释虽有不同，但都确认了公益广告的公益性质和特征，阐明了公益广告的公共服务目的和公共服务方式，肯定了公益广告提升公民素质、倡导良好社会风尚、促进社会公益事业、推动社会文明进步的积极作用。

本教材根据公益广告的特征和价值为其定义：公益广告是一种以维护社会公共利益、促进社会公益行动、推动社会文明进步为宗旨，以引导公众关注社会公共问题、影响和改变公众态度、观念、行为为传播目标，以反映社会问题、表达社会关怀、倡导社会公德、引领公益行动为主要内容的广告形式，是以公益为标识、以公众为受众的一种非商业广告。

公益广告以鲜明的公益性有别于其他广告，公益性是公益广告最突出的特征，是公益广告的道义之本、力量之源，是公益广告最具号召力的旗帜。公益广告正是依靠公益性吸引公众关注，获得公众支持，影响公众的情感、思想和行动，

---

① 高萍：《公益广告初探》，中国商业出版社1999年版，第11页。
② 刘林清、和群坡主编：《公益广告学概论》，中国传媒大学出版社2014年版，第4页。

成为被广泛应用的社会宣传工具。政府机构、社会组织等都经常利用公益广告进行公民教育,提升公民素质,开展公益活动,推进社会文明进步。企业也经常以广告主身份或以投资赞助的方式参与公益广告传播活动,表达企业的社会关怀和公益意识,履行企业公民的社会责任。

图 1-1 "讲文明树新风"公益广告——梦娃系列

但因有些公益广告被植入了商业信息,出现了诸如企业名称、品牌名称、商标标识、产品形象等商业元素,导致公益广告商业化现象发生。这种商业化现象或许有其存在的合法性,如我国为鼓励企业参与公益广告活动而允许在公益广告上标注企业名称和商标标识,从 1997 年中共中央宣传部、国家工商行政管理局、广播电影电视部、新闻出版署党政四部门共同发出的《关于做好公益广告宣传的通知》,到 2016 年国家工商行政管理总局、国家互联网信息办公室、工业和信息化部、住房和城乡建设部、交通运输部、国家新闻出版广电总局联合颁布的《公益广告促进和管理暂行办法》,都有这样的激励性政策。《公益广告促进和管理暂行办法》第七条明确规定:"企业出资设计、制作、发布或者冠名的公益广告,可以标注企业名称和商标标识,但应当符合以下要求:(一)不得标注商品或者服务的名称以及其他与宣传、推销商品或者服务有关的内容,包括单位地址、网址、电话号码、其他联系方式等;(二)平面作品标注企业名称和商标标识的面积不得超过广告面积的 1/5;(三)音频、视频作品显示企业名称和商标标识的时间不得超过 5 秒或者总时长的 1/5,使用标版形式标注企业名称和商标标识的时间不得超过 3 秒或者总时长的 1/5;(四)公益广告画面中出现的企业名称或者商标标识不得使社会公众在视觉程度上降低对公益广告内容的感受和认知；(五)不得以公益广告名义变相设计、制作、发布商业广告。违反前款规定的，视为商业广告。"政府允许在公益广告上标注企业名称、商标标识，是鼓励企业参与公益广告活动、解决公益广告资金问题的权宜之计，尽管同时制定了一些限制利用公益资源做商业宣传的规范，但此举还是为公益广告商业化现象提供了一定的政策空间和制度支持，给予植入企业名称、商标标识的所谓公益广告提供了合法身份。企业名称、商标标识等商业元素的植入及其隐含的企业商业动机会不同程度地模糊公益广告与商业广告的界限，削弱公益广告的公益性，消解公益广告的纯正性，影响公益广告的公信力和影响力，甚至使公益广告成为企业的公共关系广告。毋庸置疑，这些隐含商业动机、掺杂商业信息的公益广告不是真正的纯粹的公益广告，即使得到政策和制度的允许，冠以公益广告之名，也有公益性诉求，但其性质已经发生改变。有学者指出公益广告活动应以公益为唯一传播目的，杜绝商业性参与；公益广告文本要保证公益内容的纯粹性，不能掺杂商业性信息。即使在公益广告事业运行中引入商业化运作机制，也要坚守公益广告的纯粹性。[①] 坚守公益广告的纯粹性，就是坚守公益广告的公益属性和公益精神，维护公益广告的公益形象和公众信任，杜绝公益广告被商业利用的现象，避免商业动机、商业元素对公益广告公益性的侵蚀、稀释。只有坚守公益广告的公益属性，坚持公益广告的公益目的和公益诉求，明确公益广告与其他广告的界限，才能保证公益广告是真正的公益广告。需要注意的是，近年来我国带有商业元素的公益广告有所增多，已经出现了公益广告商业化以及商业广告公益化的现象，这一现象必然影响公益广告的公益属性，影响公众对公益广告的认知和态度。如下面两个户外"公益广告"，图 1-2 墙体广告上房产信息与公益内容平分秋色，左半部分以醒目的大红底色突出楼盘名称、联系电话等房地产信息，吸引受众目光，大有喧宾夺主之势，右半部分是社会主义核心价值观广告的通稿，犹如房产广告的形象衬托。图 1-2 右是我国某一保险公司发布的一个广告，该公司于 2016 年"双十一"期间携手百度地图，在上海、北京、深圳、南京、武汉、重庆、沈阳、成都等城市发布了这个以"有我们让出行更安心"为主题的大屏广告，还在 11 月 11 日当天让这个广告出现在美国纽约时代广场的巨幅大屏上，向世界传达了中国保险公司积极承担社会责任、关注安全驾驶的企业理念。在美国纽约时代广场发布广告成为一个新闻，被国内多家媒体报道，而国内媒体报道几乎都以"中国××保险公益广告首登美国纽约时代广场"为题，把这个广告称为公益

---

① 邬盛根:《我国公益广告的纯粹性研究》，载《中国地质大学学报(社科版)》2011 年第 6 期。

广告,肯定这一广告向世界传达了中国保险公司积极承担社会责任、关注安全驾驶的企业理念。实际上,这是该公司推广其垂直类车险投保和社交平台APP的广告。虽然"有我们让出行更安心"的广告语表现出了企业的关怀,但是广告上的企业名称及LOGO、APP的名称、客户端及LOGO、两个二维码等,还是透露出这一广告的商业性质。或许企业自己宣称这是公益广告,媒体不加辨析地使用了某一通稿或公关新闻稿件,众口一词地把这个商业广告称为"公益广告",让这个商业广告披上了公益广告的外衣。这两个广告都以公益广告的名义出现于媒体,前者将商业广告与公益广告拼在一起,直接利用公益广告宣传企业产品,后者透露了企业的公关意向。虽然它们植入的商业信息多寡不同,但都将公益广告作为商业信息传播的载体,以商业性消解了公益广告的纯正性,比较典型地反映了目前我国公益广告商业化、商业广告公益化的现象。

图1-2 以公益广告名义发布的非公益广告

无论是公益广告商业化还是商业广告公益化,都会直接伤害公益广告的公益形象,伤害公众对公益广告的亲近感和信任度,导致公众对公益广告的质疑,削弱公益广告的积极作用。"如果在公共广告的最后看到了企业的名字,你会情感失重,就好像你正在看非洲的饥民、被拐的儿童或战争中的杀戮时,突然中间插进来一段娱乐节目的片花或推销电子产品的时髦广告,会有种高尚的情感被亵渎、伟大的情操被戏弄的感觉。"[1]特别是那种假公益广告之名做商业宣传的广告具有更大的破坏性,有媒体报道,四川网友在网络论坛发帖,称某市南岸公路外墙上出现了两个横幅的交通安全宣传广告,上面分别印着"交警温馨提示:拒绝酒后驾车"和"带着平安上路,载着幸福回家"的宣传标语,但两个横幅左边都是某品牌白酒广告,横幅右下角均印着"××市公安局交警支队宣"字样。一

---

[1] 张殿元:《政府主导还是主导政府——日本公共广告对中国的启示》,载《新闻大学》2013年第3期。

些网友调侃"一边是拒绝酒驾,一边是酒广告,太绝了!"一些网友戏称其为"最牛植入广告"。××市公安局交警支队对此做出回应,称该横幅系广告公司未经支队允许擅自所挂,交警支队将以法律手段维护交警支队的权益。① 这样的"公益广告"不仅不能发挥公益宣传效力,反而破坏了公益广告形象。利用公益广告做商业宣传,其实是一种投机行为,应当警惕公益广告商业化和商业广告公益化现象,防范商业化对公益广告的公益性质、公益内涵的改变,避免商业元素植入给公益广告带来的负面影响,以纯正的公益性维护公益广告的形象、声誉和号召力、影响力。

二、公益广告的特点

公益广告以其公益目的和公益诉求显示自己的特点,虽然公益营销广告、公关广告、政治广告也与公益有着或多或少的关联,并经常以公益广告的名义出现于各类媒体,但它们与公益广告有着本质的不同。要准确地认识公益广告,在公益广告传播活动中坚守公益广告的纯正性,首先要掌握公益广告的特点,区分公益广告和公益营销广告、公关广告、政治广告的差异。

1. 公益广告是以公共利益为目的的广告

广告传播是具有明确目的的宣传性活动,商业广告以促销商品、宣传品牌或塑造企业形象为目的,公益广告则以宣扬、维护和推进社会公共利益为目的。公益广告所指向的公共利益,不仅仅是公众的共同利益,还包含着国家利益、民族利益、社会利益。虽然国家利益、民族利益、社会利益并不完全等同于公共利益、公众利益,但是国家利益、民族利益、社会利益与公众利益是一致的、重叠的、交互的。国家、民族、社会都是最大的共同体,国家利益、民族利益、社会利益能够代表社会成员的共同利益。公益广告是以公共利益为目的的广告,无论是政府机构发起公益广告活动、社会组织发布公益广告,还是工商企业、媒介机构等投资制作发布公益广告,皆应以公益为唯一目的,以公益为价值取向。公益目的是公益广告产生和发展的原动力,是公益广告传播活动的引擎,正是公益目的使公益广告成为被广泛使用的社会宣传工具,使公益广告活动能够像一面旗帜汇聚社会力量。20世纪40年代初期,美国一位广告人詹姆斯·韦伯·扬向广告界

---

① 《广告公司白酒广告植入拒绝酒驾标语被交警起诉》,新华网 http://news.xinhuanet.com/fortune/2012-02/06/c_122661182.htm。

呼吁:广告是一种强有力的传播方式,我们应该利用它为解决社会问题而有所作为。他的呼吁得到广告界的积极呼应,成为广告为公益服务的舆论先导。1941年12月7日珍珠港事件爆发后,美国政府宣布正式参战,美国广告界顺势而动,成立了战时广告理事会,工商企业、广告公司、媒介机构纷纷加入这一团体,以广告主、广告公司和大众媒介的资源服务于政府,协助政府开展战时宣传活动,在各类媒介发布广告,动员人民为赢得战争胜利而做出必要的牺牲,由此这种在第二次世界大战的硝烟中出现的广告成为一种被广泛运用的社会宣传形式。公益广告的公益目的和宣传功能得到充分肯定,战争结束后公益广告活动没有随着战火熄灭而偃旗息鼓,依然红红火火地高潮迭起。很多国家的政府、社会团体经常利用公益广告进行公民教育,提升社会道德水平,动员民众参与社会公益活动,推动社会公益事业,或是呼吁公众关注社会问题,促进社会问题解决,并以其公益目的获得工商企业、广告公司和媒介机构的支持。某些非营利性的环保组织、慈善组织就是以其公益目的获得企业和广告公司、媒介机构的赞助。不仅政府、社会团体不以营利为目的,赞助机构也不以营利为目的。虽然企业皆以营利为天职,但是参与公益广告活动还是以公益为旨归,追求社会效益而非经济利益。公益广告的公益目的也赢得了公众对公益广告的支持,即使公益广告的传播效果不能都能达到既定目标,但是公众还是普遍认同这种不以营利为目的、不求商业回报的广告,肯定这种广告的积极作用。如果打着公益广告的旗号为企业及其产品做宣传,以公益广告的名义遮掩商业宣传动机,或者既有公益目的又掺杂了商业动机,那么即使这样的广告含有公益内容,也是商业广告而非公益广告。例如某企业在广告中发出支持希望工程、帮助贫困山区孩子读书的呼吁,以企业将用一小部分营收建设一座希望小学来鼓励消费者购买该企业产品。虽然企业声称这是公益广告,广告中确有公益诉求,产品名称和产品形象也没有被喧宾夺主地放大,但是实际上这是一个公益营销广告而非公益广告,是一个用公益诉求掩饰企业公关动机和促销目的的商业性宣传,产品信息和鼓励消费的诉求暴露了企业的促销目的,透出了企业的商业动机。如果企业把参与公益广告活动作为践行社会责任的公益行动,自觉地以公益而非私利为目的,通常不会让企业、产品等信息出现于公益广告上,不会将公益广告作为商业广告的替身。很多出于公益目的赞助公益广告的企业,甘做默默奉献的幕后英雄,不让商业色彩影响公益广告的纯正性。所以,考量、辨析公益广告的特征首先要确认是否以公益为目的,真正的公益广告首先应有纯正的公益目的,不以公益为目的的广告不是真正的公益广告。

2. 公益广告是以公益诉求为内容的广告

公益广告以公益诉求为内容，通过公益诉求达到公益传播目标。公益诉求形成公益广告的文本特征，体现出公益广告的非商业性。具体而言，无论广告主是谁，或者说无论谁赞助、制作和发布公益广告，无论公益广告以什么为选题，发出什么诉求，是揭示社会问题还是呼唤社会公德，是表达社会关怀还是号召公益行动，都表达了对民生、民族、祖国和世界的关爱，对公共问题、公共利益、人民福祉、生态环境的关切，对高尚道德、先进文明的追求，体现了公益广告的价值取向。有些主题诉求是各国公益广告共同关注的问题，是维护人类"公益"的世界呼吁，如保护生态环境、珍惜自然资源、制止恐怖暴力、维护世界和平、预防某些疾病等；有些主题诉求与某些社会群体有关，如关爱老幼、救助病患、戒烟禁毒等，表达了政府、社会对某些群体的关心，体现了社会组织和公民的善心义举；有些主题诉求有其鲜明的国家、地区特色，如美国的反种族歧视、中国的弘扬社会主义核心价值观等，是针对国家或地区现实问题，致力于国家或地区文明进步所做的宣传。总之，公益广告的内容具有鲜明的公益性，传达的是公益信息，发出的是公益诉求，而不含有商业性信息——不仅不应有法规禁止出现的商品或者服务的名称以及与宣传、推销商品或者服务有关的内容，而且不应有允许出现的企业名称或商标标志，唯此才能坚守公益广告的公益性，保证公益广告的公益纯度，充分体现公益广告的非商业性，让公益广告成为一个纯净的充满善与爱的空间。

公益内容不仅是公益广告的标识，也是检测公益广告的标准。用这一标识和标准审视公益广告，就可区分哪些是真正的公益广告，那些是假公益广告之名的商业广告。如果公益广告中出现了商业信息，即使商业信息没有喧宾夺主地吸引受众关注，没有影响公众对公益诉求的认知和接受，甚至取得了社会公益与企业利益双赢的效果，也不应算是公益广告。例如某"公益广告"，该广告的正文写道：某某企业致力于公益事业，愿与消费者共同帮助贫困地区失学儿童重返学校。消费者每购买一瓶××矿泉水，我们就向贫困地区学校和儿童捐献0.1元钱。这种"你消费，我捐款"的方式对消费者具有一定的鼓励作用，广告上的失学儿童照片和"我要读书"的诉求也具有一定的冲击力，但是这些都掩盖不住浓郁的商业功利性。这样的广告和天气预报节目的"××品牌提醒您关注天气变化，注意保暖防寒"的广告如出一辙，以社会关怀的姿态进行营销传播，用公益广告的包装掩饰公益营销的商业本质，其实是企业的公益营销广告、公关广告。

应有所区分的是，有些公益广告中出现了公益组织的相关信息，如公益组织的名称、标识、地址、电话号码等，公益组织在公益广告中发布这些信息，是为了让有参与公益活动意向的受众与之联系。这些信息不能改变公益广告的性质,公益组织的非商业性及其发布组织信息的非商业动机,使之有别于企业的商业信息传播,所以不要将这样的公益广告也视为商业广告。

[案例]

案例1:联合国儿童基金会的公益广告

联合国儿童基金会(United Nations International Children's Emergency Fund,简称UNICEF)原名"联合国国际儿童紧急救助基金会",创建于1946年12月11日,1953年成为联合国系统的永久成员,接受联合国大会的委托,致力于保护和促进儿童权益,1965年因"促进国家间的手足情谊"项目获得诺贝尔和平奖。联合国儿童基金会在190多个国家和地区开展工作,中国是联合国儿童基金会援助的第一个亚洲国家。1947年联合国儿童基金会在中国开展了第一个为儿童提供紧急援助的项目。20世纪80年代以后,联合国儿童基金会与中国政府及公益性组织的合作更为广泛,通过在儿童健康与营养、教育、安全保护、疾病预防、艾滋病、饮水和环境卫生以及灾害应急响应等多个领域的项目合作,共同促进儿童权利保护,改善中国偏远贫困地区处境困难儿童的生活状况,帮助他们创造美好的人生。

图1-3 联合国儿童基金会的募捐公益广告

联合国儿童基金会将公益广告作为一种宣传形式,通过公益广告呼吁公众关心儿童问题,向公众介绍项目,募集资金,争取公众关注、支持和捐助。这些公益广告无论提出什么问题,介绍什么项目,发出什么诉求,都具有较强的震撼力,广告上的儿童形象和简短的广告语无不令人动容动心。如电视广告《当世界颠倒过来,你还依然安好吗》,运用对比方法,通过战乱前后一个家庭的生活巨变和孩子们的命运遭际,揭示战乱如何毁灭了人们和乐安宁的生活,给孩子们带来了巨大的痛苦和恐惧,让公众关注"颠倒的世界"如何颠覆了儿童的生活,改变了他们的命运,给他们造成巨大伤害,向公众发出阻止战争、"救救孩子"的呼声。广告中孩子躲在桌下的孤独痛苦、面对枪口的恐惧战栗令人触目惊心,难以安之若素地观望战乱,迫切希望能够救援这些孩子。再如电视公益广告《拒绝暴力伤害》,这个由联合国儿童基金会亲善大使、足球运动员贝克汉姆代言的广告利用贝克汉姆的文身,说明暴力伤害给孩子带来的影响像文身一样陪伴他们一生。这样的公益广告以其强大的震撼力,促使受众思考如何关爱儿童、保护儿童权益的问题。联合国儿童基金会在我国做的公益广告多为宣传项目、募集善款,画面和广告语比较简单,但是无论是困境儿童形象还是广告语都具有感召力,如某一儿童救助项目广告,广告上孩子的面容,特别是那期盼的眼神、紧抿的嘴角,以及一句"无助……不该是童年生活的全部",让受众愿意伸出双手去帮助他们。联合国儿童基金会的公益广告除了机构名称和LOGO之外,没有一点商业色彩,表现了这个具有世界影响力的公益性组织坚守公益、以公益感召世界的精神。

案例2:中央电视台的读书主题公益广告

2014年中央电视台广告中心以读书为主题,制作电视公益广告,希望通过这些倡导读书的主题公益广告唤起人们多读书、读好书,推动全民阅读运动。为了深入开掘读书主题,让60秒时长的广告能够击中人心,取得良好的广告效果,广告中心邀请社会各界人士参与公益广告创作,不仅举行读书公益广告创作讨论会,请一些名家为读书主题公益广告提供创作思路,还向国内和国际的创意公司发出比稿邀请,号召大家共同创作优秀的文案脚本。从4月23日世界读书日开始播放的公益广告《主持人篇》和《感悟篇》,受到观众高度关注和好评。

《主持人篇》中白岩松、张越、李潘、郎永淳、欧阳夏丹、月亮姐姐6位主持人,以各自的真实感悟向观众讲述读书对于生活的意义。《感悟篇》展示了书与不同人群的关系,以及读者对于读书的美好印象。广告播出后,爱奇艺、腾讯、优酷等多家视频网站转载,社交媒体上网友纷纷点赞,有的书店也播放了这些公益广告。

图 1-4 中央电视台读书主题公益广告《主持人篇》

三、公益广告与公益营销广告、公关广告、政治广告的差异

虽然公益属性和公益目的、公益内容为公益广告提供了鲜明的识别标志,但是由于公益营销广告、公关广告也有着较多的公益色彩,某些政治广告也以公益广告的名义传播,因而使得公益广告与这些非公益广告常被混淆。辨析公益广告与公益营销广告、公关广告、政治广告的差异,透过它们的公益色彩识别它们的商业或政治本质,既可以避免公益广告与非公益广告混淆的问题,也有利于坚守公益广告的公益属性,保证公益广告的纯正性。

1. 公益广告与公益营销广告

公益营销是企业的一种营销策略、营销方式。随着社会责任理论的推广和社会责任运动的流行,越来越多的企业关注社会责任,参与社会公益活动,将参与公益活动视为履行社会责任的优选方式,同时把公益当作可以利用的营销资源和促销路径,借用公益做营销,以"营销+公益"的方式推销产品或服务,既向社会传递企业参与公益、回报社会的积极信息,表现企业的公益精神和责任担当,同时利用公益组织、公益项目的影响力,增进、改善与消费者的关系,把企业与消费者的供需关系、买卖关系变为同为社会公益的盟友关系,获得消费者的赞许和支持,从而扩大企业及其品牌的社会影响,提高企业的声誉。企业的公益营销宣传以及消费者对公益事业的态度都会不同程度地影响消费者对企业和品牌的态度,成为企业促销的积极因素。诚如美国营销学家菲利普·科特勒在《企业的社会责任》中所说的,一项与公益活动事业关联的营销活动,能够支持企业吸引新客户,影响市场,增加销售,强化积极的品牌认同。企业适时而有效地利用公益营销,能够获得社会效益和经济效益的双重收益。中外很多成功案例阐释了公益营销的特点,说明了公益营销的效果。如汤臣倍健借助"免费午餐"这一公益活动进行的公益营销。汤臣倍健官方旗舰店联合淘宝、免费午餐基金举办了"用1亿淘金币,爱1万个孩子"公益活动,活动一上线便引发了众多淘宝会员的参与热情,截至活动结束共有9万多名网友参与了淘金币的捐赠,短短数天淘金币捐赠总量达到1亿枚。汤臣倍健官方旗舰店通过支付宝E平台捐出100万元善款为贫困地区儿童提供免费午餐。此次公益营销不仅支持了公益项目,更让汤臣倍健及合作伙伴淘宝在获得经济效益的同时获得了赞誉,提升了品牌形象和企业形象。很多企业选择这一营销方式,顺应时势实施公益营销这一谋略。近年来公益事业的快速发展和公众公益意识的提升,给企业带来很多的公益营销资源和机会,很多企业审时度势地利用公益资源书写商业文章,或是参与公益组织的公益项目,或是独自策划、实施公益活动,或是与某些企业合作共同开展公益活动,在支持公益项目、为社会公益事业做出贡献的同时,促进产品或服务销售,提升企业的知名度和美誉度。

公益营销广告是企业在实施公益营销策略过程中发布的商业广告,是企业利用广告这一形式进行的公益营销传播。企业通过广告传递参与公益项目的信息,彰显企业的公益精神,向消费者介绍企业的公益营销,号召消费者支持企业,购买企业产品,通过消费行动与企业共同为社会公益做出贡献。例如蒙牛集团与多个组织共同倡导全民饮奶运动,向全国500所贫困地区的小学生捐赠牛奶,并在中央电视台等媒体发布"每天一斤奶,强壮中国人"的广告。广告中贫困山区孩子们欢愉饮奶的画面和"每天一斤奶,强壮中国人"的口号,使这则广告具有浓厚的公益色彩,然而广告中多次出现的蒙牛产品、非常醒目的蒙牛LOGO以及"蒙牛只为优质生活"的广告语,还是透露了蒙牛的公益营销策略和广告的营销传播性质。公益营销广告虽是商业广告,与一般商业广告一样都是企业营销传播的一种方式,都具有明确的促销目的,但又与一般的商业广告不同,具有浓郁的公益色彩,能够引起消费者对公益项目或公益活动的关注,激发消费者的参与热情,使之成为大众关心的话题和媒体报道的新闻事件,产生一定的社会效益。然而浓郁的公益色彩和良好的公益效果并不能改变它们的商业本质和商业功利目的,不能消弭它们与公益广告的本质差异。

公益广告与公益营销广告的差异首先在于广告目的、目标不同。公益广告的目的是唤起公众的公益意识和公益行动,吸引公众关注公共问题、公益项目,号召公众用实际行动共同纾忧解困,推进公益项目。公益营销广告则具有公益和商业的双重目的,除了公益传播目标还有其品牌宣传目标,而最终目的是促进产品销售,提升品牌知名度、美誉度,塑造企业良好形象。目的和目标犹如一道分水岭,将公益广告与公益营销广告划分在公益与商业两个阵营。

其次,公益广告不应有商业信息,而公益营销广告中不仅有企业、品牌、产品形象等商业信息,而且通过设计、位置等予以突出,使之能够吸引受众注意,给受众留下深刻印象。例如,某企业的公益营销广告就将品牌形象与公益项目并列,置于海报左上角,并让产品形象非常突出地占据画面中央和右下角,使公益成为烘托品牌或产品的配角,品牌或产品形象喧宾夺主地成为主角。

2. 公益广告与公关广告

公共关系,既指组织、个人与社会公众的关系,亦指企业、个人为扩大社会影响、实现与公众的良性沟通、构建良好社会关系、树立良好社会形象而开展的传播性活动。政府、企业、服务机构、社会团体和个人无论出于何种目的开展公关活动,几乎都要利用新闻、广告及自媒体传播等宣传方式,向公众传递相关信息,引发公众关注,设置公众议题,制造社会热点,扩大社会影响,进而改变组织或公众的态度和行为,实现公关的效益目标。当广告与公关结合,广告作为公关传播的一种形式,属于公关活动的一部分,就成为公关广告。发布公关广告是各类机构、组织、个人开展公共关系活动时常用的一种方式,是公共关系活动的一部分。公关广告既有别于政府公告,也有别于促销商品或塑造形象的商业广告,主要通过传递公关活动信息,倡导公益性活动,或是通过表达社会关怀,宣传组织或个人的历史、成绩、价值取向、文化理念、社会关怀和社会贡献等,与公众进行互动沟通,以增进公众的了解和好感,提升知名度和美誉度,塑造组织或个人的良好形象,获得社会的认同和支持。如麦当劳的世界儿童日广告,2002年11月20日,麦当劳公司与联合国儿童基金会合作举办了首届"麦当劳世界儿童日"活动,希望唤起人们对儿童事业的关心,共同努力改善儿童健康。为此麦当劳请著名广告公司制作了系列广告在11月20日以前发布,用五个30秒的电视广告片"麦当劳流动健康护理""麦当劳欢乐时光野营""麦当劳奇迹园地""麦当劳叔叔之家""让世界更美好"分别介绍麦当劳"家庭慈善基金"(RMHC)设立的5个公益项目,用标题为"11月20日全球麦当劳将提供同一种服务"的平面广告以及各种POP广告,吸引人们前往麦当劳门店参加活动,以此塑造麦当劳的公益形象。首届"麦当劳世界儿童日"活动在121个国家近3万个麦当劳门店同时举行,世界各地的麦当劳分别与当地的社会慈善公益机构或麦当劳叔叔慈善基金会合作,展开了以帮助儿童为目的的多种形式的慈善公益行动。这一规模巨大的活动既为数百万儿童提供了帮助,又让RMHC一直以来帮助改善儿童的健康的活动得到展示,提升了麦当劳的声誉,改变了麦当劳的形象。麦当劳RMHC主席兼CEO杰克·格林伯格说,世界儿童日的价值远远超过它为孩子们所募捐的百万美元。它引起了世界人民对儿童日益增长的需求的关注,以及对我们在影响这种积极变化中所扮演的角色的关注。此后,每年麦当劳发布世界儿童日活动广告时,都在表达公益诉求的同时宣传麦当劳自己,让"麦当劳"和麦当劳的标识形象时时出现于广告中。现在,我国的公关广告随着企业公共关系活动的增多而频现媒体,也有像麦当劳这样的利用纪念日、活动日发布的公关广告,如万科携手本来生活网倡导"回归家的味道"。2016年7月17日万科集团和本来

图1-5 "回归家的味道"宣传海报

生活网启动回家吃饭联盟,邀请多位影视明星拍摄系列海报《回归家的味道》,在深圳地铁广告媒介和微信、微博、知乎、豆瓣、门户、论坛、贴吧等社交媒体投放,提请人们重视亲情和家人,呼唤因忙碌而无法回家吃饭的人们回家吃饭。万科和本来生活网此次的跨界合作行动被称为旨在解决"因忙碌而无法回家"这一城市问题的公益行动,这次行动反映了万科和本来生活网站对人们内心世界的洞悉、对人们情感需求的关注,表达了这两个企业的价值追求和人文关怀。为宣传这一活动而发布的系列海报既具视觉冲击力,又有情感冲击力,能够激发人们对家的眷恋、对家人的关爱。

但如果把此次行动与此前这两个企业的营销传播活动联系起来而不是孤立地看待这次行动,将此次明星代言的系列广告与它们的商业广告进行比照,那么就会发现此次活动及其宣传海报的公关性质,认识到此次活动不过是企业品牌营销活动的延续,是万科一如既往地以"品牌+公益"的公关策略所做的一个新项目。2015年5月1日,万科集团在2015米兰世博会万科馆的揭幕仪式上发布了第三代企业标识和企业口号,以新的标识宣示万科将实施国际化发展战略,以更加开放的态度走向世界,用新的口号"赞美生命共筑城市"表达万科的理想追求,昭告万科与城市共同发展,从住宅开发商向城市配套服务商转型。此后万科的新标志和新口号醒目地出现于万科在各地发布的商业广告上,更新了人们对万科的认知,建构了万科新的企业形象。除此,南宁等城市的万科城还以感谢业主厚爱为名,开展了请业主"回家吃饭"活动,设宴款待业主,显示万科对业主的感恩和万科物业竭诚为业主服务的态度,让业主体会万科品牌的价值、万科给生活带来的意义。"本来生活"作为一个经营生鲜食品的电商,已经连续几年发起"717回家吃饭"公益性生活运动,号召"7月17日这天,不加班、不应酬,回家吃饭",建议把这一天定为"回家吃饭日"。此次万科与本来生活携手,再度将"回家吃饭"作为一个社会问题提出来,借助明星的宣传力劝导人们回家吃饭,以对社会问题的关注、对人民生活的关心、对家庭和亲情的重视表达企业公民的社会责任和人文情怀,让深圳人通过这次活动体会万科和本来生活的人文情怀,在"回家吃饭"的温暖和欢愉中感激它们的公益之举,从而缩短了公众与企业的距离,改善了公众与企业的关系,收获了人心和口碑。除此之外,它们还利用此次活动塑造企业形象,宣传企业文化和企业的目标追求,将品牌传播活动变成温情脉脉的公益性活动,所以系列海报的上端有万科的标识、口号"赞美生命共筑城市"和"中国家庭的优质食品购买平台"。由此可见,这是利用公益而进行的一次公关活动,系列海报是公关广告而非公益广告。万科集团的公关可谓长袖善舞,而公关也确实给企业经营带来良好效益,收获了人心和口碑,以及人心和口碑带来的经济效益。虽然这样的公关广告通常并不直接推荐商品,没有直接的促销内容,但可以提升公众对企业和品牌的好感,赢得公众对企业和品牌的信任和支持,有助于企业公关和品牌营销。

现在越来越多的企业善用公益开展公关活动,把署名的公益广告作为公关广告。公关广告遵从公关策略,体现公关策略。当公关活动像公益营销一样,也以公益为旗帜,利用慈善等公益项目达到公关目的,公关广告就变得很像公益广告,但是即使如此也是公关广告而非公益广告。如平安中国的广告《回家篇》,以公益广告的名义出现于中央电视台,巧妙地把"平安"嵌入广告语中,但毕竟是企业为塑造形象而做的广告,隐于公益后面的公关目的以及出现于广告中的企业信息,还是将其定性为公关广告。

图1-6　平安中国的电视广告《回家篇》

真正的公益广告只有公益目的而无公关目的。虽然诸如公益组织这样的广告主也需要做好公关工作,需要提升知名度和美誉度,塑造自身形象,让公众了解、信赖和支持,但其目的是扩大公益事业的影响,吸引公众关注公益、参与公益和支持公益,与其他组织、媒体等建立合作和联动关系,从而能够获得开展公益活动所需要的社会支持和社会资源,借助公民力量推进公益事业。而且,公益性组织不会利用公益广告突出宣传自己,所做的公益广告虽有组织标识和联系电话等信息,但主要是为了动员和组织开展公益活动,利用公益组织的公信力、影响力发出号召,让受众知道是谁发起的公益活动、发出的公益诉求以及如何与公益组织联系。有些非营利组织因致力于公益事业并卓有成效而赢得公众的尊敬,成就了自己的公益品牌,具有公信力、号召力、影响力,能够以品牌力量召集关心公益、积极参与公益事业的人们,如世界自然基金会、绿色和平组织等公益组织。有些组织、企业只是默默奉献,不在广告上留下名称、标识,甘做公益事业的幕后英雄。

比较而言,公关广告的自我宣传性比较明显。因为是利用公益做公关,有意识地把公关广告做成公益广告,宣传企业和产品,塑造企业和品牌形象,所以广告上的企业名称、标识等商业信息比较醒目。如果没有相关法规的限制性规定,可能会更为突出、明显。正是这些商业信息,暴露了某些公益广告的公关本质和公关面目。即使受众并不在意或根本就没注意广告上的企业名称和标识,但是公关的动机仍然让它们会尽力予以突出,力求受众能够注意并记住广告主或品牌。

3. 公益广告与政治广告

政治广告是政府、政党、组织、个人向社会发布政治信息、进行政治宣教、表达政治倾向所采用的一种传播形式。政府、政党、组织及个人不仅利用广告向社会宣传政治思想和政治主张,表达政治态度和政治立场,进行政治沟通和政治动员,以期影响民意,获得公众的理解、认同与支持,而且利用广告进行政治公关,塑造政治形象,提升政治声誉,扩大政治影响。在某些国家和地区的竞选大战中,政治广告是不可或缺的宣传工具,参选党派、个人通过付费的广告进行竞选宣传,利用广告营造声势,展示竞选者的气质风范,阐述竞选者的执政理念和主张,攻击竞争对手,以此影响选民态度,争取更多选票。因此,这类政治广告又被称为竞选广告,被当做现代竞选的一种重要"武器"。除此之外,政治广告也被用于日常性政治宣传工作和重大事件、重要行动、重要纪念日的政治宣传活动之中,前者如我国宣传党和国家大政方针的广告、宣传政治意识形态的广告,后者如中国共产党为纪念建党95周年发布的广告《我是谁》《心跳篇》。公民也可通过发布广告的方式表达个人的政治立场和政治观点,如2012年韩国歌手金长勋和教授徐敬德在《纽约时报》发布广告,让报纸读者了解第二次世界大战期间的慰安妇问题。中日钓鱼岛纷争事件后,中国公民陈光标在《纽约时报》发布广告,宣示"钓鱼岛是中国领土"。因为此类政治广告主要表达一定的政治主张、政治思想、政治倾向,所以也被纳入意见广告之中。

政治与公益的区别显而易见,政治广告与公益广告也有明显差异,目标指向与广告内容皆有不同。但是政治与公益又有着密切的关联,政治组织无论是以谋求国家和民族利益、人民利益为宗旨,还是以此为旗号,都会将政治与公益联系在一起,以公益作为政治宣传的主要内容,使各种形式的政治宣传具有了浓浓的公益色彩,而公益广告及其他形式的公益传播也常常会涉及政治,公益广告所揭示的一些公共问题也是政治问题,如战争、种族歧视、公民权利等问题,因而公益广告这一宣传形式也被当做政治思想传播的载体、政治教育的工具。无论是政治广告的公益化还是公益广告的政治化,都反映了政治宣传与公益传播的复杂关系,都会模糊公益广告与政治广告的差异,很多政治广告的议题、诉求与公益广告的议题、诉求一致,使之颇似公益广告,而某些公益广告又像政治广告。例如1964年美国总统约翰逊谋求连任发布的竞选广告《雏菊》提出了核战争这一公共议题,表达了反对发展核武器的公众诉求,与某些反战、反核武器主题的公益广告基本一样。虽然这一广告是针对竞选对手的执政主张而做的,目标明确指向竞选对手,但因其触动公众关心的问题、引发了公众对核战争的恐惧而引起高度关注。① 诸如此类的案例说明,某些政治广告与公益广告会有内容重合,某些党派、组织或个人也常常给自己的政治广告冠以公益广告之名,利用公众对公益广告的好感和信任消解公众对政治广告的警惕,但是毕竟政治广告与公益广告的目标指向不同,政治广告所具有的政治功利性和公益广告所体现的社会公益性不同。所以,政治广告的公益性诉求不能改变其政治性,公益广告的政治性内容也不能改变其公益性。明晰二者的界限,才能避免政治广告和公益广告的混淆问题,不会把政治广告当做公益广告,也不会将公益广告等同于政治广告。目前国内一些关于公益广告的著述把政治广告、政府宣传都视为公益广告,这种将公益广告和政治广告混为一谈的现象不仅会影响公众的公益广告认知,而且会影响公益广告的公益价值、公益广告的社会影响力。

[案例]

案例1:"免费午餐"公益广告和碧桂园"一元爱心总动员"公益营销广告

国务院发展研究中心中国发展研究基金会一项关于中国贫困地区学生营养状况的调查报告揭示,中西部贫困地区儿童营养摄入严重不足,受调查的学生中12%发育迟缓,72%上课期间有饥饿感;学校男女寄宿生体重分别比全国农村学生平均水平低10公斤和7公斤,身高低11厘米和9厘米。记者邓飞与同行们在采访中也发现了贫困地区乡村儿童的饥饿和营养不良等问题。为让贫困地区

---

① 〔美〕泰德·布拉德尔:《政治广告》,乔木译,中国人民大学出版社2013年版,第8页。

学童吃上午饭,帮助他们提高健康水平,邓飞联合500名记者、国内数十家主流媒体和中国社会福利基金会共同发起了免费午餐基金公募计划,为贫困学童提供免费午餐,并希望通过若干年的努力,使免费午餐成为中国儿童的基本福利,大规模改变中国乡村儿童营养不足状况。2011年4月2日,第一所免费午餐项目学校贵州省黔西县沙坝小学开餐。2011年10月,国务院决定启动实施农村义务教育学生营养改善计划,每年拨款160多亿元为农村义务教育阶段学生提供营养膳食补助,惠及680个县市,约2600万在校学生。

图1-7 "免费午餐"项目的公募公益广告

"免费午餐"所需资金主要来自于公募,为鼓励捐赠发布的公益广告让公众了解了免费午餐计划的重要意义。第一幅公益广告上小姑娘给小弟弟喂饭的画面令人又感动又心酸。这个名叫彭晓雨的女孩只有5岁,每天都要带着不满2岁的弟弟去上学,一起坐在教室里共吃一份午餐。这幅公益广告发布后几个小时就筹得5万元捐赠。后来更多的"免费午餐"公益广告出现于各类媒体和街头、地铁、商场等人流密集的地方,连快餐盒都成为广告载体。2012年的冬天,"免费午餐"项目获得了深圳报业集团的公益广告捐赠,一夜之间近一千幅公益广告出现于深圳地铁线的每一个车站。还有一些公司、机构也为该项目捐赠公益广告服务和媒体资源。2015年"99公益日"到来之际,题为"改变"的"免费午餐"公益广告上线,这个新的广告将孩子们接受免费午餐前后的样貌、状态进行对比,让公众检阅实施四年的"免费午餐"项目成果,让更多的人参与这一计划,用自己的仁心善款帮助孩子们健康成长。"免费午餐"公益广告以其鲜明的公益性唤起了公众的爱心,集结了社会的慈善资源,鲜少出现商业信息,只有少数广告标注了赞助机构的名称。

企业是"免费午餐"计划的支持力量,2014年碧桂园集团在全国各地开展了"一惠到底"感恩让利活动,让利亿元回报业主、员工和大众,同时实施"一元爱心总动员"公益计划,拟将项目在线下收到的"1元抵用款"捐给"免费午餐"公益项目。碧桂园集团发布广告,以醒目的"一元爱心总动员"昭告碧桂园启动捐助"免费午餐"的"爱心行动",说明这一行动的方案和意义,号召人们加入这一行动,并对"免费午餐"公益项目进行了简要介绍。虽然这一广告没有直接涉及碧桂园的"一惠到底"让利促销活动,也未直接吁求消费者选购碧桂园产品,用公益诉求遮蔽了商业功利目的,但与没有商业功利性的公益广告相比还是有着明显不同。这一广告毕竟是为其让利促销活动而做,碧桂园将抵用款捐给"免费午餐"项目的前提是消费者购买碧桂园产品,呼吁消费者加入碧桂园的捐献活动其实就是鼓励购买消费者购买碧桂园房屋。而且,广告给予"碧桂园"非常突出的位置,宣传碧桂园的慈善理念,有意识地突出碧桂园的企业公民形象。所以,这是公益营销广告而非公益广告。

图1-8　碧桂园"一元爱心总动员"广告

案例2：用可口可乐瓶盖打电话的公益营销广告

为了家人能够过上更好一点的生活,迪拜的外来务工者努力工作赚钱,尽量节约开支,即使非常渴望能够经常听到家乡亲人的声音,也舍不得花钱常打国际电话。因为他们每天只能收入6美元,而打一分钟电话就要0.91美分。为了让外来务工者不再为不能常与亲人联系而苦恼,迪拜可口可乐公司联合扬罗必凯广告公司专门研制了一种电话亭装置,把这些和可口可乐罐颜色相同的电话亭放到劳工生活区附近,让前来打电话的务工者用可口可乐瓶盖当通话费,投入一个可口可乐瓶盖可以获得三分钟通话时间。用可口可乐瓶盖换取电话费的方式可以节省国际通话费,深受外来务工者欢迎,他们在红色电话亭前排起长队,又带着笑容走出电话亭。他们的笑容说明了幸福就是能听到孩子的叫声,能听到家人的声音。当然,他们还会继续购买这种可口可乐,再也不会扔掉小小的瓶盖,因为这种饮料及其小小的瓶盖能够让他们更多地听到亲人的声音,能够带给他们更多的幸福快乐。

图 1-9　公益营销广告"用可口可乐瓶盖打电话"

这是可口可乐的一次公益营销活动,是可口可乐实施公益营销策略、开展瓶盖营销活动的一部分。这次活动用瓶盖将外来务工者这个消费群体的情感需求与产品购买紧密联系到一起,不仅让他们获得了满足消费需求和情感需求的双重利益,而且显示了企业价值和社会责任担当,有利于产品销售、品牌推广。

可口可乐为此次公益营销专门制作了一个视频广告,介绍为什么会发起瓶盖换电话费的活动、如何制作这样一个电话亭,让受众看到外来务工者如何兴奋地排队等待与亲人通话,如何欢快地叙说自己与亲人的快乐,以此说明可口可乐不仅能够解决口渴的生理需求,还能帮助人们满足情感需求,带给消费者更多的欢乐。这个广告通过网络传之广远,看到这个广告的受众莫不赞赏,支持可口可乐的公益营销活动。这个广告像红色的电话亭一样具有很大的感染力,让受众既能感受到务工者的快乐和满足,也能感受到可口可乐公司的人文关怀和公益精神,在感动中增加对可口可乐品牌的好感。

案例 3:中国石化的"为了碧水蓝天"公关广告

2014 年 8 月 4 日新华网消息:8 月 4 日,中国石化"为了碧水蓝天"央视公益广告首发仪式在中国石化镇海炼化举行。该公益广告片以白鹭在中国石化镇海炼化安家为背景,通过一名普通石化员工的视角,诠释了用心就能与环境和谐的环保理念。该广告片于8月4日起,在央视温暖亮相。

图 1-10

中国石化新闻发言人吕大鹏称,中国石化投放这则公益公告是向社会展示中国石化高度重视环保工作的成果和决心,表明人与自然、工厂与生态、经济发展与环境保护可以和谐共存,呼吁企业以镇海炼化为楷模重视环保工作,为了碧水蓝天,一起行动。

十几年前,中国石化镇海炼化的员工在装置区精心种植了一片2200平方米的树林。每年都有几百只白鹭在这里筑巢安家、生儿育女。碧水蓝天,白鹭为证。这幅美丽画卷的背后,是镇海炼化多年来坚持科学发展、和谐发展的不懈努力。

浙江省野生动植物保护协会野鸟分会理事张海华说:"白鹭常被称作大自然的'生态检验师',它对环境要求比较高。鹭鸟选择繁殖地有3个必要条件:茂密的植物、稳定的水源和充足的食物。良好的生态环境和完整的生物链是它们选择在镇海炼化安家的主要原因。""让白鹭告诉你"是中国石化镇海炼化的环保追求,白鹭也是镇海炼化绿色发展的"代言人"。作为中国最大的炼化企业之一,镇海炼化计划2013年至2016年安排实施22个"碧水蓝天"环保减排项目,总投资12.5亿元。2014年6月30日,镇海炼化三套电站9台锅炉建成投运,环保排放均达到或优于国家新标准。镇海炼化因此每年可减少二氧化硫排放量4200吨、氮氧化物排放量2200吨。

中国石化镇海炼化分公司总经理张玉明说:"在创造物质财富的同时,我们始终坚持把安全环保工作作为企业生存与发展的生命线,积极创建无异味工厂,努力做到生产绿色、产品绿色、排放绿色。各种鹭鸟在我们厂里安家,是对我们环保工作的最好点赞。"

2013年,中国石化推出"碧水蓝天"环保行动,计划3年投入228.7亿元,实施803个环保综合整治项目。这是中国石化史上规模最大的环保治理行动,也是迄今为止中国企业一次性投入最密集、涉及范围最大的环保专项治理行动。项目启动一年来,中国石化已经做到了在生产经营规模不断扩大的前提下,企业生产过程中的能耗、物耗、废物排放量逐年下降,节能减排工作取得良好成效,极大地改善了中国石化企业作业现场及石化企业所处区域的环境质量。

在公益广告首发仪式上,中国石化新闻发言人吕大鹏宣布:"截至2014年6月底,中国石化'碧水蓝天'环保行动已投资71.3亿元,实施项目已321个。今年,在'碧水蓝天'专项行动以外,中国石化又另增加投资12.1亿元用于环保综合治理,涉及治理项目77个。"

中央电视台公益广告部副主任杨玲表示,之所以同中国石化携手打造一支环保题材的公益广告,是为了呼吁更多的人和企业能参与到保护我们的共同家园的行动中来。[①]

这则在国内很多媒体及网站发表的消息以中国石化发布环保公益广告为新闻由头,报道了中国石化如何重视环境保护,坚持科学发展、和谐发展,实施"碧水蓝天"环保减排项目,在发展中保护生态环境,并通过几百只白鹭在中国石化最大炼化企业镇海炼化筑巢安家、生儿育女的事实,显示中国石化的节能减排、改善环境的成绩。这则新闻既具有一定的新闻价值,又有鲜明的公关目的,是为中国石化宣传环保成绩、塑造环保形象的公关新闻。

这则消息报道的"为了碧水蓝天"这一广告,名为公益广告,实为公关广告。"中国石化新闻发言人吕大鹏称,中国石化投放这则公益公告,并且专门举行首发仪式,是向社会展示中国石化高度重视环保工作的成果和决心,表明人与自然、工厂与生态、经济发展与环境保护可以和谐共存,呼吁企业以镇海炼化为楷模重视环保工作,为了碧水蓝天,一起行动。"这位新闻发言人的这段话非常清楚地说明了发布这一广告的目的,是为了宣传中国石化企业,表现中国石化"高度重视环保工作的成绩和决心",同时呼吁企业为了碧水蓝天一起行动。广告中不仅出现中国石化的中英文名称,还以中国石化镇海炼化的装置区为背景,展示中国石化企业的作业现场及企业所处区域的环境质量,塑造了中国石化的环保企业形象。所以,尽管广告主中国石化和合作伙伴中央电视台都把这一广告当作公益广告,但无论广告目的还是广告内容都说明这是一个公关广告。

---

① 《中国石化首发环保公益广告"为了碧水蓝天"》,新华网,http://news.xinhuanet.com/energy/2014-08/04/c_126831369.htm。

案例 4：纪念中国共产党建党 95 周年主题广告《我是谁》《心跳篇》

图 1-11 《我是谁》和《心跳篇》海报

电视广告《心跳篇》广告语：

一颗心，可以跳多久
只要充满热爱，就可以永不停歇
热爱母亲的微笑，热爱孩子的撒娇
热爱梦想的希冀，热爱真理的崇高
它会因困难而沉重，会因兴奋而加速
会因兴奋而愈加鲜红
一颗心始终为人民跳动
95 年初心未变，为梦前行
庆祝中国共产党成立九十五周年

电视广告《我是谁》广告语：

我是谁，是什么样的人
也许你从来没有想过
我是离开最晚的那一个
我是开工最早的那一个
我是想到自己最少的那一个
我是坚守到最后的那一个
我是行动最快的那一个
我是牵挂大家最多的那一个
我是中国共产党，始终和你在一起
纪念中国共产党成立九十五周年

为纪念中国共产党成立 95 周年，中央电视台精心制作了主题广告《心跳篇》

和《我是谁》，在各频道密集播出，同时通过视频网站、微博、微信等新媒体渠道同步发布视频及文章，全面营造纪念建党95周年的浓厚氛围。

《心跳篇》用一位老军人胸前的勋章引领受众回望中国共产党95年的光辉历程，看到中国共产党为国为民英勇奋斗前赴后继，从战火纷飞的年代一路走来，"95年初心未变，为梦前行"。共产党人的一颗心始终为人民跳动，与人民同欢笑，为人民的幸福而奉献。

《我是谁》通过普通共产党员的故事彰显共产党人的品质和风范，塑造中国共产党的光辉形象。镜头中的大学生、清洁工、医生、交警、村干部都是普通而平凡的人，又是优秀和高尚的人，始终关心和温暖着身边的群众，用恪尽职守、兢兢业业、关心他人、默默奉献的实际行动，诠释着中国共产党为人民服务的宗旨和共产党人的优秀品质。他们用自己在日常生活、日常工作中的行动告诉公众："我是中国共产党，我一直就在你身边。"广告"通过镜头下他们的微笑、自信，展示出中国共产党党员的风范，体现党和国家事业的新发展对党员的新要求：做讲政治、有信念，讲规矩、有纪律，讲道德、有品行，讲奉献、有作为的合格党员。"①

这两个广告没有豪言壮语，但让受众看得入目动心，更深刻地理解了中国共产党的伟大宗旨和历史贡献，更贴近地认识了中国共产党人，更切实地体会到党与人民群众的密切关系，更多地感受到中国共产党95年不变初心的崇高追求。广告播出后取得了很好的效果，主流媒体对这两个广告的报道、评价以及微博、微信的大量转发推波助澜地扩大了它们的影响，使之成为公众关注的热点。人民网有评论认为："新的历史环境、新的使命任务要求中国共产党必须具有新的形象和魅力，95岁生日正是中国共产党大放异彩的全新时代，如何以一个从容的姿态、自信的姿态登上时代舞台，需要把党的新形象树起来、亮出来，给广大'粉丝'亲切感、信赖感和归属感，让'粉丝'们感受到党的生命力、创造力，最大限度地形成感召力、向心力，产生凝聚力和战斗力，共同推动实现中华民族伟大复兴'中国梦'。""广告圈粉，彰显中国共产党新魅力。"②

中央电视台将这两个广告称为公益广告，但无论是其纪念中国共产党建党95周年的献礼意义，还是讴歌中国共产党的光辉历程和历史贡献，塑造中国共产党光辉形象的内容，以及让人们不忘历史、铭记党恩的政治传播效果，都可说明它们是具有明确政治目标的政治性宣传。中央电视台在宣传过程中直接表达

---

① 《中国共产党竟然打广告了！带你走进幕后故事》，腾讯网，http://news.qq.com/a/20160727/009936.htm。
② 何浩民：《广告圈粉彰显中国共产党新魅力》，人民网，http://cpc.people.com.cn/pinglun/n1/2016/0801/c241220-28601706.html。

了制作、发布这两个广告的政治宣传目的:"时值红色华诞之际,中央电视台公益广告特别企划推出《心跳篇》和《我是谁》两支主题公益广告,旨在通过在民众中的传播让人们铭记历史、不忘党恩、传递正能量。""此次庆祝建党95周年公益广告用镜头为广大人民群众呈现中国共产党最朴实而又最伟大的光辉形象,让每一个看到这些公益广告的人都能感受到中国共产党95年行程万里,不忘初心,一直在你身边。"[1]但因我国一直将某些政治广告作为公益广告发布,所以这两个政治目的明确、政治宣传色彩浓郁的广告按照惯例被称为公益广告。

同样,上海为纪念建党95周年制作的"图说党的诞生地故事"广告也被称为公益广告。"图说党的诞生地"公益广告是上海市委宣传部等党政部门组织开展的党的诞生地发掘宣传工程中的一项重要活动,是一项具有突出政治意义的宣传活动,但这些政治性广告仍以公益广告的名义与受众见面,显然也是将政治广告作为公益广告的惯例使然。

思考与练习

1. 考察公益广告活动,分析公益广告作品,理解公益广告的定义,掌握公益广告的特征。

2. 观察公益组织发布的公益广告和企业与媒体合作发布的公益广告,发现它们有何不同?

3. 为什么要坚持公益广告的纯正性?公益广告商业化和商业广告公益化会给公益广告事业带来什么影响?

4. 比较公益广告和公益营销广告的异同。你认为公益广告是否包括公益营销广告?为什么?

5. 比较公益广告和公关广告的异同,思考如何避免公益广告与公关广告混淆的现象。

6. 你认为中央电视台为纪念中国共产党建党95周年发布的《我是谁》《心跳篇》是公益广告还是政治广告?

7. 为什么有些公益营销广告、公关广告、政治广告被当作公益广告?厘清它们的差异有什么意义?

---

[1] 《中央电视台公益广告献礼中国共产党建党95周年》,央视网,http://1118.cctv.com/2016/06/29/ARTIz0HikNcBshmskGrVpQBH160629.shtml。

第二章
公益广告的功能

广告的基本功能是传递信息,公益广告与商业广告、公关广告、政治广告以及个人广告的基本功能一样,但其公益性质和内容又决定了它的主要功能与这些广告有所不同,所以公益广告能够在国家经济建设、政治建设、文化建设、社会建设、生态文明建设中发挥自己独特的积极作用。

一、宣传教育功能

公益广告是一种社会宣传工具、一种公民教育方式,宣传教育是其主要功能。公益广告活动的发起者通过公益广告宣传某些方针政策、思想主张、价值观念、道德规范、法律规则、行为方式,弘扬真善美,鞭笞假恶丑,以影响公众的思想观念,培育公众的高尚道德情操,调整和规范公众的社会行为,达到宣传教化目的。例如"图说我们的价值观""讲文明树新风"等系列公益广告等,都充分体现了公益广告的宣传教育功能。这些在中共中央宣传部、中央精神文明办公室等党政部门指导下发布的公益广告,作为宣传教育的一种形式,以其宣传教育功能发挥作用,弘扬社会主义核心价值观,引领社会文明风尚,凝聚社会正能量,激发人民群众实现中华民族伟大复兴的强大精神力量。公益广告的宣传教育功能在很多国家都得到比较充分的利用,无论是政府、社会组织还是企业几乎都善于发挥公益广告的社会宣传和公共教育作用,使之成为开展宣传教育活动的一种主要形式、一种常规武器。

公益广告与其他宣传教育形式比较,属于小微型"武器",制式短小、内容简略,传播能量和传播效果似乎微不足道,所以被比喻为"一盏灯",但是公益广告的特点也决定了公益广告宣传教育的简捷性——图文简洁而表达直接,受众易于理解、记忆和传播,而公益广告传播和商业广告传播一样具有重复性,数量众多的公益广告出现于各类传媒并长时间地重复播发,能够以其集群力量和累积效应形成万家灯火的璀璨壮观,产生"汇聚力量,传播文明"的良好效果。而且,公益广告是以大众为受众的全民传播,运用社会营销的方法和手段推广社会进步理念,传递公益活动信息,既能以其"公益性"建立与公众的亲近关系,又具有广而告之的传播功能和"短平快"的传播特点,比书籍、电影等传播载体更具接近性,更易被公众接受,是一种适于广泛宣传、普及教育的形式。所以,虽是"小微武器",却同样能够产生强大的宣传力量和教育作用,有时一张海报、一个电视公益广告也能发出黄钟大吕般的震响,吸引公众的高度关注和踊跃参与,如"希望工程"公益海报《大眼睛》、环保公益广告《没有买卖就没有杀害》等。因此,美国著名广告人詹姆斯·韦伯·杨向广告界呼吁:我们应该利用广告,为解决社会问题而有所作为。很多国家和地方政府经常开展公益广告传播活动,将公益广告作为一种宣传教育形式,用于宣传政府新政、推动社会变革、解决社会问题。很多公益性组织通常通过公益广告宣传公益理念,提升公众参与公益的自觉意识,培育社会公益文化。我国一直比较重视公益广告的作用,在各类面向民众的宣传教育活动中,公益广告被当做一种主要传播形式,不仅以其易于造势的特点营造浓浓的舆论氛围,充分发挥其特有的传播功能和宣传教育作用,而且与其他传播形式互动形成整合效应。例如"讲文明树新风"公益广告宣传活动中,以讲文明为主题的公益广告随处可见,电视高频次展播、报纸杂志大版面刊发,街头巷尾的广告牌比比皆是,工地围挡也成为传播载体。公众几乎时时处处都能感受文明新风的热潮涌动,与公益广告建设社会文明的殷切吁求发生强烈共鸣。在很多以宣传教育为目的的国家行动或社会行动中,公益广告既发挥自己的独特作用,又与其他宣传形式互动、共振、整合,同构时代的"最美和声",强化舆论效应。

图 2-1 系列公益广告《中国精神》

公益广告的宣传教育功能既能产生显性效果,也能够产生隐性效果。前者表现为对公众态度、行为的直接影响,后者表现为对受众思想观念、价值取向的影响,这种影响虽然没有即时的明显的反映,但这是一种长久的深层的影响。

二、动员组织功能

公益事业、公益活动需要公众的支持和参与,需要调动、汇集社会资源。公益广告是社会动员的一种形式,具有动员组织功能。无论政府部门还是公益组织发起公益活动,当需要扩大社会影响、动员社会力量时,就会利用公益广告进行宣传,让公众了解公益活动的目的、意义,激发公众的公益意识和责任意识,动员公众积极参与,同时告知公益活动的时间、地点、参与方式,利用公益广告组织公众参与,将组织或个人发起的公益活动变成公众广泛参与的集体行动、社会行动。尤其是在面临危机和挑战的关键时刻,如战争、自然灾害或突发性公共安全事件发生之后,公益广告能以其强大的动员力发动群众,影响公众的思想和行为。在第二次世界大战时期,美国"战时广告协会"就是利用公益广告唤起公众的国家意识,发布招募战士、护士等信息,激励妇女走出家庭参加工作,动员人们购买战时债券,节约战备物资,将自家花园改为菜园以减少战时物资供应压力,以实际运动支持国家、支援前线,同心戮力赢得战争胜利。今天,政府、社会组织或个人发起公益活动,仍然利用公益广告等形式进行动员和组织工作,通过公益广告呼唤公众奉献爱心,组织公众参与活动,招募志愿者。这种动员组织功能使公益广告犹如一支响亮的集结号,召唤散落于现实生活空间的人们集结于公益的旗帜之下,组成一支浩浩荡荡的志愿者队伍,把微小的个体力量聚集为巨大的集体力量,以集体的合力完成公益项目,推进公益事业。

虽然公益广告的动员组织没有任何行政命令色彩,但是实际效果往往优于行政指令。公益广告和公众貌似松散实则密切的关系以及独特的动员组织功能,使之成为宣传群众、组织群众最常用的工具之一,在组织开展较大规模的社会公益活动中发挥了重要作用。今天世界各国几乎都利用公益广告发动公众参与某项公益活动,以公益广告为旗帜,组织起浩浩荡荡的志愿者队伍。有时国家领导人也会出现于公益广告中,号召和鼓励公众参与某个公益活动。

公益广告的动员、组织相对简略、简单,虽然有些时候简单化的口号式的宣传鼓动也具有一定的宣传鼓动之力,但时下只有简单的口号已经难以发挥更大的动员组织作用。因为公众已经普遍具有社会责任意识和参与意识,并能够理性审视公益活动,不仅要求提高信息透明度,而且会根据活动的具体情况确定自己是否参与、如何参与公益活动,因而公益广告除了要有鼓动性口号还要有其他信息,要注重创意,动之以情,晓之以理,并与其他宣传方式配合,甚至需要某些信息反馈,如捐款收支情况报告,这样才能够产生较大的号召力。很多公益广告中含有如何参与行动的具体指示,说明参与方式,提供相关电话、二维码,这些具有组织协调性的信息,可以避免公众不知如何参与、如何行动的盲目性和无序性,保证公益活动有序有效进行,充分调动分散的社会力量采取一致行动,形成洪流一般的合力。某些公益广告中的救助计划、救助方式、实施办法等信息,能引导公众顺利实现救助意愿,采取救助行动。

图2-2a "5·12"赈灾募捐动员公益海报　　图2-2b　无偿献血动员公益广告

三、监督警示功能

当公益广告被用于揭示社会问题,发布危机信息,呼吁公众予以重视和应对,它们就成为社会"雷达",具有环境监督警示的功能。但这一社会"雷达"并非隐藏于公众难以发现之处,而是像公众身边的环境监察员,随时向公众发出风险提示,提请公众注意某些社会问题或生态危机,敦促政府、公众共同努力解决问题,化解危机,自觉维护人类赖以生存和发展的社会环境和生态环境。如美国城市频现校园枪击事件后,公益广告用令人心悸心恸的画面和诸如"每天都有10个孩子死于枪击"这样的广告语,警告此类恶性事件的严重程度,提示公众关注校园风险,重视私人拥有枪支带来的社会安全问题。当我国青少年吸毒人数呈现上升势头,公益广告及时发出预警信号,揭示毒品危害,劝诫远离毒品。在全球性和地区性风险增量、灾难性事件频发的社会发展阶段,即乌尔里希·贝克所说的"风险社会",公益广告的环境监督、风险警示功能尤为突出,这部"雷达"及时发出预警信号,展示当下各种社会问题、矛盾冲突,揭开阳光下的阴暗角落,升平繁荣景象中的丑恶堕落现象,并通过恐怖诉求等方式让公众看到它们造成的严重后果、带来的风险危机,以提升公众的问题意识,促进问题的解决、危机的化解。近年来我国发展经济与保护环境的冲突日益突出,生态危机、环境污染成为一个主要社会问题,公益广告将揭示生态危机和环境污染问题作为主要议题,把提升民众的风险意识和生态环境保护意识作为主要任务目标,发布生态环境风险预警、呼吁保护生态环境。公益广告的监督警示取得积极效果,日益严重的环境污染和不断发生的环境事件也强化了公众的危机感和紧迫感,生态环境问题的社会关注度显著提升,保护和改善生态环境已成全民共识。

公益广告的环境监督功能与新闻等大众传播的环境监督功能相比,有其独到之处。虽然都是关注社会与自然的变动,反映社会和环境问题,公益广告所关注的是宏观环境,反映的是整体性问题——全球性问题或国家、地区普遍存在的问题,而且是严重的社会问题或生态危机,所以公益广告是危险、危机到来的刺耳警报,是挽狂澜于既倒的大声疾呼,虽无深刻的问题分析、详细的危机报告,但如短促的警报,具有触目惊心、振聋发聩的力量。公益广告通常都是重复发布,发布周期较长,无论是电视、广播、网络等大众传媒公益广告的重复播放,还是各种户外路牌公益广告的长久伫立,都可能产生警钟长鸣的效果,不断加深公众印象。况且,只要社会的顽疾沉疴没有除尽,某些问题、风险还存在,相关主题的公益广告就会不断出现,以其经常性和持久性发布警示信息。正是这些特点,使公益广告这个社会"雷达"得到广泛应用,成为环境监督、风险警示的得力武器。

四、知识传播功能

知识是推动社会发展、文明进步的重要资源,也是影响公众思想见解和行为方式的重要因素。通过各种方式传播知识,用知识的力量解决社会问题,调整公众的思想行为,是社会管理的常用之道。公益广告具有知识传播的功能,通过传播知识、帮助公众增加新知、解惑明理,从而达到影响公众思想观念、调整公众行为的目的。公益广告的知识传播主要针对某些社会现实问题,根据公众的知识需求,传播相关知识,消除知识盲点或误区,并用公众最易于接受的方式进行传播,以常识性和碎片化的特点区别于其他知识传播方式。如中央电视台的倡导垃圾分类的公益广告,针对我国推行生活垃圾分类的实践困境以及公众缺乏分类投放知识的实际问题,介绍垃圾分类的相关知识,帮助公众形成垃圾分类的自觉意识,掌握分类的方法。尽管这一电视广告只有 30 秒,但其形象活泼的方式清晰地演示了垃圾分类的方法,一日多次的重复播放又可不断加深受众的印象,因而对促进和指导公众的垃圾分类、推进垃圾分类工作具有指导作用。

　　社会问题与公众认知的相关性促使公益广告将知识传播纳入传播议程,因为公众的知识盲区、误区不仅会影响公众的知识结构,造成公众认知的褊狭,导致认识、判断的失误,还会影响公众的行为,甚至误导公众的行为。国际野生生物保护学会(WCS)在一次问卷调查中问到"鲨鱼鱼翅是否具有其他任何物种不可替代的营养价值",被调查者虽然都热心于野生动物保护,却几乎共同给出了肯定的回答。国际爱护动物基金会(IFAW)的一项饮食消费调查显示,1/4 的受访者属于重度野生动物消费者,但他们都认为自己的生活与野生动物没有什么关联。① 如此错误的知识不仅直接影响他们对生态问题的认识、判断,而且直接影响他们的行为。我国环境保护部的生态文明意识调查结果和《中国公众环保指数年度报告》都显示,公众掌握的生态文明知识不多,准确率偏低,存在很多认知盲点,如不完全了解我国的基本国策和环境立法,不清楚公民的环境权利与环保义务,不能确定"世界环境日""世界水日"等环保节日的时间和意义,不能正确解释某些与环境保护、生态文明相关的概念,不知道环境违法行为的举报电话等,对与日常生活关系密切的知识如中国环境标志、回收标志、绿色食品标志等也缺乏正确的认知。这说明,虽然公众一直高度关注生态环境问题,为严重的环境污染和突发的危机事件而陷入集体焦虑,积极支持国家建设生态文明的美丽中国,在经济发展与环境保护两者发生冲突时会优先选择环境保护,但却未能自觉主动地学习环境保护、生态文明知识以指导自己的环保实践。公众生态文明意识的"高认同、低认知"特征及由此产生的矛盾,成为当下和未来一段时间生态文明宣传教育需要着力解决的问题。所以,环保类公益广告传播应适时调整传播策略和传播内容,将信息、知识传播和促进环保行动作为着力点,用正确的科学的知识为公众弥补知识缺失,修正错误知识,消解认知障碍,引导或指导公众的环保行为。认知与行为相互关联、相互作用,知是行之始,行是知之成。"知之愈明,则行之愈笃;行之愈笃,则知之益明。"认知行为理论也阐释了内在认知、外在行为以及与环境的互动关系,指出知识能够改变行为,正确的知识通常能够修正错误的行为,错误的知识往往会导致错误或不恰当的行为,因此知识对于解决问题具有不可忽视的重要意义。公益广告的广而告之功能有利于普及知识,可根据传播目标和受众对象的认知结构、认知程度进行信息和知识传播,适当增加

---

① 陈嫒嫒:《改变我的行为,拯救它的生命》,《中国环境报》2010 年 2 月 26 日;侯李伟:《中国式野生动物保护的"精英裂痕"》,http://www.horizonkey.com/c/cn/news/2014-05/05/news_2438html。

与日常生活密切相关的信息和知识,源源不断地为公众提供知识、经验的给养,实现信息传播、知识传播与信息需求、知识需求的对接,从而帮助公众消除知识的盲点和误区,让无知、谬误不再成为困扰社会行动的障碍。公益广告活动的组织者、创意制作者应根据多项权威调查所反映的公民文明知识现状,或是从新的调查获得的新数据、大数据,精心策划如何传播知识,有的放矢地为公众"补课"或传授新知,不断提升公众的认知度。尽管公益广告的知识传播是"碎片化"传播而非系统性传播,但是这种"碎片化"犹如知识传播的"活页",也能够丰富公众的知识体系,有助于公众的知识习得和行为养成。

五、公益文化培育功能

公益文化不仅是社会文明程度、国家价值追求和公民素质修养的重要标志,而且是推进社会文明发展和道德建设、增强国家凝聚力、构建和谐社会不可或缺的重要力量,是培养公民公益自觉和道德素养的重要力量。公益文化亦是公益事业发展的文化基础、动力源泉,只有当公益文化成为社会主流文化、社会风尚,公益事业才能健康、快速发展,公益项目才能得到广大人民群众的支持,公益活动才能激励人心汇聚力量,从组织行动变成社会行动、全民行动。培育公益文化,用公益文化引导社会的价值取向和理想追求,涵养社会正气和良好风尚,涵养公众的善良品性和公益自觉,培育具有高度社会责任意识和高尚道德情操的公民群体,已经成为现代社会精神文明建设的一种有效方式。

公益广告是公益文化传播的载体,是社会公益教育的形式,公益广告的社会关切、爱心呼唤、公益动员、公益行动促进,以及公益观念传播、公益精神弘扬、道德教化等,都能够营造良好的社会文化环境,改善社会风气,影响公众的思想观念,提升公众的公益意识,培育社会公益文化。有些公益广告是直接宣传公益文化,弘扬公益精神,进行公益教育,呼唤社会公益行动。有些公益广告只是传递公益活动信息,或是传播知识指导行动,虽然没有直接宣传公益文化,但是公益文化也会随风入夜、润物无声地影响公众。公众从众多的公益广告中能够感受扑面而来的公益文化和众志成城的公益力量,在接触公益广告和参与公益活动的过程中能够被浓郁的公益文化氛围所感染,被高尚的公益精神所感动,提升参与公益活动的自觉性、主动性,使公益文化内化于心,外化于行。

六、形象建设功能

广告犹如国家的一个窗口,显示国家的发展速度和社会的文明水平。如果说商业广告能够反映国家的经济发展速度和人民的物质生活状况,说明社会物质文明建设程度,那么公益广告则能够昭示国家的理想追求、价值取向和人民的精神品位、道德素养,表征社会精神文明水平,因而公益广告具有建构和传播形象的功能,虽然这一功能不是公益广告的主要功能,但公益广告可以在国家形象构建中发挥其独特作用。

1. 国家形象与公益广告

国家形象是一个关系范畴,是客观存在与主观印象的统一,是自我与他者互动、历时与共时同构的结果。国家形象如何主要取决于国家的自我努力、自我表现,亦取决于国家被如何传播、如何解读、如何评价。国家形象建构是一项重大工程,需要多方合力、持久努力,公益广告以其特有的作用参与国家形象的建构与传播,无论政府机构发布的还是公益性组织、企业所发布的公益广告,无论是以什么为宣传宗旨和主要目标的公益广告,都能够彰显国家和人民戮力同心建设富强国家、创造幸福生活的理想追求,说明各种社会力量如何为维护公共利益、促进社会问题解决而努力,反映国家的德治方略和社会的道德文化,透射国家的社会风尚和文明程度。通过一个国家的公益广告可以解读这个国家和她的人民,建立关于这个国家的良好形象。如中国改革开放初期的一些公益广告,世界通过这些公益广告可以看到中国的巨大变化和中国人民的崭新风貌,看到中国朝气蓬勃向前发展的精神动力,建构中国改革开放的新认知、新印象。近几年以"中国梦"为主题的系列公益广告,让世界看到中国开启中华民族伟大复兴的新征程。政府部门发起的"讲文明树新风"等致力于公民道德教育的公益广告、公益组织旨在救贫解困的公益广告等,同样具有塑造中国国家形象的作用,从这些广告中可以了解中国的精神文明建设,看到这个国家的文化精神和人民的道德品质。利用公益广告在国家形象建设中的积极作用,我国政府已经开始在国外发布公益广告。2015年9月,中国驻美国大使馆在华盛顿等地发布公益广告,宣传"自行车王国"的人民注重绿色发展和健康生活方式,保护珍稀野生动物的理念和行动,展现中国人民与世界人民共同保护生态环境、坚持绿色发展理念的努力。公益广告的对外传播可以印证这一宣传形式的形象建构功能,说明公益广告在国家形象建构中具有不可忽视的作用。

2. 城市形象与公益广告

城市是政治、经济、文化中心,是国家的工业基地和交通枢纽,人口密集且成分复杂,各种社会问题出现较多而且比较集中,因而城市是公益广告宣传的主要目标,是公益广告的主要传播地,除了报纸、杂志、电视、广播等大众媒介频频播发,户外亦比比皆是,随处可见,路牌、灯箱、条幅、海报等各种形式的公益广告竖立、张挂于繁华街市,车体公益广告像漫游于河流的鱼儿穿梭于大道通衢。公益广告在城市形象建设中发挥着重要作用,如果说广告是城市里的一道文化风景,那么公益广告是这道风景中最美丽的部分,构建城市形象,反映城市文明,昭示城市的社会风尚,透射城市的精神气质和文化品位。如果把城市建设比作雄壮激昂的进行曲,那么公益广告是其中最活跃的动听的音符,和其他音符共同合成优美的旋律、完整的乐章。以深圳的公益广告为例。深圳是中国现代化建设的一个标本,街头书写着"发展就是硬道理""时间就是金钱,效率就是生命"的公益广告牌表达了深圳人的新观念,透射着深圳这个年轻城市的精神气质,让人们看到了促进这个城市朝气蓬勃向前发展的精神动力。城市公益广告的数量多寡能够反映出城市的精神文明建设情况,如果在一个城市商业广告铺天盖地,而公益广告寥若晨星,那么或是这个城市的精神文明程度已经很高,或是精神文明建设工作不"硬"。这两种情况似乎后者的可能性更大一些。因为倘若城市重视精神文明建设工作,必然要加大宣传力度,大张旗鼓,而绝不会偃旗息鼓,悄无声息。城市公益广告的内容能够反映城市当前的重点、热点问题,反映城市工作的广度和深度。因为公益广告宣传总是有的放矢,配合当前的实际工作而做,公益广告中最多最集中的内容肯定是当前工作的重点和热点,从这些广告可以看到城市正在干什么事情,努力解决什么问题。现代城市在自塑形象的过程中几乎无不利用公益广告,无不重视公益广告活动,把公益广告宣传当作建设城市精神文明、塑造城市新形象的舆论前导和重要举措。我国有些城市的市委和市政府将公益广告活动纳入城市精神文明建设、城市形象塑造的规划中,对公益广告活动进行指导和协调,帮助解决工作中遇到的实际问题,为公益广告活动的顺利开展创造良好的环境。当然,城市形象不是只靠公益广告塑造起来的,城市形象是一个综合性的形象,是由众多城市形象要素构成的合体,从城市的外观环境到内在精神,从经济建设到文化生活,从各行各业的社会服务到个人的言行举止,都是城市形象的构成单元,都能体现城市形象的特征,反映城市的面貌,因此塑造城市形象需要综合治理,从各方面着手。公益广告宣传只是形象塑造这项浩大工程中的一项工作,但确实又是不可缺少的工作,它的作用是有限的,却是明显的。

因此在城市形象塑造过程中,要自始至终坚持搞好公益广告宣传活动,充分发挥其舆论造势、舆论导向作用,在浓烈的舆论氛围中抓紧搞好城市形象塑造的其他方面的工作。夸张公益广告的效果和忽视公益广告的作用都是片面的,把公益广告宣传当作城市形象的舆论包装的认识更是错误的。

3. 企业形象与公益广告

公益广告是塑造企业形象的重要手段,企业参与公益广告活动,既有利于社会公益事业,也让自己得到优厚的社会回报,树立起企业的良好形象,赢得了公众的好感和信任。因此,有些企业不但把公益广告活动当作自己的社会责任,更当作塑造企业形象的重要手段。企业重视自我形象塑造,既是市场激烈竞争的结果,也是企业经营理念跟随时代进步的标志。几乎所有的企业都被视为唯利是图的经济动物,有不少企业确实单纯追求经济效益而毫不顾及社会利益,重视短期利益而缺乏对长远利益的考虑。这些企业对于企业形象,单纯理解为就是社会信誉,并没有发现其极为丰富的内涵,当然也不能比较深刻地理解企业形象和企业利益的关系,尤其是和企业长远利益的关系。时代的发展和社会的逐步成熟,及其对企业的新要求,还有企业之间的激烈竞争,把重视社会利益和长远利益、重塑企业新形象的问题摆在企业面前。企业认识到自我形象的重要意义,重新审视自己的责任和使命,调整企业理念,把企业生存发展和社会的期待更紧密地联系起来,与社会建立一种更新的关系,以承担更多的社会责任来满足社会的期待,用给予社会更多的回报来获得公众的好感和信任,从而改变原有的"经济型""赢利型"形象,塑造"经济——社会型""赢利——福利型"企业的崭新形象。通过参与公益活动、赞助公益广告这一途径塑造企业形象,首先是因为公益广告的内容具有较强的接近性,易于与受众沟通。公益广告反映的都是关系社会公共利益的问题,其中有些反映了当前公众普遍关注的问题,这些内容既能拉近广告与受众之间的距离,也能反映企业的社会良知、企业理念的变革、企业对公共利益的关心,从而缩短受众与企业之间的感情距离;如果公益广告所涉及的正是时下的社会焦点、热点,那么这更有利于企业与社区、与公众的沟通,取得企业与社会公众在深层次沟通、感情沟通的效果,消解商业广告造成的买方与卖方之间天然的隔阂。其次是公益广告有广大的受众群,广告发布地区的男女老少、各个阶层的人都有可能成为公益广告的受众。最后是政府的鼓励、媒介的宣传,能够强化企业的宣传效果。政府不但倡导而且通过向社会通报、公开表彰等方式鼓励企业参与公益广告活动,媒体也会对企业的公益广告活动给予热情的宣传。大连冰山集团购买公益广告《欢呼生命的辉煌》后,中央、省、市的媒介都相继报道。这等于为企业扩大了宣传,大大强化了企业购买行动的宣传效应。政府和媒体的鼓励及舆论效应提高了企业的知名度、美誉度,往往比企业自我宣传的效果更好,引起的反响更大。所以,很多企业积极参与公益广告活动,通过公益广告、企业形象广告的协同效应实现形象传播、形象塑造目标。

4. 广告业、传媒业形象与公益广告

广告公司、媒介机构和企业一样,也把公益广告作为形象塑造手段,通过公益广告活动让受众更多地了解广告业和传媒业,表明广告业和传媒业不仅谋求经济利益,服务于工商企业,而且肩负社会责任和义务,可以不计回报、牺牲经济利益为社会做贡献。广告不仅是工商企业商品营销的传声筒,而且是重要的社会舆论工具;不仅传递商品信息,助推经济发展,而且传播先进生活理念,宣传道德规范,为社会精神文明建设摇旗呐喊;不仅引领消费者光顾五光十色的商品世界,而且为公众展示一个真善美的的理想境界,引导健康良好的社会风尚,促进社会文明进步。公益广告能够影响公众的态度,一定程度上改变公众对广告业和传媒业的印象,抵消一些媒体过多发布商业广告,甚至发布虚假广告的负面影响。公益广告活动还可以为广告业、媒体提供施展才能的机会和展示专业水平的平台,有利于在竞争激烈的市场上创立品牌。世界著名的 SAATCHI & SAATCHI 广告公司在创办之初就因创作了公益广告《怀孕的男人》而显示了创造力,获得了广泛的认可。如果公益广告能获得国际国内的重要奖项,那么不仅得到了荣誉,而且显示了专业能力和水平。在这一意义上,广告公司和媒体也会积极参与公益广告活动,用优秀作品及其良好的社会效益,为自己塑造专业形象,增加竞争砝码。

[案例]

案例1:"公益广告也是一盏灯"

2008年央视《广而告之》栏目播出了广告《相信》,著名影视演员濮存昕用"公益广告也是一盏灯"客观地阐释公益广告的力量,肯定公益广告的作用,提示文明就在身边、就在心中,鼓励人们向文明迈进,传递文明。

濮存昕:有人这样问我,播出的一条公益广告能不能改变我们生活中的那些陋习呢?我说不。公益广告对于社会中的那些不文明的现象也许不可能药到病除,但是我相信,一条公益广告就好像一盏灯,灯光亮一些,我们身边的黑暗就会

图 2-3

少一些。并且我相信,每个人的心灵都像一扇窗,窗户打开,灯光就会进来。我相信,文明就在我们身边,离我们很近很近,近得触手可及。有时候文明离我们只是十厘米的距离,有时候只是几十厘米的宽度,也有时候,可能是一张纸的厚度。我相信,其实文明就在我们心中,我们会在生活中不经意地流露着。有时,多一个手势,对别人来说,就是多一份体谅;还有时候,多一点耐心的等待,对别人来说就是一种关爱;有时,多一点点分享,对别人来说就是多一分温暖。我们每个人迈出一小步,就会使社会迈出一大步。所以,我发现,文明是一种力量,就像奥运火炬传递一样,在每个人手中传递,也能汇聚所有人的热情。我相信你,相信屏幕前的你,更多地来发现、来释放自己文明的热情。文明的中国盼奥运。迎奥运,讲文明,树新风。

案例 2:"讲文明树新风"公益广告活动

"讲文明树新风"公益广告活动是由中共中央宣传部、中央精神文明建设办公室等党政部门指导,已经开展 10 年的全国性宣传教育活动。2007 年,为充分发挥公益广告在传播奥运精神、倡导社会新风中的重要作用,推动"迎奥运、讲文明、树新风"活动深入开展,中共中央宣传部、中央精神文明建设办公室、国家工商总局、国家广电总局、新闻出版总署、北京奥组委决定举办全国"迎奥运、讲文明、树新风"公益广告征集比赛,要求公益广告作品形象生动地宣传"绿色奥运、科技奥运、人文奥运"理念,激发广大人民群众的爱国情感,积极参与文明风尚宣传普及、赛场文明和窗口行业文明服务、奥运志愿服务、"全民健身与奥运同行"、城乡环境综合改善、文明交通行动、提升公民旅游文明素质等重点工作,全面提高公民文明素质和社会现代文明程度,为举办一届有特色、高水平的奥运会营造文明和谐的社会氛围。2009年,为庆祝中华人民共和国成立60周年,充分发挥公益广告在激发爱国热情、弘扬社会新风中的重要作用,推动"迎国庆讲文明树新风"活动深入开展,中共中央宣传部、中央精神文明建设办公室、国家工商总局、国家广电总局、国家新闻出版总署决定组织开展"迎国庆讲文明树新风"公益广告宣传活动,要求大力弘扬社会主义核心价值体系,以展现人民群众通过积极参与道德建设、文明创建、志愿服务等活动,激发爱国热情,形成良好风尚为主要内容,形象生动地反映各族人民奋发向上、文明进步的精神风貌,为庆祝中华人民共和国成立60周年营造文明祥和、喜庆热烈的浓厚氛围。2013年1月,为深入学习贯彻党的十八大精神,推进社会主义核心价值体系建设,培育知荣辱、讲正气、作奉献、促和谐的良好风尚,中共中央宣传部、中央精神文明建设办公室、国家新闻出版总署等七部委联合下发通知,决定在全国主要媒体深入开展"讲文明树新风"公益广告宣传活动。2014年,中共中央宣传部、中央精神文明建设办公室等部门再次提出进一步做好"讲文明树新风"公益广告宣传的要求。新华网报道:中宣部、中央文明办、国家网信办、工信部、工商总局、新闻出版广电总局2014年3月28日召开电视电话会议,部署深化"讲文明树新风"公益广告宣传,大力培育和弘扬社会主义核心价值观。会议指出,2013年以来,各地各部门和新闻媒体制作刊播了一大批丰富多彩、感染力强的公益广告,浓墨重彩地宣传"中国梦",旗帜鲜明地传播主流价值观念,树立文明道德风尚,深受广大群众欢迎,产生了良好的社会效果。会议强调,要进一步提高思想认识,强化责任担当意识,把公益广告宣传作为一项政治任务抓紧抓好。进一步突出思想道德内涵,把中国特色社会主义和中国梦宣传教育、培育和践行社会主义核心价值观贯穿全过程,重点做好中华优秀传统文化、雷锋精神、诚实守信、勤劳节俭、孝敬之风、文明旅游、保护环境、法制观念八个选题。进一步提高创作水平,把各方面创作资源都用起来,让公益广告美起来,让表现方式动起来,打造更多优秀作品。进一步扩大覆盖面影响力,充分发挥新闻媒体、新兴媒体以及各类大众传播媒介作用,把核心价值观融入百姓日常生活。进一步形成常态化制度化,加强组织领导,健全政策法规,促进公益广告宣传持续发展。[①] 在中共中央宣传部、中央精神文明建设办公室等六部委的指导下,由人民日报社、中央电视台等媒体牵头,

---

① 《中宣部中央文明办等部门部署进一步做好"讲文明树新风"公益广告宣传》,新华网,http://news.xinhuanet.com/2014-03/28/c_1110001323.htm。

成立了平面媒体公益广告制作中心、电视媒体公益广告制作中心、全国网络公益广告制作中心,旨在提升公益广告创意策划的水平,加强创意、研究、策划、评奖等工作,加强设计制作人才队伍建设,为中国公益广告发展提供人才储备、数据库、作品库,发布公益广告通稿,推动中国公益广告事业的发展。根据中央指示精神,各省市县都积极部署公益广告宣传活动,以讲文明树新风为主题的公益广告活动红红火火地开展起来。

案例3:希望工程宣传海报的公益动员

希望工程是共青团中央、中国青少年发展基金会于1989年发起的以改善农村办学条件、救助贫困地区失学少年儿童为目的的一项公益事业,希望工程实施的两大主要公益项目是援建希望小学与资助贫困学生。截止到2015年,全国希望工程累计接受捐款118.32亿元,资助学生5,350,560名,援建希望小学18,982所,援建希望工程图书室23,490套、希望厨房5,023个、快乐体育7,795套、快乐音乐1,323套、快乐电影620套、电脑教室1,215套。[①]

希望工程已经成为我国影响最大、声誉最高、社会参与最为广泛的一个民间助学公益项目,中国青少年发展基金会根据政府关于多渠道筹集教育经费的方针,广泛动员海内外财力资源,建立希望工程基金,资助失学儿童继续完成学业,改善贫困地区的办学条件。公益广告在希望工程的公益动员过程中发挥了巨大作用,特别是项目创办初期发布的公益海报犹如一道道公益动员令,产生了很大的影响力。其中以记者解海龙的纪实摄影制作的公益海报,真实地反映了我国贫困地区农村基础教育现状和农村儿童的生活困境。题为"我要上学"的公益海报成为中国希望工程的宣传标志,手握铅笔头、直视前方对求知充满渴望的大眼睛苏明娟和"小光头""大鼻涕"们成为希望工程的标志人物。随着大规模宣传的开始,这些公益海报广泛发布,贫困地区儿童求学艰难的窘迫进入公众视野,"大眼睛""小光头""大鼻涕"们成为公众的牵挂,上至国家领导人、下至普通市民,从年过花甲的老人到在校读书的学生,都愿为希望工程解囊,以各种方式捐款捐物,企业、社会团体等各类组织机构纷纷出资援建希望小学。为了提高希望工程的识别度,维护希望工程的信誉,加强希望工程活动的管理,中国青少年发展基金会为希望工程注册了服务商标,以"托起明天的太阳"的美好寓意表达了希望工程的宗旨和目标,预示希望工程将为孩子们创造美好的未来。

---

① 数字来源于中国青少年发展基金网站,http://www.cydf.org.cn/。

图 2-4 希望工程公益广告"我要读书"

案例 4：中国在美国发布主题公益广告

2015 年 9 月 14 日，中国驻美国使馆在美国首都华盛顿哥伦比亚特区 70 个公租自行车站发布了以中国自行车发展为主题的公益广告。第一幅广告描绘了中国作为"自行车王国"几十年来的发展变迁，反映出在中国人民更加注重绿色发展和健康生活方式的过程中，自行车扮演着日益重要的角色。第二幅广告展现了在中国壮美的自然风光中骑行的美妙感受，热情邀请全世界的自行车爱好者通过骑行感受中国。

9 月 21 日，中国驻美使馆还将在华盛顿特区及弗吉尼亚州、马里兰州部分地区的 70 辆公交大巴车身，投放另一系列以中国野生动物保护为主题的公益广告。该系列广告包括大熊猫、小熊猫、金丝猴、藏羚羊、朱鹮、丹顶鹤 6 种深受人们喜爱的中国珍稀野生动物。

这是中国驻美使馆首次在美发布此类公益广告,旨在向美国民众展现中美两国人民对大自然的共同热爱,以及两国人民对自行车运动的共同爱好,进而使人们更多了解中美加强合作的巨大潜力。①

图 2-5　中国大使馆发布的"自行车骑行"系列公益广告

案例5:消防安全知识公益广告

虽然公众知晓"水火不留情",具有一定的安全意识、风险意识,但是并非人人都清楚如何预防事故,消除隐患,应对火灾,正确逃生,因为缺乏相关知识和应急避险能力而引发火灾、造成人员伤亡和财产损失的重大事故频频发生。惨痛的教训说明了加强消防安全教育、普及消防安全知识的必要性,因此消防部门将传播消防安全知识作为消防安全教育的重要内容和防火防灾的重要举措。多年来国家公安部消防局制作、发布了很多公益广告,传播消防安全知识,进行消防安全示范,指导公众如何在生产和日常生活中及时发现隐患、如何进行应急处理、如何用正确方法逃生自救和救助他人、如何在节日等灾情高发时间预防火灾事故等。从公安部消防总局网站"中国消防在线"上的防火教室、逃生宝典可以

---

① 《中国主题公益广告在美国发布》,载《光明日报》2015年9月16日07版。

图 2-6 "野生动物保护"系列公益广告

看到消防部门如何利用公益广告传播防火安全知识,培训公众的应急处理能力。从日常生活中如何避免和应对油锅起火到麦场如何避免火灾,从如何报警、使用灭火器到怎样安全逃离火场,从节假日防火到高楼、地铁车厢等场所的逃生自救方法,所传播的消防安全知识很多已自成系列,传授的方法亦简捷适用。各省消防总队同样利用公益广告这一形式,大力宣传消防安全常识。公益广告的形式也多种多样,多是公众喜闻乐见、易于接受的形式,既有平面和影视广告,还有动画、四格漫画等。这些消防安全广告在通过各种媒体传播,在中小学课堂和一些企业机构播放,既像公众身边诲人不倦的消防安全宣传员,又如微型的消防安全示范课。尤其是在节假日火灾高发、重大突发事故发生后等关键时间点,消防部门都会不失时机地通过公益广告发布警示,唤起公众的消防安全意识,指导公众如何做好防范和应对处理,以避免和减少事故灾难。公众无论是在国家电视台还是各个电影院的银幕上,无论是在人流密集的公共场所还是街头巷陌,无论是在家中还是在工作单位、学校,都可以看到它们,从中学到消防安全知识和应对处理方法。

图 2-7　消防公益广告"正确逃生自救"

思考与练习

1. 考察近年我国的公益广告宣传活动,理解公益广告的宣传教育功能和宣传教育特点。

2. 考察国内外著名公益性组织的公益广告,分析这些组织如何利用公益广告动员民众、开展各种公益活动。

3. 公益广告的监督警示功能与新闻等环境监督功能有何异同?公益广告通常运用什么方式发挥监督、预警作用?

4. 分析环保、消防、预防艾滋病、防范电信诈骗等主题公益广告的知识传播及其效果,理解公益广告知识传播的特点和作用,思考如何利用公益广告做好知识传播和行动示范。

5. 为什么说公益文化是社会文明程度、国家价值追求和公民素质修养的重要标志？为什么说公益文化是推进社会文明发展、构建和谐社会不可或缺的重要力量？公益广告对培养公民公益自觉、培育社会公益文化具有什么作用？

6. 通过成功案例理解公益广告的形象建设功能，了解国家、城市、企业等如何利用公益广告塑造形象。

7. 根据案例4提供的资料，进一步了解中国在美国发布公益广告的背景，理解中国对外发布公益广告的目的和意义，分析这些以中国自行车发展和野生动物保护为主题的公益广告旨在传达什么信息、塑造什么样的国家形象。

第三章
公益广告的传播主体

公益广告的传播主体是指公益广告活动的发起者、主要参与者。公益广告作为公益事业的一部分、公益宣传的主要形式而被广泛利用,不仅公益组织、政府机构作为公益广告的发起者而成为传播主体,企业也经常以直接发起或资金赞助等形式支持公益广告传播,广告公司和媒介机构不仅以减免费用等方式为公益广告传播提供策划制作服务和传播载体,而且经常以广告主的身份为公益广告传播做出贡献。公益组织、政府机构、企业、媒体、个人以各种方式参与公益广告活动,都是公益广告传播主体。传播主体的多元性,既体现了公益事业的社会动员力,也体现了公益广告传播的公共性。

一、公 益 组 织

公益组织,是指志愿以维护公共利益、公众福祉为组织使命,以开展公益活动推进社会公益事业、解决社会问题为行动目标的非营利性组织。公益组织具有社会团体、社会服务机构、基金会等多种组织形式,其中既有隶属于国际组织、政府组织的公益组织,如隶属于联合国的联合国儿童基金会,具有政府背景的中国红十字会;也有非政府组织、社会团体、企业背景的公益性组织,如英国救助儿童会、福特基金会、腾讯公益;还有民间人士发起组成的公益团体,如阿拉善SEE生态协会、壹基金。既有关注世界性问题、跨越国界开展活动或项目的公益组织,如国际红十字会、世界自然基金会,也有主要致力于国家或地方公益事业的公益组织,如中国妇女基金会、中华环境保护基金会;既有规模较大的组织,如国际绿色和平组织,也有力量薄弱的草根团体;既有公益项目涉及多个社会群体、多个社会领域的组织,也有专注于某一群体、某一社会问题的组织。无论公益组织的背景、规模、定位、目标、能力、项目如何,无论通过什么途径实施项目、完成使命,都以高度的社会责任意识和经常性的公益活动,参与社会治理和社会公益事业建设,是社会治理不可或缺的民间力量,是推进社会公益事业发展的一支主力军,是推进世界文明进步的重要力量。公益组织通过公益行动参与社会治理,具体而言就是通过开展赈灾扶贫、医疗保健、普及教育、保护妇女儿童、保护环境等慈善行动或公益项目,协同政府解决社会问题,为消除贫困和愚昧、推进民主与公平、保护人民安康、保护生态环境、维护世界和平做出贡献。中国古代倡导"日行一善",而今社会公益意识已成社会共识,社会管理思想和机制也有所改变,政府通过政策调整等方式支持、培育公益组织参与社会治理,公益组织获得前所未有的发展机遇,公益活动蓬勃开展。

公益广告是公益组织的主要信息传播方式之一,公益组织发起公益活动,实施公益项目,要利用公益广告广而告之,发动公众参与,汇聚社会力量,整合社会资源;开展公德教育、发布风险警示也要利用公益广告进行劝勉和提醒。如果说公益活动、公益项目是公益组织奉献于社会的公益产品,那么公益广告就是公益组织推广公益产品的宣传单。所以,公益组织作为公益广告传播活动的发起者,是公益广告的主要传播主体。在公益组织数量多、影响大的国家和地方,各类慈善组织、环保组织以广告主的身份发布公益广告,进行救助募捐或是呼吁保护环境。我国的救助失学儿童、资助母亲水窖等慈善募捐类公益广告也都是公益组织所做。公益组织发布公益广告的数量不仅可以说明公益组织是公益广告传播主体,也反映了公益组织参与社会治理的广度和深度。

二、政府和公共服务机构

政府机构及公共服务机构负有社会管理、公共服务等职责,在处理社会事务、提供公共服务等工作中,经常利用公益广告这一形式开展宣传活动,传递相关信息,与公众互动沟通,争取公众的理解和支持。在重大事件发生之际或某些重要时刻,发布公益广告进行社会动员,激励和组织社会行动;在社会文明建设和公民素质教育的过程中,更是将公益广告作为宣传教育的常用方式。例如政府的环保部门为保护环境,倡导低碳生活,出资制作公益广告,鼓励公众出行多用自行车而减少开车次数;禁毒机构出资制作相关主题公益广告,呼吁公众珍惜生命远离毒品;交通管理部门通过发布公益广告,吁请公众珍惜生命遵守交通规则;国家公共卫生服务项目通过公益广告让公众了解这一项目,告知公众如何参与并免费享受国家基本公共卫生服务。政府、公共服务机构作为广告主,投资制作公益广告,所以是公益广告的传播主体。

目前我国政府部门主要还是发动公益广告活动而较少投资公益广告传播,公益广告的管理意识很强而传播主体意识比较薄弱,尽管近年来国家把公益广告融入制度建设、政策保障之中,国家新闻出版广电总局等设立了公益广告项目专项基金,通过项目扶持方式支持公益广告传播,并逐年加大扶持力度,但政府部门在公益广告活动中以广告主身份出现的时候还是较少,多是利用社会力量,谋求企业、媒体支持赞助。其实政府部门、公共服务机构的一些项目预算中通常包含着用于宣传、推广的经费,虽然经费有限,但如果能够根据公益传播的需要,在发动社会力量的同时合理使用宣传推广经费,投入公益广告的制作或发布,不仅能尽政府和公共服务机构的传播主体之责,而且可以起到带头引领的作用,有利于公益广告活动的蓬勃开展。值得注意的是,2016年政府公布的《广告产业发展"十三五"规划》,提出要建立完善公益广告可持续发展机制,依法建立专门的公益广告基金以及在综合性公益基金下的公益广告专项基金,积极推进政府采购公益广告服务,研究制定企业投入公益广告费用税收鼓励政策。这是我国政府首次提出政府采购公益广告服务,标志着政府不仅要通过倡导组织公益广告活动发挥主导作用,而且要通过购买公益广告服务等举措发挥政府的传播主体作用。有些地方政府也出台政策、办法,鼓励政府机关通过采购公益广告服务推进公益广告活动,如南京市政府的《南京市公益广告管理暂行办法》就有相关条款。推进政府购买意味着以后会有更多的政府机关作为公益广告活动主体,真正负起主体的责任和义务,与企业、社会团体、媒体、个人等一样出资出力,共同突破限制公益广告事业发展的瓶颈,保证公益广告事业可持续发展。

总体上看,虽然政府部门及公共服务机构作为广告主发起、投资公益广告的时候不多,但有些政府部门、公共服务机构认识或体验到公益广告的良好宣传效果、沟通效果,会经常甚至长期利用公益广告,有的公益广告已经家喻户晓深入人心。由隶属于美国农业部的森林服务部(U.S. Forest Service)和广告委员会合作发起森林防火公益广告活动已延续百年,在美国社会具有很高的知名度和影响力。森林服务部最早使用文字海报进行森林防火宣传,后来图文共用。当斯摩基熊卡通形象出现于公益广告之后,公益广告的关注度显著上升,美国公众都认识斯摩基熊这个森林防火的代言形象,理解公益广告所传达的信息。美国森林服务部的防火公益广告实践及其效果,为政府部门、公共服务机构如何利用公益广告积累了经验,也为如何提升公益广告传播效果提供了启示。我国国家林业局借鉴美国森林防火公益广告的卡通形象代言经验,通过设计大赛形式征集森林防火吉祥物,拥有了一个名叫"虎威威"的中国森林防火的卡通形象,"虎威威"作为中国森林防火的代言形象通过公益海报、动画短片等与公众见面,提醒公众预防森林火灾,培育青少年的森林防火安全意识。诸如此类的成功经验说明,政府部门和公共服务机构不仅应多用而且要善用公益广告,既要坚持长期传播，还要注重传播策略和传播方法，以取得良好的传播效果。

三、企　　业

在公益广告活动中，企业无论是作为广告主还是作为赞助方，同样发挥传播主体作用。在某些国家和地方，企业是公益广告事业发展不可或缺的支持力量。

企业在公益广告活动中的主体地位取决于它们在公益广告活动中的重要作用。虽然企业是从事生产经营活动的经济性组织，谋求商业利益并追求利益的最大化，但是企业或者独自作为广告主，或是作为合作方与政府机构、公益组织共同发起公益广告活动，或是以赞助的方式为公益广告传播提供相应的支持，通过提供资金或物质参与公益广告传播。无论中外，很多公益广告传播活动都有企业投资，都依赖企业的力量得以成功。企业对公益广告活动的支持，特别是为公益广告活动投资，成为公益广告事业发展、公益广告活动顺利进行的重要保证。企业的作用和贡献不仅使之成为公益广告的传播主体，而且成为具有重要地位的传播主体。

企业的社会责任和经济实力决定了企业应当成为公益广告活动主体。进入现代工业社会，企业成为支撑社会大厦的主要力量，不仅要为社会发展积聚雄厚的经济基础，为国家和人民创造财富，而且要承担社会责任，履行企业公民的义务，为社会公共事务和公益事业尽责尽力，为社会和社区文明建设做出自己的贡献。社会经济发展依靠企业的推动，社会公共事务需要企业参与解决，社会公益事业也离不开企业的支持和贡献。公益广告是利国利民的活动，是公益事业的组成部分，企业作为社会公民必然参与，承担主体的责任和义务。从另一角度看，企业的生存也离不开社会，生产资料和生产者都来自社会，产品推销给社会，由社会吸纳利用，社会还给企业提供其他各种帮助。企业在自己的发展中也给社会带来一些问题，诸如资源消耗、环境污染等，而解决这些问题需要社会的大力帮助。对于社会的支持和帮助，企业应以实际行动回报，把社会公益事业和公益活动当作自己的义务。所以，企业成为公益事业的骨干力量，也是企业回报社会的表现。有社会责任感、有前瞻和远见的企业不会，也不应该放弃每一个为社会公益事业做出贡献的机会。

企业的特点也决定了企业必须成为公益广告活动的主体。首先，企业能够自己解决公益广告传播所需要的资金问题。制约公益广告活动的一个主要问题是资金，发起公益广告活动的政府部门、公益组织常为资金不足问题所困扰，所以政府机构通常通过企业赞助、广告公司和媒体减免费用的方式弥补资金的短缺。公益组织是非营利组织,活动经费主要来自社会支持,依靠企业赞助或政府补贴。企业是经济实体,拥有经济实力和资金使用自主权,可以从所获利润中抽出部分资金投向公益事业,支持公益广告活动,理所当然应当自觉成为公益广告活动主体。很多企业能够自觉地负起这样的社会责任,每年都将投向公益事业的资金纳入预算,用于支持各类公益性组织、公益性活动。美国公益广告很大程度上依靠企业赞助,我国的大型公益广告活动都得到企业的大力支持。其次,企业可以不受任何限制地参加各种公益广告活动。公益组织各有宗旨、任务、目标及关注领域,往往致力于某一方面的社会问题,如慈善组织多是运用公益广告呼吁公众扶贫救困,环保组织向公众发出环境预警,而企业的社会关怀不局限于某一群体、不囿于某一问题,愿意推动各种社会问题的解决。只要公益广告能够成为解决社会问题的助力,就会参与或赞助。这使企业能够经常参与公益广告活动,在各类公益广告活动中发挥主体作用。企业的这两个特点使之在公益广告活动中成为最积极、最活跃、最有力量的主体,企业发挥主体作用可以保证公益广告活动广泛而持久地开展。因此,企业不仅是公益广告活动的经济后盾,更是一支力量强大的主力部队,是公益广告事业最坚实的基础。

企业在公益广告活动中的主体作用主要表现在以下几个方面:

1. 发起公益广告活动。企业主动策划、发起公益广告活动,出资制作、发布公益广告,或与广告公司、媒介联合制作发布公益广告。

2. 出资赞助公益广告传播。向发起公益广告活动的机构、组织提供资金或其他帮助,解决公益广告的资金、物质问题。

3. 购买公益广告作品或发布媒体的时间、版面,通过购买方式帮助解决制作、发布的经费问题。如大连电视台摄制公益广告《欢呼生命的辉煌》后举办拍卖活动,数十家企业前来竞购,电视台将拍卖所得费用捐助给残疾人运动会。该台后来又将所摄制的《祖国建设离不开纳税人的贡献》公益广告进行拍卖,将企业购买资金一部分用于山区电视事业建设,一部分作为电视公益广告制作资金。企业的购买实际上就是企业对公益事业、公益广告的一种支持方式。

四、广告公司和媒介机构

广告公司和媒介机构不仅利用自己的资源支持社会公益事业,支持公益广告活动,而且经常作为广告主,完成公益广告设计制作和发布的任务,同样是公益广告活动主体。它们在公益广告活动中出资出力,除了有政府动员、税收政策、评奖鼓励等外部动力,还有其内在动因,这就是通过公益广告表达自己的社会责任意识和社会服务精神,为自己塑造良好的社会形象。尽管广告公司和媒体都是经营性机构,也时有重利轻义的问题出现,但是总体上都具有社会责任感,志愿为社会服务,能够自觉而主动地承担社会义务,尽其所能为社会公益事业做出贡献,在公益广告活动中发挥广告公司的专业特长和媒体的资源优势,并通过公益广告表达广告公司和媒介机构的社会关怀、专业精神,表现广告公司和媒介机构回报社会的价值追求。

在公益广告活动中,广告公司充分利用设计、制作的专业资源,以减免收费的方式承制公益广告作品。国内外很多知名广告公司长期与公益组织、政府和公共服务机构及媒体合作,承担公益广告项目。有的公司还成立公益广告项目工作室,设立公益广告专项资金,派出优秀的创意设计人员负责公益广告项目。广告公司有时也单独发起公益广告活动或制作公益广告作品,从商业广告业务收入中拿出部分资金用于公益广告,用商业广告收入支持公益广告项目,通过商业广告服务获取经济效益,再以公益广告的方式回馈社会,以这种方式履行企业的社会责任。这种良性循环也为广告公司参与公益广告活动提供了资金保证。

大众传媒机构对公益广告的贡献主要是免费提供发布公益广告所需要的报刊版面或广播电视时间。版面、时间是大众媒体的主要资源,媒体主要依靠出让广告版面、广告时间获取所需要的发展资金,免费发布公益广告必然减少媒介机构收入,牺牲一些经济利益。虽然在很多国家和地方发布公益广告已成为媒体的法定义务,相关法律制度规定媒介机构必须保证发布公益广告的空间和时间,但是多数媒介机构发布公益广告并非因为制度规约,而是出于责任意识和公益自觉,主动将一些商业广告版面和时间给予公益广告,不惜重要版面和黄金时段发布公益广告,利用自己的媒介资源和影响力为社会公益做些实实在在的事情。我国的中央电视台作为国家电视台率先垂范,不仅按规定播发公益广告,并创办了中国第一个电视公益广告栏目《广而告之》,举办公益广告征集比赛,建立优秀公益广告作品库,承担电视、网络公益广告的制作和多终端传播任务,很好地发挥了主体作用和国家电视台的带头作用。新华社作为国家通讯社同样为公益广告的国际传播提供支持,2015年支持中国摄影家协会的"中国梦"主题影像公益广告之"美丽中国"系列在纽约时报广场大屏轮播。新华社纽约时报广场大屏幕是公认的在"世界十字路口"宣传中国形象的高端载体,新华社的支持使"中国梦"主题影像公益广告能够借助这个平台传播,向世界展现当代中国人努力拼搏、实现梦想的精神风貌和美好憧憬,多方位地体现中国精神、中国形象、中国文化和中国表达。因此,媒体无论是作为公益广告活动发起者还是传播载体,都是名副其实的主体。

[案例]

案例1：美国森林服务部的森林防火公益广告

作为森林覆盖率较高的国家之一，美国很早就意识到森林火灾是一个严重的威胁，森林服务部很早就使用广告海报形式进行宣传。1902年年初利用一些标准化文字海报来告诉人们如何预防森林大火；1939年的海报中开始出现图片，看起来像山姆叔叔的男人指着森林大火说："Your Forest-Your Fault-Your Loss."相关统计显示，90%以上的大火是人为造成的，因此预防相当重要。1941年日本攻击珍珠港，1942年日本潜艇浮在南加州海岸对油田附近的圣塔巴巴拉进行射击及轰炸，而这里非常接近帕德里斯国家森林公园。美国人在被战争的消息震惊的同时也担心敌人的燃烧弹引发肆虐的森林大火，因此加快了森林防火预防传播的行动。最初的宣传以标语为主，如"Forest Fires Aid the Enemy"和"Our Carelessness, Their Secret Weapon"，这些标语出现在五颜六色的海报和其他预防火灾的消息上，目的都是为了让人们防止意外火灾同时帮助战争。刚开始海报上用的是迪士尼电影中"小鹿斑比（Bambi）"的卡通形象，海报宣传相当成功，证明了使用卡通形象代言的有效性。但斑比的形象租借使用权只有一年，森林服务部还需要找到新的形象代言。1944年，森林服务部和战时广告委员会合作商定推出新的代言形象，同年8月9日，艺术家艾伯特·施特勒设计的新的卡通"代言人"——斯摩基熊出现在防火海报上，这只熊正在用一桶水浇灭篝火，它的下方是广告语"Smokey says – Care will prevent 9 out of 10 forest fires"。斯摩基熊非常受欢迎，它的形象也开始出现在各种防火宣传资料中。

图3-1

1947年，森林防火公益宣传口号"Only YOU Can Prevent Forest Fires"确定下来，著名电台人Jackson Weaver给斯摩基熊配音。1951年11月，斯摩基熊服装在费城的弗吉尼亚林区面世。如今，斯摩基熊服装授权于承包商并且售卖给联邦和州消防机构，任何其他的销售必须经过书面批准。1952年，斯摩基熊的名字和形象通过联邦法案进行版权保护,1974年,该法案进行修改,使商业使用得到了许可并且有了费用和版税,这些收入都用来促进森林防火,多年来数以百计的项目已经在该立法下授权。1952年,Junior Forest Ranger 计划开始,这一活动鼓励全国儿童写信给斯摩基熊。大量的信件使得斯摩基熊有了自己的私人邮编(20252)。斯摩基熊成为一个被高度认可的广告符号,受到联邦法律的保护。

20世纪80年代,公益传播也面临激烈的市场竞争,森林服务部发现斯摩基熊很难引起公众更多的注意,于是开始注重公关与事件营销。1984年庆祝斯摩基熊40岁生日的时候,在新墨西哥发行了它的第一枚邮票。90年代通过全国性的庆典及参加高能见度的庆祝活动和事件来进行公关活动。

2001年,森林防火运动的广告标语口号由"Only YOU Can Prevent Forest Fires"改为"Only You Can Prevent Wildfires"。该标语适用于任何不受控制的野火、户外火。为了给美国人更新预防野火的重要信息,2004年重新寻求小鹿斑比的帮助,于是斯摩基熊拥有了一个经验丰富的"伙伴"。

从2008年开始,该运动开始涉足社交媒体,取得更广泛的网络社会的关注和支持。2013年7月13日,该运动掀起新一轮传播攻势:一个熊抱抵上千言万语,新的系列公益广告片开始投放,并引起了众多新闻媒体的报道。这一切也将为它即将到来的70岁生日庆祝活动预热。

该运动赢得了社会各界的关注和帮助,尤其是媒介的捐助使其能够有足够的渠道去传播相关信息。自1980年以来有来自各地差不多10亿美元的媒介估值捐助。

运动的效果是显著的。在20世纪30年代,美国平均每年有野火167277起。在20世纪50年代,平均每年野火数量下降到125948起,90年代下降到106306起。数字虽然在逐年下降,但迄今为止,森林大火的重要原因还是人为的野火,所以该运动至今仍有很多工作要做,至今还在不停地为孩子们传达预防森林大火的信息,以及提醒成年人防止野火。①

案例2:中国红十字基金会在美国纽约时代广场发布公益广告

北京时间2017年1月27日19:00,美国东部时间27日清晨6时,正值全球华人欢度除夕的欢庆时刻,中国红十字基金会公益广告出现在纽约时代广场纳斯达克交易所大楼的大屏幕上。这是来自中国的人道公益组织在时代广场的首

---

① 张秀莉:《美国森林防火公益传播的个案研究》,载《新闻爱好者》2014年第2期。

度亮相,由承办纽约时代广场纳斯达克大楼大屏的北京路途广告传媒有限公司捐赠播发。

图3-2

拥有110余年悠久历史、因《纽约时报》得名的纽约时代广场,又被称为"世界的十字路口",是全球观光客访问纽约的必游之地,每天都有数以万计的游客在此游览观光。当天,呈现在全球游客面前的中国红十字基金会公益广告,是一幅充满中国元素的金鸡祝福剪纸和中国红十字基金会网络卡通形象"小红"发出的"2017与您同行"公益邀请。中国红十字基金会副理事长刘选国介绍,中国红十字基金会此次接受捐赠登上纽约时代广场,是中国红十字基金会讲好中国故事、更好与世界沟通的积极尝试,同时也是在"互联网+新媒体"时代,面对自媒体发展和媒体融合的浪潮积极转变自身的新一步,希望能向世界呈现一个崭新而有温度的中国红十字基金会公益形象。春节期间,中国红十字基金会将开展"纽约时代广场拍小红"有奖征集活动,只要把含有中国红十字基金会新春公益广告的图片,上传到"中国红十字基金会"微信公众号或在微博上@中国红十字基金会,将会获得中国红十字基金会的一份新春好礼。

作为全国5A级基金会,中国红十字基金会是中国首家通过ISO9001认证的公益基金会,其项目先后五次荣获中华慈善奖,被评为全国先进社会组织、福布斯中国最值得推荐的基金会、胡润百富榜中国富豪最青睐的基金会、中国中基透明指数榜最透明的公益基金会等。2016年,中国红十字基金会筹募资金4.8亿元,公益支出4.11亿元,同比分别增长71%、73%。2016年全年救助5505名白血病患儿、1155名先心病患儿,帮助104万名患者;在受灾地区发放28550只赈济家庭箱;在贫困地区援建64所博爱卫生院站、59个红十字救护站、培训713名乡村医生;为山区学校援建599个红十字书库、配赠2293套图书,为213名学生提供助学金;为中西部贫困地区和受灾地区立项援建37个博爱家园;成立"院士博爱基金",在新疆、贵州地区对西部儿科医师进行专业培训;积极拓展海外人道援助。为进一步加强人道传播和品牌管理,新年伊始,中国红十字基金会专门成立品牌与传播咨询委员会,邀请来自国内多家公益传媒机构的精英人士、品牌与传播领域的专家学者汇聚其中。中国红十字基金会将在品牌与传播咨询委员会的指导下,紧抓新媒体的时代特色持续发力,转变传播风格,推动红十字品牌建设和人道公益传播工作。①

案例3:长江实业集团出资拍摄系列公益广告《知识改变命运》

长江实业集团出资赞助拍摄以"知识改变命运"为主题的公益广告,是长江实业集团和长江实业及和记黄埔主席李嘉诚多年捐助教育医疗事业之后的又一善举。李嘉诚一向崇尚知识,尊重人才,希望人们能够重视知识的作用,认识到进入21世纪后无论是国家富强、民族进步还是经济发展、文明提升都仰赖知识。长江实业集团出资赞助公益广告,委托著名摄影师拍摄公益广告,就是希望通过公益广告帮助人们认识知识的作用,建立"知识改变命运"的价值观。

四十集系列公益广告"知识改变命运"运用纪实方法,讲述真实人物故事。每集长约一分钟,讲述一个人的故事,因而每一集都如一个微型故事片,通过一个人的命运诠释知识与命运的关系,传播"知识改变命运"的理念。著名电影摄影师顾长卫接受委托拍摄这部公益广告,他和团队从1998年6月开始赶赴各地选择故事的主人公,西至新疆和西藏,北至内蒙古,东至黑龙江,南至云南,从各地遴选出三十五位拍摄对象,加上五位香港人士,共计40人。这些人中既有享誉世界的知名人士,也有穷乡僻壤的农家女孩,有科学家、艺术家、教育家,也有工人、农民、学生、运动员,他们以诚挚的情感讲述自己的故事,用自己的经历说明"知识改变命运"。每个故事中的人物命运都触动了受众的心灵,促进他们思考知识的重要性。

从1999年2月起,中央电视台多套节目每天播放《知识改变命运》系列公益广告,香港观众后来也通过无线电视收看了这些广告。这一系列公益广告产生

---

① 《中国红基会公益广告登陆纽约时代广场》,新华网,http://news.xinhuanet.com/gongyi/2017-01/28/c_129461001.htm?from=singlemessage。

了巨大反响,并在香港4As广告创作颁奖礼中获得三项大奖:《砍树大王变种树大王篇》《一根稻草两种命运篇》分别获得"最佳中文文案奖"铜奖和银奖,整套作品获得"最佳宣传影片"金奖。

案例4:人民日报制作公益广告《雷人的"楼盘文化"》

多年来人民日报社充分发挥中共中央机关报的带头引领作用,不仅减免费用为公益广告提供传播资源,而且自制公益广告,自觉发挥公益广告传播的主体作用。2011年11月1日《人民日报》第16版整版刊登了公益广告《雷人的"楼盘文化"》,这一广告"汇总"一些房地产广告的虚假宣传,并用"创意共欣赏,疑义相与析,劝君多思量,自解楼中局"四句广告语和三个小漫画作为提示,提醒受众谨防虚假广告,不要被虚假广告"忽悠"蒙蔽而落入陷阱。这一广告引起很大的社会反响,受众纷纷表达支持态度,众多媒体给予报道,使之成为一个新闻事件,也有人猜测《人民日报》发布这一广告可能事出有因。对此,人民日报社广告部主任郑有义接受人民网记者的采访,对相关问题作出回应,说明了人民日报社为什么要发布这样一个公益广告。

图 3-3

郑有义说:《雷人的"楼盘文化"》是一则批评类公益广告。类似的广告,西方很多,国内由于种种原因还没见到,这是我们对公益广告形式创新的一种探索,是通过广告这种特殊传播手段,反映社会问题,揭示社会现实,引导舆论走向,促进社会进步。现在看,这种探索得到了百姓的认可。刊发这则广告是具体落实中宣部、中央文明办关于促进精神文明建设、抓好公益广告刊发工作的指示精神,切实履行党报责任,开展批评类公益广告的一种具体表现;是激浊扬清、体现人民日报广告"权威、公信、真实、为民"的一种表达方式。另一方面,可以说是百姓让我们做的,人民日报广告有责任表达民生诉求,鞭挞社会丑恶。"为民鼓与呼"。当然,我们没有想到,这则广告刊发后反响会如此热烈,网友评论到"这样的广告,咱老百姓喜欢。""人民日报办了实事。""党报应该有这样的民众立场和正义立场。""靠国家、党和政府的强势推动才能办大事,办成事。"看到这些留言,我们很欣喜,更感到了作为党报广告人肩上的使命和百姓的期待。我们的社会和文化环境正处于大发展、大变革时期,更需要正义的声音,需要道德的力量,需要积极的引导滋润人心,民意是党报广告人心中的旗帜。很多媒体和网友猜测,"此时推出,颇可玩味""是不是意味着政府要出台'禁吹令'了?""应该还有下回分解"等等。我们只能说,这是人民日报广告部在对中央、国务院的房地产政策和指示精神进行深入学习和领会,是对中央政策更坚定的坚持房地产政策不动摇的反映,是强烈的民意,是对当前社会出现的房地产广告极端厌恶的老百姓真实呼声的一种深刻思考。刊发公益广告,反映民生诉求,是人民日报广告部的一项常态工作。①

北京大学新闻与传播学院陈刚教授认为,《人民日报》此举"开了一个好头"。"房地产广告是中国广告业中很独特的一种广告类型。应该说,多年来,房地产广告推动了房地产业的发展和繁荣,搭建了与消费者沟通的桥梁,但同时也产生了很多虚假广告宣传和夸大广告宣传。《人民日报》整版刊发这样一则'奇怪'的广告,把很多很炫的房地产广告常用术语放到一起,同时,又将一些虚假的宣传一一戳穿。《人民日报》这样的领军媒体,应该发出这样的声音,引领整个行业的发展。房地产业虚假和夸大宣传的现象必须进行批评,促使其改正,才能使行业快速健康地发展。国务院发布的《十二五规划》中对广告业的要求是'健康发展',这需要整个行业的共同努力。对消费者产生不利影响的虚假夸大宣传广告,要通过法律和公益的形式,形成舆论引导,加强管理。《人民日报》刊发这样的公益性广告,开了一个好头。"②

案例 5:ILEC 国际公益广告节

ILEC 国际公益广告节始于 ILEC 国际低碳环保经济论坛的公益广告大赛,2014 年更名为 ILEC 国际公益广告节。举办 ILEC 国际公益广告节是希望吸引创作者、企业、社团、产业联盟、媒体参与公益广告传播,评选出优秀的公益广告作品,褒奖以环保公益为核心、向全公益主题延展的泛公益主题广告创意,嘉许那些对"永续永葆,正行正念"等至善理念有所表达与传播的创作者、企业、NGO、基金会,呼吁全人类社会共同努力践行低碳生活、提升环境意识,鼓励正行正念正义,并以此树立中国公益广告的创意风向标。

---

① 杨文彦:《人民日报社广告部郑有义首度回应〈雷人的"楼盘文化"〉》,人民网,http://society.people.com.cn/GB/16161748.html。
② 杨文彦:《北大教授陈刚:人民日报"雷人的楼盘文化"开了个好头》,人民网,http://society.people.com.cn/GB/16189376.html

图 3-4　ILEC 国际公益广告节标识

在澳门举办的 2014 年度 ILEC 国际公益广告节的主题是"公益·至善",口号是"鼓励永葆永续,传播正行正念",由澳门国际绿色环保产业联盟和联合国（NGO）世界和平基金会世界低碳环保联盟总会上海市分会共同发起主办,海宴（中国）传媒机构承办,联合国电视中文台协办。澳门国际绿色环保产业联盟是国际民间非营利性环保组织,致力于引进国际先进环保产业技术、低碳经济发展新模式,为中国从事环保及低碳产业发展的各类企业开展自主创新、产业优化提供借鉴指引,是搭建国内环保企业参与国际化竞争的国际延伸平台。联合国世界和平基金会世界低碳环保联盟总会上海市分会是经联合国世界和平基金会世界低碳环保联盟总会批准成立的直属机构,该机构以为人类服务为宗旨,为人类创造价值为理念,肩负改善人类生活环境的使命,以人类迈向低碳时代健康长寿幸福作为最终目标。

在中国台北举办的 2015 年度 ILEC 国际公益广告节的主题为"文化先行·公益至善",共收到来自网络和社会的千余份公益广告作品,其中包括中国大陆公益组织、NGO 团体、著名专业广告公司、个人艺术家及来自台湾地区 4A 广告公司的优质投稿,得到中国绿化基金会、台北 4A 广告协会、澳门国际绿色环保产业联盟及联合国世界和平基金会世界低碳环保联盟总会上海市分会的大力支持。

2016 年度第三届 ILEC 国际公益广告节已经启动,2017 年度第四届 ILEC 国际公益广告节将在青岛举办。

 思考与练习

1. 思考传播主体的多元化对公益广告事业发展有何重要意义,如何让更多的政府机构、社会团体、企业及民间人士成为公益广告传播主体。

2. 考察公益广告活动及公益广告作品,看看哪些公益组织发布的广告较多,分析这些组织的特点及其较多利用公益广告的原因。

3. 为什么说政府和公共服务机构应该成为公益广告传播主体？开展一次

调研活动,调查我国政府和公共服务机构发布公益广告的情况,分析政府和公共服务机构在公益广告活动中的作用,为其更好地发挥主体作用提出建议。

4. 运用社会责任理论分析企业支持公益事业、赞助公益广告活动现象,深刻理解企业责任和义务。

5. 调查分析中央电视台等媒体发布的公益广告,根据其中企业赞助公益广告的比例,分析我国企业在公益广告活动中的主体作用,思考如何激发更多企业不求回报地支持公益广告事业、赞助公益广告活动。

6. 通过"讲文明树新风"等公益广告活动,看我国广告公司和大众传媒机构如何参与发挥传播主体作用。

7. 请上网查询"11·18央视公益互动广告节"资料,分析央视开展这一活动的意义和作用,了解活动的特点和效果。请策划一个活动,活动的目标是利用新媒体吸引更多的青年关注公益广告,主动观看公益广告,通过与公益广告的互动,理解并记住公益广告。

第四章
公益广告传播的运作模式和管理体制

公益广告成为很多国家和地区经常利用的社会宣传工具,为了保证公益广告事业持续发展,保证公益广告活动顺利开展,有些国家根据本国实际建立公益广告运作模式和管理体制。虽然各国的公益广告运作模式和管理体制有所不同,但都为公益广告事业发展、公益广告活动顺利进行提供了必要保证。

一、美国、日本、韩国的公益广告传播运作模式

1. 美国的公益广告传播运作模式

公益广告活动发端于第二次世界大战期间,美国的战争广告理事会(the War Advertising Council,简称 WAC)利用公益广告协助政府进行战时宣传。这一组织作为美国公益广告事业运行的"核心枢纽"和"调度中心",在组织公益广告活动、推进美国公益广告事业发展的过程中,建构了美国公益广告传播的运作模式和规则。

成立于珍珠港被炸、美国宣布参战这一特殊历史时期的美国战争广告理事会,是接受政府领导和资助的非营利性广告行业组织,主要由企业、广告公司和媒介机构组成,成立伊始就确定了"以广告主、广告公司和大众媒介的资源服务于政府"的宗旨,引领企业、广告公司和大众传媒机构,共同协助政府做好战时宣传,利用广告激发民众的爱国之情,号召公众购买战时国债、鼓励妇女参加社会工作,劝勉公众厉行节约,保守国家机密,动员人民为赢得战争而做出自己的贡献。战争结束后,美国战争广告理事会更名为美国广告理事会(AD council),不再接受美国战时新闻办公室的领导和资助,成为独立的非营利性志愿者组织,但仍然一如既往地发挥服务社会、致力于社会公益的积极作用,组织、协调全国性的公益广告活动,整合社会各方力量,合理配置广告资源,引领广告主、广告公司和媒体发起或参与公益广告活动,有选择地接受公益性社会团体或政府机构委

图 4-1　第二次世界大战时期美国的公益海报

托、赞助的公益项目,通过公益广告推动公益事业发展,促进社会文明进步,从而形成了广告业以公益广告回报社会的优良传统。政府也积极支持这一行业组织的公益广告活动,希望继续发挥公益广告的作用,引导社会舆论,影响公众态度,帮助政府的社会事务工作获得公众的支持。美国广告理事会在保持独立性的前提下与政府部门、公益型社会团体合作,共同促进公益广告、公益事业的发展,让公益广告为国家、为社会发挥更多的作用。

美国广告理事会的决策机构董事会,代表着众多自愿参加理事会的企业、广告公司、媒介机构、基金会等,负责募集资金、审查项目和活动方案、协调合作关系以及公益广告的研究咨询、效果评估等工作,理事会运转和公益广告活动运营资金主要来自于企业、基金会的捐献。美国密执安州立大学广告系的李海容教授和 Charles Salmon 撰文介绍:美国广告理事会并不直接资助公益广告,而是配合公益广告的资助者,以廉价制作高质量的公益广告,争取大众媒介的广告支持,以便使这些公益广告与公众见面,公益广告的资助者可能是联邦政府机构、民间团体或其他非营利组织。每年广告理事会会收到几百份请求配合的申请,董事会按照广告理事会的选择标准,从中挑选出 20—30 份申请,作为广告理事会的合作对象。对一些叫好但由于名额限制而不能作为合作对象的公益广告活动,广告理事会给予名义上的支持,并将它们列在自己出版的《公益广告通报》上。这份期刊是大众媒介选播、选登公益广告的重要参考,每期都会寄给 2900 多位媒介联系人。被广告理事会选为合作对象的资助者,在公益广告中可以使用广告理事会的标志。资助者通常设有专人负责此项工作,承担公益广告制作、发布费用。在广告理事会的协调下,公益广告制作费用明显低于商业广告制作费用,广告理事会通过美国广告公司联合会选择志愿参与公益广告活动的广告公司承担设计制作任务,广告公司通常都委派优秀设计制作人员负责公益广告项目,因为这种"特殊任务"可能直接影响公司的声誉。使用了广告理事会标志的公益广告可以增加被大众媒介采用的机会,大众媒介知道广告理事会通常配合问题重大、面向全国、少有争议的公益广告运动,而且这些公益广告制作水平都比较高。美国广告理事会成立以来参与了众多的公益广告运动,涉及了众多社会问题。20世纪90年代中期制定了一项旨在推进儿童健康和福利密切的"2000年的义务:培养更好的明天"公益传播规划,先后进行了"教育中的性别平等""儿童防火教育""数学与科学教育的价值"等公益广告活动。美国广告理事会还推动公益广告跨越国界,与别国的广告理事会联手发起公益广告,共同推动公益事业。[①]

在美国广告理事会的组织和协调下,企业、广告公司、媒介各尽其能,形成公益广告资助、制作、发布的链条,构建了公益广告传播的运作模式:企业、社会组织、政府作为公益广告的发起者、资助者为公益广告提供最基本的资金和物质保证,广告公司减免费用为公益广告提供高质量的策划、创意设计和制作服务,媒体免费提供报刊版面、广播电视时间发布公益广告。这一模式不仅显示了美国公益广告的社会主导型模式,而且反映了广告主与广告公司、媒体的关系是基于公益目标的协同合作关系,而非商业广告运行中买卖型合作关系,具有公共事业运营的合作和众筹特色,有利于公益广告事业的发展和公益广告活动进行。这一模式让公益广告始终成为社会公共事业,有效解决了公益广告活动所需要的资金、人才和媒介来源,保证了美国广告理事会的健康运行和美国公益广告事业的持续发展。

公益广告的发起和资助。广告是一种付费宣传,即使公益广告属于社会公益事业的一部分,也需要支付一些必要的开支,资助往往决定公益广告活动的效果乃至成败。发起公益广告活动的政府、社会团体作为活动主体,既提出公益广告项目或选题,也提供必要的资金以保证活动顺利开展。例如,美国的疾病控制与防治中心先后投入数千万美元制作、发布公益广告,劝导公众戒烟禁毒,普及预防艾滋病知识。一些慈善组织利用所得到的赞助费用制作公益广告号召公众帮助某些群体。由于政府的预算有限,很多社会团体没有商业营利能力,甚至完

---

① 李海容、Charles Salmon:《公益广告与社会营销》,载《现代广告》1997年第3期。

全依赖企业赞助和社会捐助,所能投入的宣传费用难以满足实际需要,因而需要得到广告理事会的帮助,在理事会的协调下获得企业的资助,或是广告公司、媒体的免费设计和免费发布。企业是公益广告活动的主要资助者,当社会责任意识、公共服务意识已经成为企业的共识,越来越多的企业能够正确处理利与义的关系,愿意为社会尽责尽力,经常通过支持公益事业的方式践行社会责任,不仅支持政府的公益项目和某些社会团体的公益行动,也会发起公益广告活动,或在广告理事会的协调下资助某些公益广告活动。虽然资助公益广告不会得到直接的商业性回报,不能获得经济效益,但是所收获的声誉或可给企业带来长远利益。有的企业并不追求这样的公共关系效果,不在公益广告上标注企业标识,以资助的非功利性践行企业公民的社会责任意识,表达企业的公共服务精神。

公益广告的设计制作。公益广告项目确立之后,美国广告理事会会推荐或选择志愿参与公益广告活动的公司承担任务,吸引优秀人才参与策划、设计和制作,既为项目争取减免设计制作费用,又要保证公益广告的质量标准。广告理事会的活动评审委员会(Campaign Review Committee)要从全国优秀的广告公司中选拔优秀的策划、设计人才,负责审查公益广告的宣传战略和创作方向,以保证每一次公益广告活动都能达到广告理事会的标准,取得良好的宣传效果。广告公司作为广告服务企业愿意为社会奉献专业资源,为了公益广告的社会效益而牺牲部分经济收益,提供低价或免费的策划、设计、制作服务,并以高水准的专业追求保证公益广告的质量,选派优秀专业人才负责公益广告项目,所以它们免费或低价提供的公益广告设计制作服务,无论是前期的策划创意还是最终的作品皆不输于投资巨大的商业广告,符合广告理事会的标准。它们的专业奉献将公益广告活动发起者的传播意图变成具体的作品,让公益项目又向前推进一步。减少或是免掉的收入部分被视为捐献,按照国家税收政策不必纳税。这样的税收优惠政策表明了政府对各类企业参与公益广告活动的支持,无疑也具有一定的鼓励作用。广告公司的付出也会得到回报——获得良好声誉,塑造公司的良好形象,增加公司的无形资产,扩大社会影响,甚至会吸引新的广告主或新的合作项目。

公益广告的传播。大众媒介是公益广告发布传播的主要媒介,大众媒介的覆盖面广,传播力强,社会影响大,是公益广告传播的最佳媒介,美国的大众传媒、户外媒介机构把免费或给予优惠价格刊播公益广告作为体现社会责任、提供媒体支持的一种方式。美国的媒体管理机构也向媒体提出发布公益广告的要求,据李海容教授介绍,美国联邦通信委员会经常要求广播电台、电视台增加公益广告播放量。该委员会的理论依据是,广播电台、电视台免费使用的播放频道属于公共财产,因此它们有义务播放公益广告,造福于社会。美国广播电视台、电视台申请延长经营执照时,也需要定期向联邦通信委员会汇报播放公益广告情况。① 美国公益广告的传播载体主要来自各类媒体的捐献,"AD Council"的广告战役所需要的时段、版面由电视、广播、平面、户外、网络等媒体捐赠,其长期媒体合作伙伴有 128 个,每年获赠相当于 13 亿美元的媒介资源,用于 50 个广告战役。② 所以,各类媒体都经常发布公益广告,虽然公益广告在各个媒体发布的所有广告中只占很小的比例,而且多是在非重要版面、非重要时段刊播,但还是能够保证广告委员会的公益广告战役顺利进行。有些被认为重要的公益广告会出现于重要版面、黄金时间,以保证它们的到达率和影响力。

  政府的引导和促进。战时的美国政府认识到公益广告这一宣传形式的价值和作用,战后的政府依然善于利用公益广告和负责组织全国公益广告活动的广告理事会,既以国家管理机构的身份引领和指导公益广告活动,又以广告主的身份支持、赞助公益广告活动,以这样的介入方式使公益广告这种公共传播形式能够为政府所用,帮助政府进行社会动员。政府的介入也有积极作用,一定程度上促进了美国公益广告迅速发展。在战争这样的非常时期、危机时刻,美国政府以国家利益的名义,征召广告理事会这样的非政府组织为国家效力,将其纳入战时新闻宣传管理机构,直接通过广告理事会部署公益广告活动,或向广告理事会提交宣传主题,利用公益广告动员民众通过各种方式支持政府、支援前方。政府借助战时广告理事会的力量完成了一些宣传项目,广告理事会通过配合政府开展公益广告活动而奠定了自己的基础和地位,广告业则在支持公益广告活动、完成公益广告项目的过程中改善了自己的形象。如果说战争为美国广告理事会提供了机会,公益广告活动为广告理事会提升了声誉,那么美国政府则将广告理事会引入国家战时宣传,与广告理事会共同让公益广告轰轰烈烈地发展起来,成为战时宣传的最好形式之一,并成为战后社会动员的主要形式之一。战时形成的公益广告运作模式也成为美国公益广告运作的基本模式,为其他国家的公益广告发展、公益广告运行提供了可资借鉴的经验。虽然战后美国政府机构不再是广告理事会的直接主管,不能直接下达公益广告任务、审查公益广告,但是仍然与广告理事会保持密切关系,不仅通过某些政府机构的管理职能促进公益广告事

---

① 李海容、Charles Salmon:《公益广告与社会营销》,载《现代广告》1997 年第 3 期。
② 徐金灿、王缔、徐溶:《美国公益广告及其公益广告机构 AD Council 研究综述与分析》,载《广告大观(理论版)》2012 年第 3 期。

业,如前所述,联邦通信委员会通过营业执照审核等激励媒体发布公益广告,而且时常作为广告主委托广告理事会负责某些主题的公益广告活动,总统等国家领导人也时常充当公益活动的代言人,提升公益广告的影响力,如总统奥巴马和副总统拜登为配合"let's move"公益宣传周而成为公益广告代言人,号召人民多运动、多喝水,降低肥胖率。广告理事会也并未因为独立而拒绝与政府的合作,如同与其他非政府组织合作一样,仍然与政府部门、公共服务机构联手开展公益广告活动,关注不断出现的社会问题,共同促进公益事业的发展。所以,尽管战后美国政府的身份与影响已经不同于战时,但在美国公益广告发展中仍然发挥一定作用,仍是促进公益广告发展的一股积极力量。

2. 日本、韩国的公益广告运作模式

日本公共广告机构作为日本公益广告活动的主要发起者和领导者,构建了以行业组织为主导的公益广告运作模式。

日本的公益广告出现和公共广告机构诞生,既有日本广告业引入社会公益理念、公共服务意识的内在动因,也受到美国公益广告运动的外部影响。20世纪60年代初,时任日本电通广告株式会社的第四任社长吉田秀雄为推动日本的公益广告活动,借鉴了美国的公益广告运作模式,成立了由日本新闻协会、日本民间放送联盟等9家团体构成的全日本广告协会。虽然这一组织由于吉田秀雄逝世及其他原因未能坚持开展公益广告活动,但其导入社会公益理念,引领日本广告业为社会公益服务的行动,具有筚路蓝缕以启山林的历史意义。1971年,随着关西广告协会的成立及其公益广告活动的展开,日本公益广告事业迈入新的里程。1974年这一组织正式登记成为社会法人,并改名为日本公共广告机构,2009年正式更名为AC JAPAN。《社团法人日本公益广告机构章程》明确规定:"本法人的目的是通过公益广告提高国民的公共意识,为社会进步和公共福利做出贡献。""它立足于公共的立场,通过广告所具有的交流机能,用社会联合体来感召每个人的心灵,在各阶层国民一致同意的基础上,努力建设一个健全的日本社会。它不是参加一个特定的利益团体,或准备向行政、立法直接表明意见的组织,它是由会员出资、媒体提供版面、时间,广告代理业进行制作来开展公共的宣传活动的组织"。[①] 日本公共广告机构从1971年成立开始就一直领导会员单位和个人开展公益广告活动,通过公益广告传播先进理念和社会公德,发起和组织各种公益性活动,参与社会改良运动,推动日本社会进步,发挥了公益广告

[①] 植条则夫:《公共広告は社会を変える——日米AC步みと全貌》,株式会社电通,2001年,第26页。

的积极作用,并形成了具有日本特色的公益广告运作模式。

日本公共广告机构的活动经费来自会员会费和赞助,会员主要由各类企业、各类媒体公司和专业的广告公司三部分构成,还有一些个人会员。他们作为公益广告活动主体,以各自的力量和方式参与公益广告活动,志愿为社会公共事业提供资金、媒介和服务,奉献自己的资源和专业能力,并通过各方的密切配合保证公益广告活动顺利进行,形成了企业提供资金、广告公司设计制作广告、报纸和媒体提供版面时间发布公益广告的运行机制。具体做法是在调查的基础上确定广告主题,然后制订广告计划,广告计划来自于广告公司,公共广告机构组织专业人员对提交上来的广告计划进行筛选,最后确定全国广告活动计划、地区广告计划、支援广告计划,广告公司和媒体分别按照计划制作、发布广告作品。日本的公共广告运作机制与美国等国家的公益广告运作机制相似,所不同的是,日本公共机构下设主题委员会等机构,除此还在国内设立了8个地区办公室,分别负责各个地区的公益广告项目。所以日本的公共广告活动既有在全国投放的全国广告活动、8个地区办公室在本地区开展的地区广告活动,还有为非政府组织提供传播平台的支援性活动、为自然灾害或突发事件制作投放的特别广告活动,以及与国际组织合作制作投放的国际广告活动。

为了保证公共广告能够有的放矢,有助于解决国家和地区的社会问题,反映公众的意愿和诉求,日本公共广告机构设立主题委员会,进行专门的公共广告主题调研,制订了如下一些主题选择的标准:(1)把尊重人类的精神放在第一位;(2)事关全民的重要的公共课题;(3)能够把握实际、阐明问题的主题;(4)非营利、无党派、无宗教的、不以直接影响立法为目的的主题;(5)通过广告手段能够有效达到目的的主题;(6)促进市民自发运动的主题;(7)能够具体地表现问题、能够提出解决方针的主题。这些标准对于日本公益广告传播具有指导意义,使日本的公益广告具有视野宽取材广、重点突出、反映社会关注热点、具体明确等特点。

韩国的公益广告事业同样主要是在行业组织的主导下运作,形成了以韩国广告放送公社(KOBACO)为主导的运作模式。相关研究成果介绍,韩国公益广告的制作过程首先是每年初确定一年的公益广告主题,并设定各主题的制作方向,然后选择公益广告制作公司开始制作广告。在每个主题公益广告播放前两个月,采取公开性竞争招标形式征集广告公司或者广告制作公司的公益广告脚本。KOBACO的公益广告部先选拔较好的4个脚本,此后公益广告协议会的广告界委员和外请专家对4个脚本进行评审,从而决定公益广告的广告制作公司。在此过程中,为了提高评审的公正性与透明性,除公益广告协议会的委员外,

KOBACO还邀请3—4名广告专家参与评审。评审后被选中的广告制作公司开始制作公益广告片。公益广告片制作完成后,KOBACO把成片送给每个电视台。KOBACO的公益广告在地面波电视、电缆电视、卫星电视等电视媒体、广播、DMB(Digital Multimedia Broadcasting)等免费播放。与电视公益广告主题联动制作的平面公益广告,在报纸、杂志、网络以及地铁、公交车站、机场等交通媒介以价格折扣的形式收费发布。因此,KOBACO公益广告是以免费播放的电视和广播为主,以优惠价格发布的印刷与其他媒介为辅。需要注意的是,韩国有两种形式的公益广告,一是KOBACO的免费的公益广告,二是政府、红十字会、企业等机构制作的公益广告。因为有关机构、企业等制作的公益广告在电视上是收费播放,所以韩国把这样的公益广告形式叫做"公益性广告"。因为韩国保护电视台的编成频道决定权,KOBACO不能硬性要求公益广告播放时段和频次,只能要求电视台安排公益广告的播放。电视台是营利组织,更愿意播放收费的"公益性广告"。因此KOBACO公益广告往往在收视率较低的时间段播放。KOBACO公益广告的整个制作费用都由KOBACO的营业利润来承担,其主要收入是替电视台销售广告时段,电视台以委托手续费的名义把广告费的14%给予KOBACO,但是,平均10.8%的广告手续费要给广告公司,剩下的盈利当中,KOBACO每年拿出一定的额度用于公益广告运营,一律不收政府、企业等的赞助资金。①

日本、韩国的公益广告运作模式比较突出的特点是独立运作,即在日本公共广告机构和韩国放送公社这样的社团主导下开展公益广告活动,坚持以服务社会公共利益为旨归,以解决社会问题为宣传导向,以企业、广告公司、媒体的资源奉献为保障,独立自主地运作,不依赖于政府,也不受政府影响,体现了民间社团的独立性,保持了公益广告传播的公益性。

二、中国的公益广告传播运作模式

我国的公益广告传播活动主要由党政部门主导,企业和广告公司、媒体参与,这种自上而下的模式被称为政府主导模式。这一模式体现了我国公益广告运作的特色,表明了党和政府在公益广告活动中的地位和作用。

---

① 金摞美:《韩国公益广告运作机制的现状及其借鉴——以KOBACO为例》,载《广告大观(理论版)》2013年第2期。

1. 政府主导

我国的政府主导模式,实际是党政主导——从中央到地方的各级党委宣传主管部门和政府广告管理部门在公益广告活动的组织部署、资源配置中发挥主导作用,通过制度规范、政策推进、资源调配、社会动员以及监督考核、评比奖励等手段,引导企业支持赞助公益广告活动,激励广告公司、媒介机构及其他社会力量参与制作、发布公益广告,共同推进公益广告事业发展。

2015年颁布的《中华人民共和国广告法》第六条规定:"国务院工商行政管理部门主管全国的广告监督管理工作,国务院有关部门在各自的职责范围内负责广告管理相关工作。县级以上地方工商行政管理部门主管本行政区域的广告监督管理工作,县级以上地方人民政府有关部门在各自的职责范围内负责广告管理相关工作。"虽然《广告法》主要适用于商业广告活动,但政府的广告管理部门作为法定的广告管理者,不仅负责商业广告活动的监督管理工作,而且负责公益广告活动的组织和监管,通过制订规划方案,制定政策和法规,推动公益广告事业可持续发展;利用指导、监督、执法等手段,保证公益广告事业健康发展;通过倡议或直接组织公益广告运动,促进公益广告事业快速发展;借助考核、评奖、研讨等方式引导公益广告事业高水平发展。中共中央宣传部、中央精神文明建设办公室作为执政党主管宣传、意识形态工作的部门也负有指导和促进公益广告活动之责,为公益广告活动定向导航。所以,政府主导实际上是党政齐抓共管。国家党政机关通过指令性要求、指导性意见、经验性示范以及具体的部署安排等,领导全国和地方的公益广告活动,调动社会各方力量,调控公益广告的宣传规模、主题内容、表现形式等具体事宜,从而使我国的公益广告运作、公益广告活动不仅体现政府主导的特点,而且体现出党政宣传的特点。虽然各类民间组织、机构、企业、媒体也经常自发进行公益广告传播,很多公益广告是广告活动主体自行推出而非党政指令下的"命题作文",但是较大规模的公益广告活动几乎还是在党政机关的倡导或组织下开展起来的。党政机关是主导公益广告传播的权力主体,企业、广告公司、媒体是响应党政机关号召、服从于党政机关的指令而参与公益广告传播的活动主体。

政府主导既有其利,也有其弊,但在当下还是比较适合我国国情,有其必要性、合理性、合法性。以政府为主导的公益广告运作模式一定程度上促进了我国公益广告事业发展,不仅保证了一些重大公益广告活动的顺利运行,而且保证了公益广告宣传的制度化、长期性、经常性,保证了公益广告活动的参与广泛性以及公益广告制作、发布的数量和质量。在我国还没有建立起诸如美国广告理事

图4-2　2015年第二届全国平面公益广告大赛暨全国大学生公益广告征集活动宣传海报

会、日本公共广告机构这样的全国性公益广告组织的时候,在工商企业还不能都自觉认真地履行社会责任、不能都积极主动地支持公益事业的时候,在广告公司和媒体过度追求商业广告的经济效益而忽视公益广告的社会效益的时候,在公益广告制作和传播的经费成为瓶颈的时候,政府主导型公益广告运作模式能够为公益广告事业的健康发展、公益广告活动的顺利开展提供基本的保证,党政机关既可以利用权力调动广告资源支持公益广告活动,建立制度保证公益广告传播,通过政策鼓励包括广告公司在内的各类企业参与公益广告活动,还可以利用其号召力、影响力广泛动员社会力量。虽然这种自上而下的公益广告运作也存在一些问题,需要进行机制创新和完善,但这一模式对公益广告事业的推动作用应当得到肯定,党政力量在公益广告活动中的重要作用应当得到肯定。目前,虽然学界和业界不断呼吁转变和创新公益广告运作机制和运作模式,但在机制转变、模式创新的艰难过程中,中国公益广告事业仍然需要依靠党政力量推动,开展公益广告活动仍然需要党政力量的支持,需要政策激励和制度保障。当然,还需要政府部门作为广告主更多地利用公益广告这一社会宣传形式,而不仅仅是作为国家管理者倡导、组织公益广告活动。随着广告行业组织的成长和专门性公益广告机构的建立,这些行业组织的融合力、凝聚力、领导力和执行力不断增强,越来越多的企业、媒体以责无旁贷的文化自觉支持公益事业,真正成为公益广告活动的主体,那么公益广告运作可以从政府主导转变为行业组织或企业主导,公益广告活动可以从政府部署转变为行业组织部署,实现公益广告运作的社会化和独立性。有学者认为:"设立具有较高专业性、独立性和整体性的公益广告机构,既能够有效避免因多头管理造成的权责不清或政出多门的状况,又能够吸纳组织各领域的专业人才,发挥整体优势,提升公益广告的创作和传播水平。

同时,通过专门性的机构对各种参与主体进行整合协调,在相互之间形成一定的抗衡与制约,也有利于保持公益广告的独立性和纯粹性。此外,专门性的公益广告机构还可以在政府与民间社团、社会公众之间起到中介、桥梁的作用,加强政府与民间的互动,双方共同推进、共同参与,使公益广告取得理想的传播效果,发挥积极的社会作用。"[①] 当然,彼时可能又会有新的问题出现,需要警惕和应对商业力量对公益广告运作的利用和渗透,避免商业主导型公益广告运作模式的出现。

2. 公益广告活动的发起和赞助

通常情况下,广告主应是公益广告的发起者。当某些公益性组织、NGO、政府部门或公共服务机构认为某些社会问题比较突出,有必要发起公益广告活动,引发社会广泛关注,促进社会行动,就会提出自己的主张,并以广告主的身份委托广告公司、媒体等广告服务机构,制作和发布公益广告。在党政部门主导下的全国性或地方性的大型公益广告活动中,党政机关是公益广告活动的发起者,党政机关下达文件,部署任务,提出要求,落实计划,通过指令、建议和考评等方式进行指导和鞭策,以确保公益广告活动的顺利开展,达到预期宣传效果。从1996年迄今,全国性公益广告宣传活动都是在中共中央宣传部、中央精神文明办公室的倡导下,由国家工商行政管理总局、新闻出版广电总局等部门进行部署,各地宣传部门、工商部门负责组织和实施,动员某些实力比较雄厚的企业出资支持公益广告,鼓励各类广告企业积极制作公益广告,规定媒体在活动期间保证提供发布公益广告的版面或时间,并将参与公益广告活动情况纳入某些考评体系。近些年中央精神文明办公室还建立公益广告作品库,为各地提供富有民族文化、传统文化特色的公益广告作品。但是,发起公益广告活动的党政机关只是公益广告活动的领导主体而非活动主体,不是作为广告主承担起相应的义务,不像广告主一样提供制作和发布公益广告的费用,也极少以政府采购等方式对提供公益广告服务的广告公司给予一定的回报。开展公益广告活动所需要的费用主要来自企业,企业作为赞助者而非广告主,为公益广告活动提供资金、物质等支持。因此,我国大型公益广告活动与商业广告活动有所不同,发起者和广告主并非同一个行为主体,发起者不承担广告主的责任和义务,而提供赞助、支付费用的企业虽然获准可以在公益广告上标注企业名称和商标标识,但也不是真正的广告主。襄赞冠名是政府给予企业的回报,政府为了解决公益广告活动的

---

① 文卫华:《中国公益广告立法能否建立新模式》,载《光明日报》2015年9月28日。

资金问题,不仅以允许在公益广告上标注企业名称的方式回报企业,还利用税收等政策激发企业支持公益事业的积极性,在企业用于公益广告的捐赠支出被认定为公益性捐赠后,根据税法减免税收。2008年实施的《企业所得税法》将企业公益性捐赠支出的纳税扣除额度提高9个百分点,企业的公益性捐赠支出在年度利润总额的12%以内的部分,准予在计算应纳税所得额时扣除。2017年2月24日,十二届全国人民代表大会常务委员会第二十六次会议通过了《关于修改企业所得税法的决定》,这次修改要将原来所规定的只允许企业捐赠在当年税前扣除,补充为可以结转到以后3年来扣除。这实际上是与慈善法有效衔接,对原有税法进行调整和完善,充分发挥税收政策的积极作用,体现了国家对公益事业的支持和鼓励,有利于进一步调动企业参与社会公益事业的积极性,以促进我国公益事业的健康发展,更好地营造社会和谐发展环境。《广告产业发展"十二五"规划》《广告产业发展"十三五"规划》也都提出制定鼓励企业投入公益广告费用的税收政策。税收政策是一种激励力量,而责任激励能够产生更为长远的效果。如果企业都能够以责无旁贷的态度参与公益广告活动,那么我国的公益广告事业就有了可持续发展的坚实基础。

随着社会责任意识、社会共治理念深入人心,支持公益事业、参与公益活动成为全社会的文化自觉和行动自觉,我国公益广告运作模式将会逐渐发生改变,公益广告的可持续发展机制逐步建立起来,广告的发起者、广告主开始呈现多元化的特点,政府部门、各类公共服务机构、公益性组织、社会团体、工商及文化服务性企业都可以发起公益广告活动,公民个人也可以发布公益广告,公益广告组织和公益广告基金也开始发挥更大的作用。这样,不仅公益广告的社会属性得以充分体现,公益广告活动成为全社会共同参与的文化活动,那些限制公益广告事业发展、公益广告活动开展的问题也会迎刃而解。政府的主导角色也会随之转变,党政机关既可以作为主管部门一如既往地倡导公益广告活动,激励社会各界积极支持公益广告活动,通过法制化规范公益广告活动,保证公益广告事业健康发展,也可以作为广告主参与到公益广告活动中,履行广告主的责任和义务。在一些公益广告事业发展较好的国家,政府、公共服务机构经常发起公益广告活动并投入必要的资金,成为名副其实的公益广告主。虽然经费来自于税收、赞助,但是它们发起活动并投入了资金,所以是理所当然的广告主。目前我国政府部门充当广告主的时候不多,社会团体也普遍因缺乏资金而能力不足,只有少数社会团体能够发起公益广告活动并承担广告主的责任和义务,开展公益广告主要依赖企业赞助和广告公司、媒体的免费支持。如果政府部门和社会团体能够更多地成为广告主,再动员企业赞助公益广告,那么中国的公益广告活动将会更加红火,公益广告将会得到长足发展。

3. 公益广告的承制

广告公司承担公益广告活动策划和公益广告作品设计、制作任务。公益广告活动的发起者、组织者或是按照一定的标准,或是根据广告公司的声誉、合作经验来选择广告公司,也可以提出申请,请相关部门、广告协会帮助协调关系,确定合作伙伴。选择合作伙伴,既是为了保证公益广告的作品质量和宣传效果,也是为了节省设计制作费用。因为有些广告公司,包括广告协会的会员单位,自愿免费或是以优惠价格策划公益广告活动,设计制作高质量的公益广告作品。

广告公司承接公益广告业务,以免费或优惠价格设计制作公益广告,等于无偿或部分无偿地贡献自己的专业资源,这既是担当社会责任的自觉,也是为了自身的声誉和形象。虽然也有广告公司不愿做出无偿奉献,在党政机关发动、组织的公益广告活动中,被动执行承制公益广告的任务,或以敷衍了事的态度予以应对,但多数广告公司表现积极并主动请缨,明知没有多少经济效益,仍然认真对待这项工作,选派优秀专业人才负责项目,努力高质量地完成策划、设计和制作任务,把公益广告做好,力求收获较大的社会效益。某一广告公司多年来与企业、媒体合作,承担多个公益广告设计制作项目,因为它看到公益广告是"一块大有作为的园地",坦言"有意通过公益广告与企业进行新的合作,在共同参与公益广告活动中建立良好合作关系,既履行自己应尽的社会责任,又从公益广告中获得更多的回报。如果我们的公益广告获奖,还能让广告主看到我们的实力,扩大我们的影响。"广告公司积极参与公益广告活动,不计金钱回报地承制公益广告,可以维护自身的声誉,树立广告业、广告公司的良好形象。毋庸讳言,媒介上常常出现一些令人遗憾和失望的广告,这使广告行业形象和制作这些广告的公司形象受到损害,广告业成为受到社会批评较多的一个行业。广告业需要为自己塑造优良形象,广告公司也需要弥补过失挽回声誉。承制公益广告就是广告业塑造自身形象的一个举措。广告人用自己制作的公益广告作品来证明:广告业不仅谋求经济利益,服务于工商企业,而且肩负社会责任和义务,热衷于社会工作和公共服务,并为此做了许多贡献。对于广告公司承制公益广告的积极表现,政府和广告协会总是给予充分的肯定,并通过减免税收、作品评奖、表彰广告公司、新闻报道、在作品上署名等方式给予鼓励和支持。

在完成公益广告任务的过程中,广告公司的主要工作是进行社会调查、广告活动策划、广告作品设计和制作。广告公司的专业优势和人才优势使它们能够做好这几项工作,以科学的策划、非凡的创意设计和精良的制作向社会奉献优秀而有教育意义的作品。广告的社会效果是评价广告公司工作的标准,受众的共鸣和赞誉是对广告公司工作最高的评价和最好的酬报。很多公益广告作品设计、制作水平相当高超,丝毫不亚于投资巨大的商业广告,例如近几年中央电视台春节期间播放的公益广告。能以较少的资金做出非常优秀的作品,这说明了广告公司的创造力;见不到经济效益,或者收益甚微,还努力把广告做好,并不敷衍,这体现了广告公司高度的社会责任感和公德意识。创造力和责任感、公德心的相加,可保证广告公司为公益广告活动交上满意的答卷。

在公益广告制作方面,我国有一点与某些国家不同,那就是我国的媒介机构也常常承接制作广告作品的任务。外国的媒介机构对公益广告所做的贡献主要是奉献媒介资源,我国的媒介机构既发布公益广告,也策划制作公益广告,将制作与发布两项工作集于一身。我国媒介机构具有人才和技术优势,并拥有自己的广告公司,某些媒介机构的广告公司已经成为本土广告公司的排头兵,具有强大的实力。这些广告公司承制并发布商业广告,所得到的经济效益自然大于单纯的发布。对于媒介机构应否承接广告制作业务,在中国如何实行广告代理制,广告业一直存有争议,我们这里不做评说。但是,有一点可以肯定,就是我国的媒介机构并不仅仅承接商业广告的制作义务,也主动承接公益广告的制作业务,像无偿提供版面和时间一样,无偿或低价制作公益广告。所以我们常可以在媒介上看到企业和媒介共同署名的公益广告。在1996年"中华好风尚"公益广告月期间,上海的媒介机构既积极配合做好发布工作,同时也自创作品。上海电视台、上海有线电视台、《解放日报》、《人民日报》华东分社等媒介抽调专业人员独立创作了一批公益广告作品参加此次活动。上海东方广播电台的4人小组用一个月时间创作了3条公益广告,在8月间提前播出。由于在创意、策划、制作上精心投入,"东广"的作品《无偿献血》获得广播类的唯一金奖,《制止噪音》获发展奖。我国有相当一部分公益广告是媒介机构独自制作独自播发的,这也许是中国公益广告运作机制的又一个特色。

4. 公益广告的发布

大众传媒是公益广告的主要载体,大众传媒的覆盖面广,传播力强,社会影响大,不但是商业广告传播的优质媒介,也是公益广告传播的最佳媒介。与美国等以许可证制度激励媒体发布公益广告有所不同,我国主要通过行政指令和法规性文件要求大众传媒机构发布公益广告,以考核、评奖等方式激励大众传媒为公益广告贡献创意制作和媒介资源。美国广播电视媒介管理机构联邦通信委员会(FCC)颁发广播电视经营许可证的一个基本原则,是"要颁发给那些真正为公众利益服务的机构","公益广告则是广播电视经营者用以表现其为公众利益服务,从而继续保有公共频率使用权的一个非常有说服力的途径。"因为广播电台、电视台免费使用的播放频道属于公共财产,它们有义务播放公益广告造福于社会。它还经常要求广播电台、电视台增加公益广告播放量。我国主要通过立法规定和党政主管部门的文件、会议等形式发出指令,要求大众传媒机构在发布商业广告的同时要给予公益广告一定比例的时间和版面。各级广告协会作为行业组织在广告主、广告公司和媒介机构之间进行协调,促使公益广告能够与公众见面。1997年国家工商行政管理局会同党政几个部门专门制发文件《关于做好公益广告宣传的通知》,要求媒介"统筹合理安排好公益广告发布的时间和版位",并对媒介发布商业广告和公益广告的时间和版面的比例做出了明确的规定。近些年几乎每年都有文件对媒体发布公益广告提出要求,做出规定。尽管商业广告是大众传媒的主要收入来源,是媒介生存、发展的经济支柱,但是大众传媒机构还是能够积极响应号召,遵从相关规定,摆正商业利益和社会责任的关系,免费提供一定的时间和版面来刊播公益广告,保证黄金时段的公益广告播放数量,并且利用自己的人才、技术优势创作公益广告。

为了保证公益广告的发布不受有偿节目和商业广告的干扰、冲击,大众传媒机构制订公益广告发布计划,确定公益广告发布的时间段、版位和发布量,还会根据需要临时增加公益广告时间和面积,或者把公益广告调整到更好的时间和版位。很多时候媒介机构主动与企业或广告公司沟通,提供媒介信息,公开征集公益广告。正是由于大众媒介机构提供媒介资源,担负起发布任务,公益广告才能真正实现广而告之,发挥社会宣传的作用。

通常情况下,大众传媒机构按照计划发布公益广告,在集中性的大规模的公益广告活动中,或有重大事件发生需要媒体配合宣传的时候,会根据要求和部署调整计划,制订临时方案,以确保此次活动任务的完成。有些电视台设立固定的公益广告栏目,中央电视台作为国家媒体起到带头作用,它的公益广告栏目《广而告之》已成为最受观众欢迎的名牌栏目之一。《广而告之》从1987年10月开始上线播放公益广告,迄今已有30年,播放了大量自制的公益广告和地方电视台、各类宣教机构提供的公益广告。为了保证这一栏目的效果,中央电视台不仅组建了创作队伍,投入大量资金,安排黄金时段,而且通过征集创意、组织竞赛等方式征集优秀公益广告作品,其中很多公益广告给公众留下深刻印象,深刻地影响了公众的观念、行为。《广而告之》还以其示范和辐射效应,带动起地方各级电视台的公益广告制作和发布。其他传媒机构也都能响应号召,按照有关要求完成或超额完成公益广告发布的任务。一线城市和一些二线城市主要传媒的优质广告资源一直供不应求,但在诸如"讲文明树新风"这样的公益广告活动期间,都能以较大的数量、较高的密度发布公益广告,甚至会挤占一些商业广告的发布时间和版面,不仅达到了发布公益广告的任务指标,有的媒介还主动增加了发布量。

拥有户外广告媒介、交通媒介、楼宇媒介等媒介资源的机构同样负有发布公益广告的责任和义务,和大众传媒机构一同为公益宣传服务,按照要求发布一定数量的公益广告。随着公益广告活动的增多、公益广告数量的倍增,政府部门和社会力量共同开发公益广告传播媒介,在生产、生活领域增加公益广告发布设施和发布渠道,开拓公益广告宣传阵地,扩大公益广告的覆盖面。在"讲文明树新风"、宣传社会主义核心价值观等公益广告活动中,街头巷陌的路牌、灯箱、工地围挡、院落围墙、楼宇外墙等都被充分利用,与大众传媒形成线上线下互动的整合效应,营造出轰轰烈烈的舆论氛围,让公众几乎时时处处都能感受公益广告传播的热潮涌动,听到公益广告的道德呼唤和正义诉求。

三、中国的公益广告传播管理体制

1. 党政共促共管

我国的公益广告运作模式已经反映了我国公益广告管理的特点,显示了我国公益广告管理与商业广告管理的不同。商业广告是一种营销传播形式,是各类企业、机构为推荐品牌、推销商品和服务运用的一种商业宣传工具,主要由各级工商管理部门主管。公益广告是一种公共传播形式,是一种可以广为利用的社会宣传工具,政府、公共服务机构、社会团体、各类企业乃至公民个人都可以用公益广告进行公益性宣传,组织公益性活动,也可以利用公益广告进行政治性宣传,表达一定的意见主张,因此不仅各级政府部门负责公益广告管理,党中央及各级党委主管宣传和意识形态的机构也将公益广告纳入管理范围,形成了党政齐抓共管和多部门共同管理的管理模式,如中共中央宣传部、中央精神文明办公室和国家工商总局、国家新闻出版广电总局联合下发关于组织公益广告活动的文件,中央精神文明办公室和国家工商总局共同举办公益广告大赛。除了主管宣传和意识形态的党政部门主抓公益广告活动,其他党政部门也会根据党中央、国务院要求或工作需要,以各种方式参与公益广告管理,组织公益广告活动,如中纪委组织的"扬正气、促和谐"全国廉政公益广告展播活动,教育部、环保部、税务总局等部门或单独或与国家新闻出版广电总局联合举行的公益广告征集暨展播活动。

2016年我国第一个关于公益广告管理的规章《公益广告促进和管理暂行办法》颁布,明确了某些党政机关负责公益广告的规划、指导和管理职权,实现了党政共管和多部门共管的合法化。《公益广告促进和管理暂行办法》第四条规定:"公益广告活动在中央和各级精神文明建设指导委员会指导协调下开展。工商行政管理部门履行广告监管和指导广告业发展职责,负责公益广告工作的规划和有关管理工作。新闻出版广电部门负责新闻出版和广播电视媒体公益广告制作、刊播活动的指导和管理。通信主管部门负责电信业务经营者公益广告制作、刊播活动的指导和管理。网信部门负责互联网企业公益广告制作、刊播活动的指导和管理。铁路、公路、水路、民航等交通运输管理部门负责公共交通运载工具及相关场站公益广告刊播活动的指导和管理。住房城乡建设部门负责城市户外广告设施设置、建筑工地围挡、风景名胜区公益广告刊播活动的指导和管理。精神文明建设指导委员会其他成员单位应当积极做好公益广告有关工作,涉及本部门职责的,应当予以支持,并做好相关管理工作。"在当下及未来一段时间,这一管理模式无论是对促进公益广告发展,还是规范公益广告,发挥公益广告在国家经济建设、政治建设、文化建设、社会建设、生态文明建设中的积极作用,都具有积极意义。

党政部门主要通过以下几项工作发挥公益广告的规划、指导和管理作用:

(1) 规划和组织活动,引领中国公益广告事业快速发展

国家工商总局除了履行广告监管和指导广告业发展职责,还要负责公益广告工作的规划和有关管理工作。1996年国家工商总局第一次组织开展全国性的公益广告活动"中华好风尚"公益广告活动月,此后又单独或会同其他党政部门陆续组织了多次全国公益广告活动,由此开启了党政机关规划、倡导、发起、组织公益广告活动、推进公益广告事业发展的中国模式。

把规划和组织公益广告活动作为国家工商行政管理局的一项管理工作,一方面是因为我国的公益广告事业还不像一些发达国家那样成熟,我国的公益广告运行机制还不完善,公益广告主的队伍还不够强大,因此需要工商管理部门这一职能部门进行规划、倡导、组织;另一方面,有些问题比较重大,关涉国家和整个社会的利益,政府部门出面组织公益广告宣传活动,能够引起广泛的注意,产生强烈的宣传效应。况且工商局作为政府的一个职能部门,也应是一个公益广告主,有责任和义务发起公益广告活动。因此,我国的大型公益广告活动具有"政府行为"的性质,是政府组织、广告经营单位和媒体参与支持的半官方半社会化的活动。

从1996年开始,国家工商行政管理局直接组织开展全国性的公益广告活动。1996年的公益广告月活动以"中华好风尚"为主题,旨在弘扬中华民族的优秀文化。负责组织这次活动的工商局领导在会议上介绍说:"国家工商行政管理局举办这次活动,主要出于三方面考虑:一是为了在建设物质文明的同时大力加强精神文明的建设;二是树立广告业关心国家、关心社会、关心公益事业的良好形象;三是今年也是工商局的形象建设年,我们带头搞公益广告活动,也有利于自身的形象建设。"[①]这次活动中,全国共制作发布公益广告16860件,其中电视公益广告4582条,播放137460次;广播公益广告2749条,播放82470次;报刊公益广告4123条;户外公益广告5406条;招贴公益广告50多万张。由此可见,这是一次声势浩大的活动。为鼓励企业、广告经营单位和发布单位,充分调动它们的积极性,以利今后公益广告活动的开展和公益广告创作水平的提高,国家工商行政管理局还设立了"政府奖",用以表彰在公益广告月活动中涌现出来的优秀作品和先进单位。首次评奖活动有41件优秀作品获得"政府奖",另有60件作品获得"发展奖",73家单位和42人受到表彰。[②] 1997年的公益广告月以"自强创辉煌"为主题,通过讴歌中华民族在中国共产党的领导下经过长期奋斗取得的辉煌成就,宣传自尊、自信、自强、励精图治、知难而进、自强不息的民族精神。国家工商行政管理局为了保证广告月活动的顺利进行和广告的质量与效果,除了对企业、广告经营和发布单位发出号召外,还对各级工商行政管理机关和新闻单位提出了要求,要求工商管理机关充分发挥职能作用,切实做好活动的组织工作,并把这项工作作为评比的一个重要指标;新闻单位要严格执行中共中央宣传部等四部门《关于做好公益广告宣传的通知》的规定,在电视黄金时间或报纸主要版面按规定刊播主题公益广告。这些行政手段的运用,为公益广告月活动开展起到了保驾护航的作用。1998年之后,虽然党政机关没有继续组织公益广告月活动,但是仍然配合党和政府的中心工作,倡导或组织主题公益广告活动,让公益广告活动成为一项经常性、长期性的社会宣传活动。2000年中央精神文明办公室和国家工商行政总局联合组合开展以"树立新风尚、迈向新世纪"为主题的公益广告宣传活动,倡导人民群众积极参与精神文明建设活动,努力提高公民素质和城乡文明程度,营造讲文明、树新风、弘扬科学精神、反对迷信愚昧的健康气氛,增强重视环境、爱护人类家园的环保责任意识。为迎接奥运会,传播奥运精神,倡导文明礼仪,营造全社会关注奥运、支持奥运、参与奥运的氛围,2007年

---

① 杜蕾、李琳:《"中华好风尚"将推动中国公益广告的健康发展》,载《国际广告》1996年第11期。
② 童言:《公益广告,让我们做得更好》,载《现代广告》1997年第3期。

中共中央宣传部、中央精神文明办公室、国家工商行政管理总局、国家广电局、新闻出版署、北京奥组委组织开展"迎奥运，讲文明，树新风"公益广告活动，举办全国"迎奥运，讲文明，树新风"公益广告征集比赛，建议各地各部门组织和动员各界热心公益、形象健康、作风正派、群众认可的知名人士参演公益广告片和担任公益形象代言，要求中央主要媒体、地方媒体、行业媒体和重点新闻网站制作、展示展播公益广告。中央电视台以及其他主流媒体都在重要时段和版面刊播"迎奥运讲文明树新风"公益广告，一些公众熟悉并敬佩、喜爱的名人出现在公益广告中，向公众发出倡议。由此，"讲文明树新风"成为公益广告宣传的长期主题，此后十年的公益广告活动无论以什么为契机和目的，都把"讲文明树新风"作为主题。2008年下半年，为引导观众以文明热情、团结友善的方式为各国参赛运动员加油助威，展示中国观众的赛场文明风采，中央文明办、教育部、北京奥组委和中央电视台联合推出"奥运加油、中国加油"赛场文明手势活动，通过公益广告等形式引导公众文明观赛，鼓励公众文明助威。2009年为庆祝中华人民共和国成立60周年，激发公众爱国热情，弘扬社会良好风尚，营造文明祥和、喜庆热烈的浓厚氛围，中共中央宣传部、中央精神文明办公室、国家工商行政管理总局、国家广电总局、新闻出版署共同开展"迎国庆讲文明树新风"活动。党的十八大之后，为深入贯彻党的十八大精神，推进社会主义核心价值观建设，弘扬新风正气，中共中央宣传部、中央精神文明办公室、国家互联网信息办公室、国家工业和信息化部、国家工商行政管理总局、国家新闻出版广电总局七部委先后联合下发《关于深入开展"讲文明树新风"公益广告宣传的意见》，召开电话会议，部署在全国开展"讲文明树新风"公益广告宣传活动，并要求各地各部门和新闻媒体要进一步提高思想意识，强化责任担当意识，把公益广告宣传作为一项政治任务抓紧抓好，把中国特色社会主义和中国梦宣传教育、培育和践行社会主义核心价值观贯穿全过程，同时依托中央电视台、中央人民广播电台、《人民日报》、中国移动通信集团、央视网络台组建5个"讲文明树新风"公益广告制作中心，牵头设计制作平面类、影视类、广播类、手机类、网络类公益广告，建立公益广告作品库，无偿为各类媒体提供作品，并通过加强主流媒体宣传和开发生产、生活媒体扩大覆盖面，让公益广告出现于各级各类媒体，遍布于主要干道、各种公共场所、街道社区、建筑围挡、交通工具，融入公众日常生活，使公众随处都可以受到文明教育。国家新闻出版广电总局还设立1000余万的专项资金，扶持公益广告制作和刊播。迄今这一活动已经持续几年，每年"讲文明树新风"这一基本主题不变，但会根据中央指示精神以及时事热点等确定重点主题，如2013年以来全国各地浓墨重彩地宣传"中国梦"，宣传社会主义核心价值观，让可爱的"梦娃"作为公益代言形象,为社会主义核心价值观解题释义。"梦娃"系列不仅表达了中国人民的美丽愿景,而且具有启智、培德、树人的作用。

每逢有重大危机事件发生,党政机关也会直接组织开展公益广告宣传活动,发挥公益广告的社会动员功能,号召全国人民发扬中华民族的优良传统和伟大精神,同心戮力战胜危难,艰苦奋斗赢得胜利。2008年汶川地震发生后,为激励广大干部群众万众一心完成抗震救灾工作,中央宣传部、中央精神文明办公室、国家工商总局、国家广电总局五部门联合组织开展"我们心连心、同呼吸、共命运,夺取抗震救灾的伟大胜利"主题公益广告制作刊播活动,大力弘扬中华民族在任何艰难困苦的情况下始终不屈不挠、团结奋战的光荣传统,热情讴歌众志成城、顽强拼搏的民族精神,并安排中央新闻单位组织有实力、有社会责任感的广告企业设计制作,在主要报纸和主要网站集中刊登,在广播和电视循环播放。为确保组织好这项有重要意义的公益活动,在全国形成集中刊播的热潮,国家广电总局和新闻出版总署专门下文,通知各级新闻管理部门和各级电台电视台、党报、晚报和都市类报纸,集中刊播审核遴选出的公益广告作品。党政机关组织全国性公益广告活动,能够调动各级党政部门、各级主流媒体以及企业、广告公司等各方力量,实现公益广告宣传的全方位覆盖,形成声势浩大的宣传效应,充分地发挥公益广告的鼓动、激励作用。为了达到公益广告宣传的目的,取得宣传教育的实效,党政机关不仅在组织开展活动之初进行广泛动员,提出严格要求,部署具体任务,而且在活动进行过程中多次召开工作会议,印发实施意见,积极推动制度建设,组织专业力量集中创作,广泛征集评选优秀作品。正是党政部门的重视和组织,发挥主管部门的权威和作用,从政策、财力、物力、媒体等方面提供支持,保证公益广告传播的优先权,公益广告活动才能开展得红红火火,取得凝聚社会共识、引领社会新风的社会效果。

(2)制度建设:促进和规范公益广告健康发展

建章立制是一种现代管理方式,利用制度规范实施管理,可使管理有法可依、有章可循,保证管理的科学性、规范性和权威性。为保证公益广告活动顺利、有效开展,促进公益广告事业健康发展,党政部门不仅在组织公益广告活动的同时利用印发文件等形式督促、规范公益广告宣传,而且积极推进制度建设,为公益广告传播和管理定规立法,实现公益广告管理的制度化、法治化,体现了依法治理的管理理念和管理方式。目前,我国对公益广告的规范规定,一是有关部委专门就公益广告制定的规定性文件,二是有关部委制定的部门规章,三是部分地方政府制定的政府规章和部分部门规章、地方性法规中关于公益广告规范的条款。

① 党政机关公文

党政机关公文是党政机关实施领导、履行职能、处理公务的具有特定效力和规范体式的文书,是传达贯彻党和国家方针政策,公布法规和规章,指导、布置和商洽工作,请示和答复问题,以及报告、通报和交流情况等的重要工具。国家及地方党政部门下发的一些公文虽然不是具有法律意义的规范性文件,但对下级机关及有关单位具有一定的指导作用和强制执行的效力。在适用于公益广告的行政规章尚未出台之前,党政机关下发的"通知"是公益广告管理的主要依据。"通知"适用于发布、传达要求下级机关办理和需要有关单位周知或执行的事项,各级党政机关通过"通知"组织开展公益广告活动,对下级机关和媒介机构等提出相关执行要求。国家工商行政管理局作为广告管理机关,或是单独或是会同党政其他部门制发了若干文件,对公益广告宣传的有关事项做出规定。1997年中共中央宣传部、国家工商行政管理局、广播电影电视部、新闻出版署四部门联合下发了《关于做好公益广告宣传的通知》,就广告媒介单位的公益广告发布、内容审核、标注出资企业名称等问题做出明确规定:"广播、电视媒介每套节目用于发布公益广告的时间应不少于全年发布商业广告时间的3%。电视媒介在19:00—21:00时间段每套节目发布公益广告的时间应不少于该时间段发布商业广告时间的3%。报纸、期刊媒介每年刊出公益广告的版面应不少于发布商业广告版面的3%。户外广告经营者应发布一定比例的户外公益广告,具体数量由当地工商行政管理部门会同有关部门共同制定,统一规划。""发布公益广告时,应当认真审核内容,凡违反国家法律、法规、政策规定和社会主义道德规范要求的,不得发布。不得以公益广告的形式发布商业广告。""对于企业出资设计、制作、发布的公益广告,可以标注企业名称,但不得标注企业产品名称和商标标识,不得涉及与该企业产品或提供的服务有关的内容。电视公益广告标注企业名称显示时间不应超过5秒,标注面积不超过电视广告画面的1/5。报刊、户外公益广告标注企业名称不超过报刊、户外广告版面的1/10。"这是我国党政机关第一次制发有关公益广告的文件,启动了党政共管公益广告宣传的模式和制度化建设工作。1998年,国家工商行政管理局单独下发《关于加强公益广告宣传管理的通知》等文件,针对个别地方不遵守公益广告管理有关规定、公益广告中出现不符合要求的内容等问题,重申广告主、广告经营者和广告发布者要严格遵守《关于做好公益广告宣传的通知》的规定,不得以公益广告形式发布商业广告,并对标注企业名称的具体问题做了补充性的规定。1999年中央精神文明指导委员会办公室和国家工商行政管理局联合发出《关于进一步做好公益广告工作有关问题的通知》。进入新世纪,党政机关还有类似规定性文件下发,或者在组织公益广告活动的文件中提出要求。2002年中共中央宣传部、中央精神文明办公室、国家工商行政管理总局、国家广播电影电视总局、新闻出版总署七部委发布《关于进一步做好公益广告宣传的通知》,2013年七部委下达《关于深入开展"讲文明树新风"公益广告宣传的意见》。这些文件确立了公益广告管理的依据,不仅使公益广告的管理有章可循有据可依,而且体现了党政部门一手抓活动一手抓管理、组织活动与规范宣传同时进行的管理特点。制发文件是党政管理的重要手段,文件的权威性、指令性是工作顺利开展和收到成效的保证。我国党、政有关部门专门为公益广告制发一系列规范性文件,表现出党和政府对公益广告的重视和管理力度。必须充分肯定,这一系列文件强化了对公益广告的管理,对我国公益广告事业的发展具有重要意义。

② 法律法规和行政规章

随着公益广告活动增多,以及有些媒体擅自减少公益广告发布时间和版面、公益广告含有商品信息等问题出现,公益广告管理的法制化也提上日程,为公益广告立法定规成为公益广告事业发展中的重要课题。我国于1994年出台了《广告法》,但这部《广告法》的调整对象是商业广告,实际上是一部商业广告法,仅适用于商业广告而非公益广告,难以用它对公益广告宣传进行法律规范。对于公益广告等非商业广告的问题,只能依据《广告管理条例》予以解决,因为《广告管理条例》没有将商业广告和非商业广告进行区分,所以在《广告法》颁布之后仍然适用,成为《广告法》的必要补充。虽然没有专门的公益广告法律法规,但有的行政规章涉及公益广告,包含关于公益广告的条文。《广播电视管理条例》的第四十二条在明确广播电台、电视台播放广告时间的同时规定了"广播电台、电视台应当播放公益性广告"。2010年1月1日开始施行的《广播电视广告播出管理办法》对电台电视台播放公益广告做出更为明确而具体的规定:"播出机构每套节目每日公益广告播出时长不得少于商业广告时长的3%。其中,广播电台在11:00至13:00之间、电视台在19:00至21:00之间,公益广告播出数量不得少于4条(次)。因公共利益需要等特殊情况,省、自治区、直辖市以上人民政府广播影视行政部门可以要求播出机构在指定时段播出特定的公益广告,或者作出暂停播出商业广告的决定。"但是这些行政规章主要适用于媒体的公益广告发布而不涉及公益广告内容,而且主要适用于广播电视媒体,并不包括同属于大众传媒的报刊及其他媒体。适用于公益广告的法律法规缺失,直接影响公益广告管理的范围和效力。

2015年4月24日,修订后的《中华人民共和国广告法》公布,这部被称为"新广告法"的法律扩大了广告法调整范围,增加了关于公益广告的条款。第二十二条关于烟草广告的规定中,禁止利用其他商品或者服务的广告、公益广告,宣传烟草制品名称、商标、包装、装潢以及类似内容。第七十四条规定国家鼓励、支持开展公益广告宣传活动,传播社会主义核心价值观,倡导文明风尚。大众传播媒介有义务发布公益广告。广播电台、电视台、报刊出版单位应当按照规定的版面、时段、时长发布公益广告。公益广告的管理办法,由国务院工商行政管理部门会同有关部门制定。这部《广告法》明确了国家鼓励、支持开展公益广告宣传活动的政策,确定了大众传播媒介发布公益广告的义务和量化指标,并授权国务院工商行政管理部门会同有关部门制定公益广告管理办法,这是我国公益广告管理法制化的一个重要开端。

从2013年开始,由国家工商总局牵头、相关部门参与,研究制定专门以公益广告为调整对象的行政规章,经对有关公益广告的规范性文件、地方立法进行全面梳理,广泛听取有关部门、媒体单位和广告企业意见,公开征求社会意见,制定了《公益广告促进和管理暂行办法》。这部行政规章经国家工商行政管理总局局务会议审议通过,并经国家互联网信息办公室、工业和信息化部、住房城乡建设部、交通运输部、国家新闻出版广电总局同意后公布,于2016年3月1日起施行。虽然是《暂行办法》,尚有需要修订的不完善之处,但毕竟填补了公益广告管理的法律空白,是第一个调整公益广告的规范性文件,具有里程碑意义。

《公益广告促进和管理暂行办法》体现了促进发展和规范管理并重的原则,既确定了鼓励、支持开展公益广告活动的总原则和方法,又对公益广告管理、传播等进行了规范。它作为《广告法》配套规章,为促进公益广告发展和管理提供了可操作性依据,为公益广告可持续发展,建立良性发展机制,动员社会力量广泛参与,提供了法律规范和保障。

《公益广告促进和管理暂行办法》共16条,除了说明立法目的、立法依据和界定公益广告之外,主要内容有以下几个方面:

一是相关部门在促进和管理公益广告工作中的职能。第四条对中央和各级精神文明建设指导委员会、工商行政管理部门、新闻出版广电部门、通信主管部门、网信部门、铁路、公路、水路、民航等交通运输管理部门、住房城乡建设部门、精神文明建设指导委员会其他成员单位在促进和管理公益广告工作中的职责做出规定,明确了各职能部门的责任,确定了共促共管的工作机制。

中央和各级精神文明建设指导委员会作为党的宣传部门,在公益广告活动中负责指导协调,为公益广告活动把握方向,部署任务,统筹指导,以保证公益广告的正确导向,同时协调部门之间关系,有效配置资源,整合各方力量,以保证贯彻中央决策部署,推动公益广告活动顺利有序开展,各项工作有效落实。精神文明建设指导委员会其他成员单位应当积极做好公益广告有关工作,涉及本部门职责的,应当予以支持,并做好相关管理工作。

工商行政管理部门是法律授权的广告管理机关,具有法定的监管职责。在公益广告促进和管理工作中,工商行政管理部门一要履行广告监管职责,二要指导广告业发展,三要负责制定公益广告工作规划,四要做好其他有关管理工作。

新闻出版广电总局等其他几个部门的职责虽然都是在本部门职能管理范围内进行"指导和管理",但这些部门"指导和管理"的内容有所不同。

新闻出版广电总局、工业和信息化部、网络信息部门负责指导和管理各自领域的公益广告制作、刊播活动。因为这些部门不仅掌管不同的媒体,具有发布公益广告的媒体资源,还有制作公益广告的资源和能力,也是公益广告作品的来源之一,所以规定这几个部门要对公益广告制作和刊播活动同时进行指导和管理。

铁路、公路、水路、民航等交通运输管理部门和住房城乡建设部门主要负责对相关管理范围的公益广告刊播活动进行指导和管理,没有对公益广告制作进行指导和管理的任务。交通运输管理部门和住房城乡建设部门刊播的公益广告可以是通稿,或来自于作品库及某些广告制作单位,也可以自行设计制作。

这一规定既体现了我国的党管宣传、党管意识形态工作的管理体制和国家精神文明建设的领导体制,也体现了工商行政管理部门主管、其他部门分管本领域公益广告的共治模式。用行政规章规定党政部门的职责,就是要通过制度提升和强化这些党政部门的责任意识,以保证各司其职,各尽其责,切实做好公益广告促进和管理工作。我国把公益广告视为新兴舆论阵地、一种接地气的宣传载体,把开展公益广告作为一项重要的宣传工作、意识形态工作、社会文明建设工作,并始终高度重视宣传和意识形态工作和精神文明建设,不仅要求负责宣传和意识形态工作的部门要掌握意识形态工作的主动权、领导权、管理权,守土有责,守土负责,守土尽责,而且动员各条战线各个部门、各级党委和政府都要重视宣传、意识形态工作,重视社会文明建设,掌控和利用好主流媒体、新兴媒体、社会媒体,形成齐抓共管的格局。《公益广告促进和管理暂行办法》明确了党政部门职责,不仅用法律的力量保证各部门切实履职到位,而且可以通过党政部门的沟通和配合,形成强大合力,有力促进和规范公益广告传播。

二是公益广告的发布内容准则。第五条、第六条、第七条是对公益广告内容的规范,为公益广告制定了内容标准。

第五条:公益广告应当保证质量,内容符合下列规定:

(一)价值导向正确,符合国家法律法规和社会主义道德规范要求;

(二)体现国家和社会公共利益;

（三）语言文字使用规范；

（四）艺术表现形式得当，文化品位良好。

这一条作为公益广告的内容准则，要求从价值导向、利益体现、语言文字、艺术表现和文化品位四个方面保证公益广告的质量，规定公益广告应当坚持正确价值导向，体现公益特征，规范使用语言文字符号，创作具有良好文化品位和艺术表现力的精品。

第六条：公益广告内容应当与商业广告内容相区别，商业广告中涉及社会责任内容的，不属于公益广告。

这一条厘清了公益广告与商业广告的差异，对公益广告和涉及社会责任内容的商业广告进行了区分。据此可以认定公益营销广告、公关广告，即使发出了公益诉求，表达了企业的社会责任，也是商业广告而不是公益广告，可以制止商业广告打着公益旗号误导消费者的现象，保证公益广告的纯正的公益性。

第七条是对企业在公益广告上标注企业名称和商标标识的规范，规定不得标注商品或者服务的名称以及其他与宣传、推销商品或者服务有关的内容，包括单位地址、网址、电话号码、其他联系方式等；平面作品标注企业名称和商标标识的面积不得超过广告面积的 1/5；音频、视频作品显示企业名称和商标标识的时间不得超过 5 秒或者总时长的 1/5，使用标版形式标注企业名称和商标标识的时间不得超过 3 秒或者总时长的 1/5；公益广告画面中出现的企业名称或者商标标识不得使社会公众在视觉程度上降低对公益广告内容的感受和认知，不得以公益广告名义变相设计、制作、发布商业广告。违反这些规定的公益广告，视为商业广告。

允许出资设计、制作和发布公益广告的企业在公益广告上标注企业名称和商标标识，本是对企业的鼓励和回报，但是有些企业总想利用这一激励政策达到商业功利目的，把公益广告作为公关宣传、商业宣传的载体，想方设法掺杂一些商业信息，或者突出企业名称和商标标识，以扩大企业和品牌的影响。这样不仅混淆了公益广告和商业广告的界限，影响了公众对公益广告的认知，而且会影响公益广告的公信力和影响力，弱化公益广告的效果，消解公益广告的积极作用。这一条划清合法与违法的界限，让公益广告活动主体掌握标注企业名称和商标标识的标准，明确如何正确标注而不违法，为有意利用公益广告做商业宣传的企业亮起警示红灯，如有越界必将受到处罚或批评、劝诫。

三是公益广告发布义务和发布标准。第八至第十一条都是关于公益广告发布的规定。以前的党政文件有相关要求，新《广告法》和《广播电视广告管理办法》等行政规章有相关规定，此次制定的《公益广告促进和管理暂行办法》，把党政要求和法律原则规定以规章形式确定下来，并在此基础上增加新的内容，使广告活动主体发布公益广告的义务更为细化、具体，有很强的针对性和操作性。

第八条规定了公益广告作品的稿源和各类广告活动主体的义务，包括媒体单位、公共场所等发布公益广告的强制性义务，以及旨在增加公益广告设施和发布渠道、扩大公益广告影响的倡导性义务。在《公益广告促进和管理暂行办法》实施之前，党政部门以文件形式要求媒体刊播公益广告通稿，现在以立法形式明确这是必须履行的法定义务，不是没有强制性的道德义务，而要义务刊播的是精神文明建设指导委员会审定的公益广告通稿作品，并非所有的公益广告作品。如此规定可以保证公益广告通稿作品能够广为刊播，扩大影响。

第九条是关于广播电视、报刊、网站、手机等大众媒体发布公益广告的条次、版面、页面、位置的规定，对不同级别、不同类别的广播电视报刊，不同类别的网站发布公益广告的数量分别做出规定，设定发布公益广告数量的最低标准，用制度的强制性应对媒体敷衍了事的问题，从发布数量方面保证公益广告效果。值得注意的是，《公益广告促进和管理暂行办法》将包括政府网站在内的各类网站、手机等新媒体也纳入调整范围，而且在规定公益广告发布条次、位置的同时，"鼓励网站结合自身特点原创公益广告，充分运用新技术新手段进行文字、图片、视频、游戏、动漫等多样化展示，论坛、博客、微博客、即时通信工具等多渠道传播，网页、平板电脑、手机等多终端覆盖，长期宣传展示公益广告"。将网站、手机也作为调整对象，既规定发布义务，又鼓励充分运用新技术新手段进行多样化展示、多终端覆盖、长期宣传展示，体现了新媒体时代国家对新媒体公益广告的管理特点，这对于开发利用新兴媒体、开辟新型传播渠道发布公益广告也有很强的指导意义。

第十条是对各类社会媒介发布公益广告的规定。公共场所的广告设施或其他适当位置、公共交通工具的广告刊播介质或者其他适当位置、建筑工地围挡、景观等构筑物都可成为公益广告的载体，2013年七部委下达的《关于深入开展"讲文明树新风"公益广告宣传的意见》以及各地党政机关下发的相关文件，都要求充分利用这些社会媒介，营造"讲文明树新风"的舆论氛围。《公益广告促进和管理暂行办法》把党政指令纳入其中，使之具有法律效力。这一条规定了这些社会媒介的义务、刊播的公益广告及其设置发布要求。与大众媒介一样，社会媒介具有刊播公益广告的法定义务；义务刊播公益广告通稿或者经主管部门审定的其他公益广告，而无论怎样设置和发布公益广告都要整齐安全，与环境协调，能够美化环境。

四是促进公益广告发展的举措。确定鼓励、支持开展公益广告活动的总原则,引导单位和个人以多种方式参与公益广告活动(第三条);明确公益广告稿源机制,保证公益广告作品的持续供给(第八条);规定户外广告规划以及户外广告资源招标时,公益广告占有一定比例和数量(第十一条);制定公布年度公益广告活动规划,实行公益广告发布备案制度(第十二条);结合有关部门社会管理工作,将公益广告发布情况纳入文明城市、文明单位、文明网站创建工作测评(第十三条);依法保护公益广告活动当事人合法权益(第十四条)。

综上,《公益广告促进和管理暂行办法》对公益广告概念、管理部门职责分工、发布内容原则、媒体发布义务及数量和位置、社会媒体发布、促进公益广告事业发展原则和措施等,做出了明确规定,为公益广告的有效传播提供了法律保障。当然,这部专项规章还有需要完善之处,如需要进一步明确广告活动主体的义务和权利,需要提出相应鼓励办法和措施以保证鼓励政策能够得到落实。

除了上述《广告法》和《公益广告促进和管理暂行办法》,还有一些以公益广告为调整对象的地方性法规和规章,成为国家法律、法规和部门规章的必要补充。如《上海市户外公益广告管理实施细则》《大连市公益广告管理规定》《深圳市公益广告管理暂行办法》。一些省市广告主管部门根据相关法律法规,结合本地实际情况,制定了适用于本地的行政规章,有针对性地促进和规范本地区的公益广告,解决本地区公益广告宣传的实际问题。

2. 制定发展规划和扶持政策:推进中国公益广告事业发展

规划是纲领性、指导性的文件,制定规划是为了明确未来一个时期的发展方向、发展战略、发展重点,部署目标任务、行动计划和支持政策。为公益广告制定发展规划是促进公益广告发展的重要举措,既有紧迫性又有深远意义。虽然目前我国还没有这样一个规划,但是在国家工商总局、国家发展改革委《关于促进广告业发展的指导意见》和《广告产业发展"十二五"规划》《广告产业发展"十三五"规划》中皆有关于公益广告的内容,都把公益广告发展作为重点任务,这表明国家工商行政管理总局在进行广告业发展的顶层设计和战略部署时已将公益广告作为一个重点,把公益广告规划纳入广告业发展规划的整体框架中。

2008年国家工商总局、国家发展改革委公布了《关于促进广告业发展的指导意见》,把"壮大公益广告事业,建立和完善公益广告发展促进机制,使公益广告成为构建和谐社会、传播社会主义精神文明的重要手段"作为一项"目标任务",并在十四项"进一步完善促进广告业发展的政策措施"中,提出如何"促进公益广告发展"的措施:

(1)提高公益广告水平。充分发挥公益广告在传播社会文明、弘扬良好道德风尚等方面的重要作用;鼓励社会团体和企业通过公益广告,树立良好的社会形象;弘扬优秀民族文化,吸收其他国家和地区的先进文化,采取切实可行的措施,提高公益广告策划、创意和制作水平。鼓励开展公益广告学术研讨,继续支持公益广告作品评优工作,建立公益广告创新研究基地。

(2)加强公益广告制度建设。积极发挥政府的引导作用,通过公益广告制度建设,鼓励社会力量积极投入公益广告的策划、创意、制作和传播;提高广告活动主体对公益广告的贡献程度,采取鼓励措施提高公益广告的刊播比例;研究公益广告发展的扶持政策,形成公益广告持续发展的良性机制。通过多种方式,扩大公益广告的社会影响力,服务社会主义精神文明建设。

《关于促进广告业发展的指导意见》对"壮大公益广告事业"这一目标任务的阐述比较简略,但还是抓住了"机制"这一影响公益广告事业发展壮大的关键,要通过"建立和完善公益广告发展促进机制,使公益广告成为构建和谐社会、传播社会主义精神文明的重要手段"。两项措施明确了要从提高水平和加强制度建设入手促进公益广告发展,这既反映了制约我国公益广告发展的主要问题,又提出了具有针对性的改进办法。在"提高公益广告水平"这一措施中,不仅提出要采取切实可行的措施,而且鼓励开展公益广告学术研究,建立公益广告创新研究基地,继续支持公益广告评优,要利用学术资源,发挥基地等智库的作用,为公益广告发展壮大提供科学支持、智力支持。在"制度建设"这一措施中,提出了制度建设、采取鼓励措施、研究扶持政策等具体办法,达到吸引更多社会力量参与支持公益广告、扩大公益广告影响力的目标。

2012年国家工商行政管理总局为贯彻落实国家"十二五"规划纲要以及促进服务业和文化产业发展的有关规定,编制了《广告产业发展"十二五"规划》,其中将发展公益广告事业作为"十二五"的一项重点任务,从提高公益广告的社会影响力、健全公益广告发展机制、完善公益广告扶持政策、鼓励开展公益广告学术研讨和公益广告作品评优工作、支持公益广告创新研究基地建设等5个方面阐述了任务目标。为鼓励企业参与支持公益广告活动,还制定了税收优惠政策,对企业的公益广告投入,经核实认定为公益性捐赠后,依法享受税前扣除。这5个任务目标明确了今后5年促进公益广告发展的重点工作,税收优惠政策明确了企业的公益广告投入可以认定为公益捐赠并可税前扣除,这一政策激励将会让更多企业支持公益广告事业,参与公益广告活动。

《广告产业发展"十二五"规划》(节选)

三、重点任务

(五)发展公益广告事业

提高公益广告的社会影响力。重视公益广告事业发展,充分发挥公益广告在建设社会主义核心价值体系中的重要作用,动员政府机关、社会团体、企业和个人通过制作发布公益广告,大力倡导良好道德风尚。鼓励引导单位和个人通过公益广告树立社会形象,体现社会责任。支持、鼓励在生产、生活领域增加公益广告设施和发布渠道,扩大公益广告宣传阵地和社会影响。

健全公益广告发展机制。积极发挥政府引导作用,提高社会参与程度,支持建立促进公益广告发展的专业机构,提高广告活动主体对公益广告的贡献度,形成公益广告可持续发展的良性机制,在资金保障、法制建设、激励措施、监督管理等方面研究建立和完善相关措施,推动公益广告发展和规范公益广告运作。

完善公益广告扶持政策。多渠道筹集公益广告资金,积极探索建立公益广告基金,逐步推行公益广告政府采购制度,研究制定企业投入公益广告费用税前列支鼓励政策,调动政府、企业、媒体、广告公司、行业组织及社会各方力量的积极性。加大对公益广告创意、策划、设计、制作和传播等方面的投入,提高公益广告的思想主题、艺术表现、文化内涵和传播效果的质量水准。鼓励媒体提高公益广告的刊播比例。

鼓励开展公益广告学术研讨和公益广告作品评优工作,支持公益广告创新研究基地建设。

四、政策措施

(四)税收优惠政策

结合有关行业广告费支出特点,研究建立适合行业特点的广告费税前列支政策。对企业的公益广告投入,经核实认定为公益性捐赠后,依法享受税前扣除。……

2016年发布的《广告产业发展"十三五"规划》中关于公益广告的内容明显多于"十二五规划",在"发展基础""规划目标"和"重点任务"几个部分都有关于公益广告的阐述,将公益广告发展作为"十三五"广告产业发展的基础,把公益广告影响进一步扩大纳入规划目标,把完善公益广告发展体系作为十项重点任务之一。这说明我国公益广告事业的发展及其积极作用得到了充分肯定,国家还要继续推进公益广告事业发展,并且设定了更具体也更切合实际的任务目标。

《广告产业发展"十三五"规划》的重点任务是"完善公益广告发展体系",即在"十三五"期间要继续进行体系建设,对已经构建起来的公益广告发展体系进行完善,要通过一系列的举措和办法,比较全面地、系统地推进公益广告的发展。虽然"十三五"规划与"十二五"规划有一些相同之处,延续了"十二五"规划的任务,但是也有对未来五年发展的新思考和新部署。例如机制建设,"十二五"和"十三五"规划都把机制建设作为一个任务点、一个重要项目,"十二五"规划是"健全公益广告发展机制","十三五"规划是"建立完善公益广告可持续发展机制",要建立的是能够保证公益广告长远、持久发展的机制。这是在十二五期间机制建设基础上设立的新目标,做出的新部署,体现了机制建设这一任务的连续性、进步性。除此,支持成立促进公益广告发展的专业机构,依法建立专门的公益广告基金和公益广告专项基金,依法促进和规范公益广告发展,将发布公益广告情况纳入文明城市、文明单位、文明网站创建工作测评,建立公益广告作品库等,这些新形势下促进公益广告发展所采取的举措和办法,也体现了"十三五"规划的特点。

《广告产业发展"十三五"规划》(节选)

一、规划背景

(一)发展基础

——公益广告发展迅速。公益广告社会参与度不断提高,社会影响更加广泛,国家和城市形象公益广告在国内外进一步推广。国家鼓励、支持开展公益广告活动写入《广告法》,公益广告发展进入法制化轨道。

二、指导思想、基本原则和规划目标

——提升社会效益。树立正确广告活动导向,公益广告影响进一步扩大,体现社会主义核心价值观的广告业主流文化全面建立,广告业社会形象得到改善,服务经济建设、政治建设、文化建设、社会建设、生态文明建设的作用进一步彰显。

三、重点任务

(六)完善公益广告发展体系

鼓励、支持开展公益广告宣传活动,鼓励、支持、引导政府、企业、社会组织、广告媒体等单位和个人以提供资金、技术、劳动力、智力成果、媒介资源等方式积极参与公益广告宣传。

建立完善公益广告可持续发展机制,出台促进公益广告发展的相关措施,推进公益广告宣传制度化、长效化。支持成立促进公益广告发展的专业机构,多渠道筹集公益广告发展资金,依法建立专门的公益广告基金以及在综合性公益基金下的公益广告专项基金,积极推进政府采购公益广告服务,研究制订企业投入公益广告费用税收鼓励政策。

落实《广告法》《公益广告促进和管理暂行办法》等法律、法规、规章规定,依法促进和规范公益广告发展。建设公益广告传播体系,扩大公益广告宣传阵地和社会影响。将发布公益广告情况纳入文明城市、文明单位、文明网站创建工作测评,广告行业组织的会员单位发布公益广告情况,纳入行业自律考评。建设公益广告作品库,鼓励开展公益广告学术研讨、发展研究和国际交流合作,鼓励全国公益广告创新研究基地建设,建成若干个公益广告理论和实践研发中心。

四、政策措施

(二)财税支持政策

对企业通过公益性社会团体或者县级以上人民政府及其部门,用于公益广告的捐赠支出投入,经核实认定为公益性捐赠后,依法享受税前扣除。

公益广告的资金问题是直接影响公益广告事业发展、公益广告活动开展和公益广告作品水平的主要问题,虽然机制建设是解决公益广告资金问题的根本办法,但在机制建设过程中资金短缺问题一直是一个主要的限制性的影响因素。国家制定的税收政策固然具有激励企业赞助的作用,然而企业赞助也难以解决所需要的资金,必须有政府、企业、社会组织、广告媒体等单位和个人多方共同扶持才能突破这一瓶颈。政府机构多年来一直通过倡导、组织和监管公益广告活动进行管理,很少以投入资金或购买服务等方式给予资金支持。近年有的政府部门设立专项资金,或单独或会同其他部门通过立项扶植等方式,帮助解决资金短缺问题,激发广告设计制作、发布机构参与公益广告活动积极性。如国家新闻出版广电总局设立广播电视公益广告专项扶持基金,对通过评审立项的机构提供资金支持。大众传媒机构拥有媒体资源和人才、设备优势,既承担发布公益广告发布的任务,又承担公益广告制作的任务。通常大众传媒机构无偿制作和发布公益广告,不仅要承担制作和发布的费用,还要牺牲一些制作和发布商业广告获得的经济效益。如果通过立项获得部分资金,能够减轻一些媒体的经济压力,一些经营艰难的媒体确实需要这样的扶持,其他参与公益广告活动的机构、组织、个人也需要这样的扶持。虽然扶持基金和项目数量远不能满足需求,但是确实具有引导和鼓励作用。新闻出版广电总局2013—2014年度的扶持基金是1000万元,为进一步增强对广播电视公益广告宣传工作的支持力度,推动创作生产出更多的广播电视公益广告优秀作品,2015—2016年度的扶持资金增加到

1500万元。总局还和相关部委对"知识产权专项作品"和"防治艾滋病专项作品"等项目给予专项资金扶持。其他部委也有专项资金,国家税务总局和国家禁毒委员会与新闻出版广电总局共同开展"税务"和"禁毒"主题公益广告作品征集展播活动,对在活动中评选出的优秀作品、优秀组织机构和优秀传播机构给予专项资金扶持。无论是政府部门的政策激励还是资金扶持,不仅体现了政府重视公益广告的态度,而且体现了政府公益广告管理实践越来越注重解决问题,在倡导和组织公益广告宣传的同时切实解决一些实际问题,以多样的管理方式促进公益广告发展。

3. 广告行业自我管理

除了党政部门的管理外,广告行业组织即各级广告协会也以协助、配合等方式参与公益广告管理,形成了一个行业自我管理系统。行业协会作为一种自治性社会团体,主要通过行业规则实行行业自我管理,这种自我管理是行业自我建设、自我约束机制的具体表现。

中国广告协会成立于1983年,是我国广告业最大的行业组织。中国广告协会的主要职责是:按照国家有关方针、政策和法规,对全国广告宣传与经营进行指导、协调、咨询、服务;协助政府进行行业管理。各省市也有广告行业协会,是地方性广告行业团体。我国的广告协会虽然是民政部门登记的社会团体,但仍然由工商行政管理部门主管并挂靠在各级工商管理部门。

虽然中国广告协会制定的行业规则、规范中没有关于公益广告的条款,但中国广告协会对广告要为精神文明建设服务的职责具有高度的认识,中国广告协会第一次代表大会通过的决议强调:广告必须为建设社会主义精神文明服务。广告宣传内容广泛,形式多样,不仅在经济宣传中发挥着必不可少的作用,而且是意识形态领域的一个阵地。基于这一认识,在党政部门倡导、组织公益广告活动的时候,各级广告协会积极配合,主动履行"协助政府进行行业管理"的职责,号召自己的会员单位积极投入到活动中,并在组织开展创建广告行业精神文明先进单位活动中,把积极制作、发布公益广告作为评优的一个条件,以此鼓励会员单位多做、做好公益广告,不仅表现了广告协会认真履行协会职责的自觉意识,而且反映了广告协会努力促进公益广告发展的积极努力。

各级广告协会主要通过组织活动、评奖、考评等几项工作,发挥广告行业组织的自我管理和协助管理作用。

(1)组织公益广告活动

中国广告协会和地方广告协会作为行业组织经常发起公益广告宣传活动,

提出宣传题目或提纲,组织各成员单位进行创作,或者通过组织创意竞赛这种方式带动广告公司投入社会公益事业,树立广告界关心国家、关心社会、关心公益事业的良好形象。各广告公司按照广告协会的命题和要求进行创作,同时向社会推出主题公益广告,掀起公益广告宣传热潮。广告协会组织的公益广告活动规模不及工商行政管理局组织的活动规模,但由于具有竞赛性质,各广告公司一般都会派出最优秀的主创人员,力争拿出最优秀的作品,如八仙过海,各显其能,因而这种活动的质量比较高,影响力比较大。

各级广告协会积极响应党政部门的倡议、部署,不仅号召协会会员单位积极支持公益事业和公益广告活动,以提供资金、技术、智力、媒介资源等方式积极参与国家党政机关组织的公益广告活动,还与地方党政机关共同举办公益广告活动,如与中国关心下一代工作委员会、中国人权发展基金会等共同主办首届中国爱心助学公益广告展评活动,与国家工商总局、国家民委举办"民族团结专题广告大赛活动",也以协会名义组织或承办公益广告作品征集评选活动,向会员单位提出做好公益广告的要求。从1996年"中华好风尚"公益广告月活动开始,广告协会就一直协助配合工商行政部门进行宣传员。1999年3月中国广告协会发出《关于继续做好公益广告工作的通知》,要求各会员单位高度重视公益广告工作,狠抓落实。中国广告协会在这份协会文件中提出:(1)公益广告的制作和发布要把握时代脉搏,紧密结合社会实际。当前要注重做好关于下岗职工再就业、生态环境建设、合理利用和保护资源、反对铺张浪费和制售假冒伪劣产品等方面的公益广告。(2)制定公益广告年度工作计划,确定公益广告比例,突出重点,常抓不懈。(3)提高公益广告质量,在内容上力求深刻,表现手法上力求新颖,制作上力求精良,使每一件公益广告作品都能起到促进社会主义精神文明建设的作用。(4)各省、自治区、直辖市、计划单列市、副省级城市广告协会和中国广告协会各专业委员会,要继续抓好公益广告的创作和发布,并将公益广告的创作水平、发布数量作为"争创广告行业精神文明先进单位"活动的评选条件之一,结合"争创"互查互学活动,搞好公益广告的检查总结工作。[①] 虽然中广协的要求没有行政强制力,但具有号召力、影响力,能够激发会员单位的积极性。地方性的广告组织同中国广告协会一样,一方面号召广告经营、发布机构重视公益广告,一方面通过开展活动培养广告工作者的社会公益意识,调动他们创作、发布公益广告的积极性,引导他们把非营利性的公益广告与营利性的商业广告放到同一个位置上来。如北京、上海等地的广告协会组织的创意竞赛之类的活动

---

① 《中广协发出通知要求继续做好公益广告工作》,载《现代广告》1999年第5期。

都是公益性选题,广告协会要求参赛者用公益广告作品参与活动。这样做不但有利于激发广告工作者关注社会问题的热情,更有利于提高公益广告创作水平,有利于公益广告宣传活动的普及和活动质量的上升。这种方式,对于公益广告管理而言,是一种积极的管理方式。

(2) 以评奖激励和引导公益广告创作

评奖具有激励和导向作用,组织公益广告评奖活动或者在广告评奖中设立一个公益广告奖项,表彰优秀的公益广告作品和优秀的公益广告创作人员,可以在激励会员单位积极创作优秀公益广告作品的同时提供示范,对公益广告创作进行正确导向,提升公益广告宣传水平,促进公益广告事业发展。已经举办了23届的"中国公益广告黄河奖"是我国公益广告最高奖,中国广告协会设立的这一奖项在业内具有较大的影响力和号召力,能够吸引会员单位和其他机构积极参与,通过参与评奖的方式为中国公益广告宣传创作优秀作品。2016年公益广告黄河奖评委会共收到参赛作品4009件,参评作品数量超过以往历届,说明会员单位及非会员单位参赛踊跃,也说明近年我国公益广告活动非常红火。广告协会举办隆重的颁奖典礼,希望能够通过这种奖掖方式引导更多的广告公司、文化创意机构、媒体创作更多的精品力作。国家新闻出版广电总局设立的首个国家级公益广告奖项"星光电视公益广告大奖",致力于表彰优秀的广播电视公益广告作品、个人和机构,支持和激励更多机构、个人投身公益广告。"星光电视公益广告大奖"是星光奖的重要组成部分,暂设主题、创意、导演、摄影、制作、组织6个奖项,每项设金奖、银奖、铜奖。在当下"讲文明树新风"公益广告活动中,很多地方党政机构组织作品征集和评奖活动,广告协会发挥了积极作用,指导创作并参与或承接评选工作。

(3) 以考评促进会员单位参与公益广告活动

在《公益广告促进和管理暂行办法》施行之前,广告协会已经将参与公益广告活动纳入考评指标,作为评选精神文明先进单位、优先向社会推荐广告经营单位等主要条件之一。《公益广告促进和管理暂行办法》明确规定"广告行业组织应当将会员单位发布公益广告情况纳入行业自律考评",考评因此成为广告协会的法定职责。考评既有检查监督作用,也有激励先进、鞭策后进的意义,是一种调动积极性、提高绩效的管理手段,也是建立激励机制的重要环节。广告协会对会员单位参与公益广告活动的情况进行考评,就是要考核评定会员单位是否按照规定发布公益广告,是否符合发布内容准则和发布数量标准,是否存在违反有关规定、与国家大局和政策精神不一致等情况,是否把公益广告做成变相的商业广告,作品的数量与质量是否达到要求。通过严格考评确保公益广告的发布,解决减少公益广告发布数量的"偷工减料"问题,防止商业广告挤占公益广告时间和版面的"鹊占鸠巢"现象,消除偏重于经济收入而忽略社会责任导致"两个效益"严重失衡的"见利忘义"的根源。通过考评加强监管,及时发现问题、解决问题,以确保公益广告发布及其传播效果。

(4)创建中国公益广告网站

在中央精神文明办公室、国家工商行政管理总局、国家新闻出版广电总局等部委各项相关指示精神引导下,中国广告协会电视委员会、中国广播电视协会广告信息工作委员会联合主办,中华全国新闻工作者协会、中国广告协会报刊委员会、中国广告协会广播委员会、全国公益广告创新研究基地等机构协办,共同创建了中国公益广告网。这个公益广告专业网站是播出资源储备平台,汇聚了"全国思想道德公益广告作品库"及其各个子库的作品。网站传播这些公益广告作品,也免费向各类媒体提供公益广告作品。

中国公益广告网也是公益信息传播平台,向社会传播公益活动信息,宣传积极支持公益广告活动的企业、广告公司媒介机构和个人,在向社会传递他们的公益活动信息的同时,帮助他们打造了对社会负责的公益形象。

(5)成立公益广告专业委员会

2016年北京广告协会发起成立了"公益广告专业委员会",并发起组建"中国公益广告联盟"。北京广告协会率先成立"公益广告专业委员会",旨在以联盟方式,构建"政府推动+媒体联盟传播+广告主参与彰显企业社会责任+广告公司制作力量+公益社团、投资机构资本对接+全民创意推广"的公益广告联动体系,建立北京地区乃至全国公益广告事业发展的长效机制。全国主流媒体特别是中央级媒体大部分都集中于北京,大多都是北京广告协会的会员单位,成立公益广告专业委员会具有广泛的基础,能够得到媒体的支持,现已有主流媒体、知名广告主企业、广告传媒公司及新媒介机构等200多家单位通过"公益广告在线"微信公众号平台注册加盟。

[案例]

案例1:中宣部等部门部署进一步做好"讲文明树新风"公益广告宣传

新华社报道,2014年3月28日,中宣部、中央文明办、国家网信办、工信部、工商总局、新闻出版广电总局28日召开电视电话会议,部署深化"讲文明树新风"公益广告宣传,大力培育和弘扬社会主义核心价值观。

会议指出,2013年以来,各地各部门和新闻媒体制作刊播了一大批丰富多彩、感染力强的公益广告,浓墨重彩地宣传"中国梦",旗帜鲜明地传播主流价值观念,树立文明道德风尚,深受广大群众欢迎,产生良好社会效果。会议强调,要进一步提高思想认识,强化责任担当意识,把公益广告宣传作为一项政治任务抓紧抓好。进一步突出思想道德内涵,把中国特色社会主义和中国梦宣传教育、培育和践行社会主义核心价值观贯穿全过程,重点做好中华优秀传统文化、雷锋精神、诚实守信、勤劳节俭、孝敬之风、文明旅游、保护环境、法制观念八个选题。进一步提高创作水平,把各方面创作资源都用起来,让公益广告美起来,让表现方式动起来,打造更多优秀作品。进一步扩大覆盖面影响力,充分发挥新闻媒体、新兴媒体以及各类大众传播媒介作用,把核心价值观融入百姓日常生活。进一步形成常态化制度化,加强组织领导,健全政策法规,促进公益广告宣传持续发展。①

新华社报道,为充分运用公益广告生动鲜活地宣传贯彻党的十八大精神,树立社会主义核心价值观,从2012年12月20日起,中央主要媒体隆重推出"讲文明树新风"公益广告。围绕"民族复兴·中国梦"这一鲜明主题,《人民日报》《光明日报》《经济日报》《工人日报》《中国青年报》《中国妇女报》《环球时报》《新华每日电讯》《参考消息》等主要报纸,以彩色整版或半版篇幅刊出公益广告,气势恢宏,主题鲜明;中央人民广播电台各频率在黄金时段推出的公益广告,以平民视角、百姓口吻展望"中国梦",亲切感人;中央电视台将在各频道全方位、高频次地连续播出同名公益广告。中国文明网、人民网、新华网、中国广播网、中国网络电视台、光明网、中国经济网等网站均在首页显著位置推出"讲文明树新风"公益广告专题。

这次由中宣部、中央文明办组织中央主要新闻媒体以及互联网站开展的公益广告宣传活动,着重围绕积极培育社会主义核心价值观和社会道德行为规范、建设生态文明以及人民群众关切的交通安全、食品安全、健康知识等内容,制作刊播内容丰富多彩的公益广告。各媒体和主要网站都将持续拿出重要版面、重点时段、醒目位置刊播"讲文明树新风"公益广告。公益广告宣传将在元旦、春节期间形成热潮,大力弘扬社会正气,营造文明和谐的社会氛围。②

---

① 《中宣部中央文明办等部门进一步部署做好"讲文明树新风"公益广告宣传》,新华网,http://news.xinhuanet.com/2014-03/28/c_1110001323.htm。
② 《中央媒体隆重推出"讲文明树新风"公益广告》,新华网,http://news.xinhuanet.com/politics/2012-12/20/c_114100983.htm。

案例2：杭州精神文明办公室和杭州日报报业集团主办"讲文明迎峰会"公益广告设计大赛

二十国集团领导人第十一次峰会即G20峰会于2016年9月4—5日在中国杭州举行，杭州市为迎接G20峰会，举办了一次规格高、规模大的公益广告大赛——2016杭州"讲文明迎峰会"公益广告平面设计大赛，希望通过大赛征集更多的优秀公益广告作品，利用公益广告进一步提高杭州市民的文明素质，营造良好的社会风尚，并在G20峰会期间展现杭州文明、有礼、有序、低碳、环保的形象，为建设美丽杭州贡献一份力量。这次大赛由杭州精神文明办公室和杭州日报报业集团主办，都市快报、杭州地铁集团、杭州公益广告网承办，于4月启动，向广告代理公司、制作公司或广告主、热心公益事业和热心公益传播的组织及个人，在杭州的各类高校学生、中学生、学生社团征集作品，广泛动员广告行业和其他社会力量参与这次公益广告宣传活动。广告主题有"当好东道主，喜迎G20""社会主义核心价值观""文明安全绿色出行""礼仪杭州""文明旅游""友爱互助""诚实守信""历史人文""生态环保""传统美德"等。这次大赛共收到来自全国的1600多组作品，经过评审选出一、二、三等奖和优秀奖，获奖作品将陆续刊发在杭州本地报纸和地铁站、公交站、停车场、建筑围挡等社会媒体上。

杭州举办这次公益广告设计大赛体现了当下我国各地开展公益广告活动的特点和做法，即党政领导机关倡议、主导，宣传部、精神文明办公室、工商局等部署安排，主流媒体或其他具有公信力、影响力的机构组织承办，包括广告公司在内的创意制作机构、各类媒体及公众参与支持，最后征集参赛的公益广告作品在各类媒体发布。

图4-3 杭州"讲文明迎峰会"公益广告

案例3：CCTV力推"让爱回家"春节系列公益广告

2013年新年伊始，中央电视台在各频道陆续播出"让爱回家"春节系列公益广告，向全社会传递亲情正能量，呼吁中国传统文化的回归。该系列公益广告共五支，由中央电视台联合多家国际4A广告公司联袂制作。

春节，是中国最重要的传统节日，是中华几千年传统的文化沉淀，也是亿万中国人的情感聚合。"让爱回家"是首次为春节量身打造的主题系列公益广告，成为中国公益广告事业的一大创举。该系列并没有简单呈现节日的喜庆气氛和传统习俗，而是寻求国人的情感共鸣，挖掘春节的现实意义。有人说现在的中国，是一个信仰缺失的时代。但我们依然看到，中国人是全球最有家庭观念的人群，注重亲情，注重家庭，注重回家的意义。随着中国城市化的发展，越来越多的亲人分居两地甚至多地，每年只能在春节才得一聚。——回家，与亲人团聚，成为现代春节的最大意义所在。

该系列五支广告层层铺垫，不断地拨动观众情感共鸣，并在最后得到完全释放。《关爱老人——爸爸的谎言篇》《关爱老人——妈妈的等待篇》《关爱老人——打包篇》透过不同的动人故事展露出父母对子女的深爱，激荡起在外游子回家看望父母的迫切愿望；《红包篇》则呼吁子女付诸实际行动，把对父母的心意和祝福带回家；《回家篇》展现了一段段历经艰辛的返乡旅程，演绎出一篇篇荡气回肠的心灵史诗，号召全中国的游子们在春节"让爱回家"。

为保证公益广告的制作品质，中央电视台同时与盛世长城国际广告公司、麦肯光明国际广告公司、睿狮广告传播等国际顶尖4A广告公司合作，这在中央电视台广告创作中是罕见的。各家公司为了此次合作，推掉了众多商业广告的机会，抽调最顶尖的创意团队和执行团队投入到制作中来。

麦肯光明广告有限公司董事长莫康孙在广告界纵横四十余年，是备受尊敬的前辈大师。惊艳中国荧屏的《水墨篇》是他与央视合作的经典之作，此次他亲临督导激情大片《回家篇》，从波涛汹涌的福建海面，到冰天雪地的东北牡丹江，不畏艰辛全程跟随。他兴奋地说："已经很久没有这样激动人心的作品了，它燃起了我的无限热情。"

睿狮广告传播董事长、CEO伦洁莹女士是被媒体评价为"血液里流淌着广告的DNA"的资深广告人。香港人尽皆知的励志名言"生命没有第二次"正是她创作的公益广告语，对公益广告的倾情投入使她被誉为"香港公益广告之母"。因此，这一次与央视的合作一拍即合，势必碰撞出激情四溢的创意火花，感动中国。

盛世长城国际广告公司大中华区总裁李家舜先生表示,盛世长城一直倡导践行"至爱品牌"理念,在品牌传播中牵系情感的纽带,渗透爱的基因。李总凭借多年对情感传播的敏锐把握,率领由林晓琪、吴凡等著名创意人士组成的团队倾情加入创作。

同时,"让爱回家"系列公益广告精心挑选了来自我国香港和台湾地区,以及泰国的亚洲顶级广告导演操刀制作。《关爱老人——爸爸的谎言》《关爱老人——妈妈的等待》两支广告的导演林明来自香港,在广告业拥有18年的创作经验,曾获得多个广告奖项;《打包篇》导演侯仲贤是华语广告导演中的翘楚,曾执导过200多部广为人知的广告作品,获奖无数,曾在权威国际广告评选报告《Gunn Report》中,被选为全球十大最佳广告导演之一;执导《红包篇》的是泰国新锐广告导演Thay,他为支付宝拍摄的公益作品《钥匙阿姨》得到了众多中国观众的赞誉;《回家篇》由台湾导演何男宏操刀,曾激励众多观众与企业的CCTV宣传片《心有多大,舞台就有多大》正是当年何导的摄影作品,此次与央视再度握手,何导身兼导演、摄影双职,千里跋涉,全情投入,期待再造经典之作。①

这篇报道介绍了中央电视台与著名广告公司合作创作春节公益广告的情况,虽然这篇报道带有宣传色彩,但还是可以从这一报道中,从这次活动中,看到我国公益广告运作的特点,看到媒介机构与广告公司携手合作,利用自己的优质资源,高水平地完成公益广告传播任务。受众从国家电视台上看到这些公益广告,既感受到浓郁的节日气氛,又被传统文化感染,为挚爱亲情感动,更为深切地理解了春节回家的意义,而这些精彩广告正是党和政府、广告公司、媒介机构通力合作的硕果,每一个参与单位、参与者都为公益广告活动做出了贡献。

中央电视台广告经营管理中心副主任何海明介绍,为了做好"春节回家"这个题材,央视广告中心从2012年9月份开始筹划,耗时四个多月,邀请国际4A公司提交创意,从40多个创意中选出5个投入制作,并加大每部片子的投资,由一流的导演和制作公司拍摄。中央电视台在春节前后安排时间播出公益广告,初步估算,春节前后一个月期间播出公益广告的时段价值将超过2亿元。②

---

① 《CCTV力推"让爱回家"春节系列公益广告》,央视网,http://igongyi.cntv.cn/20130122/105113.shtml。
② 《央视推出春节"回家"系列公益广告》,央视网,http://news.cntv.cn/2013/02/01/ARTI135971 7724237610.shtml。

思考与练习

1. 广告行业组织在公益广告事业发展中发挥了什么作用?分析美国、日本公益广告运作模式的特点和行业组织的作用。

2. 掌握我国的公益广告运作模式及其特点,分析政府主导下的公益广告活动的特点和效果,理解"政府主导"的意义和主导的方式。

3. 认真阅读《公益广告促进和管理暂行办法》,了解我国实施《公益广告促进和管理暂行办法》的目的和意义,分析哪些是促进公益广告发展的条款,哪些是关于公益广告的规范性条款,准确理解这部规章的每一条规定。

4. 认真阅读《广告产业发展"十三五"规划》,理解其中关于公益广告的内容,把握我国公益广告事业发展的趋势;准确理解我国党政机关发布的关于开展公益广告活动的文件,分析我国党政机关如何利用公益广告开展主题宣传,如何在公益广告活动中发挥主导作用、部署和组织公益广告活动。

5. 思考成立公益广告联盟、建立公益广告基金的意义。

6. 在促进公益广告事业发展、规范公益广告活动的过程中,如何充分发挥广告行业协会的作用?请开展相关调研,提出建设性意见。

7. 开展调查研究,探索广泛动员社会力量支持公益广告事业、参与公益广告活动的路径和方法,研究如何建立公益广告事业可持续发展机制。

第五章
公益广告的选题和主题

公益广告有感人之情，思辨之义，警世之言，鼓动之力；能够感染人，说服人，教育人，鼓舞人。公益广告"说什么"非常重要，发布公益广告首先要确定"说什么"，选好话题，确立主题。选题具有现实意义，主题深刻而具有震撼力，公益广告作品才能产生良好效果，发挥宣传、教育、动员等作用，取得预期的社会效益。

一、选题的来源

选题就是设置议题，公益广告的选题反映了公益广告的关注点和推动解决社会问题的着力点。公益广告的选题有的是广告主、广告创作者等传播主体自选自定，有的是发起、组织公益广告活动的行业协会、政府部门提出意见或指定选题。前者属于自选题，后者属于指导性、指令性的选题。无论是自选题还是指定选题，都是基于社会调查而确定，社会调查是选题的基础。

1. 自主选题

自主选题，是指广告主以及提供赞助的企业、提供服务的广告公司、提供媒介资源的媒介机构作为公益广告活动主体，自行确定公益广告选题。如作为广告主的公益性组织通常都是自定选题，公益性组织多是具有独立性的非政府组织，通常根据组织的宗旨、目标、项目任务和行动计划，开展公益广告活动，确定公益广告的选题、宣传重点、宣传策略、诉求内容等。由于公益性组织的工作目标、公益项目、援助对象、运作方式、宣传目的都有所不同，因而这些组织的公益广告选题也各有特色，具有比较鲜明的指向性，如慈善组织的选题多是弘扬慈善文化、募捐救助，保护妇女组织的选题多是妇女的保护、救助，环保组织的选题是环境保护和治理、节约资源，动物保护组织的选题是生态平衡和爱护保护动物，禁烟组织的选题是烟草危害。除了诸如此类的长期性选题，还有一些临时性选题。

社会公共服务机构、企业或广告公司、传媒机构也经常主动发起公益广告活动,为自己发起的公益广告宣传确定选题。此时它们作为广告主,拥有选题和创作的自主权,就会自主选题,根据自己的公益行动计划或是所关心的社会问题、所要表达的意愿,确定公益广告作品的选题。如某企业把资助贫困地区农村教育和饮水工程纳入企业的公益行动计划,然后以此为选题委托广告公司制作公益广告,表达对贫困地区农村学生的关怀、对农村缺水问题的关注,向社会发出共同关注、共同帮助的呼吁。

自主选题看似给予广告主或广告创作主体很大的自由空间,但是公益广告的社会功利性决定了无论是广告主自定选题还是为广告主提供服务的广告公司策划选题,都不可能脱离社会现实随意选择。公益广告所提出的问题必须能引起社会关注,所提出的意见主张必须能唤起公众呼应,才能产生良好效果,达成动员、教育等宣传目的,这就决定了选题必须针对社会现实状况,有的放矢地反映社会问题。如果仅凭主观意愿或个人好恶随便选题,有时虽有良好的动机却未必会取得良好的效果。国内某企业"节日系列"公益广告的选题就是来自于社会观察,因击中现实问题而得到社会呼应。企业领导发现,改革开放前人民群众常为过年时缺钱而焦虑,现在生活水平提高了,却出现了一些不良现象:如节日期间很多人携带贵重礼品拜访上司,形成不良社会风气;很多人沉溺于吃喝玩乐而疏于防火,大肆燃放鞭炮导致火灾不断;发给孩子的压岁钱越来越多,但压岁钱的象征意义却越来越淡,导致孩子们看重钱数而忽略情意,甚至产生攀比意识。企业怀着对社会道德风尚和公众利益的深切忧虑,出于现代企业的社会责任感,主动出资制作系列电视公益广告,提示公众在欢度节日之时不要忘记传统美德,不要丢弃安全意识。由于选题针对性强,具有现实意义,制作也比较精良,这一系列公益广告在本省电视台播出后又在中央电视台和其他省台播出,连续三个春节播出近千次,不仅得到公众认同,还在全国广告节上斩获大奖。近年中央电视台播出的一些公益广告如《老爸的谎言》《爱·陪伴》等,反映了空巢老人和留守儿童的境况,呼吁人们多用一些时间陪伴年老的父母和年幼的孩子。因为揭示了新的社会问题,触碰到感情的痛点,因而催人泪下,发人深思。诸如此类的案例说明,虽然自选题有一定的自由度,不像指令性选题那样受到一定的限制,但也不能脱离当下现实。正是针对社会现实问题,具有强大的现实意义,广告作品才能"适销对路",引起关注,引发社会行动。

2. 指定选题

指定选题有指令性选题和指导性选题,指令性选题通常是指发起、组织公益广告活动的政府部门、广告行业协会确定选题,广告公司和媒体要按照既定的选题创作、发布公益广告作品。指导性选题是政府部门、广告行业协会或主流媒体提出指导性意见或发布选题指南，明确公益广告选题的范围，提供给参与公益广告活动的企业、广告公司等选用。指导性选题并非规定性选题，但基本确定了公益广告的内容，指明了公益广告创作的方向。

在公益广告兴起之初，美国战时广告理事会接受新闻委员会直接领导，协助美国政府进行战时宣传，按照政府旨意和战时形势需要确定一些公益广告选题，如购买战时国债、招募士兵和护士等，然后交由广告公司制作、媒体刊播。战时广告理事会宣布独立并更名为美国广告理事会后，不再接受政府的选题而是接受社会申请的选题，或根据广告理事会一段时期的任务目标、工作规划确定公益广告活动及其选题，公益广告的选题也由战时的战争议题转向战后的公共议题，关注种族、宗教、卫生、教育等重大社会问题。如美国广告理事会决定未来十年要关注儿童健康和福利，制定了"2000年的义务：培养更好的明天"战略规划后，以"教育中的性别平等""儿童防火教育""数学与科学教育的价值"为题开展几项公益广告活动。[①] 日本公共广告机构专门成立公益广告选题委员会，在社会调查的基础上确定公益广告选题和主题。韩国与日本大致相同，每年韩国广告放送公社根据媒体报道把握社会热点，根据调查及政府部门、红十字会等社会公共机构的需求，确定几个选题。美国、日本、韩国的公益广告运作模式都是以行业协会为主导，所以美国广告理事会、日本公益广告协会和韩国广告放送公社作为公益广告活动的组织者和管理者，为全国公益广告活动提供或确定选题，既体现了行业协会的权威性，又保证了全国公益广告活动的社会效果。

我国的公益广告运作模式是以政府为主导，《公益广告促进和管理暂行办法》确定的公益广告管理体制强化了党政主导地位和作用。中央精神文明指导委员会对公益广告活动进行指导协调，国家工商行政管理总局等政府部门对公益广告进行指导和管理，都是通过组织开展公益广告活动实施，而每次公益广告活动的选题基本都是指令性选题或指导性选题，党政机关根据中央精神和当前重点宣传任务提出公益广告选题，通过《关于开展"××主题公益广告活动"的通知》等文件及部署方案，明确公益广告活动宣传内容，这些文件所说的"主题"实际上就是选题，或者说是选题范围。国家工商行政管理局组织的公益广告宣传月活动都确定了宣传主题。第一次组织的1996年"中华好风尚"公益广告月活动，确定了"关心和爱护老人、妇女、儿童、尊师重教……"等七个选题。1997年

---

① 李海容、Charles Salmon：《公益广告与社会营销：美国公益广告的特点、管理、运作及理论基础》，载《现代广告》1997年第3期。

组织开展的"自强创辉煌"公益广告月活动,要求讴歌中华民族在中国共产党的领导下经过长期奋斗取得的辉煌成就,宣传自尊、自信、自强、励精图治、知难而进的民族精神。1999年我国的大事喜事多,难点热点也多,国家工商行政管理局提出,公益广告宣传"要紧紧围绕纪念改革开放20周年、五四运动80周年、中华人民共和国国庆50周年、迎接澳门回归、迎接新世纪等,唱响祖国颂、社会主义颂、改革开放颂"。进入新世纪之后由中宣部、中央精神文明办、国家工商总局等几部门联合组织开展的公益广告活动,无一例外都指定了选题,指明了宣传方向。连续开展近十年的"讲文明树新风"公益广告活动,每年都有贯彻中央精神、配合宣传重点的新选题。从中国公益广告选题可以了解目前党和政府的宣传工作重点,了解国家的舆论导向。其他政府部门也结合本部门工作重点组织开展主题宣传活动,提出公益广告选题。全国数百家广告经营单位统一行动,围绕一个大题、几个子题做文章,声势浩大,轰轰烈烈,形成宣传的热浪高潮,犹如一场围歼性战役,目标明确,火力集中,攻势猛烈,其所产生的宣传效应显然大大超过无统一选题、各自为战的宣传。虽然也有广告创作人员认为确定统一的宣传题目在一定程度上束缚了创作者的创造力,但从宣传效果上看,这样做有其必要性,否则各自选题,各自为战,难以形成合力,不易产生轰动效应。

和自选题目相比,"命题作文"式的指定选题没有给予广告活动主体更大的自主权,不过这些既定的选题一般比较宽泛、笼统、抽象,即通常所说的"大",如"保护动物""节约用水""反对种族歧视""赈济灾民""再就业"等,这固然给创作带来难度,但也为创作者细化题目,使之具体、有可操作性留下了余地。

二、选题的基础

无论是自主选题还是指定选题,都是在社会调查基础上产生的选题。基于社会调查产生的选题能够针对社会现实,提出迫切而重大的社会问题,触动社会的痛点,以其现实针对性和问题的重要性唤起社会关注,促进社会行动,推进社会变革。

社会公共机构、慈善组织、各类企业、媒体的自主选题,也来源于对社会的观察、认识,对某些社会问题的深度了解。有些社会公共机构、公益性组织长期从事社会某一领域的工作,充分掌握社会某些领域、某些方面的情况,对某些问题有着非常深刻的认识,因而能够有的放矢地提出选题。企业、广告公司、媒体也以对社会发展趋势的准确把握,对社会问题的透彻认识,提出公益广告选题,确定公益广告说什么。

美国广告理事会、日本公共广告机构等行业协会都比较重视公益广告的选题,专设部门负责选题工作,每年都为选题进行社会调研。美国广告理事会的选题原则是贴近社会现实,选取迫切需要解决的社会问题,确保它提出和推动解决的问题是国家需要优先解决的问题。如美国广告理事会(AD COUNCIL)发起"2000年承诺"公益运动之前,委托PUBLIC AGENDA研究机构对美国人如何看待下一代进行调查研究。这项调研触及了许多萦绕在美国人头脑中的问题,例如家庭解体、儿童管理失控等。最后广告理事会根据调研结果确定以"再造父亲""回归家庭"等为题,发起公益广告宣传运动。[①] 广告理事会的咨询委员会主要负责选题的调研和评估,协助调查新出现的社会问题,为有影响力的广告议题提供支持,并将选题交由评审委员会审查投票,只有获得通过的选题才能成为公益广告活动选题。审查委员会负责审查和批准广告活动的战略和创作方向,努力保持广告理事会的卓越标准,以保证每一场广告活动都会推动社会变革。美国广告理事会的地区分部也负责调查本地区比较突出的社会问题,为总部的选题工作提供参考。"美国的公益广告发展时间较长,对社会问题的归类总结比较成熟,包罗社会问题的方方面面,共分为4个大类37个主题。"这些类别和主题形成了选题框架,"稳定全面的选题框架能够有效保证公益广告事业持续发展,保持人们对社会问题的持久关注,以促进这些社会问题的解决。"[②]随着一些社会问题得到解决或改善,一些新的矛盾冲突出现或成为突出的社会问题,公益广告的选题也会发生变化,咨询委员会会及时进行调整,将新的重大社会问题纳入选题范围,让国家需要优先解决的问题成为公益广告选题。

日本公共广告机构中的选题委员会成立伊始,就研究日本公共广告机构的未来发展方案和公益广告选题方针,每年都进行社会调查,向公众征询意见,了解他们对前一年公共广告的看法,以此为参考选出当年的公益广告主题,然后宣布全国和地区的公益广告主题。如通过调查了解到,目前公众最关心的问题是环境问题、社会老龄化问题、枪械管理问题等,据此将当年的公益广告选题定为"尊重生命"。为了能够准确把握迫切需要解决的社会问题,让公益广告能够反映公众和会员单位的要求,选题委员会根据职业、年龄、性别、地域等因素,从各个会员单位中选出一定数量、具有代表性的公司职员及其家属作为调查对象。产生于社会调查的日本公益广告选题不仅视野宽阔,能够反映日本社会生活中

---

① Ruth A Wooden:《为未来而战》,闫涛译,载《现代广告》1998年第1期。
② 徐金灿、王缔、徐溶:《美国公益广告及公益广告机构"AD council"研究综述及分析》,载《广告大观(理论版)》2012年第3期。

的多种问题,而且准确地指向需要持续关注的问题和迫切需要解决的问题,抓住公共领域的重点问题,找准公众关注和关心的热点问题,捕捉社会发展过程中不可忽视的新问题。根据调研结果,环境和资源、公共道德、教育、交通安全等作为需要持续关注和推动的问题,成为一个长期性选题,相关内容的公益广告不断出现于各类媒体;一段时间出现的青少年自杀案件作为迫切需要解决的问题和社会关注度高的热点问题成为当时的重要选题,关心青少年心理健康、鼓励青少年勇敢面对挫折的公益广告接连推出,形成强化宣传之势。日本公共广告机构的地区办事机构每年也会根据调研情况,在众多选题中筛选一个本地区的选题。除了这些产生于社会调查的选题外,日本公共广告协会也会接受来自于非政府组织的委托的项目,会在自然灾害、危机事件发生后投放大量公益广告。

我国党政部门组织开展的公益广告活动多是指导性、指令性选题,其中很多选题体现了对中央精神的贯彻落实,很多选题也是缘于社会现实、社会问题,是在调查研究的基础上提出的,无论是"中华好风尚""自强创辉煌"公益广告月的选题,还是"讲文明树新风"主题公益广告活动的选题,都抓住了比较突出的现实问题,表达了民心所向。基于社会现实的选题才接地气,不少选题虽然是以党政文件形式指定的,但是公益广告仍可以与公众进行良好沟通,得到公众认同和支持。众多的自主选题也是基于社会调查提出的,调查为选题的现实性、针对性及其公益广告效果提供了基本保证。

基于社会调查而产生的选题具有以下特点:

1. 针对性强

一是针对公众最关心的问题,把社会热点问题、焦点问题、与公众利益密切相关的问题以及现实中迫切需要解决的问题提出来。这些问题有些直接影响到公众生活,有些涉及国家整体利益和长远利益,无论是由来已久的还是新近出现的问题,都是现实生活中无法回避的矛盾,到了不能等闲视之的地步。如环境污染、资源浪费、社会治安、交通安全、青少年教育、空巢老人等问题。选题针对性强,相关性大,广告内容贴近当前生活,揭露现实矛盾,公众对广告的注意度自然高,反响必然强烈。如企业职工下岗曾是我国备受关注的一大问题,中央电视台等媒体播发了一系列公益广告,从各方面反映下岗职工的状况,既肯定下岗职工自强拼搏的精神,表现社会对下岗职工的理解和关心,也提出了更新观念、正视现实、勇于开拓等问题。这些公益广告触及社会热点,提出的问题有现实意义,与时代改革的风云呼应,因而引起受众广泛的注意,赢得政府和公众的一致好评。再如当前环境污染问题日益严重,人类赖以生存的空气、水源、土地乃至于食品失去了原有的洁净,开始危及人们的健康甚至生命。当公众感受到生存威胁的时候,公益广告提出环保问题,强调环保的重要,自然会引起公众的注意,唤起公众的共鸣,激发公众自觉保护环境的行动。许多宣传成功的公益广告选题都有很强的针对性,都把着眼点放在现实的热点、焦点上,因为只有公众密切关注的现象、热切关心的事物、迫切需要解决的问题,才有可能引发共振效应。

有些公益广告也反映社会普遍存在、与公众利益相关的问题,但因未抓住社会热点、焦点和公众迫切要求解决的问题,难以引起受众的集中注意,不能刺激受众兴奋。当然,这并不是说对这类非热点、焦点问题可以弃而不顾。宣传仍有必要,但要想刺激受众的反应,取得良好的宣传效果,最好还是利用有利时机和条件,把老话题变成热话题,激发人们对这一题目的兴趣,就像新闻写作利用"新闻由头"把已往发生的事情变成人们重新关注的新闻一样。或者借助于创意,使作品突破常规,有非凡的表现,令人不能不为之所动。只是这种"动"未必会造成暴风骤雨之势,难以形成大浪高潮,因为毕竟缺乏社会大气候风起云涌的"气象条件",缺乏民心所向上下共求的"助推力"。可以说,这种"气象条件""助推力"对于公益广告宣传极其重要,是决定公益广告能否产生大影响的一个先决条件。确立选题不能无视这一条件,应当审时度势,有的放矢,使选题打动民心,让主题顺民意,以此保证公益广告作用的发挥。

二是针对目标受众的心理,使公益广告能够有的放矢地指向他们的内心。公益广告和商业广告一样,有自己的目标受众。这些目标受众是受众整体中的一部分,具有区别于整体的个性,这种个性差异外显于行为,内生于他们独特的思想观念、思维方式,即独特的心理。要改变他们的行为,首先要触及他们的心理,改变他们的思想观念、思维方式,让他们换一种眼光看问题,对事物有一种新的认识,用他们思想的变化带动行为的变化。因此,公益广告要针对他们的心理说话,要触动他们的心扉,引起他们心理的波动。如要劝服吸烟者戒烟,只是说"吸烟有害健康"对他们起不了什么作用,因为他们并不认为吸烟有多大的危害,即使承认吸烟确实有一定的危害,还是经不住烟草的诱惑,觉得为此付出一点代价少活3年5年也算不了什么。只有当他们的内心受到触动,或是深切体验到了吸烟的危害,认识到不应该为吸烟而付出高昂代价的时候,他们才能接受戒烟的劝告,自觉主动地抵制烟瘾,果断地与烟草告别。一位"瘾君子"说:"我吸烟十几年了,什么劝告对我都如耳旁风,我爱人对我也无可奈何。但是当我做了爸爸的时候,一个'为了我们的孩子健康,请不要吸烟'的广告让我动了心,看着襁褓中像花蕊一样娇嫩的女儿,我决定戒烟。虽然戒烟很难,有好多次我都把烟燃上了,但是一想到这是为了孩子健康,我就把烟丢掉了。"一句广告语让一位吸烟者戒除多年嗜好,主要是这句话打动了他的心,使他把吸烟和孩子联系起来,不再只是把吸烟看成是个人行为。正是为了可爱的孩子,他忍受着烟瘾的袭击,终于成功戒烟。这个事例似乎有些特殊,因为更多的吸烟者并没有因为广告的劝说而放弃烟草,"红塔山""骆驼""万宝路"仍令他们迷恋不已,但是这个公益广告却能够提醒我们,广告要打中目标,不仅仅在于找准目标受众,更重要的是能够对准他们的心理,让广告这支箭射中他们的心。不仅是戒烟广告如此,其他题目的公益广告亦当如此,因为广告宣传实际上也是打心理战。广告不是法律,不能强迫受众做什么,却要受众听从它,只能从心理上去征服,而针对广告对象的心理就是制胜的关键。

2. 单一、具体

选题指向明确、单一,提出的问题具体而不空泛,可操作性强,这样的选题不仅能够保证主题集中、突出,内容具体实在,而且易于表现,可以避免内容空洞、概念化、口号化等毛病出现。如环境保护是个很热的选题,但很多环保的公益广告不是笼统、抽象地喊喊"保护环境"的口号,而是分析环境的实际状况,把环保这一大题目细化、分解为一个个小题目,就环保的某一方面、某一具体问题做文章。某报的一则公益广告就是抓住我国大气污染严重、天空时降酸雨这一现象提出保护环境刻不容缓的问题,选题具体,指向明确,言之有物不流于空洞。1997年国家工商行政管理局提出的"自强创辉煌"这个选题宏大而抽象,在实际创作中,大部分创作者对这一选题进行细化,根据这个大选题确定小选题,有的弘扬中华民族自强不息的伟大精神,有的赞颂中华人民共和国的辉煌成就,有的歌颂人间正气号召见义勇为,有的鼓励下岗职工自强自立重新开拓,有的提出要教育孩子从小自立长大自强。这些作品从不同的角度去诠释"自强创辉煌"的大命题,用不同的题材、不同的手法去表现,做到内容具体深厚、表现丰富多彩,从而保证了这次公益广告宣传活动的质量。在一些公益广告宣传活动中,有一些作品或堆砌信息、诉求单一,或内容流于空洞如同标语口号。这和选题空泛、抽象未加以细分化、具体化不无关系。因为空泛必然指向不明确,创作时不知该从哪一方面诉求,很可能会造成广告信息堆砌;而抽象若不化为形象,不用具体的材料去阐释,那么广告内容必然成为概念、口号。如某一环保公益广告,画面是几只手托着地球,广告语是"保护环境人人有责"。这则"口号+图解"的广告题目笼统,未能针对具体问题诉求,因而内容空洞,表现平乏,缺少创意。这样不痛不痒的广告难以打动人心。如果抓住环保方面的某一具体问题,诉求方向明确,内容具体深刻,那么广告效果可能完全不同。受众看了这样的广告不但对问题了解得详细深入,而且知道应该怎样去做和从哪里做起。所以在选题过程中,深入调查分析,将宣传题目、提纲具体化是非常必要的。

三、选题的分类

按照不同的标准,公益广告选题可划分为若干类别。

1. 按宣传时间分类

(1) 长期选题

长期选题是指宣传时间较长的选题、连续多次设置的选题。某些选题成为长期选题,是因为有些违背文明公德的积习,有些社会问题如环境污染、资源浪费、种族歧视、地区贫困、官僚主义、防治艾滋病、吸烟酗酒、吸毒贩毒等问题,犹如难以根治的顽疾,必须进行长时间医治,打一场持久战;有些社会问题反复出现,或像流行性感冒一样随时而来,或像某些病症治愈后又会复发,如侵略战争、恐怖活动、官员腐败等,每当这些问题出现,政府或其他非政府组织就要通过公益广告发出呼吁,反对战争和恐怖活动,敦促政府建立反腐败机制,以免它们带来更大的灾难;有些问题则需要经常提醒人们予以关注,如保护环境、珍惜资源、爱护动物、垃圾处理、爱护公物、预防疾病等。对于这些非常重要却又常被忽略的问题,需要通过公益广告等宣传形式经常提示或者警示。有些优良传统、美德也需要天天讲、年年讲,如爱国爱民、扶贫济困、尊师重教、尊老爱幼、团结互助、文明礼让等。这些传统和美德都是人类最宝贵的财富,要发扬优良传统,让美德薪火相传,就要坚持宣传大力弘扬。世界和各国都有一些节日、纪念日和活动日,如劳动节、儿童节、国庆节、教师节、护士节、老人节、纪念反法西斯战争胜利纪念日、无烟日、环境日、爱眼日等,每当这些节日、纪念日来临,政府部门、社会公共机构、各类社会团体等都会举办活动,开展公益广告宣传,每年的同题宣传使之成为长期性选题。破坏公共环境秩序、违章驾车等问题已成为很多国家和地区的痼疾,这里的公益广告就一直宣传保护公共环境、遵守交通规则等,使公共利益、交通等成为多年不变的选题。只要社会问题尚未得到解决,状况没有得到根本性改观,那么这些选题就会出现在每年的选题列表中,以此为题的公益广告就会不断地出现于各类媒体和大街小巷,以"子规夜半犹啼血,不信东风唤不回"的执着信念和持久行动,锲而不舍地用文明之风荡涤积习痼疾。

第五章　公益广告的选题和主题

图 5-1　公益广告"don't text and drive"

　　某些长期性选题也会随着国家或地方的时局、广告委员会的计划、社会矛盾和社会问题的动态变化等被调整，所以某些长期性选题貌似老生常谈，实则常说常新。例如防治艾滋病，从 1981 年世界卫生组织确定每年的 12 月 1 日为世界艾滋病日，"防治艾滋病"就成为公益广告的选题，但是每一阶段的广告主题并不一样。各国政府和国际性公益组织、防治艾滋病组织根据世界及各国防治艾滋病的具体情况和每年的宣传主题，提出本年度的广告主题。我国的广告主题从"远离艾滋病"到"不要害怕，保护自己，关爱他人"，再到"相互关爱，永远在一起"，体现了我国防治艾滋病公益广告从排斥性、遏制性宣传到预防性、宽容性宣传，再到人文关怀宣传的变化和进步，反映了我们国家防治艾滋病工作从预防、救助、治疗到消除无知和歧视、保证感染者权利的进展，体现了政府和人民对艾滋病感染者的关怀和帮助。再如我国的"讲文明"这一选题已持续二十年，从"中华好风尚"广告月活动开始，此后的"树立新风尚，迈向新世纪""迎奥运，讲文明，树新风""迎国庆，讲文明，树新风""迎世博，讲文明，树新风""迎十八大，讲文明，树新风"等，这么多项公益广告活动皆以"讲文明，树新风"为核心，将这一选题延续至今，但因每一次公益广告活动都有新的任务、新的指向，如跨世纪、迎奥运、迎世博、迎十八大，使这一选题在坚持中有新变，显示了老选题的时新性。长期选题的公益广告的主题和表现形式也常有创新和突破，每次新创作的公益广告都不是自我的简单重复，而是常做常新，以新意给人以新的感受、新的触动。

（2）短期选题

非长期宣传的选题、非连续多次设置的选题，属于短期性选题。通常是在某一重大事件发生后，或目前某些社会问题比较突出，或为配合某些机构、组织的任务，制作发布相关主题的公益广告，当事件基本结束或告一段落，问题得到缓解或解决，公益广告宣传也基本结束。美国"9·11"事件发生后，美国广告理事会与某机构合作，推出公益广告《我是一个美国人》，唤起美国人民的信心和凝聚力。1998年夏天，长江、松花江流域发生百年不遇的水灾，举国上下都投入到伟大的抗洪救灾斗争中。当时我国的公益广告几乎全部以抗洪救灾为题，表现中华民族的伟大精神，鼓舞全国人民的斗志；歌颂党和人民解放军，增强人民胜利的信心；反映灾区生活情况，号召各地支援灾区。2008年汶川地震发生后，中共中央宣传部、中央精神文明办公室、国家工商总局、新闻出版总署等部委联合组织开展"我们心连心、同呼吸、共命运，夺取抗震救灾的伟大胜利"主题公益广告活动，这一选题的公益广告在"抗震救灾"的紧要关头高频次地出现于各类媒体，迅速形成宣传热潮。这样的短期性选题虽然宣传时间较短，但是内容集中，声势浩大，能够产生"大合唱"的效应，获得很好的宣传效果。

2. 按宣传地域分类

（1）城市问题

城市是政治、经济、文化中心，人口密集，社会问题较多，因而是公益广告的主要宣传目标、集中发布地区。有相当数量的公益广告以城市生活为题材，选择城市问题作为议题，对城市公众进行启迪、教育。城市的主要问题都可成为公益广告的选题，如城市环境建设和保护问题、交通秩序问题、儿童教育问题、社会治安问题、社区文明建设问题等。公益广告常常通过揭示这些问题，引起城市居民的注意、警醒，同时也提出主张进行正确的导向，促动城市居民去解决这些问题。如我国曾有城市出现过下水道井盖失踪致使行人跌落伤亡的现象，中央电视台播发公益广告，通过一个快乐的小女孩突然跌落下水道的惨痛事实，提出这一严重问题，发出遵守社会公德，保护人民生命、财产的呼吁。城市人口密集，但是邻里之间交往不多，除了水泥墙、防盗门等屏障，还有一些社会原因、心理原因造成的隔阂，以至于互为邻里却相逢而不相识。国内外都有孤寡老人病死家中数日邻居毫无所知的事情。公益广告号召居民，打破隔阂，加强交往，团结互助，变陌路为朋友。在城市的现代化建设、精神文明建设、城市形象建设以及综合治理过程中，针对城市问题的公益广告发挥了积极的作用。

(2) 农村问题

幅员辽阔的农村也是公益广告的重要阵地,农村的现实问题,诸如贫困问题、教育资源问题、留守儿童问题、生态保护问题等,也是公益广告的议题。公益广告针对农村存在的具有普遍性的问题,反映与农民利益密切相关的事情,向农民传递新的社会信息,传播先进的思想观念,以提高农民文化素质,提高农村的精神文明水平,促进农村社会问题顺利解决。但是,与城市选题的公益广告相比,以农村问题为选题的公益广告还是很少。我国的农村非常需要公益广告宣传。我国是一个农业大国,提高农村人口的整体素质是提高全民族素质的关键。现在我国农村的社会问题很多,有许多和农民文化水平不高、思想观念陈旧有关。所以,今天教育农民、改变农村落后状态仍然是国家的重要任务,在农村开展宣传教育活动、用舆论引导农民进步是非常必要的。公益广告以其特有的功能:一方面反映农村现实问题,帮助农民正确认识生存状态,提醒他们注意自然环境和社会环境中的变动,动员他们积极行动,解决身边的各种问题;另一方面向他们灌输正确的思想意识,宣传整个社会提倡的精神和美德,引导他们树立新的价值观念,建立新的健康的生活方式,激励他们追求理想,创造美好生活。公益广告抑恶扬善、评判美丑的内容对农民的价值取向、行为准则的选择同样具有启发、导向的作用,能够帮助他们调整、规范自己的社会行为。在农村多一些公益广告,就等于在农民身边多了一些时时向他们提出忠告、为他们守望精神家园的良师益友。我国农村公益广告所选择的问题一般都是农村最具普遍性的问题,如科教兴农、勤劳致富、保护环境、保护耕地、遵纪守法、移风易俗、反对重男轻女、拒绝封建迷信等,其中有些是农村的焦点、难点问题,是农村的主要矛盾。这些选题具有接近性,有的放矢,容易引起振动和共鸣。但我国农村公益广告的宣传力度还远不如城市公益广告,选题也不够广泛,有些地方还是未开垦的处女地,有的严重问题尚未触及。今后还应加强农村

图 5-2 "母亲水窖"募捐广告

公益广告宣传，不断向农村这块广袤的土地撒播现代文明的种子，让这块土地盛开美丽的文明之花，不再生长愚昧的霉菌。这是我国社会主义精神文明建设的要求。

（3）国家和地区性问题

多数公益广告都着眼于本国本地区的现实状况，针对国家、地区当前存在的问题设置议题，致力于解决本国本地区问题。美国不断发生的枪击案件反映了国家枪支管理和社会治安方面的问题，一些非政府组织就此问题委托广告公司制作公益广告，敦促美国政府采取严厉措施制止枪械泛滥，避免暴力行为发生。中东地区干旱缺水，这一地区的国家就经常刊播节水公益广告。我国的公益广告选题，无论是指令性选题还是自主选题，都直指中国在改革、发展过程中的问题，如以"希望工程"、公德建设、环境保护等为选题的公益广告和时下的公益广告，都具有鲜明的中国特色。

（4）国际性问题

环境污染、资源破坏、违章肇事、青少年犯罪等，是各国普遍存在的问题；民族矛盾、种族歧视、恐怖活动、战争、毒品等是影响全球的问题。许多国家的公益广告都反映这些世界人民共同关心的问题，呼吁世界人民共同努力解决这些问题，从而使这些国际性问题成为各国公益广告的共同选题。从近几年各国发布的公益广告看，环境保护当属首选题目。很多国家都非常重视环境问题，发布公益广告号召人们制止污染，防止环境恶化，珍惜自然资源，以保护人类的家园——地球。这是因为近些年发展经济和环境保护的矛盾越来越突出，环境已向人类发出警告，人类已经看到了危机，感受到了威胁。对直接关系人类生存、发展的重大问题，谁也不能等闲视之，公益广告理所当然也把它当作重大选题。其他国际性问题，只要引起国际社会的广泛关注，成为热点、焦点，都会成为各国公益广告的话题。如某些国家和地区的战争爆发后，很多人在战争中罹难，很多人流离失所，联合国派出的维和部队、国际红十字组织也遇到重重困难，一些国家发布公益广告对受难者表达人道主义的关怀，呼吁停止战争，用政治手段解决问题，从而实现和平。今后，随着国际性问题的增多，公益广告的共同选题也将增多。

3. 按选题内容分类

公益广告选题很多，如反对战争、反种族歧视、保护环境、保护动物、珍惜生命、禁烟禁毒、扶贫济困、交通安全、爱国爱家等，可分为很多类别。随着时代发展,新事物、新问题不断出现,新的选题也在不断进入选题列表,如过度消费、沉溺网络游戏、开车打电话等。按照选题内容归类,美国广告理事会的选题共分为教育、家庭和社区、健康、安全保障4大类37个主题。① 日本公益广告协会的公益广告选题有公共道德、环境问题、资源问题、社会福祉、教育问题、国际交流、交通安全、社会病理、地方振兴9个方面,每个类别之下包纳很多具体项目。②

我国的公益广告活动选题也很多,有研究结果统计,从1978年至2008年三十年间,广播电视广告选题主要有自然环境问题、公共道德规范、科学教育事业、社会热点问题、政治政策宣传、关爱个体生命、公共价值取向、其他公益事业。③广播电视广告选题基本可以涵盖所有媒体公益广告的选题,近10年公益广告的选题有所增加,社会主义核心价值观、中国特色社会主义、中国梦、讲文明树新风、廉政建设等选题为公益广告增添了政治色彩。

总体而言,各国各地区的公益广告既关注本国本地区问题,也关注世界性问题,而共同关注的问题就成为各国各地区公益广告的共同选题。

(1) 教育问题

无论是发达国家还是发展中国家的公益广告,都强调教育的重要性,持续不断地呼吁公众关心教育事业,关注教育问题。但因国情不同,各国公益广告的关注点不尽相同,如发达国家公益广告关注的是国家教育政策、青少年心理健康、家庭教育、道德教育、性教育、信心和能力培养、教育方法和艺术、校园霸凌和枪击事件等问题,如2006年3月美国教育协会发布消息,宣布推出"未来之路"高等教育系列公益广告,希望能够引起美国公众对高等教育的重视,为高等院校争取相关资源、影响政府的高等教育政策。发展中国家的公益广告多是反映教育资源匮乏和失衡、青少年辍学失学、学生营养不足等问题,希望公众能够帮助共同解决一些实际问题,如我国的"希望工程"公益广告。诸如联合国教科文组织等国际组织、公益性组织的公益广告还有受教育权利、促进落后地区教育发展、国际教育合作、妇女儿童的教育、招募支教教师等选题,体现了致力于推动落后地区教育发展的主张和努力。

---

① 徐金灿:《美国公益广告及公益广告机构(AD council)研究综述与分析》,载《广告大观(理论版)》2012年第6期。
② 苏力、施战军:《日本公益广告诉求主题的历史变迁及其特点》,载《新闻与传播研究》2008年第3期。
③ 朱健强:《改革开放三十年广播电视公益广告主题回眸》,载《中国广播电视学刊》2009年第1期。

图 5-3 西班牙助学广告"一支铅笔的无限可能"

(2) 环境保护

人类依赖环境而生存,环境为人类提供了生存、发展所必需的资源和条件。但是长期以来人类忽略了环保工作,只是掠夺般地开采自然资源,野蛮地捕杀动物,毫无节制地占用耕地,大肆排放污水、废气污染水源和空气,致使环境日益恶化,人类生存受到严重威胁。公益广告把环保作为重要选题,在这一选题下设置很多议题,针对资源掠夺和资源浪费、残杀动物、温室效应、碳排放、水污染、乱砍滥伐等问题发布公益广告,这些公益广告用各种方式来说明人类和自然相互依存的关系,语重心长地告诫人们:自然资源有限,应当倍加珍惜,决不能滥用浪费;动物是人类的朋友,应当爱护、保护;要保持生态平衡,不要违背自然规律,不要破坏大自然的秩序,否则必将遭受大自然的严厉惩罚;要想永远拥有一片纯净的生活空间,每个人都应当努力减少碳排放……这些公益广告具有很强的警示作用,犹如警钟时时提醒人们保护环境,避免灾难,又如忠诚的卫士,为人类守望赖以生存的绿色家园。

(3) 反对战争

维护和平、反对战争是全世界人民的心愿,但是今天的世界并非每个国家、地区都太平祥和,局部战争仍时有发生,许多无辜的人民在战乱中流离失所、致残丧生,所以世界人民反战的呼声一直未停,公益广告一直为维护和平制止战争而呐喊。这类选题的公益广告主要揭示战争造成的破坏、带来的灾难,表达对饱受战争伤痛的人民的同情,号召全世界人民共同反对战争,为争取和平而团结奋斗。如欧洲的一则公益广告,广告上一个七八岁的孩子满身鲜血,双目紧闭,抱着孩子的母亲泪流双颊,痛苦不已。这是战争中最普通、最常见的场面,广告用这最普通、最常见的场面来揭露战争的罪恶和人民的苦难,说明必须制止战争,争取和平,否则不知会有多少可爱的孩子被杀死,有多少母亲痛不欲生,有多少家庭的幸福被粉碎。另一则公益广告展示了一位死于战争中的青年的遗物。广告语是:"我叫 Gojko Gagro,我的儿子叫 Marinko Gagro,他出生于 1964 年,在波黑战争中战死。为了和平和反对战争,我同意将儿子的名字和遗物公之于世。"这则广告通过死难者的遗物和父亲沉痛的话语,让人们认识战争,看到战争夺走的是年轻的生命,留下的是永远的痛苦。2014年英国发布了一个反战公益广告《小女孩的第二天》,讲述了一个本来拥有幸福生活的英国小女孩一夜之间因为战乱而家破人亡的故事。这些广告同时也表达了人民对战争的痛恨,对和平的企盼,表达了爱好和平的人们的心声。

图 5-4　反战公益广告《小女孩的第二天》

图 5-5　反战公益广告"让战争成为过去"

（4）反对种族歧视

不同民族、不同肤色的人生活在同一世界,本应平等互爱,和睦相处,但是种族歧视的问题却一直存在,种族之间由此而产生的冲突不断出现。公益广告一直关注这个世界性的问题,不断地宣传平等、民主的思想,热切地呼吁全世界各个民族、各种肤色的人民消除隔阂,团结起来,相互尊重,和平共处,像兄弟姐妹一样亲密、和谐地生活在一起。西班牙曾发布一则电视公益广告,用一双手弹奏钢琴黑白两色琴键奏出优美的乐曲,来表达"黑与白也能和睦相处"的理念,借此反对种族歧视,宣扬种族平等、亲善友爱的进步观念,鼓励人们去创造一个不同种族和平共处、亲密无间的理想世界。但是消除种族歧视是一个长期任务,因此以反种族歧视为主题的公益广告不断出现于公众视野中,提醒公众关注并致力于解决这一问题。2015年国际反种族主义和反犹太主义联盟(LICRA, Ligue Internationale Contre le Racisme et l'Antisémitisme)推出了系列公益广告《你的肤色不该决定你的命运》,广告中非洲裔婴儿被套上各种工作服,与旁边的白人婴儿形成强烈的反差,这种反差表明他们的肤色决定了他们的一生,他们的未来在刚一出生就已被定位。这一系列广告用这种反讽的手法揭示种族歧视问题,让人们看到种族歧视造成了社会不公平现象,给非裔孩子带来巨大的影响和限制,剥夺了他们自主选择人生的权利。这一系列公益广告易于理解并发人深思——穿着工作服、拿着劳动工具的婴儿与旁边自由自在的白人婴儿形成强烈的反差,加上一句广告语"你的肤色不该决定你的命运",非常清楚地表达了反种族歧视之意,让受众深刻理解了为什么要消除种族歧视。

图5-6　国际反种族主义和反犹太主义联盟广告《你的肤色不该决定你的命运》

(5) 关爱他人

这一选题的公益广告呼吁公众关心爱护老人、孩子,关怀和帮助患有疾病、生活困顿的人们,关注和扶持落后地区、战乱地区的人们等。由于每个公益广告的群体指向性很明确,基本都是表达对某一群体的关怀,因而形成若干子题。比较而言,政府部门、广告行业协会等机构的公益广告多是表达对某一群体的关怀,如青少年、老人,而众多的慈善组织根据本组织的慈善对象、具体项目发布公益广告,它们的公益广告主要表达对某一人群的关怀,如对白血病患者、抑郁症患者、落后地区营养不良儿童的关怀。公益广告不仅呼吁人们发扬人道主义精神,关注和关爱而不要漠视、歧视他们,而且希望公众能够通过理解、照顾、捐助等方式帮助他们解决一些实际问题。

(6) 助困济贫

助困济贫是公益广告常规性的选题。每当自然灾害或战乱、恐怖活动等给人们带来了灾难,每当人们陷入困境需要救助的时候,公益广告就会发出号召,动员社会力量通过各种方式救援那些不幸的人,用爱心和实际行动帮助他们。某些地区发生战争,公益广告呼吁国际社会制止战争,帮助战火中无家可归的人们,关心缺食少药的妇女儿童;某地发生地震或洪水,公益广告号召公众赈济灾区,协助募集赈灾钱物;美国的公益广告希望公众帮助病入膏肓的孩子实现他们美好的愿望,给孤独痛苦的艾滋病患者送去关怀;中国的公益广告号召全国人民共筑希望工程、温暖工程,让所有的孩子都能走进学校读书,让下岗职工都能感受社会的关爱和支持……总之,哪里有问题、有困难,哪里就会有公益广告。公益广告给人带来希望,唤起全社会的爱心,让公众手拉手、心连心,共闯难关,共创美好未来。

(7) 珍爱生命

生命宝贵却有人不懂得怎样珍爱自己的生命,因沾染某些恶习或因为我行我素而自戕。公益广告提醒公众:生命对任何人都只有一次,要珍爱生命,拒绝诱惑,同恶习告别,为自己也为亲人幸福地生活。珍爱生命的选题下的主要议题有:

• 拒绝毒品

毒品是难以摆脱的恶魔,拒绝毒品是保护自己的最好方式。美国一则公益广告列出本国数位因吸毒而死的明星的照片,控诉毒品的致命作用,警告人们远离毒品,拒绝毒品。另一则公益广告针对吸毒殃及孩子及青少年吸毒者增加的现象,发出"救救孩子"的呼声。在世界禁毒日,许多国家和地区都利用各种媒体推出关于禁毒的公益广告,用触目惊心的事实教育人民反毒拒毒,掀起一次禁毒高潮。我国近年禁毒工作力度加强,禁毒公益广告宣传也加大了力度,国家禁毒办公

图 5-7 国家禁毒办公室发布禁毒公益广告

室和国家禁毒基金会联合发布公益广告,呼吁公众远离毒品,保护自己和自己的家庭。这些通过国家电视台等媒体播出的"拒绝毒品"的公益广告为人民提供了很好的反面教材,有力地配合了政府打击制毒、贩毒、吸毒的工作。

- 远离烟草

吸烟有害健康,烟民却难以抵挡烟草诱惑,不仅自己吸烟伤身,还让他人受到二手烟的伤害。这是现实,是一个难以解决的矛盾。各国公益广告坚持长期作战,与烟草广告争夺受众,坚持不懈地宣传"吸烟有害健康",规劝烟民戒烟,告诫青少年远离烟草。虽然公益广告效果有限,但是只要烟草还在损害吸烟者和被动吸烟者的健康,宣传戒烟的公益广告就不会鸣金收兵。

- 预防艾滋病

在医学科学还无法完全战胜艾滋病的时候,告诫预防艾滋病成为当务之急。一些国家的政府、卫生组织及社会公益团体不断发布广告,要求人们提高警惕,采取保护措施,预防艾滋病。如西班牙艾滋病协会发布一个电视公益广告,用鸟类生活比附人类生活,提醒人们注意艾滋病不只是在同性恋者、吸毒者、妓女中存在,一定要提高警惕。德国 MAPA 协会在电视广告中通过一个女子从高空坠落的十分惊险的场面,暗示感染艾滋病的后果,传授保护自己、预防感染艾滋病的方法。我国发现艾滋病感染者数量增加后,政府卫生管理部门、公益组织将预防艾滋病、关心艾滋病患者作为选题。

- 遵章驾驶

酒驾、超速、闯红灯、不系安全带、开车打电话等问题是交通事故、人员伤亡的主要原因之一。为了强化人们的安全意识和遵章守法观念,交通执法部门和一些公益组织坚持不懈地宣传交通规则让人们熟知熟记,同时利用公益广告劝诫司机珍爱幸福生活,珍惜自己和他人的生命,遵章驾驶避免悲剧发生。以此为题的公益广告都有很强的警示作用,如英国反对酒后驾车组织发布的电视公益广告《鲜花》。广告中丈夫酒后驾车与别车相撞而死,他为妻子买的鲜花散落在地上。痛苦不堪的妻子带着女儿来到墓地,在丈夫墓前献上一束鲜花。凄婉的故事令观众心痛,散落在地的鲜花和墓碑前的鲜花让受众牢记"安全=幸福"的法则,领会遵守交通规则的重大意义。

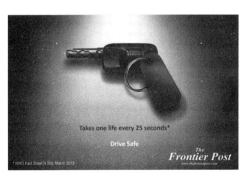

图 5-8 公益广告"每 25 秒夺走 1 条生命"

(8) 遵守社会公德

公益广告不断地提示公众,要遵守社会公德,维护社会利益,做个有道德、有修养、心灵美、行为美的好公民。在一些公共场所,公益广告用亲切礼貌或幽默诙谐的语言、图画提醒人们:为了他人的健康,请到指定地点吸烟;请不要大声喧哗,以免影响他人休息;保护公共设施,方便你我他;草坪如此美丽,谁能忍心践踏?在某饭店的洗手间,顾客用过水后常常忘记关紧水龙头,后来洗手池上方出现了一块不大的广告牌,上面写着:"这里的水也是宝贵的"。此类广告宣传虽然不是大张旗鼓,但总是适时出现,久之必然对人的意识和行为产生影响,帮助人们养成自觉遵守社会公德的习惯,提高文明素质。

(9) 传递社会服务信息

公益广告也是公共服务的宣传工具,向公众传递有关社会服务、志愿者行动等方面的信息。如告知:律师行业协会于某日某地举行公益活动,为公众提供免费咨询服务;某慈善组织将举办义卖,为生活贫困者募集救助资金;某青年团体开展志愿者社会服务行动,帮助福利院的老人们排解烦恼等。传递社会服务性信息的公益广告也被称为服务性广告。它和传递服务信息的商业广告的区别在于:公益广告传递无偿性社会服务信息,并且无偿提供信息服务。

四、主题的提炼和表达

1. 主题提炼

选题是提出问题,明确公益广告的问题指向,提炼主题是解决问题,明确公益广告的思想、主张、动议等。确定选题之后就要提炼主题,确定怎样发出诉求;怎样从题材中开掘最有启迪、教育意义的思想主张,探寻最能鼓动人心的精神力量。

由于公益广告活动主体运用不同的说服策略,从不同方面提出问题及解决这一问题的建议主张,因而针对同一选题的公益广告作品往往有着不同的主题,发出不同的诉求。如以食品安全为选题的公益广告,有些以消费者为主要诉求对象,以"危害·恐惧"为主题,突出表现不安全食品对健康的危害;有些以食品产业、生产企业及其监管部门为诉求对象,以"责任·诚信"为主题,强调产业及企业要坚守责任和诚信。再如反酒驾广告,皆以避免或减少酒驾交通事故为目的,通过恐惧诉求阻止酒驾行为的广告以"伤害"为主题,揭示酒驾的严重后果,提升司机的危险认知;从正面发出提醒、劝告的理性诉求广告以"约束""安全"为主题,借助名人、家人或朋友的劝诫让司机自觉遵守交通规则。不同主题、不同诉求方式的反酒驾公益广告都有一定的劝服效果,都有助于克制冲动,减少伤害。恐惧诉求这一策略被广泛应用,以自身伤害、他人伤害、法律后果等为主题的反酒驾广告都会降低司机个体的酒驾意向,但是恐惧诉求对驾驶技术自信度高的司机和风险意识不强的司机效果有限,过多地呈现酒驾后果也会带来一些不安和焦虑。有研究发现,以"约束"为主题的广告对于削弱司机拒绝酒驾意向也有较好效果,与以"伤害"为主题的恐惧诉求广告效果没有显著差异,无论是自我约束、朋友约束和模范人物约束,都可以有效地促使人们拒绝酒驾,其中模范人物的约束效果更好一些,模范人物作为榜样可以更有效地激发个体的自我约束能力。[1] 反酒驾公益广告还有其他主题、多个框架,国内外很多研究成果都证实了无论是负面后果展示还是正面的积极意义表述,无论是优秀典型导向还是相关信息传达,无论是以情动人还是以理服人,对增强风险意识和自我控制能力都有一定效果,但对不同的个体会有不同的效果,因此广告主题及主题表达方式应当多样化。其他公益广告亦然,无论要解决什么问题,达成什么目标,都可以多向度地开展宣传,提出多个主题,运用不同的话语框架、不同的言说方式,以主题的多样性、话语框架及其言说方式多样性丰富广告内容,使公益广告既可促进某些共性问题的解决,又可指向受众个体存在的问题,有针对性地提出解决方案。

  在提炼主题的过程中,不仅要深入研究问题,正确而深刻地认识和把握问题,而且要认真分析反映问题的诸多材料,抓取素材中最有感情冲击力和思想冲击力的部分,这样才能提出一个深刻而不是流于一般认识的主题,赋予作品新颖、实在的内容而不是空洞的口号,让受众获得新的启迪和教益,感受到新的鼓舞和激励力量。著名摄影师、导演顾长卫在拍摄《知识改变命运》的时候,一开始就非常注意研究材料,注重主题开掘。他说:"与采访对象接触前我们会对他的情况基本吃透。这样与之谈话时会避让掉不太重要的话题,集中精力在特别有意思的地方。对这个人特别有用的一点捕捉到后,就着重深掘细挖,这样往往可由细微处见精神。我很当心地处理题材问题。"[2] 正是由于"当心地处理题材",他在拍张艺谋、张海迪、陈章良这些知名人士时才能突破各类宣传报道的影响,从新的视角去审视采访对象,从原有的材料中开掘出新的主题。他在分析揣摩

---

[1] 陈瑞、李小玲、林升栋:《反酒后驾车广告的说服效果:规避伤害与克制冲动》,载《国际新闻界》2016年第3期。
[2] 《追踪"60秒"——40集公益广告片〈知识改变命运〉访谈录》,载《国际广告》1999年第5期。

新的素材时能够挖掘出令人心动、又令人深思的人与事,从人生轨迹、命运起伏中审视知识的关键作用。所以,这一系列公益广告能够让公众从这些人的经历和事迹中获得新的认知、新的感悟,深切理解"知识改变命运"的内涵。如果没有前期对采访对象情况"基本吃透",没有"深挖细掘"的工作,那么人物还是"老面孔",叙事还是老套路,主题还是老调子,《知识改变命运》系列公益广告就不会产生强烈的社会反响。2016年国庆节到来之际,在以"爱国"为主题的各类宣传中,中央电视台推出的公益广告《今天,我们这样爱国》成为一个亮点,获得受众高度认同和好评。这一公益广告没有简单地口号式地表达爱国情怀,宣传爱国主义精神,而是呼唤公众将自己的爱国情怀投入到自己的日常生活、工作中:"让孩子健康成长,保护我们的生存环境,把老祖宗留下的东西传下去,坚守本职努力拼搏,走到哪里都遵守规则,让世界感受到友善。"这个公益广告从家庭生活中的抚育儿女开始,说明爱家爱家人也是爱国,然后从保护环境、传承传统文化、做好本职工作、遵守各项规则、表现中国人的淳朴热情等方面阐释"今天我们这样爱国",让受众深切理解爱国的内涵,清楚看到自己的生活和工作的爱国意义,确切地认识到我们虽是普通人,过着平凡的生活,做着平凡的事情,但是可以用日常生活和工作中平平凡凡而又实实在在的行动去爱国,只要能够做好这些平凡的事情就是爱国,而且我们还能做得更多,还需要做得更多。这一公益广告将爱国这个选题,或者说将爱国这一个大主题细化和深化,使之更接地气,提出一个新颖并能够获得广大民众认同的主题,所以刚一播出就好评如潮。显而易见,这一公益广告的创作者对爱国有着比较深刻的理解,注重民众的爱国行动,认识到民众日常生活工作的伟大价值,用民众看似平常平凡的行动展示他们对祖国的热爱、对祖国的贡献,让受众通过平凡人平凡事更深切地理解爱国,明确自己应当怎样爱国,把爱国这一主题做得深而实。这样接地气的主题更契合民众心意,更有感召力、激发力,更易于唤起民众的行动力。

提炼主题是对所揭示问题、所反映事物深入认识的过程。大连电视台为配合全国残疾人运动会而制作的电视公益广告《欢呼生命辉煌》主题提炼的过程,就能很好地说明主题提炼的必要性。起初,主创人员将主题确定为"奉献爱心"。他们认为,对一个人来说肢体残疾是莫大的不幸,肢体健全的社会成员应当义不容辞地为残疾人献出更多的爱,许多同类选题的广告主题几乎都是如此。后来他们为寻找创意走近残疾运动员,发现这些残疾运动员非常自信、勇敢、顽强,身体的障碍并没有割断他们对外界的认识,他们在一次次拼搏中实现着与社会的交流,显示着生命之火的壮丽。一位下肢残疾的女运动员说:"社会关心我们残疾人,但是我们希望把我们当正常人一样看,不要老是同情,老是怜悯,这让我们很难受,仿佛我们残疾了便只有接受别人的可怜、别人的爱,对社会没什么用了。不是的,我们也能拼搏,我们也能创造,真的。"创作人员为她的话震惊,对残疾人的情感由怜悯、同情而升华为尊敬和钦佩,同时他们也突然意识到:生命不就是一种坚韧的永远向上的拼搏和创造吗?残疾人也能拼搏,也能创造,在拼搏和创造中表现出的顽强和勇敢,也许比许多健全人更辉煌更壮丽,因为他们是在更艰难更不幸的境遇中奋斗的。可是我们多年来习惯于把残疾人只当作病人看待,人为地把残疾人和社会拉开了,宣传也滞留在"献爱心"的浅表层面上,没有看到残疾人对社会的贡献和积极影响。的确,社会给予残疾人理解和关爱,而残疾人并非只是索取,他们同时以自己的拼搏和创造为社会积累精神财富。新的感悟、新的认识促使创作人员摒弃了原定的主题,决定广告以"歌颂残疾人拼搏和创造精神"为主题,着力表现残疾人运动员自强不息的精神和顽强拼搏的意志,充分展示他们生命的意义和存在的价值。主创人员从这次创作中体会到:创作者不能轻率地主题先行,应该深入所要反映的生活,真实地真切地感受有关人的情感和思想。只有这样,才能找到更深刻、更独到、更有震撼力的主题和切入点,从而创作出成功的公益广告作品来。我国台湾广告人吴世廷在《感动,而不是说教》一文中说:"要了解一个人,最好是穿他的鞋,走他的路,才能看到他见过的风景。"吴世廷曾策划过一个为患心脏病孩子募款的广告。最初,他只是从医学杂志上知道了患这种病的孩子被称为"蓝孩子",于是就把自己关在屋里做广告,自己还觉得作品蛮有冲击力。后来他访问患病女童的母亲,更多地了解了孩子的病情和心理,看到了疾病给孩子及其家人带来的巨大痛苦。由此"蓝孩子"对于他不再只是一个名词,而是一个仿佛就在眼前缩在角落里的孤独的小孩子的形象。他重新开始做广告,写出了新的文案。这则《请帮我,我想活下去》的广告获得了很大的成功,共募到750万台币,小女孩因此得到及时手术而恢复了健康。[①] 从《欢呼生命辉煌》《请帮我,我想活下去》等作品的主题提炼过程及其他一些公益广告的创作得失中可以发现,我们极容易单凭自己的主观认识和固有的认知框架去确定公益广告的主题,而我们的主观认识和认知框架往往和客观实际存在着一定的差距。为什么有些我们自以为不错的主题,实际却很肤浅、很一般?我们以为有些广告思想深刻,必会产生振聋发聩的力量,而实际却没有多大震撼力,反响平平?原因主要在于我们的思想停留在一般认识的层面上,孤立地、表面地、单向地看待事物、分析问题,未能完全地深刻地认识所反映的事物,没有抓住事物的本质及与其他事物的联系。我们必须要看到我们认识的局限

---

① 吴世廷:《感动,而不是说教》,载《国际广告》1998年第9期。

性,克服"主题先行"的弊病,认真深入地了解、分析所反映的事物,认识它们在现实中处于正反两种情势时所产生的正负作用以及对未来的影响,把潜伏于深层的最动人心魄的东西挖掘出来。金子是从沙石中淘洗、提炼出来的,好的主题也是经过一番调查研究提炼出来的,关门拍脑袋拍出来的主题或先找表现形式而后安上主题的方法都不会产生好的主题。

提炼主题的目的在于深化主题。公益广告的说服力量主要来自于主题,来自于主题的深刻性。深刻的主题能够开人心窍,启发受众进行深入的理性思考,看到问题的实质,认识其重要意义和深远影响,从而认同并接受广告的意见、主张。肤浅的概念化的主题不能打中要害,难以触动心灵引起重视。试比较两则选题相同的平面公益广告。一则广告的画面是"尊师重教"四个大字和一个小学生向女教师献花的图案。另一则广告的左侧是一张描红字帖,上有"老师""中国"四个字,"老师"二字已经被描,但描得不好。右侧是广告语"如果忽视了老师,我们可能连中国两个字也写不好"。显而易见,前者主题肤浅且概念化,后者指出了师与国的关系、教育对国家发展的影响,启发受众认识尊师重教的重大意义,主题深刻精辟,发人深省。看懂这则广告,理解"老师"与"中国"的关系,就再不会孤立地看待教育和教师,不会不重视教育、不尊重教师。公益广告《请把公款吃喝的钱省下来用于教育》把用公款吃喝的腐败现象与希望工程这两个看似没什么关系的事情联系起来,主题深刻且深得民心,替人民群众把心里的话说了出来,看了这个广告的人无不为之叫好。倘若主题不能突破老一套、一般化,浮光掠影,轻描淡写,隔靴搔痒,或只是简单空洞没有新意的口号,广告怎能唤起受众的强烈共鸣?何以会产生大的影响?由此可见提炼主题、深化主题何等重要。强调深化主题,不是追求过程,而是为了增强广告的效能。诚然,主题深刻的公益广告,不仅精辟深邃发人深思,还有的犀利泼辣一针见血,有的比较沉重令人震颤。产生这样的效果并不是坏事,在激奋沉重中人们会痛定思痛吸取教训,痛击丑恶弘扬正气,也会更加珍惜美好的事物、美好的生活,并为此而努力,这才是公益广告宣传所要达到的目的。

2. 主题的表达形式

公益广告的主题需要借助文字、图像等元素表达出来,由理性认识变为可感知的形象,对受众产生作用。主题表达的形式有两种:直接揭示和间接表现。

(1)直接揭示

直接揭示就是用广告语和比较直观的形象把主题直接表述出来,让受众一看就能掌握公益广告的核心要义。如中央电视台播出的《爱的表达式》,首先通过"family"的字母组合传递对父母的感恩之情,然后通过"family"的字母变化表达对父母的关爱,最后推出的广告语"爱就是责任"直接揭示主题。

图 5-9　中央电视台公益广告《爱的表达式》

再如世界自然基金会利用公厕纸巾盒做的环保公益广告"节约纸张,拯救地球",这个广告提示人们,生产纸巾的原料来自南美森林,使用纸巾越多,宝贵的森林资源就会越少,通过一次性纸巾和森林的关系,提醒人们在日常生活中注意节约,减少森林资源的消耗,保护生态环境,广告语"save paper,save the planet"直接发出主题诉求——节约纸张,拯救地球。

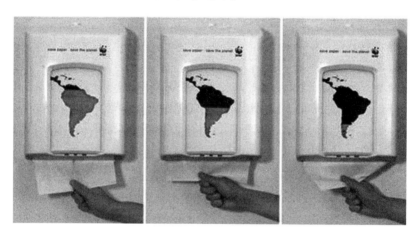

图 5-10　世界自然基金会公益广告"节约纸张,拯救地球"

直接揭示主题的公益广告的特点是没有曲笔,不含蓄,直截了当,一步到位,一语破的,便于受众解读。虽然这样的广告看起来直白,似乎没有咀嚼回味的余地,容易给人"说教""口号"的印象,但这并不意味着会影响广告的冲击力,削弱广告的作用。辞质而径,言直而切,有时这种直接反而使广告显得更有力量。如以下几则公益广告:

• 《知识改变命运》

"知识改变命运"是一个宏大而现实的主题。在这部系列公益广告片中,张艺谋、陈章良、割猪草女孩等人向受众讲述他们自己的经历,用生动的故事说明知识对于命运的作用,这些故事令人为命运的戏剧性、知识的力量而震颤,不能不重新审视知识与人生的关系,重新考量知识的分量和作用。片尾推出"知识改变命运"几个大字揭示主题,让公众思索该怎样握住知识的宝剑为自己开创美好的前途,怎样去帮助那些失学的人改变命运。

- 《请把公款吃喝的钱省下来用于教育》

在这则平面广告上,左边公款吃喝的报销单上是车辆禁止通行的符号,右边写着"我要读书"几个字的横格纸片上是车辆前行的符号,两个符号之间是主题句"请把公款吃喝的钱省下来用于教育"。这个主题很有分量,深得民心,把老百姓心里的话说了出来,同时也为干部廉政建设和希望工程建设提出了可贵的建议。主题表达直接坦率,没有一点的委婉含蓄,和主题内容匹配相宜,把作品的"冲劲"尽显出来。可惜的是主题句的字号太小,不够醒目,若字号稍大一些,冲击力当更强,宣传效果当更好。

- 《你的言行影响着孩子的未来》

这则公益广告通过父母的不文明行为给孩子带来的负面影响,提出父母如何对孩子进行言传身教的问题,提示父母要时时处处注意自己的言行,为成长中的孩子做好示范。主题句"你的言行影响孩子的未来"犹如警钟警示父母如何规范自己、教育孩子,促使父母思考——我们应该在孩子的心目中树立什么样的形象?我们应该怎样影响孩子的未来?

(2) 间接表现

间接表现就是把主题蕴涵在图形、声音等形象和文字中,借助于一定的感性形式予以表达,让受众在广告语的引导、启发下分析广告中具体可感的形象,理解广告的思想意义。如平面广告《孩子还想要什么》。这则广告针对忙碌的家长忽略孩子感受的现象,提醒家长多给孩子一点时间,不要忽略了和孩子交流。广告通过一个孩子和一只玩具熊寂寞相对的画面及"不要总是说妈妈现在没有空"的广告语,间接表现主题"陪伴更重要",委婉地批评家长以"没有空"为借口而拒绝孩子的陪伴要求。间接表现主题的公益广告的特点是比较婉曲含蓄,耐人咀嚼,启发思考,给受众留下回味、想象的空间。受众需要思考解读才能准确领悟公益广告的思想意义,把握广告的主题。一般说来,看广告和读文章有些相似,有些受众更喜欢耐咀嚼有回味的作品,而且经过一个思索解读的过程,受众对广告的印象会更深一些,受到的触动更多一些,或许还会体验到成功解读的乐趣。那些设置悬念、情节生动、巧妙比附、巧用文字、画面精彩、语言幽默机智的公益广告都很受欢迎,给人的印象比较深刻,甚至长久难忘。从创作的角度看,这样的公益广告富有创意,艺术性较强,审美价值更高些。

间接表现主题的公益广告意义深浅不同,表现方式、表现程度也各不相同,因而有的含意稍显,有的寓意深沉。虽然都留有思索的余地,但留有的余地有大有小,受众思索、感悟的深度也不同。请看世界自然基金会 WWF 的几则公益广告:

(1)"设想这是你的"

图 5-11

(2)"在一切还不晚之前"

图 5-12

（3）"时尚需求的受害动物比你想的更多"

图 5-13

第一个公益广告让拿刀捕杀海龟的人"Imagine this is yours", baby 和 little animal 同样都是生命,如果不忍心杀害自己的孩子,又怎么能去杀害那些小动物?显而易见,这个广告希望能够唤醒捕杀者的人性,希望他们能够像对自己的孩子一样对待动物,保护动物的主题不言而喻。

第二个广告形象地说明了森林是世界之肺,准确地演示了自然与人类的关系,对乱砍滥伐发出危机警告,提醒人类"在一切还不晚之前"要迅速采取行动,保护森林植被,保护生态平衡,遏制自然环境恶化,从而保护人类自己。广告主题通过森林构成的肺叶表达出来,图简意深,内蕴丰富,具有很强的警示作用,受众一看就能把握主题,解读其意。

第三个公益广告提示时尚的裘皮服装取自于野生动物,追求时尚必然导致动物被杀的惨剧。这则广告没有直接呼吁保护动物,不要穿戴动物皮毛,但是以"fashion claims more victims than you think"清晰地说明了时尚消费可以决定动物生死,准确地传达了"没有买卖就没有杀害"的主题诉求,所谓"睹一事于句中,反三隅于字外"。

多数公益广告都有广告语,广告语具有提示性或启发性,所以无论主题表达怎样婉曲含蓄,受众总能根据图画和广告语理解广告。也有些公益广告没有广告语,画面上也没有直接而明晰的提示,只是在广告的一角或片末标明广告主。这种公益广告把主题几乎完全隐含于形象之中,受众需揣摩一番方能解读,或是最后看了广告主才恍然大悟。荣获戛纳国际广告节铜奖的一个反毒品影视公益广告就是如此。片中一个健康活泼的婴儿在小椅子上发现了一把锋利的尖刀,于是好奇地拿起把玩,并把尖刀送往嘴中。在受众正为孩子担心害怕的时候,字幕推出"巴西反毒品合作委员会"。该片用锋利的尖刀暗喻致命毒品,提醒受众注意,天真可爱的孩子可能会在无意中或因无知而受到毒品的戕害。虽然受众开始不知广告的真正用意是什么,但当最后广告主浮现于屏幕时就会猛然醒悟,理解了该广告的思想意义。对这样的公益广告受众解读有一定的难度,但它确实给受众留下了很大的思索回味的空间,让受众在惊悚之后加深对毒品的认识,产生"救救孩子"的正义冲动。

但是公益广告毕竟是一种宣传品,其表现的形象含蓄和文艺作品的委婉含蓄不同,不能要求公益广告像某些文艺作品那样含蓄蕴藉,"不尽之意见于言外","言有尽而意无穷",更不能朦胧乃至晦涩难于解读。公益广告的特点也决定它不可能将主题深藏不露。况且评价公益广告主要是看其宣传效果,创作手法不是唯一的尺度。所以,无论是直接揭示主题还是间接表现主题,只要不是应景地粗制滥造,只要能产生良好的宣传效果,就是佳作,就有价值。总之,表达形式如同路径,无论选择什么样的路径都要到达目的地,到达目的地就是胜利。

五、中外公益广告的视点和诉求

1. 中外公益广告的视点

选题反映了公益广告的关注视点,公益广告关注的是社会公益性问题,为社会公众利益而呼吁,这正是公益广告能够在商业广告的喧嚣中独立存在、受到社会瞩目和公众喜爱的原因。无论在肇始之时,还是到今天在世界各国遍地开花,社会公益性问题始终是它唯一的焦点。它关注着全球性的问题,也关注着国家、地区出现的问题,诲人不倦地提醒人们注意这些问题,努力去解决这些问题。在这一方面,中国的公益广告和外国的公益广告几乎完全一样,具有鲜明的求同性。

(1) 共同关注世界性问题

尽管国家、地区之间在自然环境、社会制度、政治立场、经济水平、文化传统、生活习俗、贫富状况等诸多方面存在着差异,但是各个国家各个地区却有着共同的问题和相同的问题,这些问题就是所谓的世界性问题。因为这些是涉及全世界人民生存、发展的问题,或者是各个国家和地区普遍存在着的问题,所以格外受到重视,自然地成了中外公益广告的共同选题。

中外公益广告不约而同地把各国人民共同面对的问题作为重要的宣传题目。我们可以看到,各国的公益广告中有相当一部分作品在选题上,甚至在题材和主题上都是雷同的。对于艺术创作而言,雷同可能说明创作者的艺术视野还有些狭窄,但对于公益广告来说,这不是视野狭窄所致,而是这些问题比较重大,涉及范围很广,影响到整个世界的安危,所以引起了各国高度重视,成为举世焦点。如大气等环境污染问题、自然资源的掠夺式开发利用问题、生态平衡破坏的问题等。各国都关注这些问题,因为这些问题直接关系到地球——人类共有家园的安危,关系到全世界人民的生存;因为"地球村"的每一个部分都需要"绿色和平",每一个"村民"都需要地球健康、安全,每一个国家、每一个人都要承担保护地球、保护人类生存环境的责任,谁也不可能置身于地球之外,不可能对涉及人类生存的环境问题漠然视之。所以,尽管许多国家由于社会制度、政治、经济、文化、利益等原因,在很多问题上存在分歧,很多矛盾难以调和,但对这些问题却有基本共识,在各个国家的公益广告中都提出了同样的问题。中国的环保公益广告提出保护植被,疾呼"别像吃红肠一样把森林吃掉";国外的公益广告同样提醒人们要珍惜生活空间中的绿色——生命的颜色。中国的公益广告告诫要维护生态平衡,维护"我们生存的命脉",国外的公益广告警告:如果破坏生态平衡,人类自己必然会遭到报应。中国的公益广告用被雾霾染黑的口罩来反映空气污染问题,国外的公益广告让小姑娘给自己的玩具戴上口罩……目前,关于环境保护的问题是世界最热的话题之一,也是各国公益广告

图 5-14 "你少用一张,它们就多一线生机"

共选最多的一个题目。随着人们"地球村"的意识越来越强,各国的联系越来越密切,各国人民共同面对的问题会越来越多,公益广告必将会有新的更多的共选

题目。

在一些国家还存在着许多相同的社会性问题,如吸烟、吸毒、酗酒、赌博、艾滋病、家庭暴力、不遵守交通规则等。这些问题虽然不是特别重大、特别突出,但是普遍存在,难以治愈,属于社会"顽疾",不能等闲视之。许多国家的政府、社会团体多年来一直努力帮助染有恶习的人戒烟戒毒戒赌,告诫人们要注意人身安全珍惜生命,为此而发布的公益广告自然而然地在选题方面具有了一致性。美国等国家的公益广告起步较早,几十年来一直把这些社会问题作为视点,以戒烟戒毒等为主题的公益广告宣传从来没有中止过;我国的烟民数量已居世界前列,戒烟是我国公益广告的一个主题。近几年,吸毒和患艾滋病的人数、交通事故数量都有所增多,成为比较突出的社会矛盾,因此这方面的公益广告明显增多。由于各个国家所存在问题的程度不同,所以选题虽然一致,但是发布广告数量的多寡不尽相同,宣传的力度也不一样。

(2) 关注国家、地区性问题

各国各地区除了要共同面对一些世界性的问题,还要努力解决本国的、本地区的一些问题。所以公益广告在关注全球性问题的同时,还关注着国内的地区的问题。以本国本地区的问题为主要视点,以其中比较突出的问题为主要选题,在这方面,各国的公益广告具有一致性。

我国公益广告的选题具有鲜明的"中国特色"。再就业公益广告、迎奥运讲文明公益广告、希望工程公益广告、中国梦公益广告、社会主义核心价值观公益广告等,最能表现我国公益广告的这种特色,最能反映我国公益广告关注国家、地区问题这一特点。其中有些问题属于重大问题,令全社会瞩目,公益广告把这些问题作为重要课题的选项,而这些选题常常与党和政府的工作任务、工作重点一致。有些选题虽不重大,但是也有宣传意义,如节日防火、关爱老人等公益广告。我国的公益广告特别注意反映最新动向,抓取最新问题,把视点落在新近出现的问题上,选题不断出新。如我国沿海某些地方走私活动猖獗,民族工业因此而受到严重影响。党中央和政府下决心打击走私活动,保护民族工业。随着缉私工作的开展,媒介上出现了缉私内容的公益广告。近年网络诈骗案件、盗卖网民信息案件增多,政府相关部门一方面加强法制建设和加强案件侦破,严厉打击网络诈骗行为和盗卖个人信息行为,一方面发布公益广告提示公众防范网络风险,传授如何识别诈骗的方法。类似的以社会新问题为选题的公益广告不胜枚举,说明我国公益广告犹如一部社会雷达,能够敏锐地反映问题,及时发出警示。

从美、英、法等国家的作品能够看到外国公益广告以本国本地区问题为主要视点、主要选题的特点。美国一些青少年由于没有控制自己的性行为而过早地做了父母,但又没有能力承担为人父母的责任,致使一些青少年还在花季就背上了沉重的生活负担,其中有些人毫无道德地逃避了自己的责任。青少年对生活的无知、任性以及家长、学校的担忧,自然成了政府和社会组织关心的问题,也成为公益广告的视点,于是一个题为"为了我们的孩子"的公益广告运动在美国出现,一批有关青少年教育的作品推了出来。这些作品都针对具体问题与青少年对话,忠告他们要认真对待生活,要懂得保护自己。美国还有不少青少年带枪上学,不断出现的校园暴力犯罪案件让美国人震惊。保护青少年、制止校园暴力案件的发生成为当前美国人民关心的重要问题。美国国家防止犯罪联盟等机构通过广告要求人民不仅关注这一问题,还要采取切实措施帮助减少青少年暴力现象以及努力使社区生活更安全些。① 1999年,美国总统夫人希拉里在出席美国广告联盟(AD Council)的一次年度会议时,呼吁掀起一场针对青少年暴力犯罪的全国性公益广告运动。她说:"我希望你们以富有创意的方式利用媒体的强大影响力去传播我们这个社会所需要听到的信息。"广告联盟对于总统夫人的倡议立即做出了积极的回应。广告联盟的高级行政人员说,他们希望为美国心理协会和全国青少年教育协会组织做一个公益广告运动,内容将以最近发生的校园枪击事件所引发的诸多社会话题为主。广告联盟主席 Ruth Wooden 女士指出,这一新的广告运动将把父母的需要作为重点,让他们明白青少年暴力犯罪其实是一种后天学来的行为,帮助他们教育孩子如何解决经常会面对的愤怒、破坏、冲突等反社会的行为倾向和心理问题。② 青少年暴力案件上升在美国只是当前诸多社会问题中的一个,其他比较突出的社会问题也都是公益广告的选题,政府和各种各样的社会团体密切关注社会动态,发现问题立即就会通过公益广告等方式提出来,发出解决这些问题的呼吁。其他国家的公益广告也是如此。在英国,青年人不愿意当教师致使师资力量匮乏,英国于是出现了提升教师形象的公益广告,时任首相的布莱尔亲自出演广告,在片中和一些知名人士一道列举那些令人难忘的教师的名字。在东南亚一些国家由于经济危机而陷入困境的时候,这些国家的媒介和街头立即出现了鼓励人民战胜困难尽快恢复经济的公益广告。

　　中外公益广告把国家、地区问题作为主要视点,表现了公益广告主对国家、地区问题的关心,乐于为国家和社区尽一份责任,助一臂之力。而以这类问题为

---

① 李海容、Charles Salmon:《公益广告与社会营销》,载《现代广告》1997年第3期。
② 李玉明:《美国正发起一场专门针对青少年暴力犯罪的公益广告运动》,载《现代广告》1999年第9期。

视点的作品使得公益广告在内容方面既统一又多样。统一——都关注国家和地区问题;多样——针对各国各地的问题诉求,广告的题材、主题丰富多样,这样就避免了因视点相同而可能出现的内容单一的现象。

2. 中外公益广告的主题诉求

如果中外公益广告的视点不同,那么广告的诉求内容必然不同,视点的分散多样决定了诉求的丰富多样;但是如果视点相同,诉求内容是否会一样呢?关注同一个问题的公益广告,是否会有一致的意见、主张呢?分析中外公益广告作品可以发现,对某些问题中外公益广告不约而同诉求一致,而对另一些问题却存在着诉求差异。

图 5-15　绿色和平组织公益广告"气候变暖"

(1) 一致的诉求

对于环境保护、合理利用资源、扶贫济困、消除种族歧视、制止战争、禁毒戒烟等问题,中外公益广告具有共识性。尽管它们之间在创意、表现、广告语、媒介载体等方面有所不同,甚至差异很大,但是表达的看法、主张大致相同或者完全一致。从国内外以环保、禁毒、戒烟、反对家庭暴力、关心白血病儿童为主题的众多公益广告上,可以看出中外公益广告诉求的一致性。虽然这些公益广告诞生于不同的国家,出自不同作者之手,创意表现与语言风格都不相同,但都表现了对这些问题的关心,揭示了这些问题带来的严重后果,发出的诉求、提出的建议主张也基本相同。

中外公益广告一致的诉求,一致的主张,主要源于各国人民对这些问题的共识。由于认识一致,广告诉求自然而然地就有了共同性。这样,在世界各地就有了用不同语言文字、不同方式表达的主题相同的公益广告,回荡的是一个相同的声音。

(2) 非一致诉求

计划生育、预防艾滋病等选题的公益广告曾比较鲜明地表现出中外诉求的差异,这种差异主要表现在诉求侧重点不同,而不是观点的相左。如计划生育公益广告,因为国情不同,计划生育的内涵不同。我国是世界上人口最多的国家,人口增长和国家的发展、人民生活水平的提高形成了尖锐的矛盾,因此我国实行计划生育政策。我国的计划生育公益广告都是宣传计划生育的重大意义,提倡晚婚晚育、少生优育,或者针对一些人因"重男轻女""养儿防老"等旧观念而超计划生育的现象宣传"男女都一样"等思想。外国尤其是欧美发达国家没有巨大的人口压力,它们所存在的问题是:一些人由于忽略了避孕措施,在没有需求和准备的情况下突然有了孩子,结果生活中出现了许多意想不到的麻烦。所以在这些国家也提倡计划生育,但其"计划"的内涵与我国"计划"的内涵并不一样。其计划生育公益广告诉求除了"优生优育"外,还有像《怀孕的男人》这样的广告,侧重于提醒人们采取避孕措施,以免孩子不期而至。我国台湾地区的同题公益广告与国外此类广告诉求相似,何清辉创作的《多一份细心,少一份担心》就是一个例证。

再如预防艾滋病的公益广告,外国的广告主要是提醒人们使用避孕套预防艾滋病,虽然广告中也暗示性行为有一定的危险性,但是它更强调"防范",并不要求人们约束自己的性行为;我国的公益广告主要是提醒人们洁身自爱,珍惜生命,避免一失足而成千古恨的悲剧发生。在我国,关于艾滋病选题的公益广告曾经以道德说教和恐惧诉求为主,近年才有像国外这样提醒使用避孕套来预防艾滋病的广告和呼吁关心艾滋病感染者的广告。这主要在于中西方的文化背景不同。西方的禁欲主义对人也曾有过强大的束缚力量,但是满足人性的需求已成为现代主流观念。所以西方一些公益广告一方面提醒人们放纵性行为有危险,另一方面又告诉人们使用安全套能够化险为夷。尽管我国从古代就承认"饮食男女乃人之本性",但是长期以来人们在这方面却一直严格约束自己不敢任性放纵。就像我国的药店、医院、某些工作单位免费发放安全套,但却从不会让它们暴露在媒介上,更不会暴露在光天化日之下。从我国摄制预防艾滋病公益广告的小插曲也可以看到我国文化的制约和观念的转变。报载:当听说拍公益广告需要演员时,很快就有50个人前来报名试镜。可是当得知是扮演艾滋病患者时,50个人立即告退。即使广告摄制组以高出常规5倍的片酬"悬赏",但是仍没有"勇夫"愿意出演艾滋病人。最后某艺术学校的一位毕业生和某艺术剧院的演员"挺身而出",才使这个在我国艾滋病宣传教育中举足轻重的公益广告没有流产。不愿意扮演艾滋病患者无外乎是怕受众真把自己当作放纵者,"坏了自己的名声",影响自己的形象。人们对艾滋病患者多是鄙视、厌恶、避之唯恐不及,因此很难出现像国外的《烛光》那样的呼吁人们关心、保护艾滋病患者的公益广告。

随着人们对艾滋病的科学认知的增多和社会文化观念的转变,谈"艾"色变的现象已经消减,社会对艾滋病人的理解、包容和关心增多,主题公益广告的诉求也从恐怖警示变为关心爱护,著名艺术家彭丽媛、濮存昕等代言的公益广告都是呼吁社会关心艾滋病感染者,用理解和爱护帮助他们战胜疾病。

除了以上这两类公益广告的诉求表现出差异外,在其他的公益广告中也还会有差异存在。因为国与国之间在经济能力、社会制度、人文历史、意识形态、价值观念、生活方式等诸多方面都有所不同,这些差异必然会影响人们的认识和行为,也必然会反映到公益广告中来。

[案例]

案例1:2015年度上海市公益广告宣传主题指南

上海市公益广告宣传协调小组正式发布《2015年度上海市公益广告宣传主题指南》,为全市机关、企事业单位、社会团体,以及社会各界公益广告宣传提供指导。主要内容如下:

深入贯彻落实党的十八大和十八届三中、四中全会精神,深入学习贯彻习近平总书记系列重要讲话精神,认真贯彻2015年全国宣传部长会议精神,按照上海市公益广告宣传协调小组统一部署,以培育和践行社会主义核心价值观为主线,以公益广告为新型阵地和有效载体,以叫响做实、更接地气的公益广告创新实践,整体推进2015年度公益广告宣传。

从实现"两个一百年"的奋斗目标和人民群众的期盼,从全面深化改革、全面推进依法治国的战略高度,用国际视野、改革思路、创新思维赋予公益广告宣传时代感和使命感,挖掘公益广告宣传的时代内涵和表达形式。运用新老媒介传播手段,设计载体、搭建平台。运用微博、微信、微视、微电影等新媒体手段,契合时代发展变化和受众接受习惯,让公益广告"动起来""活起来"。

公益广告中不应含有任何商业元素,如有商业元素,有关发布单位有权去除、不予发布或划入商业广告收费发布(中央重大公益广告宣传活动企业冠名事宜另定)。凝聚社会共识、汇聚各方智慧、广开社会资源、广纳社会贤才,在更高起点、更深层面、更大范围推进上海公益广告宣传事业的发展,为实现中华民族伟大复兴、为实现上海"四个率先"营造氛围。

把社会主义核心价值观作为公益广告宣传主线贯穿全年。聚焦社会主义核心价值观"三个倡导"24个字,从国家、社会、公民三个层面开展公益广告宣传。

结合中国特色社会主义和"中国梦"宣传，结合上海城市形象、城市精神宣传，用公益广告传播上海国际文化大都市的城市形象，彰显"海纳百川、追求卓越、开明睿智、大气谦和"的城市精神。

把国际性、全国性纪念日作为公益广告宣传重点落实落细。围绕中国人民抗日战争暨世界反法西斯战争胜利纪念日、国家宪法日、中国旅游日、全国助残日、国防教育日、三八国际劳动妇女节、五一国际劳动节、六一国际儿童节、世界地球日、国际气象日、世界电信日、世界粮食日、世界无烟日、世界艾滋病日等，开展主题公益广告宣传。精巧构思、精美设计、落实落细，传播和释放最持久、最深层的正义精神力量和人类理想信念。

把与百姓生活密切相关的传统节日作为宣传热点积极呼应。继续把春节、清明、重阳、中秋等传统节庆与"四德"相结合进行宣传，引导人们自觉践行中华美德、传承中华文化。从百姓视角出发，选取群众关注的、与百姓日常生活密切相关的公益日开展公益广告专题宣传，包括法治建设、志愿服务、敬老助老、文明旅游、诚实守信、勤劳节俭等选题。接地气、近民心，在潜移默化中增进社会共识，传播文明、引领风尚。

第一季度重点宣传春节"过大年"、3月5日"学雷锋"、3月8日国际劳动妇女节"男女平等"、3月15日消费者权益保护日"诚实守信""真实是广告的生命"、3月"百万家庭低碳行""绿色改变生活"等内容。

第二季度重点宣传4月5日清明节"祭先贤、忆先人"、4月22日世界地球日"珍惜共同家园"、5月1日国际劳动节"劳动最光荣"、5月19日中国旅游日"文明出游"、5月第三个星期日全国助残日、6月1日国际儿童节"关爱未成年人"、6月5日世界环境日"环境保护"等。

第三季度重点宣传7月1日"纪念建党94周年"、8月1日建军节"人民子弟兵"、9月3日中国人民抗日战争胜利纪念日暨世界反法西斯战争胜利纪念日、9月20日全国公民道德宣传日"彰显道德力量"、9月27日中秋节"和睦团圆"等。

第四季度重点宣传10月1日"庆祝中华人民共和国成立66周年"、10月21日重阳节"关爱老人"、11月9日全国消防安全教育日"警钟长鸣"、12月4日国家宪法日"依法治国"、12月5日国际志愿者日"志愿服务"等。

上海市公益广告宣传协调小组在上海市精神文明建设官方门户网站——上海文明网（www.wmsh.gov.cn）定期发布全国或全市公益广告宣传素材（统发稿），可登录上海文明网"公告"栏目下载。各委办局、各区县发挥各自优势，积极选送富有文化含量、具有上海特色的优秀公益广告宣传素材。

通过报纸、广播、电视、电台、期刊等新闻媒体，以及城市广场灯箱、工地封闭式围挡、户外大型广告牌、LED电子显示屏、地铁灯箱、移动电视、楼宇电视、公交站台广告、出租车视频、小区灯箱、道路招风旗帜、社区和企事业单位宣传栏等媒介形式,以及数字联播网、公共信息媒体平台、互联网站、移动通信终端、微博、微信、微视平台等新兴传播方式刊播公益广告。

市公益广告宣传协调小组负责对全市公益广告宣传工作的总体指导、统筹协调、督促检查、评估奖励、征集评选等(具体通知另发)。宣传协调小组办公室设在市文明办(市文明办公益广告管理中心)。各委办局、各区县在做好全市公益广告统一宣传基础上,可以结合各自工作重点、特点自行设计开展公益广告专题宣传,认真研究公益广告财政扶持政策、税收优惠政策和相关激励政策。①

案例2:电视公益广告《关爱老人》系列——来自现实的选题

2013年春节期间,中央电视台播放了《关爱老人——老爸的谎言》《关爱老人——妈妈的等待》《关爱老人——打包篇》《关爱老人——红包篇》"关爱老人"系列公益广告。针对老年人问题做公益广告,以关爱老人为选题,是因为中国已经进入老龄社会,空巢、疾病等诸多问题给老年人生活带来很多困扰,社会如何帮助和照顾老年人,已经离家的儿女如何关爱父母,已经成为一个不可忽视的社会问题。创作这一系列公益广告,旨在引起社会对老年人问题的关注,呼吁儿女多回家陪伴父母,用爱、理解和照顾回报父母,让年老的父母在天伦之乐中幸福度过自己的晚年。也就是说,社会老龄化程度的不断提升、养老问题的日益突出、照顾父母与打拼事业的冲突、养老服务的欠缺等,催生了这一选题,并让这一公益广告系列成为国家电视台春节重点广告。

《关爱老人——打包篇》以儿子的口吻讲述了爸爸的故事。老父亲患上阿尔茨海默症后记忆衰退,记不得刚刚做过的事情,出门就找不到家门,甚至忘了儿子的模样。但他从未忘记儿子爱吃什么。该片的创作灵感来源自盛世长城国际广告公司创意人员的真实经历,而确定这个选题,为患有阿尔茨海默症的老人做公益广告,呼吁人们理解他们,更悉心地照顾他们,是因为中国的患病老人约为一千万,约占全球该病患者的1/4,居世界第一。中央电视台曾在2012年发起了"我的父亲母亲"大型公益活动,呼吁全社会了解、帮助阿尔茨海默症患者及其家属,引发了社会的极大关注。这个广告再一次提醒公众,尽管阿尔茨海默症无情地抹去了老人的记忆,但是他们对子女的挚爱却永远不能被病魔消除,还会在

---

① 《〈2015年度上海市公益广告宣传主题指南〉发布》,上海文明网,http://sh.wenming.cn/GG/201502/t20150202_2433388.htm。

第五章 公益广告的选题和主题

图 5-16 电视公益广告《老爸的谎言》

图 5-17 电视公益广告《妈妈的等待》

日常生活中自然地流露。儿女们及全社会都应该更多地理解父母,更好地照顾他们。

案例 3:电视公益广告《我们的节日,我们的故事》
——重温传统文化的深沉与厚重

2015 年中央电视台发布公益广告《我们的节日,我们的故事》,通过一个女孩成长过程中的节日故事,展现我国的传统节日,弘扬我国的传统文化。中央电视台为什么要为传统节日做一个公益广告？下面这篇刊载于央视网的文章道出选题的原委。

当孩子们欢天喜地唱着"Merry Christmas"，在被窝里期盼着袜子里的礼物的时候，当潮男潮女们穿着五颜六色的化装服，带着千奇百怪的面具过万圣节的时候，当微信朋友圈被"Thanksgiving"和诱人火鸡图攻陷的时候，我们是否还能记起"爆竹声中一岁除，春风送暖入屠苏""况是清明好天气，不妨游衍莫忘归""明月几时有，把酒问青天"吟唱的传统节日？

传统节日，凝聚了中华民族几千年的历史文化，是全球华人同根同族血脉相承的节日。春节阖家团聚，元宵赏灯猜谜，清明缅怀先人，中秋举杯邀月，重阳登高敬老。我们的节日，伴随了人生路上每一个成长的记忆。

然而，在"国际化""全球化"浪潮扑面而至的今天，传统节日却成为我们记忆里丢失的那一块重要拼图，在我们的生活中渐行渐远。

有感于此，中央电视台近期精心策划，倾情推出公益广告《我们的节日，我们的故事》，让我们重拾儿时的温暖回忆，重温传统文化的深沉与厚重。①

图 5-18　电视公益广告《我们的节日，我们的故事》

思考与练习

1. 请多看一些中外公益广告作品，分析中外公益广告选题的异同。
2. 观看中外公益广告作品，分析近几年中外公益广告选题的变化、揭示了哪些新的社会问题，理解公益广告选题的现实意义。

---

①　《央视为传统节日力推公益广告》，http://1118.cctv.com/2015/02/15/ARTI1423968701203497.shtml。

3. 观看近几年中央电视台播放的公益广告作品，分析我国公益广告的选题及其特点。

4. 公益广告的主题是否应该深化？如何让主题发人深省、主题句深刻精辟？

5. 从2013年开始，中央电视台每到春节都会播出几个公益广告。请分析这些公益广告如何传播传统文化、怎样将"传统文化"这一大选题细化、怎样阐释传统文化的价值和传承传统文化的意义。如果请你参与策划制作明年的春节公益广告，仍以"传统文化"为选题，你会怎样做这个公益广告？请认真构思，思考如何做好"传统文化"这个题目，如何提炼主题、表现主题，写出一个简略的策划案。

6. 中央电视台公益广告部拟启动"青年励志"主题公益广告项目，诚邀各创意、制作公司、个人参与项目制作比稿，比稿内容为策划并制作"青年励志"主题公益广告。请你以参与者的身份，思考如何根据"青年励志"这一主题要求，提炼能够发人深省的主题，或是从一个新的角度阐释主题，让作品有深度、力度和新意。请写出主题句，并说明为什么提出这样一个主题、如何阐释主题。

第六章
公益广告传播的策划和策略

"公益"是决定公益广告活动成效的基本因素,策划、策略是影响公益广告活动成效的重要因素,开展公益广告活动既要善于利用"公益"吸引公众参与,还要善于通过策划、策略激发公众的公益责任和参与热情,尤其是在预算较少等情况下,应当通过精心策划使公益广告活动取得良好效果。

一、公益广告传播策划的必要性

1. 公益广告传播的效果要求

广告策划是对广告活动的谋划安排,无数成功案例都可证明广告策划的贡献,说明"上兵伐谋""事成于谋"。对公益广告传播进行精心谋划、周密安排,是为了充分发挥公益广告的作用,让公益广告这盏灯更亮,把公益活动做得更好。目前公益广告策划尚未得到足够重视,还是公益广告活动中的一个薄弱环节,我国有些广告公司、媒介机构缺乏公益广告策划的自觉性和主动性,忽视公益广告策划,做公益广告不像做商业广告那样精心策划,所以无论是作品质量还是宣传效果都明显逊于商业广告。重视商业利益而轻视公益责任是造成这一问题的原因之一,但也有的广告公司和媒介机构认为我国公益广告活动以党政为主导,只要按照党政指令执行即可,无须自己再做策划、再提创意。其实,公益广告运作模式并未限制广告活动主体的创造力,不影响公益广告策划和创意,广告活动主体拥有自主策划和创意的空间。关键在于是否具有高度的社会责任意识,如以责无旁贷的自觉意识参与公益广告活动,就会不计报酬地做好公益广告,像做商业广告一样充分发挥专业创造力,通过精心策划、精彩创意让公益广告这盏灯大放光芒。

广告策划的目标是提出最好的广告活动方案,取得理想的广告效果。

(1) 借助谋划之力保证公益广告效果

公益广告活动有的比较简单,有的比较重大、复杂;有的是某一组织的单独行动,有的是众多机构参与的共同行动;有的犹如一次短平快的"战斗",有的则似一场规模大、时间长的战役。不同的公益广告活动目标对策划提出不同的要求,如果是开展一次比较重大而复杂的活动,打一场规模大时间长的"战役",推出多选题、多系列、多媒体作品,线上传播与线下活动整合传播,那么必须认真谋划部署,制定科学而富有创意的方案,对如何开展公益广告活动进行周密安排,通过前期精心策划保证后期良好效果。如广西推出的"讲文明树新风"系列公益广告《可可小爱》,是用二维动画技术制作的系列公益广告,以生动活泼而又颇受欢迎的动漫形式宣传社会主义核心价值观,通过可可和小爱两个可爱的儿童形象深入浅出地解读"富强、民主、文明、和谐,自由、平等、公正、法治,爱国、敬业、诚信、友善"的基本内涵。《可可小爱》计划制作 1000 部,几年来已经推出数百部,不仅有多个选题系列,还有多样形式,既有 35 秒短篇剧、60 秒中篇剧、300 秒长篇剧,还有童谣篇等,在国家和地方电视台、各类各级网站播放。这是一个宏大的宣传活动,是一场规模大、时间长的公益广告战役。要打好这一战役,制作这么多的作品,必须进行精心策划,制定比较周密的行动方案。要根据中央宣传社会主义核心价值观的要求和核心价值观的三个层面十二项内容,结合本地精神文明建设实际,安排好主题系列,选择动漫表现形式,确定作品总体风格。既要保持这些作品的总体一致性、各个系列的相关性,还要保证每个系列、每部作品的特色;既要体现社会主义核心价值观高屋建瓴的文明指向,还要接地气,能够根据精神文明建设的实际需要,针对公共领域存在的不文明现象和某些具体问题,有的放矢地进行宣传,发挥公益广告对公众日常生活、工作的指导意义;既要让青少年和儿童喜欢,还要让成年人爱看。只有先行策划,制定全盘方案或行动计划,然后逐步推进,才能保证几百部作品按系列、有顺序、既统一又各具特色地出现于媒体。现在,策划的意义和作用随着公益广告"战役"的增多而愈加突出,很多公益组织有很多公益项目,其中有些项目涉及多个国家和地区,运作时间较长,需要推出多个公益广告,如何做好这些公益广告,使之能够很好地完成项目推广、社会动员、公众教育等任务,就成为策划的必解之题。广告行业协会等组织、政府部门和社会公共服务机构等组织开展的主题公益广告活动,通常包含多个子题且持续数年,不仅需要全盘筹划,根据主题和子题的宣传要求选择广告策略,确定广告的诉求点、传播范围和传播时机、传播媒体等事项,还要在执行过程中根据情况变化及时调整方案,既保证公益广告诉求的持续一贯,又要适应新变动、新情况,以此保证公益广告的长效,还要使之常说常新,赋予公益广告一些新意,避免简单重复给公众带来的"老生常谈"之感。有些公益性宣传既有线上公益广告,又有线下活动,通过线上线下整合传播形成声势,而线上线下传播各有特点,同属于线上传播的传统媒体发布和新媒体推送又有不同,如何分配和利用资源,如何用好不同渠道、不同方式,如何互相配合、有效整合,诸如这些问题都需要通过策划提出解决方案。倘若没有策划,不做统筹,线上线下各自为战、各行其是,即使用力也难免事倍功半的结果,难以达到整合传播的目的。

即使是比较简单的公益广告活动,也应有所谋划,尽力增强公益广告的宣传效果。如主流媒体转发公益广告通稿,有些媒介机构认真谋划如何传播,科学利用媒体资源,并通过一些编辑手段、技术手段吸引受众关注,因而收到较好的效果。但有些媒体只求符合行政规章规定的数量要求,而不谋划如何利用版面或时间,如何保证传播成效,因而见诸传媒的公益广告虽多,似乎形成舆论氛围,但关注度等传播效果却未达到预期目标。同样转发公益广告通稿,转发相同的广告作品,而传播效果却不相同,这足以说明策划与效果的关系,说明进行一场大规模的公益广告战役需要精心策划,打一次短平快的战斗也要用心安排。

(2)善用谋略弥补资金缺口

公益广告活动的资金来源少、预算少,严重影响公益广告活动的效果。虽然政府通过一些方式鼓励企业赞助公益广告活动、广告公司和媒介机构减免制作发布费用,但是仍然难以解决资金缺口问题。因此,如何能够用有限的资金做好公益广告,成为公益广告活动必须解决的一个重要问题。策划的一项主要工作就是要谋划如何少花钱多办事,如何用智慧弥补资金缺口,在预算偏少的情况下能够做好公益广告,用有限的资金创造更多的社会效益。如很多地方策划发起公益广告征集活动,通过征集公益广告作品扩大公益广告活动的影响,以吸引公众关注和参与公益广告活动,收获优秀公益广告作品。有的公益性组织为了能够动员公众积极支持公益活动,不仅精心设计能够让公众感同身受的体验活动,而且巧妙设置媒介议程,讲述一些感人故事,选择最具有冲击力的人物或事件激发公众爱心,邀请具有社会影响力的公众人物引领公众行动,用较少的宣传费用完成一项较大的公益任务,借助某些谋略达到宣传、动员的目的。虽然策划不能突破限制公益广告发展的"瓶颈",不能直接解决资金问题,但是认真策划可以克服预算偏少带来的一些困难,解决资金短缺造成的一些问题,实现以少胜多、以一当十的效果;通过策划还可以更好地发挥广告活动主体的专业优势和创造力量,制定更好的广告战略和广告策略,做出更好的作品,取得更好的传播效果和行动效果,让资金缺口不再成为影响公益广告活动效果、阻挡公益广告发展的隘口。

(3)实施策略排除噪音干扰、突出公益声音

社会的多元文化观念、多种价值取向会不同程度地影响公益广告传播,影响公益信息的传输和接受,成为公益广告传播中的噪音。在充满着噪音的环境中,

公益广告活动主体要认真谋划如何让公益广告发出响亮的声音吸引受众,如何排除消极性、干扰性因素的不利影响,如何让受众认同和接受先进、正确的价值观念,如何感动或说服他们支持和参与公益行动。特别是在众声喧哗的环境中,在某些事件负面影响的发酵期,在公众的公益热情、公益观念受到冲击之时,在某些公益项目或公益行动受到社会质疑之后,更要做好公益广告活动策划,精心制定活动方案,针对社会心理有效实施广告策略,引导社会舆论,消解各种噪音形成的干扰性影响,化解各种不利因素带来的观念冲突,强化公众对公益事业的信任和参与公益活动的热情。

商业广告传播也是公益广告传播通道中的噪音,是影响公益广告传播的干扰因素。商业广告不仅发布数量巨大,而且所宣传的商品和鼓励消费的广告诉求常常与公益广告诉求形成冲突。如公益广告呼吁保护野生动物,而某些奢侈品广告鼓励人们购买裘皮时装、手袋;公益广告宣传绿色出行,汽车广告却用各种方式激发人们开车的兴趣和购车的欲望。商业广告与公益广告的话语冲突体现了两种广告的功利追求,反映了商业利益与社会公益的博弈。商业广告甚嚣尘上,形成商业传播的时代强音,而公益广告的发布数量很少,随时会被商业广告的声浪淹没。公益广告传播主体应该看到商业广告对公益广告传播的冲击,认识到商业话语对公益诉求的消解作用,像重视商业广告策划一样重视公益广告活动策划,针对商业广告的干扰冲击进行公益广告传播策划,制定公益广告的中长期计划和短期方案,做好线上线下的整合传播,用富有冲击力的线下活动和线上作品吸引公众关注和参与。诸如野生动物保护协会等公益组织的一些公益广告就是针对某些商业广告的喧嚣和某些社会消费现象进行策划。如果只是简单推出一些广告作品、发出一些单调的呼吁,那么公益广告不仅可能陷入商业广告的围堵之中而难以进入公众视野,而且公益诉求也难以抵御商业话语的冲击干扰。很多公益广告效果不佳,除了资金短缺、发布量少这一原因,还与策划、创意不力直接相关。所以,即使从公益广告与商业广告博弈这一角度,也应重视公益广告的策划。

当然,这并不意味着公益广告与商业广告是势不两立的天敌,我们在看到两者博弈的同时,还应该从公益广告与商业广告的内容关联中寻求积极互动的可能性,让商业广告与公益广告形成呼应,如让商业性的绿色广告成为环保公益广告的呼应。近年来随着绿色营销战略的实施,绿色广告逐渐增多。绿色广告着力塑造负责任的企业公民形象和绿色产品的环境友好形象,虽未改变商业广告的性质,但是它们能够向消费者提示环境问题,提供绿色消费的具体建议,说服消费者将选择使用环境友好型产品作为参与环境保护的行动方式,也具有一定的环保宣传意义。这会鼓励愿以实际行动支持环保的消费者,主动选择绿色消费方式,自觉保护环境利益。2014年尼尔森公司所做的一个调查显示,全球范围内企业社会责任对消费者的购买决策影响日益加大,其中69%的中国受访者表示更愿意为具有环保意识行为和富有社会责任的企业买单。尼尔森长期合作伙伴美国自然营销研究所的最新一项研究证实,网站、包装标签以及报纸杂志上的广告,是消费者在寻找有关环保型产品时最常使用的渠道。绿色广告与公益广告关注环境问题、倡导环保的共同之处,使它们可以形成呼应性的互动和协同关系。公益广告提倡节约资源和保护环境的绿色消费方式,建议优先购买环境友好型产品,减少或拒绝使用一次性产品,选择低碳生活,降低垃圾生产量,指明保护环境的绿色消费方向,绿色广告则传递环境友好型产品和服务信息,提供绿色消费的解决方案。这两类广告从两个维度影响消费者,推进绿色消费理念的践行和绿色生活方式的落实。21世纪绿色消费将会成为消费主潮,环保诉求必然成为商业广告的主流话语。我们不可忽略绿色广告的环保宣传作用及对消费选择的影响,可以利用绿色广告中的积极因素,通过精心策划、布局,使公益广告与绿色广告形成互动共振,产生积极的协同效应。目前的问题是绿色广告中充斥着虚假广告,这些"漂绿广告"具有伪善性、隐蔽性和误导性,消费者难以识别。它们的欺骗性信息、夸大宣传及被滥用的环保术语不仅颠覆了诚信的商业道德,触碰了法律准绳,而且严重打击了绿色消费的真诚热情,给消费者的环境保护行动带来很多困惑。对此,政府主管机构除了加强规范与监管,严厉打击漂绿广告,还可以利用公益广告呼吁消费者像揭露企业违法行为一样揭露涉嫌欺诈的"漂绿广告",通过公益广告对漂绿广告进行直接"引爆",使之成为舆论焦点,让公益广告成为绿色市场的监管卫士。

2. 公益广告传播的创新需要

通过创新创意实现或提升广告效果是广告活动主体的不懈追求,而策划的任务之一就是谋求突破,实现创新,力争以广告策略、广告内容、广告形式或媒体、技术的创新,让广告更具有视听冲击力、情感震撼力和思想影响力,更利于引领社会行动。策划是广告创新的必要环节,创新是广告策划的目标和结果,通过策划实现广告创新创意,进而取得更好的广告传播效果。

风靡世界的冰桶挑战活动以其创新创意而取得巨大成功,轻松有趣的活动让人们关注"渐冻人"这一患有罕见疾病的群体,达到为对抗"肌肉萎缩性侧索硬化症"募捐的目的。这次活动为如何创新公益活动方式、创新公益宣传策略提供了一个范例。公益广告活动需要不断创新,公益广告作品需要不断推陈出新。

尽管富有新意的活动和广告不是吸引公众关注和参与公益活动的主要因素,但创新创意对广告效果的贡献不可忽视。当受众对某些公益广告产生审美疲劳,当公众需要公益宣传呈现新意,当时代、观念、生活方式、行为方式等都发生了一定的变化,新媒体、新技术提供了新的载体、工具和手段,应时而动的创新创意就更为必要、更有意义。即使是公益活动目标不变、公益广告主题不变,创新创意带来的改变也会有助于广告效果的提升。创新会让公众获得新的感受,产生新的思考,做出新的选择,促进新的行动。如慈善募捐活动广告,长久以来都是以劝募为目的,以激发公众的爱心、激励公众捐助行动为目标,但在目的、目标和主题持久不变的情况下,广告活动主体通过创新创意不仅使这类广告常做常新,而且让广告主的募捐和公众的捐助都体现了时代的进步,适应了时代的变化。如德国慈善组织 Misereor 推出的能够刷卡的募捐海报。Misereor 这一非营利组织几十年来致力于解决世界贫困地区儿童的饥饿和被监禁问题,通过公益海报等宣传形式动员公众帮助那些饥饿的失去自由的孩子们。当他们发现当今欧洲人已经习惯于刷卡消费,于是设想如何让公众更方便地刷卡捐款,并且能够立即看到自己刷卡为孩子们做了什么。他们和广告公司精心策划,设计了能让捐助者与被捐助者即时互动的自动刷卡捐款机,放置在机场大厅等地方。只要捐助者拿出信用卡在这个看似海报一样的刷卡机上一刷,就能切下一块面包、剪断捆绑孩子双手的绳子,让捐款者看到自己一刷卡就可以帮助一个饥饿的家庭,可以帮助被监禁的孩子切开限制自由的绳索。面包被拿走、绳子被剪断之后,屏幕上会出现这样一句话:"Thank you for donating!"Misereor 以此向刷卡捐助者表达感谢和鼓励。Misereor 还跟银行合作,在银行每个月寄出的信用卡账单上写明用户曾经用信用卡为 Misereor 的公益项目捐过款,在每一笔捐献记录上再次表达了对每一位捐赠人的感谢,并准确告知其善款的使用去向。这一创新之举让公益海报有了刷卡捐款的新功能,既使捐款更加方便快捷,又增加了捐助与受捐者之间的互动,让捐助者直接看到自己的作用,吸引了很多人前来捐款。[①] 这一创新案例是广告主与广告公司共同策划的结果,他们出于创新的目的和需求进行精心策划,认真分析公众的刷卡消费行为和现代技术的特点,让慈善行为与现代技术结盟,实现捐助者与被捐者的即时互动,使数十年不变的公益海报和募捐活动也与时俱进,富有时代特点,收获了非常好的效果。但创新决非一拍脑袋就灵感迸发那么简单,需要调研论证、精心策划,前期策划直接影响后期效果,策

---

① 案例来源:《这张能刷卡的年度最有创意海报,让成千上万人都争》,http://mt.sohu.com/20160913/n468343764.shtml。

划是决定创新公益广告传播的先决条件。

图 6-1　德国公益组织 Misereor 的刷卡公益海报

3. 商业广告传播的经验启示

　　策划被视为现代商业广告活动的核心、决定现代商业广告活动成败的关键。商业广告活动重视策划、善于策划的特点和成功经验,为公益广告活动提供了启示和范例,开展公益广告活动也应重视策划、善于策划,让策划作为公益广告传播效果的增长点。我们可以通过很多成功案例看到商业广告策划的用心和用力,其中一些案例颇有启发意义。如 2013 年由广告代理 Ogilvy Brazil, São Paulo 公司为联合利华旗下的多芬(Dove)策划的广告活动《Real Beauty Sketches》。广告记述了多芬的一次实验:多芬邀请一位罪犯肖像艺术家为一些女人画像,画家根据这些女人的自我描述以及他人的描述作画,而她们的自我描述与他人的描述有很大差异,陌生人看到了她们的美丽之处,对她们的评价让她们意识到"你比你自己想象的更美丽"。这一广告推出后触及了广大女士的心灵,促使她们重新审视自我、评价自我,激发了她们的自尊和自信,引发了社会对美丽的关注探讨,让"美丽"再度成为社会热点,连续数月在全球各大视频网站上占据点击量的榜首,在国内创造了近 7000 万次、全球超过 1.65 亿次的点击观看纪录,在戛纳国际创意节上(Cannes Lions)获得了全场最高奖项及多个单项奖。最重要的是这一广告扩大了多芬的品牌影响力,显示了多芬多年来帮助女性寻找自己的美丽的努力,其中关于美丽的诠释以及所表达的文化理念和价值取向激励了广大普通女性,收获了来自社会各界的认同和肯定,各类媒体、知名艺术家、摄影师、传媒出版人、新闻评论员、演艺界人士、商业精英等,在给予多芬真美理念支持和赞赏的同时,呼吁整个社会应该对女性自我内心的塑造给予更多的关注和帮助。这一广告反映了多芬品牌传播活动重策划、善策划的特点,显示了广告代理的策划功力,透射着广告人的智慧与经验,体现了广告策划者努力超越广告套路的策划目标,以及他们对女性心理的把握,特别是广大普通妇女的心理,对社会价值观念、社会审美的准确认识,对广告策略的正确选择,对新媒体的认识和利用。其实,无论是商业广告还是公益广告,都需要精心策划,虽然商业广告与公益广告的利益追求不同,但是商业广告的经验可以借鉴,如果公益广告活动都能这样重视策划,注重受众分析,能够透视受众内心的世界,选择恰当的广告方式,精准击中受众潜在需求,善于调用传播资源,那么公益广告也会和商业广告一样精彩。近年来国内外很多公益广告好评如潮,在网络空间的转发率很高,形成受众自发传播的病毒式传播效应。分析这一现象时会发现,这些公益广告作品都是精心策划的结果。如公益广告《请不要对女人施暴》。广告中有人先请几位男孩去抚摸一位女孩的面颊,向她做鬼脸,男孩们的好奇、羞涩、开心等表情神态说明了抚摸和搞怪给他们带来的美好感受。当这些男孩被要求去打女孩时,他们在惊愕之后都毅然拒绝,因为他们知道男人不能对女人施暴。从广告中可以发现,广告活动主体精心策划,努力将这一广告做得有创意,让"尊重妇女、保护妇女"这样的老主题不落窠臼,让这一问题引起社会高度重视,让公众从男孩的测试结果中看到社会文明的高度,强化保护妇女、杜绝对妇女施暴的意识。但像这样的能够产生较大社会影响力的公益广告还不是很多,总体而言公益广告的策划环节还相当薄弱,明显逊于商业广告策划。所以,像商业广告那样重视策划、向商业广告学策划,应纳入公益广告活动议程。

[案例]

案例 1:丹麦公益组织广告《我要娶你家 13 岁的女儿》

丹麦关注儿童权益组织 Bornefonden 请来一位 30 岁的男演员扮演求婚者,向一位女孩的父母表达想尽快和这位女孩结婚的意愿。女孩的父亲说:要么你告诉我这不是真的,要么我叫警察,你的年龄差不多是她的两倍。当男子说明真实情况,女孩父亲表达了自己的担心。广告的最后出现了一位非裔女孩和这样一句话:在马里,每天有 82 个女生未满 15 岁就出嫁了,因为她们的家庭没有办法选择。成为捐献者,给予这些女孩一个童年吧。

这是一个募捐广告,此类广告多是说明被捐助者的困境和需求,直接发出募捐的吁请。丹麦关注儿童权益组织 Bornefonden 这一广告开始并没有直接说明马里很多女孩未成年而被迫出嫁的状况,而是设计了本地成年男子向未成年女孩家长求婚的故事。当男子看到女孩家长拒绝求婚并为自己的女儿担忧害怕时,才说明事情真相,表达了募捐的真实意图,希望人们通过自己的捐献给这些女孩子一个童年。这是为吸引人们关注他国的未成年女孩早婚问题,为了让公众能够设身处地地感受这些女孩父母的心情而设计的一个求婚故事,让女孩家长在经历惊愕、担心等切身体验之后,能够深切理解异国他乡的父母们的心情。这一广告突破了募捐广告的套路,体现了创新公益广告的努力。这样的创新使广告富有创意,能够吸引关注,触动心扉,激发行动,让公众像保护自己的女儿一样保护马里女孩,帮助她们的家庭,给予她们一个童年。

图 6-2　丹麦公益组织广告《我要娶你家 13 岁的女儿》

案例 2:联合国儿童基金会公益广告
"if you saw a six year old alone in a public place"

2016 年联合国儿童基金会发布了一个拍摄于格鲁吉亚第比利斯的公益广告,广告一开始就问受众:What would you do, if you saw a six-year-old alone in a public place? 然后一位 6 岁女孩出现于屏幕。这位小女孩穿着讲究、干净,独自站在街边,看到她的人纷纷上前询问,表达对她的关心和帮助之意;当她换上破旧衣衫像个流浪儿童一样再次出现于街头时,过往的人们视而不见,无一驻足询问。当她还是以漂亮时尚的小美女形象出现在餐馆时,就餐的人立即毫不吝啬地表达对她的喜爱,当她又像个肮脏的流浪儿童进入餐厅后,这里的人对她冷漠、戒备、厌恶,让她不得不痛哭地跑开。女孩伤心地说:"Because my face was covered in soot and my clothes were all dirty, this made me sad。""I don't know. They were all telling me to go away。"广告通过小女孩的困惑和伤感揭示了一个不容忽视的社会问题,指出以貌取人带来的不公和伤害,提醒人们"Imagine what it's like for millions of children who are pushed aside everyday, change starts when you choose to care",最后以"fight unfair"突出主题。

  这个公益广告是为联合国儿童基金会在格鲁吉亚的一项活动而做,显而易见,广告的策划思路和策略选择是希望用街头测试这种方式,揭示以貌取人的社会现象及其所表征的现实问题,通过人们选择性的关心反映社会对某些儿童的冷漠和歧视,希望公众能够对孩子们一视同仁,关注那些看似更需要帮助的流浪孩子,让孩子们能够得到同样的社会关爱,同时倡议格鲁吉亚政府出台政策救助街头流浪儿童。尽管这种广告策略并非首创,但是广告引发了广泛关注和深刻反思,出现于各大网站,被网友们转发、评论,中央电视台和一些地方电视台还专门做了报道。效果证明这是一次成功的策划、成功的宣传。应当注意的是,用类似的道德测试的方式反映社会问题易于引起争议,因而策划亦需谨慎,应做好社会调查和道德、法律方面的风险评估,避免引发争议而影响广告效果。

二、公益广告传播策略

  公益广告策划的内容和商业广告策划大致相同,主要有广告目标、广告受众、广告策略、广告信息及其传达形式、广告发布媒体等。但公益广告策划又不能照搬商业广告策划模式,应根据公益广告的特性、任务要求、效果目标等进行策划,用好某些传播时机,创新传播方式,选好代言人,通过科学而富有创意的广告策略实现广告目标。

  1. 公益广告的传播时机

  "好雨知时节,当春乃发生。随风潜入夜,润物细无声。"诗圣杜甫在《春夜喜雨》一诗中这样描绘春雨,称赞春雨在万物萌发最需雨露滋润之际适时而来。如果以雨比喻广告,那么铺天盖地的商业广告好似滂沱大雨,公益广告则像润物细雨,公益广告传播应像"好雨知时节"一样,善于捕捉和利用有利时机。这是公益广告活动策划不可忽视的一个问题,是谋求公益广告传播良好效果的策略之一。

(1) 传播时机与传播效果的关系

时机是广告活动能否取得成效的一个重要因素,无论是商业广告还是公益广告活动,都应寻找有利时机,适时发布广告作品。如果善于选择时机,捕捉良机,能够利用好"天时地利",那么无须重金购买媒体黄金时段也能收到良好的传播效果。赈灾公益广告活动提供了很多成功范例。我国地域广大,自然灾害频仍,每当有重大突发自然灾害发生,党和政府一面组织军民救灾,一面动员全国人民出钱出物捐助灾区。从中央到地方各类媒体会迅速准确地对灾情、灾区军民顾全大局的牺牲精神和英勇救灾的壮举进行大量报道,对全国人民关心灾情、支援灾区行动进行宣传,让"救灾""赈灾"成为媒体的焦点和全社会的热点。公众每天最关心的事情就是灾情和灾区人民的安危,打开电视首先要看的是抗灾救灾的报道。在这样的时刻,推出赈灾公益广告,呼吁全社会紧急行动救援灾区,能够得到非常积极的呼应,虽然极短时间内赶制出来的公益广告比较简单粗糙,却有着很强的感召力。这些公益广告与新闻报道密切呼应、整合宣传,掀起了抗灾救灾社会大动员的高潮,推动赈灾救援行动迅速在全国范围内展开。受众反映,这些公益广告活动很有振奋人心的作用,看着广告上灾区人民期盼的目光,我们愿意献爱心多捐钱。广告激发了连锁反应:同情——爱心——精神——行动。这些公益广告的最大特点和成功主因,就是及时地把握住了时机,与全国性赈灾救援工作统一行动。这种统一,既有利于赈灾动员——为全社会赈灾救援行动推波助澜,亦有利于公益广告宣传——抗灾救灾的社会热潮使这些赈灾公益广告倍受关注,很好地发挥了宣传鼓动作用。《三国演义》中"借东风"的故事也能提供启示:正是风助火势,才有烈焰熊熊。公益广告传播应善于"借东风"——巧妙利用社会大气候提供的有利条件,趁机而入,因势利导地开展宣传。公益广告的发起者、传播者应该在开展公益广告活动之前,审时度势,全面掌握由各种信息汇聚而成的"气象云图",认真分析时空环境的特点,看看社会形势是否有利于公益广告活动的开展,利用有利的客观条件,取得事半功倍的效果。反之,忽略客观环境,不善于利用时机,不看节气随时播种,或者只注重发布的时段、次数、版面等,却对何时推出不做认真研究,传播有很大的随意性,结果可能是反响不大,事倍功半。有些广告活动主体重视黄金时段、显著版面等传播资源,忽视广告发布时机,但若时机不佳,也难以显出优势。有些公益广告播发后没有什么反响,和没选好时机、没抓住机会有直接的关系。

图 6-3　中国扶贫基金会的汶川地震救援公益广告

(2) 公益广告传播的有利时机

① 社会重大活动、重大事件

对于某些重大而富有积极意义的社会活动,上至国家领导人,下至平民百姓,几乎无不关注,新闻媒介也会闻风而动高调宣传,举国上下在极短时间内就会出现潮翻浪涌之势。这些重大活动开展之际,是推出公益广告的最佳时机。因为在全民关注众心所向的时候,相关内容的宣传必会引起高度关注。如果此时发布公益广告并富有创意,那么给人的印象会更深刻,反响会更强烈。如在纪念抗日战争胜利 50 周年活动的时候,中央电视台播发的公益广告《毋忘历史》。该片揭露了日寇的罪行,告诫人民毋忘历史,表现形式很有创意,视觉冲击力很强。播发之际,正值纪念活动如火如荼群情激昂之时,因而受众看了该片后反响非常强烈,印象也特别深刻。在此后的公益广告调查中很多人都提到这个片子。有的学校还专门组织学生观看该片,并召开主题队会,利用该片对孩子们进行爱国主义教育。[①] 纪念抗日战争胜利暨世界反法西斯战争 70 周年的公益广告同样取得了如此很好的效果。再如在庆祝建党 95 周年之际推出的广告《我是谁》和《不忘初心》,引发高度专注,很多人看过之后通过微博、微信等自媒体热情推荐、分享。许多这类成功的事例都能说明,重大社会活动所营造的浓烈氛围为公益广告提供了传播的有利条件,趁热打铁,充分利用现有的客观条件,及时创作、发布相关题材和主题的公益广告,必能获得良好的宣传效果。

重大突发事件发生之后,也是最需要公益广告的时候。重大突发事件几乎

[①] 曾小彤:《关注社会 传播文明》,载《国际广告》1996 年第 11 期。

都是灾难性事件,具有很大的破坏力和震撼力。重大突发事件发生之后,公众高度关注灾难损害及其原因,关心事态进展和救援情况,急切希望知道如何预防灾害、避免事故发生,如何进行应急处置和自我救护。此刻及时发布相关主题公益广告,可以收到更好的传播效果。如政府部门和公益组织平时发布的防震抗震主题公益广告常常难以引起重视,但在地震发生后发布公益广告,无论是动员抗震救灾还是宣传震中自救知识,都会受到高度关注,唤起社会共鸣。某些重大事故如生产安全事故、交通事故发生后,在人们痛惜和反思的时候发布公益广告,呼吁重视安全生产、遵守交通规则等更易唤起共鸣。

② 节日、纪念日、活动日、公益日

设立节日、纪念日,举行庆祝活动、纪念活动,对于培育公众的国家意识、民族意识,弘扬爱国主义精神,传承优秀传统文化,强化民族凝聚力,建构国家记忆、民族记忆,具有积极意义。节日、纪念日通常都是公益广告传播的好时机,节日、纪念日及其相关庆祝、纪念活动能够触发公众的情感,唤起公众的思绪,让公众更多地关注和思考一些与节日、纪念日有关的问题。我国一直重视传统节日,今年1月中共中央办公厅、国务院办公室发布的《关于实施中华优秀传统文化传承发展工程的意见》提出要求,"深入开展'我们的节日'主题活动,实施中国传统节日振兴工程,丰富春节、元宵、清明、端午、七夕、中秋、重阳等传统节日文化内涵,形成新的节日习俗。"利用此时播发主题公益广告可以为节日和纪念日增加浓烈的气氛,带起一阵舆论旋风,收到比平时更好的宣传效果。如中央电视台在春节期间发布主题公益广告,弘扬中国传统文化,表达中国人的家国情怀,产生了很大反响,唤起强烈的共鸣。

活动日是每年的某一天开展某项主题活动的时间,设立活动日具有多方面的社会意义,有些活动日丰富了人民的文化娱乐生活,如情人节、愚人节、世界诗歌日。

图6-4 联合国儿童基金会发布的世界粮食日广告

有些活动日具有弘扬传统文化、传承优良文化的作用,如世界非物质文化遗产日;有些活动日是为了增进公众对某些事物、某些问题的认识和重视,如国际博物馆日、世界睡眠日;有些活动日的设立表达了对某些群体的关怀和敬意,如世界难民日、国际护士节,有些活动日旨在促进公众认识和致力于解决某些社会问题,如消除种族歧视日、国际禁毒日;有些活动日旨在鼓励公民践行社会责任,促进公民的公益行动,弘扬公益文化,如世界志愿者日、公益日;有些活动日的设立目的是宣传教育,借助于活动日这一形式集中开展宣传教育活动,培育和强化公民的某些意识、观念和行为规范,提高公民思想文化素质,如设立国家宪法日是要突出宪法的权威,在全社会营造尊宪、守宪、护宪的氛围,通过宪法宣传和宪法文化的浸润,培育公民的宪法意识、宪法信仰。活动日的主要活动之一是宣传教育,国际机构、政府部门、社会组织及公众都会在活动日这一天开展各种宣传教育活动,公益广告作为一种"常规武器"被广泛应用,甚至被当作一种主要工具担当起宣传教育重任。利用活动日带来的较高关注度,以及国际、国内的各种宣传活动所营造的声势和氛围,公益广告可以比较充分地发挥作用,取得理想的传播效果。每年一次的活动日已经成为公益广告传播的契机和载体。但需要注意的是公益广告作品的设计制作不能"炒冷饭",应当有深刻或新颖的主题,以引发人们更深的思索,给人们以新的启迪,使人们从这些庆祝或纪念性的宣传中能明白更多的东西。在表现形式上同样应有所突破,通过创意令作品脱颖而出,卓尔不凡。如每年的11月25日是联合国倡议的"国际消除对妇女的暴力日",世界很多国家都会举办各式各样的宣传活动,共同倡导制止和消除针对妇女和女童的暴力行为。为了2016年的"国际消除对妇女的暴力日",也为了更好地宣传刚颁布的中国第一部《反家庭暴力法》,联合国妇女署、橙雨伞公益和尖椒部落联手制作了三部反家暴公益广告视频短片,呼吁全社会积极行动起来反对家暴,不做一个家暴的旁观者,而是做一个制止家暴的参与者,积极践行自己的公民责任。新作品、新创意不仅使此次公益广告宣传效果超越了以往,也让公众对制止和消除对妇女的暴力有了新的认识。

　　公益日是为发动公众参与公益活动而专门设立,并以"公益"命名的活动日。2015年腾讯联合全球数十家知名企业、上百个公益组织、中国优秀的创意机构、名人明星以及数亿网友一起,发起一年一度的全民公益活动——"9·9公益日",以"9·9公益日"为契机,传递全新的公益理念,唤起社会各界关心、参与公益的热情,汇聚每一个微小的公益力量,打造一个全民参与公益的"重大节日"。公益日应是公益广告的"主场",公益广告要当好公益日的喉舌,既要为公益日这一活动日鼓呼,使这一日家喻户晓,还要为这一日的公益项目、公益活动做推介,助推项目落实。2015"9·9公益日,一起爱"的公益广告就像公益日的旗帜,无论是网站广告、微博广告、朋友圈广告都在呼唤人们参

图6-5　2015年"9·9公益日"图标

与,共创"互联网＋公益"时代的"指尖公益"。2016年的9·9公益日的宣传片让公众感受到"微爱"的巨大力量,看到"任何一个小善举,都可以拉动全世界"。某些公益组织如中国少年儿童慈善救助基金会、阿拉善SEE等在这一天开展主题活动,用各自的方式参与"让我们一起爱"公益活动。

部分联合国设立的国际日：

1月27日　缅怀大屠杀受难者国际纪念日

2月4日　世界癌症日

2月11日　妇女和女童参与科学国际日

2月20日　世界社会公正日

3月1日　零歧视日

3月3日　世界野生动植物日

3月21日　消除种族歧视国际日

3月21日　国际森林日

3月22日　世界水日

3月23日　世界气象日

3月24日　世界防治结核病日

4月26日　世界知识产权日

5月9日至10日　世界候鸟日

5月21日　世界文化多样性促进对话和发展日

5月22日　生物多样性国际日

5月31日　世界无烟日

6月4日　受侵略戕害的无辜儿童国际日

6月5日　世界环境日

6月8日　世界海洋日

6月14日　世界献血者日

6月17日　防治荒漠化和干旱世界日

6月20日　世界难民日

7月28日　世界肝炎日

7月30日　世界打击贩运人口日

8月19日　世界人道主义日

8月29日　禁止核试验国际日

9月5日　国际慈善日

9月21日　国际和平日
10月1日　国际老年人日
10月13日　国际减灾日
10月16日　世界粮食日
10月17日　消除贫穷国际日
11月10日　争取和平与发展世界科学日
11月14日　世界糖尿病日
12月1日　世界艾滋病日
12月3日　国际残疾人日
12月5日　国际志愿人员日
12月9日　国际反腐败日
12月9日　缅怀灭绝种族罪受害者、受害者尊严和防止此种罪行国际日
12月10日　人权日①

③ 政策法规出台之际

国家和地方政府常常颁布一些政策、法规,这是进行社会管理、规范公众行为而采取的硬性措施,具有强制性和不可抗拒的威力。但公众对政策法规从正确理解到自觉遵守执行往往需要一定的时间,需要一个认识过程。为此政府及有关部门利用各种舆论工具大力宣传,既宣传政策法规的主要内容、条款,也说明颁布和执行它们的意义、目的。对于公益广告而言,配合政策法规的出台而开展宣传,这正是发挥作用的好机会。如果说政策法规具有"硬取"的特点,对公众行为具有强制规范的作用,那么公益广告及其他宣传形式就是"软攻",通过理性说服来督促劝勉人们执行政策法规。"软"与"硬"互相配合,效果显然大于单纯的硬性规定。某省会城市为整顿交通秩序而颁布新的交

图 6-6

① http://www.un.org/zh/sections/observances/international-weeks/index.html.

通法规,并加大力度狠抓交通执法问题,但是相当一部分惯于"通行自由"的人开始对这一法规并不理解,不但依然我行我素,而且对执法人员的执法行动表现出反感甚至抵触情绪。对此,市政府及执法部门一方面严格执法,一方面加强宣传工作,通过电视台电台报刊播发以遵章守纪为主题的公益广告,并在交通要道、十字路口、警亭旁和路边的企业商店窗口树起一块块非常醒目的同一主题的广告牌,一时间交通法规的宣传大街小巷比比皆是触目可见,形成了前所未有的热潮。这一热潮帮助公众理解执行法规的必要性,一定程度上化解了某些人对法规的抵触情绪,对于执行法规、改变交通无序状况起到了积极的作用。在其他地方也有类似事例,这些事例启示我们:硬性管理对于社会非常必要,但同时还需要软性宣传的配合,为政策、法规进入公众的生活大造舆论,鸣锣开道。作为宣传工具的公益广告若抓住了这一时机,积极主动地担负起宣传任务,那么不但能够起到执法助手的作用,而且能使公益广告倍受政府和大众的重视,树立起良好的自身形象。

④ 社会热点、焦点出现之时

贴近当前社会生活、揭示具有普遍性的社会现象、能够回答大众所关心的问题的公益广告最容易和受众沟通,因此做公益广告首先要把目光投向社会,了解人民群众最关心什么,把当前社会热点焦点问题、与大众利益密切相关的问题,以及现实中迫切需要解决的问题,作为主要研究对象。这些问题有些直接影响到人民群众目前的生活,已成为现实生活中无法回避的矛盾,有些则涉及全局利益和长远利益。在大众对这些问题的注意度、关切度不断提高已接近或达到顶点的时候,推出反映这类问题的公益广告,无疑就是抓住了最好的时机,通常都能够引起广泛而强烈的反响,收到立竿见影的效果。因为这些作品内容针对性强、相关性大,又抓住了焦点时刻,有较强的亲和力和号召力。当然,强调利用焦点时刻、热门话题,并不是说非热门话题、非焦点时刻可以弃之不顾。公益广告传播本来没有内容和时间的限制,但是如果不能利用热点焦点问题这一有利的时机和条件,作品往往难以引起受众的集中注意,宣传未必会造成暴风骤雨之势,掀不起大浪高潮,因为毕竟缺乏社会大气候风起云涌的"气象条件",缺乏民心所向上下共求的"助推力"。可以说,这种"气象条件""助推力"对于公益广告传播极其重要,是决定公益广告发布后能否产生大影响的一个先决条件。应当重视这样的条件,利用有利时机,顺风扬帆到达目的地。

⑤ 集中性的公益广告宣传战役

政府机构、社会团体、广告协会等都会定期或不定期地组织规模较大的主题公益广告活动,如我国国家工商总局组织的主题公益广告宣传月活动,中共中央宣传部、中央精神文明办公室等部门联合组织开展的"讲文明树新风"公益广告活动。这种"战役"式公益广告活动的"参战"者多，作品数量多，发布时间、版面及户外媒体量大质优，所产生的声势和效果都大大超过平素散兵游勇式的游击战。这种大规模的活动还具有强烈的竞争性，"参战"者都借此机会崭露头角脱颖而出，要用优秀作品向社会宣传自己，展示自我的创作实力，因而每次战役都会涌现出很多富有创意、制作精良的优秀作品。所以，不要仅仅把这种战役式公益广告活动看成政府或组织活动，还要视之为公益广告传播的良机，积极投入这样的战役，共同为取得战役的胜利发挥重要作用。

除了这些时机，还有很多可以利用的机会。当然强调捕捉并利用时机，并不是说平时不宜进行公益广告传播。公益广告的传播不能一曝十寒，要打持久战。在持久战中研究宣传的艺术，捕捉和利用某些有利时机，借势传播以扩大影响，让公益广告像春雨一样随风而入，滋润社会、滋养文明。

[案例]

案例1："世界艾滋病日"电视公益广告

艾滋病的蔓延使之成为重大的世界性公共卫生问题，世界卫生组织将每年的12月1日定为世界艾滋病日，旨在提高各国政府和公众对艾滋病的关注和认知水平，预防和应对艾滋病，理解和关心艾滋病感染者。很多国家和国际性公益组织、防治艾滋病组织每年都在世界艾滋病日到来之际，开展各种形式的防治宣传活动。我国从20世纪90年代开始进行防治艾滋病宣传，中央电视台等媒体已经连续十余年发布预防艾滋病公益广告，邀请世界卫生组织结核病艾滋病防治亲善大使彭丽媛以及成龙、濮存昕、蒋雯丽、邓亚萍、姚明等众多预防艾滋病的义务宣传员参与公益广告宣传。为配合2014年12月1日的"世界艾滋病日"主题宣传，中央电视台从11月23日起在多个频道播放电视公益广告《没有歧视，永远在一起》，这个由彭丽媛和受艾滋病影响的儿童共同出演、长达6分40秒的公益广告，通过彭丽媛和孩子们在一起的场景，表达了我们国家和人民对艾滋病感染群体的亲切关怀，倡导全社会共同参与艾滋病防治，营造平等关爱的社会氛围。国家电视台高频次地发布这个公益广告，利用收视率高的黄金时段集中发布，将本年度防治艾滋病、关爱艾滋病群体的宣传推向高潮。

2016年12月1日世界艾滋病日中央电视台邀请著名主持人周涛、白岩松和游泳运动员傅园慧拍摄了一支公益广告，呼吁大家关爱受艾滋病影响的儿童。

图 6-7　电视公益广告《没有歧视,永远在一起》

图 6-8　2016 年世界艾滋病日公益广告

本年度的宣传主题是"携手抗艾,重在预防",广告通过孩子怯怯伸出一只小手的黑白画面,反映了受艾滋病影响儿童的孤独处境,用周涛、白岩松、傅园慧的温暖笑容和他们坚定地握住孩子小手的彩色画面,表达他们对这些孩子的关爱,呼吁全社会对艾滋病儿童多一些理解和爱护。这一公益广告在广大受众中产生了很大影响,像三位代言人胸前的红丝带一样感染人、温暖人,能够帮助受众消除偏见和歧视,将公众与艾滋病感染者的心灵更紧密地联系在一起。

案例 2:"世界水日""中国水周"期间国家水利部发布主题公益广告

2016 年 3 月 22 日是二十四届"世界水日",3 月 22—28 日是第二十九届"中国水周"。联合国确定 2016 年"世界水日"的宣传主题是"水与就业"(Water and

Jobs),我国 2016 年"世界水日"和"中国水周"活动的宣传主题为"落实五大发展理念,推进最严格水资源管理"。国家水利部组织安排了以下几项宣传活动:在《人民日报》《中国水利报》和水利部网站等媒体上发表陈雷部长的署名文章,举行新闻通气会、发布主题宣传画、发布"世界水日""中国水周"宣传口号、在中国水利报(杂志、网站)开展国情水情及水利法治建设集中宣传、策划推出中国移动手机"世界水日和中国水周"专辑、在中央电视台播出节水护水公益广告等。

"世界水日""中国水周"期间,国家水利部在中央电视台及各地媒体发布主题公益广告。中央电视台播放的公益广告提示"世界缺水,中国缺水,城市缺水"之后,推出"水与可持续发展"这一宣传主题,呼吁"水是生命源泉,请节约每一滴水"。很多地方电视台也播出了以"推进最严格水资源管理"为主题的公益广告,同一主题的宣传海报、宣传板出现在街头和社区。虽然公益广告传播只是"世界水日""中国水周"宣传活动的一项内容,但是在此期间借助活动营造的氛围发布公益广告,与其他宣传形式相互配合而形成整合传播效应,无疑有利于提高公益广告传播效果,使受众能够比较准确地理解这些公益广告的内容。

2. 公益广告的传播方式

公益广告的传播方式多样,除了通过大众媒体发布、新媒体推送、线上广告与线下宣传活动的整合传播,还有面向社会的公益广告征集活动、公益广告与话题互动、公益广告的社会媒体转发等,丰富而又不断创新的公益广告传播,使公益广告能够以多样方式实现广而告之的目的。

(1) 公益广告的大众传播

通过大众媒介、户外媒介等发布公益广告,是公益广告传播的一般方式。虽然大众媒介、户外媒介都具有一定的传播优势,但毕竟是单一的线上传播。因此利用这种传播方式,不仅要选好媒体,用好它们的传播优势,还要通过重复发布的叠加效应、累积效应扩大公益广告的影响。

关于广告的大众传播,已有多种教材专章阐释,此处不赘述。

(2) 线上线下的整合传播

在线上发布公益广告的同时,组织一些线下宣传推介活动,如展览展示、宣讲动员、公益路演、知识竞赛、新闻采访活动、体验式活动等,通过线上线下互相配合形成整合效应。这是公益项目推广的常用方式,如"白饭行动",2015 年 5 月 14 日,安利公益基金会、微公益、芭莎公益慈善基金、中国关心下一代工作委员会携手著名影星黄磊联合发起"白饭行动",号召公众在 5 月 20 日——"中国学生营养日"当天,任意一顿饭只吃饭不吃菜,体验一次贫困地区儿童吃不到营养均衡的饭菜的感受,省下这一顿饭的菜钱帮助贫困地区乡村学校建造春苗营养厨房。演员黄磊代言的公益广告发布之后,一些城市启动了线下体验等活动,很多志愿者在这一天吃一餐白饭,体验贫困地区儿童的生活和感受,以实际行动支持春苗营养计划。2016年国际环保组织野生救援(WILDAID)在北京举行了一场"méi yǒu ròu"午宴,在午宴上发布了最新公益广告。这个由好莱坞导演詹姆斯·卡梅隆和影星阿诺德·施瓦辛格合作完成的公益广告,呼吁人们关注气候变化,减少食肉。这顿全部由有益健康和生态环境的食材制作的午宴让人们认识到没有红肉的菜品仍然富含营养,减少食肉对个人健康和生态环境都大有裨益。野生救援为了推广每周一天素食的生活方式,在拍摄公益广告的同时举办"méi yǒu ròu"午宴和晚宴,邀请大众和非素食餐厅参与,通过线上公益广告传播和线下素食体验活动劝导人们减少食肉,改变生活方式,用行动减缓气候变化。与单一的线上传播比较,线上线下同声宣传,彼此紧密呼应,能够造成更大声势,撬动更多的社会资源,汇聚更多的社会力量。线下宣传还可提升线上公益广告的关注度,可使公众更多注意、更深理解公益广告,扩大和强化公益广告的宣传效果。

(3) 公益广告与公益性社会活动的整合

公益广告也是一种公益性的社会活动,本节所说的公益性社会活动是特指像希望工程、救灾赈灾、保护环境等由政府或社会团体发起、组织,具有一定规模、一定社会影响的益国益民的社会行动。公益广告活动侧重于宣传,主要以其信息的传播、舆论的引导作用促进社会公益事业的发展;公益性社会活动侧重于实践,组织、动员社会力量共同解决社会某一方面的问题。公益广告和公益性社会活动都是社会公益事业的重要组成部分,它们常常互相配合,协同作战,共同完成公益任务。两者整合所产生的社会效益大大超过单一行动的效益。对公益广告传播来说,它与公益性社会活动的整合,使它有了机会大展身手,有了充分发挥作用的舞台。

第一,公益广告是公益性社会活动最得力的宣传工具。

公益性社会活动是需要公众广泛参与的活动,公众对公益性社会活动的了解程度、热心程度以及参与程度决定着活动的成败。所以,每一次组织公益性社会活动都需要开展宣传,广而告之,把有关活动的信息传达到社会各个地方,传达到千家万户,动员广大群众关心社会公益事业,用实际行动支持社会公益事业,为社会、为他人做出贡献。

公益活动的宣传主要利用快捷的大众传播媒介,通过新闻和广告的形式对公众进行宣传、动员。新闻具有较强的时效性和影响力,但是新闻的特性要求它只能对公益性社会活动做客观报道,而不允许在报道中用极有感染力的方式直接鼓动受众;只能通过某些新闻事实对受众进行引导,而不能直接呼吁、要求受众参与活动。也就是说,新闻的宣传力因其特性而受到一定的限制,不能用强烈的感情色彩和夸张的表现去感召人们。公益广告既能够传递有关活动的信息,又可以直接向受众发出呼告,可以利用各种形式去说服、动员受众,用最有感召力的形象和文字去激发人们的情感,触动人们的心灵,推动人们投身于活动当中。如美国一个公益广告用自由女神塑像在严寒中蜷缩的样子,提醒受众关心那些饥寒交迫的人,尽快捐赠衣物帮助他们度过寒冬;香港联合国儿童基金委员会筹募"国际战火中的儿童"基金的广告用"不愿捐献者,请删去任何一格"这样激进的广告语敦促受众,要求受众积极捐献救援资金,警告人们:不愿意为战火中的儿童捐献,就等于把这些儿童的生命给"删"掉了。有些公益广告中的强烈的情感力量、思辨力量像汹涌的江河之水冲击着人们的心灵,促使人们立即行动,走进社会公益事业的队伍中。公益广告的这些特点使之在宣传鼓动方面体现了绝对的优势,发挥了特殊的作用。因此,在公益性社会活动开展之际,公益广告总是最得力的宣传工具,担负着擂鼓呐喊大张声势和号召民众发动社会力量的重要任务。重大的公益性社会活动都离不开公益广告的配合,都会利用公益广告这部宣传机器为其开路,推动活动向更广泛的领域推进。

1998年我国南方北方同时发生了特大洪水,抗洪救灾成为这个夏天举国关注的焦点,成为国家的头等大事。中央电视台、中华慈善总会等单位筹划组织大型抗洪赈灾义演活动,为抗洪斗争和灾区人民生活募集资金。义演在8月16日举行,在义演的前一周,配合义演活动的公益广告就开始在中央电视台的八个频道滚动播出,《人民日报》《解放军报》《中华工商时报》等31家报纸相继刊登了同一内容的公益广告。据统计,如果把这些版面折合成广告费,总额近千万元人民币。[①] 一时间京城内外都注意到了这些公益广告,捐款赈灾成为最热的话题。人们通过公益广告知道了捐款的地址,中华慈善总会门前出现了车水马龙、老少妇幼纷纷解囊救灾的动人场面。记者们前来采访,一位退休老干部说,他看到了中央电视台的赈灾公益广告并得知中华慈善总会的地址,就骑自行车冒着酷暑来到这里捐款;一位私企的总经理在汽车上看到了报纸的公益广告,于是放下其他的事情直接把车开到捐款地点。公益广告把许多人带到了赈灾的队伍中。[②]

---

① 《整合宣传 赈灾大捷》,载《国际广告》1998年第11期。
② 吴京涛:《大洪水呼唤大支援》,载《广告直通车》1998年第6期。

这次义演取得了空前的成功,不仅充分表现了中华民族万众一心众志成城的伟大精神,而且募集到了巨额资金,为抗洪前线提供了极其宝贵的财力支持。

为了这次义演的成功,公益广告宣传发挥了巨大的作用。如果说义演把全国人民抗洪救灾的激情推向了高潮,那么公益广告宣传就是一曲旋律激越的前奏,鼓荡起人们的热情;就像大战之前的昂扬的号角之声,把人们从四面八方汇聚到抗灾的大旗下。这次公益广告与公益性社会活动的统一行动、密切配合,也为以后发展社会公益事业提供了宝贵的经验。无论中国还是外国,公益性社会活动都是必不可少的,许多问题需要全社会共同去解决,许多事情必须依靠各方力量才能做得更好,"众人拾柴火焰高"。这意味着,公益广告作为一种具有独特作用的宣传工具,将会越来越多地被利用,在调动社会各种力量方面扮演重要的角色,为公益性社会活动、为社会公益事业做出越来越多的贡献。

第二,公益性社会活动为公益广告发挥作用提供了最好的机会。

从公益性社会活动的开展需要宣传这一方面说,公益广告是最得力的工具之一;倘若换一个角度看,从公益广告作为宣传工具需要被利用这一方面看,公益性社会活动为公益广告发挥作用提供了一个最好的机会,提供了最理想的用武之地。

事实上,就像商业广告是因为营销需要而出现于媒介一样,很多公益广告是伴随着公益性社会活动而产生,或者说是由于活动的需要、作为活动的一部分而产生。商业广告的发展需要有红红火火的大市场,需要有频繁的商品交易活动,公益广告事业的发展依赖于社会公益事业的发展,依赖于公益性社会活动提供用武之地。虽然公益广告的发展并不完全取决于这些有一定规模的公益性社会活动,但是公益性社会活动确实推进了公益广告事业,使公益广告获得了更多的机会、更广阔的活动空间。每一次公益性社会活动都像一个舞台,公益广告在这个舞台上扮演自己的角色,在为活动做宣传的同时,展示了自己的作用和价值,在一次次为社会活动摇鼓呐喊的过程中不断发展了公益广告事业本身。

世界上很多国家每年都有很多公益性社会活动,在这些活动中公益广告的作用得到了最好的发挥,公益广告的价值得到了最突出的显现。以我国为例,近些年先后开展了希望工程、温暖工程、春蕾计划、保护环境、社区文明建设、保护消费者权益、青年志愿者行动等许多大规模的公益性社会活动,公益广告为这些活动做前导、做啦啦队,很好地发挥了宣传员的作用。如果说,日常性的公益广告宣传像潺潺流水,缓缓流进人们的生活,流进人们的心中,那么在大型公益性社会活动中的公益广告就像一股汹涌的激流、一潮排天巨浪,猛烈地冲击着公众的生活,冲击着人们的心灵。这种冲击不但使公众对广告内容、对公益活动注意起来,对公益广告本身也有了比以往更多的注意,更深的感受。可以说,这些活动把公益广告推到显著的位置上,使得公益广告有了大展身手的舞台,格外受到瞩目。对于公益广告来说,配合公益性社会活动做宣传,这既是义不容辞的责任,也是机遇,是"天时"。"时势造英雄",此话对于公益广告事业的发展也不无道理。

总之,公益广告和公益性社会活动的整合,无论对于公益广告还是对于公益性社会活动都是必要的,整合所产生的良好效益是毫无疑问的。今后这种整合的情况必然越来越多,而需要研究的是公益广告和公益性活动如何配合得更加密切,整合的方法如何更加科学,整合的效果如何更好。

图 6-9 "免费午餐"公益海报

(4) 公益广告与话题的互动

如果公益广告成为一个话题,引发社会热议,说明公益广告触及了公众的情感和思想,引起了关注并唤起了共鸣。公益广告传播与话题互动呼应,又会扩大公益广告影响,让公益广告在社会热议中继续传播、继续"发酵"。如公益广告《老爸的谎言》在中央电视台和网上播出后,引发网友热议,很多人通过网络论坛、微博、微信等表达了自己看过这个广告之后的感受,讲述父母"撒谎"的故事,不仅深切地理解了父母之爱,更加思念远在故乡的年迈父母,认识到对父母最好的孝顺方式莫过于陪伴,而且开始认真思考如何关心父母、照顾父母的问题,思考怎样把牵挂父母的感情变为关爱父母的行动。网友纷纷转发、分享这一广告,或提供链接地址,自发地探讨如何识破父母的"谎言"、如何解决异地工作带来的照顾问题、如何解决去谁家过年的问题,以及中国的空巢老人问题、社会老龄化问题等。这些自发形成的话题、自然生成的议程,让更多的人去看这个广告,去思考如何让自己的父母安度晚年,把如何关爱父母的问题提到自己的重要日程上。这一现象又引起很多媒体的注意,被很多媒体报道。毋庸置疑,这是一个成功的公益广告,广告用父母的"谎言"触碰了儿女们隐于内心的一个痛点,引发了网络社区的讨论,衍生出一个话题,话题讨论又推波助澜,把这一广告及其所提出的问题推向更大的传播空间。其实很多公益广告都具有话题性,它们所反映的问题都属于社会问题,所表达的思想、感情都是人们的共识同感,其中一些公益广告像《老爸的谎言》一样自然而然地成为热议话题,形成主流媒体传播与网络空间热议的互动态势。网络平台为民间舆论场提供了空间,每个人都可以找到表达途径和方式,如果有更多的公益广告能够成为话题,引发社会热议,产生主流媒体发布与网络舆论互动呼应的舆论效应,那么公益广告的影响必然更大。

因此,很多广告公司、媒介机构在创作公益广告的同时设置话题,用广告引发话题讨论,通过广告与网络热议的互动扩大影响,如北京奥美互动为国际野生救援组织创作了三个《啃指甲救犀牛》的公益宣传短片和公益海报,邀请李冰冰、陈坤和井柏然三位明星"啃指甲",同时在微博上建立了"啃指甲救犀牛"专属话题,明星等公众人物与网友共同讨论相关问题,邀请网友参与保护犀牛的活动,用他们的影响力扩大"啃指甲救犀牛"活动的影响力。互动效应使话题设置成为一种扩大宣传影响的常用方式,关键在于如何使之成为话题并引发热议,如何设置议题引发讨论扩大影响。

图6-10　国际野生救援组织的公益海报"啃指甲救犀牛"

(5) 举办公益广告大赛、征集公益广告作品

举办公益广告大赛、征集公益广告作品,开展这些活动不仅是为了收获更多更好的作品,也是通过这些活动扩大公益广告影响,吸引社会关注和参与公益广告活动,利用征集作品并展示展播参赛作品的方式,进行公益广告传播。从传播的角度认识此类活动,可以说这些活动本身也是公益广告传播形式。我国各级政府、各类媒体都举办过很多这样的活动,活动的时间长短、规模大小不同,但是基本目的和目标几乎一致,都是为了让更多优秀的公益广告能够传播开来。如国家新闻出版广电总局、环境保护部联合举办2016年"美丽中国"环境保护公益广告作品征集暨展播活动,面向全国征集环境保护公益广告作品,借此推出一批导向正确、思想精湛、创意新颖、制作精良、群众接受度高的优秀环境保护广播电视公益广告作品,在全国各类媒体进行展播,引导全社会关心关注和参与环境保护,为生态文明建设和环境保护工作提供精神动力、舆论支持和文化氛围。中央电视台举办电视公益广告全球征集活动,宗旨就是"汇聚力量,传播文明"。这次全球征集公益广告的总主题是爱国、创新、理想、奉献和社会主义荣辱观,面向全球征集优秀公益广告创意文案、故事版和视频成片,并设置月度优秀奖、年度公益广告奖等奖项,号召国内外广告公司、影视公司等专业机构和普通影视创作爱

好者积极参与,创作优秀作品,中央电视台将为优秀的广告创意或成片提供拍摄资金或奖金,拍完后将在中央电视台及众多媒体播出。近年通过征集活动、赛事获得的公益广告数量很大,质量较高,通过展示展播与公众见面,达到宣传目的。

[案例]

案例1:国家网络信息办公室与媒体联合开展"中国好网民"公益广告设计活动

2015年6月1日,中宣部副部长、中央网信办主任、国家网信办主任鲁炜在第二届国家网络安全宣传周启动仪式上致辞,呼吁全社会携起手来,大力培育有高度的安全意识、有文明的网络素养、有守法的行为习惯、有必备的防护技能的新一代"四有"中国好网民。为培育"四有"中国好网民,推动网络空间进一步清朗起来,国家互联网信息办公室与中国网络电视台、人民网、新华网、中国网、中国青年网、光明网、中国新闻网、腾讯网、新浪微博等媒体联合推出"2015中国好网民"公益广告设计活动。本次活动面向全国普通网民,高校师生,广告、影视创作爱好者以及广告公司等专业机构,征集平面和视频公益广告两大类作品,邀请他们围绕"四有"好网民培育、网络文明构建、网上正能量传递、网络文化繁荣等主题进行公益广告设计和创作,然后通过网络投票及专家评审的方式评出获奖作品,并通过相关媒体平台播出这些作品。经过历时四个多月的征集、评选后,2016年3月1日活动主办方向社会公布了评选出的获奖作品。

与此同时,为倡导文明上网,构建清朗网络空间,培育和践行社会主义核心价值观,讲述好中国网民故事,展现积极健康的中国互联网文化,为实现中华民族伟大复兴的中国梦凝聚力量,由国家互联网信息办公室指导、新华网联合人民网等多家网站开展"2015中国好网民"流行语与故事征集活动。

2016年5月,为配合本年度"国家网络安全宣传周"活动,让公众更好地理解网络安全,增强全社会的网络安全意识,提升广大网民的网络安

图6-11 "中国好网民"获奖作品

全基本技能,倡导依法上网文明上网,国家网络信息办公室、共青团中央再次向社会征集网络安全主题公益广告,本次征集活动的主题为:网络安全为人民、网络安全靠人民,面向公众征集数据安全、个人信息安全、手机安全、打击网络犯罪等增强网络安全意识和提升网络安全技能的宣教作品。征集类型:公益广告征集类型包括微视频(音频)、卡通漫画、口号标语等。

案例2:公益广告《我的名字》及其话题讨论

几乎每个人的名字都有意义,都记录血脉源流,承载着爱、期盼,蕴含着家国情怀,具有时代的印记。每个人的名字背后都有一个起名的故事,起名是爱的表达,是梦想的寄托,是对美好未来的期待,也是家族、家庭的文化传承。当每个人在自己的生命起点被赋予一个名字后,他或她的人生就有了寻常或不寻常的意义。无论他或她以后如何选择自己的人生之路,名字所承载的爱和期盼,所蕴含的情怀、梦想和文化密码都不会改变。所以,伴随一生的名字不仅仅是每个人的标签符号。2015年中央电视台春节期间播出了公益广告《我的名字》,广告中年龄、身份各异的10个人讲述他们的名字故事:"我叫张伟,伟大的伟。全国有30多万个张伟,但是,在妈妈眼里,只有我一个。我的名字叫黄海平,我从小在黄海边长大,每次回来都会陪我爸爸出一次海。我的名字叫叶振辉,爷爷希望我好像男孩一样振兴辉记,但是我爸就希望我做自己喜欢的事。我的名字叫冯援朝,我爸当年就从这过的鸭绿江……再也没有回来。我的名字叫崔犇,(小伙伴:他的名字叫崔牛,崔牛,吹了很多牛。)爸爸希望家里能多几头牛,可我的牛劲都用在足球上了。我爷爷的名字叫顾浚源,他说走得再远都不能忘记我们的源头。我的名字叫夏小满,我叫吴小满,我们都是小满的时候出生的,小满小满麦粒渐满。我的名字叫刘家和,'家字辈',家和万事兴。我叫Peter,我的中文名字叫顾念祖,爷爷希望我铭记我从哪儿来。名字,是每个人生命的起点,更承载着爱和希望,名,记我们从哪里来。"这些人和他们的名字一样普通,但这些普通人和他们的普通名字因接地气、大众化而更让受众感同身受,更易激发共鸣。张伟的名字具有"伟大"之意,黄海平因出生于海边得名,叶振辉的名字承载着爷爷振兴家业的希望,冯援朝的名字记录了一个时代、一场战争和一位军人的奉献;以节气为名的小满表达了对丰收和美好生活的期盼,刘家和的名字反映了中国的家谱文化、和谐理念,顾浚源、顾念祖都蕴含着深切的家国情怀,无论何时何地都铭记自己的血脉之源。公益广告通过这些人和他们的名字故事,提示人们要记住在生命诞生之时被赋予的爱和希望,记住自己从哪里来。这一公益广告的创意来自于FF佛海佛瑞—上海创意公司,从在中央电视台春节公益广告招标活动的129

个广告创意中脱颖而出。创意人员从收集到的300多个和名字有关的故事中选出10个人的故事,摄制团队从鸭绿江沿岸的丹东到甘肃的张掖、峪泉,再到浙江的石塘、河阳,拍摄近300个小时,最后制作成90秒的作品。

中央电视台播出这一公益广告之时,各大视频网也出现了这一公益广告视频,主题活动网站wodemingzi.cn上线启动,邀请网友与大家分享自己的名字及其意义,社交媒体同步推出以"我的名字"为话题的讨论,网友自己看过这一公益广告后的感想。网友在开放的平台上留下自己的名字和故事,道出了自己的心情感受。随着央视春节晚会节目的国际传播,这个公益广告也会让外国受众了解中国文化、中国的起名文化。

3. 公益广告的名人代言策略

选择合适的名人代言,利用他们的号召力、影响力,能够取得良好的公益传播效果,因而名人代言成为一种常用的广告策略。受邀代言的名人具有很高的社会认知度、美誉度,都是公益文化的践行者、公益事业的参与者,用自己的公益行动建立了良好的社会形象。其中很多人还是某些公益组织的形象大使、某些公益项目的代言人,有些人担任多个公益组织的形象大使、亲善大使、宣传员,为公益事业奔走呼告,在公益活动中率先垂范,为公众树立榜样。让他们通过公益广告传播公益理念,向公众发起共同参与公益活动的邀约,能够获得更多的关注、更高的认同度和支持度,更好地发挥公益广告的宣传、推广、动员作用。一条名人代言的公益广告不仅在主流媒体及媒体网络发布能够收获很高的关注度和评论量,而且在微博上有数十万至数百万的浏览量,在微信上能够传遍朋友圈,名人特别是文体明星粉丝群体的病毒式传播让公益广告迅速"火"遍网络空间。如多位名人为世界野生动物救援协会代言的公益广告"没有买卖就没有杀害",获得了受众的高度认同,而且成为保护野生动物的名言警句广为传播,让越来越多的人懂得自己应该怎样参与保护野生动物行动。在2013年的"我与鱼翅说再见"项目推广中,快乐家族的几位主持人参与了线上承诺以及线下互动活动,在线浏览量高达5000万,超过36万人做出"拒食鱼翅"的承诺。名人代言效果让这一策略被广泛应用,越来越多的名人走进公益广告。而名人多是免费代言、免费出演公益广告,因此利用名人做公益广告无须较多投入,就可以实现低成本高收益的效果。

名人代言的方式既有一位名人代言,也有多位名人为同一主题广告代言。多位名人或是同时出现于一个广告中,如白岩松、周涛、傅园慧为第29个世界艾滋病日代言的公益广告《手相牵爱无限》;或是一人出现于一个广告中,多人出现于多个广告,形成广告系列、广告群组,如姚明等多人代言的《没有买卖就没有杀害》。多人代言及其带来的叠加效应,能够产生更大、更久的影响,每位名人出场、每一次诉求都会引起关注,加深印象,促进思考,促成行动,如同很多公益型组织聘请多位名人担任形象大使、宣传大使,以便让更多名人参与公益项目、公益活动的宣传推广工作,更好地发挥名人效应。如张朝阳、蒋雯丽、李丹阳、蔡国庆、彭丽媛、赵薇、周涛、徐帆、郭峰、祖海、古巨基等,都是卫生部"预防艾滋病"项目中的"预防艾滋病宣传员",这些名人组建了一支宣传队伍,构成了一个公益传播的代言队伍。无论是做线下宣传还是线上代言,他们既能发挥个人能力,也能发挥集体力量,为我国和世界的预防艾滋病工作作出贡献。至于是选择一位名人代言还是邀请多位名人代言,要根据广告目标、广告策略、广告效果以及其他一些因素、条件等进行综合考量。

图 6-12　公益广告《我与鱼翅说再见》

　　无论是选择一位名人代言还是多位名人代言,选择谁来代言都是一个最重要的问题,是实施名人策略的关键。中外广告业界学界一直在研究名人代言与广告效果的关系,分析名人影响广告效果的因素。基于信息源可信性模型、信息源吸引力模型、匹配假设、意义迁移模型开展的广告代言研究都发现,代言人的可信度、吸引力、代言人与产品形象的一致性、代言人形象的意义迁移等是影响广告效果的重要变量,所以应选择可信度高、吸引力大、符合产品形象、易于引发意义联想和转移的名人为产品或品牌代言。

　　还有研究发现,名人推荐者的道德声誉也能对广告效果产生影响,而有关名人的负面信息则影响受众对名人的评价,也影响受众的广告信息接收。在中国文化背景下,道德声誉被赋予很大的权重。"对于中国消费者,由于受重视道德的文化影响,存在名为'道德声誉'的因子,会显著作用于名人广告的效果,并且这种作用是以'可信赖性'为中介的。"①虽然这些研究侧重于商业广告名人策略的研究,但是对公益广告如何选择名人代言仍然具有借鉴意义。公益广告的公益性、受众对公益广告的要求,都决定了公众对公益广告代言人的期望特别是对代言人的道德期望会更高,对他们的负面信息、道德瑕疵容忍度更低,所以要更为审慎地选择公益广告代言人,从众多名人中选择不负众望、令人尊敬和信赖的代言人。

首先,选择公益广告代言人不仅要看名人的知名度,更要注重美誉度。虽然知名度、美誉度看似都是评估社会认知的量化指标,但知名度是被知晓、了解的程度,反映了社会认知的"量",美誉度是获得好感、信任的程度,包含着公众的态度和评价,反映了社会认知的"质"。而知名度与美誉度往往并不同步等量地提升,名气大并不意味着声誉好,只有高知名度而无高美誉度难以产生号召力和影响力,必须还要有良好的社会声誉才能赢得公众欢迎和信任。无论是在公益活动中还是在公益广告中,代言人就是公益文化、先进观念的宣传者,公益行动的倡导者、引领者,他们必须具有良好的社会声誉才能发挥好作用,如果只是名气大而口碑并不很好,社会期望值和社会认可度存在一定差距,那么公众可能会认为他们与他们所宣传、倡导的内容并不匹配,并会因此影响到对公益广告、公益活动的态度,影响参与公益行动的积极性。所以,选择代言人要把美誉度置于评估指标之首,要对代言人的社会声誉、社会形象进行认真评估,选出名气大、声誉高、形象好的名人做代言。对在代言期间出现负面信息的名人要及时进行调整,尽量减少负面信息带来的负面影响。具有高知名度和高美誉度的名人皆有公益代言人的潜质,其中那些德艺双馨、德才兼备、德高望重并已成就个人公益品牌的名人,能够以自己的良好形象和强大感召力在公益广告传播中发挥更大的作用,如我国著名演员濮存昕、著名运动员姚明等,他们不仅以专业能力和事业成就赢得了社会赞赏,而且以对社会责任的担当、对社会公益的贡献赢得了尊敬。他们非常注重自己的形象建设和声誉管理,积累了丰厚的个人品牌资产,乐于用自己的品牌资产造福社会和人民,担任多个公益性组织、公益项目的形象大使,将"公益"作为自己的另一职业。因此,他们受邀成为多个公益组织的形象大使、多个公益广告的代言人,既使他们同时为某些商品品牌代言,也没有影响他们的

---

① 马谋超等:《品牌科学化研究》,中国市场出版社 2005 年版,第 219 页。

公益感召力。选择这样的名人做公益广告代言人,既不负众望又会取得较好的效果。

其次,注重公益广告代言人与公益组织、公益项目、公益广告内容之间的关系,寻求关系密切、关联度高的名人代言。代言人与被代言组织、项目的关系、关联也是影响广告效果的一个因素,商业广告研究成果中已有多项成果证明了名人广告的效果与所荐证产品的类别、档次有直接相关关系,名人与所代言商品的一致性对广告效果有积极影响,反之则降低受众对名人荐证的信任。虽然公益广告研究成果中相关研究很少,但是一些公益广告的名人代言效果显示了代言人与公益组织、公益项目、公益广告内容的正相关关系,如请取得卓越成就的文学家、科学家做世界读书日公益广告的代言人,请作为乙肝病毒携带者的刘德华为中国肝炎防治基金会代言,请世界卫生组织结核病/艾滋病防治亲善大使、国家卫生计生委防治艾滋病宣传员彭丽媛呼吁人们关心患病儿童,会得到更多公众的信任。如果让一位吸毒的明星在公益广告中劝说人们远离毒品则可能引起争议,有些受众认为这是现身说法,有教育、警示意义,有些受众认为他们没有资格代言。有些名人为公益、慈善做出很多贡献,他们与公益的密切关系可以让他们的公益代言更具有号召力,他们的公益理念、爱心善举已经获得社会高度认同,他们和他们的公益组织、公益项目已经成为公益品牌,当他们作为组织或项目的代言人出现于公益广告之中,他们发出的呼唤能够获得更广泛、更热烈的回应。当然,这并不意味着与公益组织、公益项目没有直接关系的名人不适合作为公益广告代言人,具有高知名度和美誉度的名人都有公益代言人的潜质,他们一旦接受邀请愿意为公益组织、公益项目、公益广告代言,或者参与一些公益活动,就表达了他们对所代言组织、项目、公益广告的认同、支持,反映了他们的价值取向、他们的社会责任意识。当他们作为代言人站到公益传播前沿,当他们把公益视为义不容辞的责任,他们与公益之间就有了关联。

但运用名人代言策略必须注意避免两个问题:一是避免名人喧宾夺主,不要让名人的光环遮蔽了公益广告内容;二是避免名人声誉风险,做好名人代言的风险评估和风险应对工作。

广告的代言类型有多种,代言效果亦有差别。本节主要阐述名人代言策略,并非否定非名人代言策略。总体考量,名人代言的效果更好一些,但很多非名人代言、卡通形象代言的公益广告也取得了良好效果。非名人代言的公益广告不是利用代言人的知名度、美誉度吸引关注,而是通过广告内容感染人、教育人、鼓舞人,如纪念建党90周年发布的电视公益广告《我是谁》,这样的公益广告对策划、创意的要求更高。卡通形象的传播效果不容忽视,有研究用脑电实验数据证明,无论受众是不是"漫迷",动漫形象比明星能够引起更长时间的注意。有些公益卡通形象具有很高的识别度、知名度,如美国森林服务部的防火熊 Smoky Bear。其实,无论是用名人代言还是非名人代言、卡通代言,关键在于代言者及其代言内容是否对受众的情感、思想、行动具有感染力、召唤力、引领力和影响力。名人已经具有知名度、美誉度的优势,比非名人能够更快地吸引受众注意、吸引粉丝群体的呼应;他们已有的公信力和影响力,也能让他们比非名人更易获得受众的积极响应,唤起粉丝群体的积极行动。倘若名人诉求又有感染力、召唤力、引领力和影响力,那么自然会比非名人代言的效果更好一些。

[案例]

案例1:彭丽媛和艾滋病儿童合拍公益广告

彭丽媛是国家卫生计生委防治艾滋病宣传员、世界卫生组织艾滋病防治亲善大使,数年来积极参与预防艾滋病的宣传工作,在防治艾滋病的各种公益活动中,总有彭丽媛的身影。2011年她参与拍摄了30秒电视公益广告《没有歧视,我们在一起》,广告中几位感染艾滋病的儿童面对镜头想要说话而不敢开口,彭丽媛用慈爱的笑容鼓励孩子们,和他们一起说出"我们"。后来她又参与拍摄公益短片《永远在一起》,与来自临汾红丝带学校的学生共同出镜,并演唱了主题曲《爱你的人》。在这部短片中,她和孩子们一起弹钢琴、唱歌、画画、踢足球,为一名男孩系鞋带,在给予孩子们欢乐的同时,希望人们用关爱置换歧视。她用甜美的声音唱道:"有过美丽的梦,有过蓝蓝的期待,却无法摆脱那命运的安排,你想看日出,也想去看大海,大哥哥大姐姐,愿与你同在,捧起你的脸,请接受我的爱,人间有泪就会有关怀,把心打开,让真情牵动所有的血脉,感动世界,只为生命而存在,爱你的人,就叫红丝带。"孩子们叫她"彭妈妈",从"彭妈妈"的笑容和歌声中感受到被爱的幸福。在广告结尾处,当她被问到"红丝带的工作你希望能做多久"时,她说:"只要是需要,我想一直做下去。"2012年12月1日,在北京举行的世界艾滋病日宣传活动上,这一部公益短片一发布就引起公众高度关注,激发热烈反响,成为线上线下的热点。公众为这部短片感动的同时表达了对彭丽媛的赞赏,赞赏她为预防艾滋病、为艾滋病患者做出的贡献,赞赏她用慈善之举展示了我们国家与世界共同抗击艾滋病的决心和行动。

彭丽媛担任国家卫生计生委防治艾滋病宣传员、世界卫生组织艾滋病防治亲善大使后,积极参与国际国内的各种防艾宣传活动,为预防艾滋病公益广告代言,呼吁社会各界消除歧视,关心和帮助受艾滋病影响的儿童,共同为抗击艾滋病作出贡献。她的知名度、美誉度让她代言的广告受到高度关注,产生很大影响。她的热情、善良和亲切,她和孩子们的亲密关系,不仅感染、感动了受众,还为公众做出了榜样,让人们愿意像她一样关心和帮助艾滋病感染者,与他们共同抗击艾滋病魔。可以说,彭丽媛作为国家卫生计生委防治艾滋病宣传员、世界卫生组织艾滋病防治亲善大使,作为中国杰出女性的代表,作为举世瞩目的中国国家领导人夫人,是反歧视公益广告代言人的最佳人选,邀请彭丽媛代言是这一公益广告成功的关键。

案例2:姚明等为野生救援协会公益广告代言"没有买卖就没有杀害"

野生救援协会(WildAid)是在美国注册成立的国际环保组织,总部设在旧金山,在北京、伦敦、多伦多、新德里等地设有办事处。这一组织以终结濒危野生动物制品非法贸易和减缓气候变化为使命,把增强公众保护动物意识、减少人们对濒危野生动物制品需求作为工作重点,通过与政界、商界、体育界、演艺界名人合作的方式开展宣传活动,呼吁公众拒绝消费濒危野生动物制品,鼓励公众选择可持续的生活方式,从而达到保护濒危野生动物、保护环境的目的。野生救援协会不仅看重名人的知名度、影响力,更看重名人是否真正关注野生动物保护和环境保护,是否有社会责任感,是否愿意过有社会责任感的生活,是否认同本组织的理念,并愿意实践,遵守约定,自己不消费野生动物制品。中国体育界、演艺界的众多明星如姚明、张怡宁、占旭刚、成龙、梁朝伟、杨紫琼、章子怡、李冰冰、姜文、郎朗、吴秀波、海清、陈坤等都是该组织的公益大使,经常受邀参与宣传各种活动、拍摄公益广告,向公众传达"没有买卖就没有杀害"的理念,他们愿意无偿为野生救援提供支持。所以,中国公众能够从各类媒体上看到他们代言的公益广告,从他们的公益广告中认识了野生救援协会这一国际环保组织,知道了导致野生动物惨遭捕杀的根源之一是市场需求,理解了"没有买卖就没有杀害"的深刻含义。这些明星代言的公益广告取得了很好的传播效果,成功地将"没有买卖就没有杀害"植入公众的观念体系之中,植入到社会意识形态,使之成为社会共识。

姚明是较早较多为野生救援协会代言的一位明星,从2004年受邀加入野生救援协会的行列,迄今已经参与很多主题宣传活动,做了多个公益广告。2005年姚明为野生救援拍了第一个公益广告,广告中他飞身封盖,挡住了射向大象的子弹,发出了"没有买卖就没有杀害"的呼求;2006年他作为鲨鱼保护项目的代言人,在广告中告诉人们每年有7000余万条鲨鱼因鱼翅而被杀,呼吁人们"向鱼翅说不";2009年姚明再次拍摄"拒绝鱼翅"的广告,帮助人们认识到鱼翅消费给鲨鱼种群带来的严重伤害,加深理解"没有买卖就没有杀害"的意义,并和中国男子篮球队队员、教练员共同发出保护鲨鱼的倡议;2011年,已经成为父亲的姚明和中美国际学校的孩子们一起拍摄了保护鲨鱼的公益广告;同年,野生救援的"姚明·保护大象犀牛"项目启动,2012年、2013年姚明两次探访非洲,参与拍摄了公益纪录片《野性的终结》,让世界看到非洲大象、犀牛等野生动物面临的险境危机。2014年,他和同样关注野生动物保护的英国威廉王子、球星贝克汉姆共同拍摄了两个公益广告,向世界呼吁"没有买卖就没有杀害"。姚明与野生救援合作十几年,已是野生救援最有影响力的公益明星。姚明代言的公益广告具有很高的关注度和影响力,唤起了中国公众保护野生动物的意识,不但带动一批名人加入野生救援的宣传队伍,还用他们的宣传和承诺带动起无数公民抵制野生动物制品消费,用拒绝消费的实际行动保护野生动物。

图6-13 姚明代言的部分公益广告

案例3：美国总统奥巴马和副总统拜登"主演"公益广告

2010年，美国总统夫人米歇尔牵头发起了面向全美的"让我们动起来"综合性活动，呼吁学校、社会、家庭等各方面携手应对肥胖等美国年轻一代的健康问题，推动孩子们拥有更健康的生活方式。2014年在"让我们动起来"活动开展4周年之际，白宫借此时机，开展了一系列宣传活动，呼吁美国民众，尤其是年轻一代在社交网站上发送照片和视频，展现他们在生活中热爱运动、健康饮食等习惯，建议父母们可从小处着手帮孩子获得健康，包括在哺乳期尽量母乳喂养、在子女日常饮食中增加水果和蔬菜比例、尽量让孩子多喝水和低脂牛奶、安排子女每天尽可能运动60分钟。白宫宣传团队还以"第一夫人"米歇尔·奥巴马的名义向民众发送了一封电子邮件，邀请人们在社交网站上点击查看并帮忙转发由美国总统奥巴马和副总统拜登"主演"的视频公益广告。在这一广告中，拜登推门走进白宫椭圆形办公室，对总统奥巴马说："该运动了。"奥巴马立即应和："好主意，让我们动起来！"两人放下工作，一路从室内跑到室外。运动结束后，奥巴马提醒说，要记得米歇尔和拜登妻子吉尔的嘱咐补充水分。最后两人约定下周同一时间继续运动。邀请总统和副总统作为代言人，既是为了吸引公众关注，更是利用他们的号召力、影响力，呼吁美国年轻一代多运动、多喝水，保持健康的生活习惯，降低美国人的肥胖率，而肩负国家管理重任的他们能够重视运动，并没有因为繁重的工作而影响运动和健康，为民众特别是青年人"动起来"起到了榜样和示范作用。①

图6-14　广告中的奥巴马总统和拜登副总统

---

① 孙浩、穆东：《奥巴马和拜登主演广告让美国孩子动起来》，新华网，http://news.xinhuanet.com/world/2014-03/02/c_126208905.htm。

思考与练习

1. 为什么要重视公益广告策划？公益广告策划和商业广告策划是否有所不同？

2. 是否所有的公益广告传播都要选择时机？哪些公益广告活动应当重视传播时机？

3. 考察国际公益组织和我国在节日、纪念日、活动日发布的公益广告，分析这些广告如何利用这些时间节点扩大影响、如何与其他主题的宣传活动配合实现整合传播效应，总结公益广告传播的经验。

4. 观看中央电视台公益广告，分析我国如何利用传统节日发布公益广告、如何利用传统节日弘扬优秀传统文化。

5. 分析每有重大突发事件发生后，我国政府和公益组织如何利用公益广告动员社会力量，公益广告在重大事件、重大活动中怎样发挥作用。

6. 通过案例分析广告活动主体如何策划公益广告传播与话题讨论的互动、怎样用话题扩大公益广告的影响，进行公益广告与话题互动的效果分析。

7. 通过调查或实验，比较公益广告的名人代言和非名人代言的实际效果，分析怎样实现名人代言策略的最大效益。

8. 比较中外公益广告名人代言的特点，掌握实施名人策略的要点。

第七章
公益广告的创意和表现

在确定了广告主题、广告策略之后,就要考虑如何传递信息、诠释理念、发出诉求,如何构建广告的触动点、记忆点,如何让精彩的创意和表现赋予公益广告更大的视觉冲击力和心灵冲击力。创意和表现是决定公益广告作品优劣和宣传成败的因素之一,是公益广告传播活动的一个重要环节。

一、创意和表现的重要性

创意是为了增强公益广告的表现力、感染力,让公益广告在众声喧哗的传播环境中能够吸引受众的注意,触动受众的心灵,促进受众思考,促成社会公益行动。因为公众每日每时都受到外界信息的刺激,不会对所有的信息都做出积极的反应,只是注意和接受那些自己需要的或者感兴趣的信息,而影响人们信息注意度的一个主要因素是信息的结构性因素——信息的形式,即信息刺激的强度、对比度、新鲜度和重复率等。通常是刺激强度越大,信息越容易被注意;对比反差越大,信息越容易被注意;越新鲜的事物越能为人所注意,引起人们的兴趣。新鲜度实际上也是一种对比,新鲜总是在与陈旧、平庸的对比中表现出来的。重复刺激是改善强度和对比度的一种综合手段,能够增强刺激的总强度,并在一定程度上克服遗忘的影响,但是重复不适度则会削弱刺激度,让人失去新鲜感,甚至产生厌倦的情绪。当人们对信息司空见惯习以为常不再特别注意的时候,应当弃旧图新从事新的创造,以别开生面的形式迎合人们的喜新心理,重新刺激受众的注意和兴趣。人们对外界信息的注意和理解即感与知又是一致的,是一个统一的过程,刺激占优势的信息,如强度大、对比度大、新鲜度大、重复率高的信息,往往最容易被受众理解为是重要的值得注意的信息。所以,为了吸引受众的注意,信息传播者不但注重信息内容,而且重视信息的表达形式,利用刺激的强度、新鲜度和适度的重复等,让人们把目光集中到作品上,从而达到传播的目的。对公众而言,广告多是"不速之客",公众对广告的注意多是被动注意、无意注意,要让公众去注意公益广告,成为广告受众,并由注意进而理解、记忆、行动,必须要有最好的内容和合适的表现形式,必须通过创意寻求创造性的表达,这是决定作品能否获得成功的一个重要条件。

我们从公益广告作品及其宣传效果也可理解创意、表现的重要作用。2016年4月24日是中国首个航天日,为展示航天成就,激发探索精神,国防科工局、国家航天局在中国航天科工微博上发布了两张宣传海报,用于"中国航天日"的科普宣传教育活动。尽管中国航天科工说这是"精心设计""极具航天特色"的宣传海报,但还是遭到网友们的批评,很多网友自发为"中国航天日"设计新的宣传海报。共青团中央为此次活动设计的海报在微博上发布后,中国航天科工在转发时自嘲两张海报"丑得惊动了团中央"。虽然此事很快平息,但可以说明公益广告的创意、表现与其内容一样影响宣传效果,受众并不因为内容具有公益性而忽略了广告创意设计和制作水平,他们希望看到富有创意且制作精良的公益广告。

画面、广告语是广告能够引起受众注意的主要因素,受众对某些广告之所以印象深刻,除了播出频率高这一因素外,主要是由于这些广告有创意,表现新颖独特,幽默有趣,有感人故事,广告语精短上口等。声情并茂、图文俱佳、表现力强的广告能够一下子吸引受众的目光,并令人过目不忘,印象深刻;表现形式简单抽象的广告冲击力小,极容易被忽略。很多人对一块写着"爱护森林,禁止乱砍滥伐"的路牌广告视而不见,对一个"油锯吼叫着割锯树木,锯口处流出殷红血浆"的电视广告感到触目惊心。人类毁灭森林、扼杀生命的行为伴随着那刺耳的锯木声和殷红的鲜血,长久地留在受众的记忆中,时光的流水难以将其冲刷殆尽。这些都说明,公益广告不能只是生硬抽象的标语口号,只有干巴的说教以及简单粗糙的图解,必须生动形象,有较强的艺术性,能冲击视听感官,能动人心

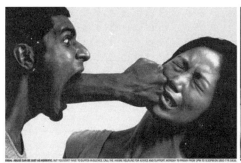

图 7-1 新加坡的反语言暴力公益广告

魄。因此必须重视创意,运用准确生动的艺术语言,借助具体可感的形式表现主题,把思想融进生动的视听形象中,让理性的内涵通过感性的形式反映出来,让受众从生动的形象中领悟到深刻丰富的意蕴。

二、公益广告的创意

创意是广告术语,兼有名词和动词两种属性。作为名词,意为有创造性的构思、想法,人们常用"有创意"评价那些想法新奇巧妙、设计匠心独具、创造良好传播效能的广告;作为动词,意为进行富有创造性的策划和超越平庸的构思,想出好点子,拿出最好的广告方案。无论作为名词还是动词使用,创意的核心要义都是"创造",创意的目的都是为了更好实现广告的沟通传达效果,诚如广告学者所言:"广告创意是为了达成传播附加值而进行的概念突破和表现创新。"[①]强调创意,就是强调开展广告活动要有创造性,通过创造性的思维、创造性的表达,取得创造性的宣传效果。富有创意的广告活动、广告作品体现了广告活动主体特别是创意人员的创新追求和创造能力。

广告创意具有广义和狭义之分,广义的广告创意包含了广告活动整体及各个环节的创意,狭义的创意是特指作品创作阶段寻求创新与突破的构思和表现。其实,创意贯穿于广告活动的全过程,广告活动中每个环节每项工作都应有创造性,都需要好点子、需要巧妙的构思,只不过创意在作品创作阶段备受重视,因而"创意"常被用来特指作品创作阶段的构思和表现。既然创意具有广义与狭义、泛指与特指之分,在使用或解读"创意"一词时,应根据特定的语言表达环境判断其义,明确其为广义还是狭义、泛指还是特指。

1. 公益广告创意的意义

多思乃谋事之本,奇谋乃胜战之诀。广告人把创意当作创作成功的法宝、宣传制胜的关键,心中想着创意,嘴里说着创意,梦里出现创意,"创意"成为广告业内使用频率最高的词语之一,在广告创作的议事日程中,创意总是被当作头等重要的一件大事。

创意直接关系作品的质量、宣传的效果,美国著名广告人威廉·伯恩巴克为德国金龟车做的广告就是经典例证。这些广告以非凡的创意取得了空前的宣传效果和销售业绩,伯恩巴克根据他的成功经验这样肯定创意的作用:"适当地动

---

① 金定海、郑欢:《广告创意学》,高等教育出版社2008年版,第7页。

用创作力,一定会导致更经济地达成更大的销售。适当地动用创作力,能够使一个广告抵十个广告用。适当地动用创作力,能够使你的说辞脱颖而出,使其能够被接受、被相信、有说服力、促成购买。"①他所说的"动用创作力"就是创意。他强调广告一定要有创意:"独特的品位、卓越的艺术、非凡的撰稿手法,才是促销的好工具。"另一位著名广告人大卫·奥格威也说过意义相同的话:要吸引消费者的注意力,同时让他们来买你的产品,非要有很好的点子不可,除非你的广告有很好的点子,不然它就像快被黑夜吞噬的船只。广告人无不希望自己做的广告如红日喷薄而出,无人愿意自己做的广告像被黑夜吞噬的船只。所以广告人无时无刻不在追求创意。《蓝色诡计》的作者、把广告说成是"有毒的气体"的乔治·路易斯说:"一个好点子会以惊人的力量与速度改变人们的看法和习惯,宛如有毒气般一触即发,一个正确的广告创意,可以正中目标对象的精神与肉体,让你臣服于它。""我所有的作品皆源自对好点子永不停歇的追寻,而这也是让讯息畅行无阻最根本的泉源,以好记易懂的语言和视觉图像呈现,并对行销问题有惊人的解决之道。"②正是广告人对创意"永不停歇"的追寻,才使很多优秀广告,促进市场活跃、商品快速流通。

公益广告"销售社会正义",和推销产品的商业广告一样需要创意,需要通过创意增强作品的表现力、说服力,而且公益广告在创作上挑战性更大,更要有创意。"商业广告一般诉求于利益点,使消费者明白自己可以获得的好处,从而产生行动的欲望;而公益广告往往只能诉之于一些看不见、摸不着的情感,捐款者出钱买不到任何东西,是受广告打动而去无偿帮助一些素不相识的人,因此公益广告是去劝说别人付出,难度也就更大。"③公益广告要劝导公众无偿付出,而且这种劝导是"感动,而不是说教",倘无创意如何能够感动人?怎能让人心悦诚服地听从公益广告?所以,公益广告必须要有创意,"说什么"要有创意,"怎么说"也要有创意。立意、选材上的创意能够使广告内容深刻、新颖,表现、制作上的创意能够赋予作品精巧新奇的形式,从而更恰当更生动地诠释主题、表现主题,使作品更能吸引人、感染人。萨奇兄弟为英国健康教育委员会创作的公益广告《怀孕的男人》能够取得成功,主要在于"怀孕的男人"这一创意。美国的一则劝募公益广告也很有创意,广告上自由女神在风雪中冻得瑟瑟发抖,紧抱双肩,蹲在地上,神情痛苦。连女神塑像都抗不住严寒,何况那些缺衣少穿的人呢?创意使这

---

① 汤·狄龙等:《怎样创作广告》,刘毅志译,中国友谊出版公司1991年版。
② 乔治·路易斯:《蔚蓝诡计》,刘家驯译,海南出版社1996年版。
③ 吴世廷:《感动,而不是说教》,载《国际广告》1998年第9期。

则广告富有表现力、感染力,能够激发人们的同情心,督促人们捐献衣物,把温暖送给那些饥寒交迫的人。我国的公益广告中也有很多富有创意的好作品。有的作品讲述感人至深的故事,有的作品捕捉有意蕴的瞬间,选取典型生动的情节或细节,给人留下深刻的印象;有的运用比喻、象征等修辞手法,巧妙比附,寓意深刻,耐人寻味;有的利用汉字、手势的特点,通过创造性的组合、搭配形成内涵深邃的语言图画。创意使这些作品具有很强的视听冲击力和心灵震撼力,为这些广告插上翅膀,让它们飞进人们的视野,飞进人们的心中,受众既受到教育又获得审美的愉悦。从这些优秀的作品及其影响中,我们不难看到创意给予公益广告的力量。

2. 公益广告创意的原则

创意是一种创造性的活动,广告活动主体可以充分发挥自己的创造能力,但是这种创造活动不是一种毫无依据的任意行为,不是没有"跑道"和目标制约的"天马行空",它要在一定的原则指导下进行,按照某些既定的要求去创造。

公益广告创意必须遵循的基本原则是:

(1) 以广告策略为创意依据

通过广告策划确定的广告策略是广告创意的行动方针。广告策划对广告目标、广告受众、广告时机、广告发布区域、诉求重点、诉求方式以及广告运载媒介等做出部署,制定了相应的策略,创意人员要了解策划方案、实施策略,按照既定策略开展创意工作,准确而富有创造性地把广告策略表现出来。如策划确定了广告目标受众,创意人员就要根据这些目标受众的性别、年龄、文化观念、行为方式和心理等诸多方面的特点,去思考怎样使创意具有很强的针对性,能够准确地击中目标;确定了广告诉求重点,创意就要体现出这个重点,使之在作品中突出、鲜明;确定了运用名人策略,就要选择最适于代言的名人,思考让他们以什么样的形象与受众见面,怎样向受众表达公益诉求;决定了广告的媒介形式和风格特征,创意就要利用媒介的特点千方百计地把这种风格特征表现出来。一言以蔽之,创意一定要以广告策略为依据,不能离开广告策略自行其是;创意的结果要体现出广告策略,与广告策略一致,不应有所偏离、背离。倘若在创意过程中发现广告策略有不妥之处,那么创意人员可以提出调整意见,但是不能擅自更改广告策略,或者干脆抛弃广告策略我行我素。倘若创意的结果未能完全体现广告策略,那么要对创意进行调整,尽力让创意与广告策略相符。

(2) 以广告效益为创意目标

创意是为了使广告作品产生最好的宣传效果,达到广告目标,获得理想的广告效益。这一目的决定了公益广告创意必须以广告的社会效益为最终目标,必须坚持效益性原则。所以,创意首先要考虑该创意是否能够有效地传达信息,是否能够达到说服的目的,是否能够在众声喧哗的媒介上引起受众的特别关注和热烈回应,是否能够促使受众响应广告号召参与公益行动,是否能够与其他方面配合完成广告目标任务。同样,最后评价公益广告创意,也要以这些为评价标准,不能离开效益独立地评价创意的优劣。

由于强调创意,业界评价广告活动经常把是否有创意当作重要甚至最重要的一项指标,以至于创意人员过分地注重创意本身,为创意而创意,或者在理论上说要以广告效益目标为创意目标,在实践中还是把创意当作唯一目标,较多考虑"新奇""冲击力""艺术性"等,很少去评估这些"新奇""冲击力""艺术性"能否达到引导、说服、动员等目的;追求广告作品的与众不同、广告作品的冲击力,看重广告作品是否被认为是有创意、是否能够获奖,却不在乎广告是否真正产生了社会效益。所以我们常可以看到某些广告的创作者大谈创意过程和经验,而广告的实际效果并不能令人乐观,就像某些舞台、银幕作品"叫好不叫座"。公益广告是应该既"叫好"又"叫座","叫好"正是为了"叫座"。如果不能"叫座","叫好"又有何意义?创意不能直接产生广告效益,但要永远以广告效益为目标。创意人员必须实实在在地坚持这个原则,如果单纯为了创意而创意,就是丢掉了创意的宗旨,偏离了创意的目标,这样的创意只有创作意义却没有广告意义。

(3)以真实为创意基准

创意可以动之以情或晓之以理,可以不拘泥于现实生活,"精骛八极""心游万仞"地想象,可以运用夸张、比喻、比拟、幽默、变形甚至荒诞等各种表现手法诠释、演绎广告信息,可以像师长、朋友一般温和地与受众沟通,也可以给受众敲警钟下猛药。但是无论是抒情还是说理,无论怎样想象、夸张,无论用什么手法什么风格,都要以真实为基本准则,保证创意不影响广告信息的真实性,让受众能够理解这是广告创意而不会把它当作荒谬虚妄的胡编乱侃。考察国内外的公益广告会发现,虽然有的广告想象特别新奇,有的广告夸张程度很大,但是受众完全能够理解这些想象、夸张,能够理解广告的信息意义,并没有因为它们超越了现实而把它看作无稽之谈,这样的创意就没有离开真实的基准。如巴西反毒品委员会的电视公益广告,这个广告用幼儿玩弄尖刀暗喻青少年接触毒品的危险,而在现实生活中家长绝不会把尖刀等危险品放在幼儿身边。虽然广告中的场景并不符合生活实际情况,但是受众不会因此而批评广告有悖生活真实,他们完全理解虚构这样的场景是为了警示公众,要公众认识到很多少年不懂毒品的危害,而毒品却会像尖刀一样伤害他们,我们要保护青少年,让他们远离毒品。再如一则节水公益广告"世界上最后一滴水将是我们的眼泪。"受众看到孩子脸上的一滴泪水,完全能够理解这"世界上最后一滴水"的警示意义。如果广告中的想象不合理或者夸张过度,不符合生活的逻辑,或者超越了受众的理解而令人难以理喻,甚至觉得虚妄可笑,那么这个广告的创意就违背了真实的基准。这样的创意不但不会增强广告作品的吸引力、说服力,还会让受众对广告产生怀疑,疏远了受众与广告的关系。

(4) 创意要注意传播区域的文化背景

每个国家、地区都有自己的文化,这些经过长期积淀而形成的文化对当地的公众影响至深。公众置身于一定的文化圈层,思维方式、生活方式、价值取向、审美意识乃至话语、行为无不受其影响,对信息的理解、接受也会受其制约。公益广告创意要注意广告传播区域的文化背景,尽力保持广告作品的文化色彩与传播区域的文化背景一致,使广告更益于传受双方的沟通,易于为传播区域的受众所认同、接受,而不会引起消极的抵触情绪。否则,即使公益广告传播有利于公众利益,有利于社会文明的进步,也可能会由于文化差异而使传播受阻。例如为计划生育设计的公益广告创意,就一定要弄清各个地方对"计划生育"的理解。在西方一些国家,认为在想要孩子的时候怀孕生育、在不想做父母的时候采取措施避免怀孕就是计划生育。而在我国计划生育的内涵是节制过多生育,通过少生优育来保证孩子的健康成长、家庭的生活质量和国家的发展。假如要做计划生育主题公益广告,要考虑国情,分析文化背景,避免因忽略文化背景而遭遇抵制。

创意向公益广告传播区域文化靠拢还会避免解读的困难。文化的差异使许多文化符号的意义有所不同。如红色,在我国象征着喜庆、热烈,象征着革命、发达,在别的国家、地区却另有其象征意义。创意不能忽略这种文化差异,使用文化符号要注意它们在广告传播区域的特定意义,让传播区域的受众能够理解而不感到费解,不会误解。现在大多数公益广告是在一定范围的区域传播,少数公益广告发布在国际传媒上,为进行国际传播的公益广告创意,应当使用世界共通的符号,以保证广告作品在每个地方都能遇到"知音"。

公益广告创意还需考虑受众的文化水平、受众的接受能力。受众所受文化教育不同,信息理解力、接受力存在差异。通常受教育多者理解、接受信息的能力较强,而受教育少者理解、接受信息的能力要弱一些。同时面对某一公益广告,有些受众能够立刻领悟其意,会为作品的精彩创意发出会心的微笑;有些受众则云里雾里不得要领,一时难以弄清这个广告究竟说了些什么。所以创意要兼顾受众的文化层次,要让受众都能理解、接受。对文化层次较高的目标受众,创意可以是"阳春白雪",而对文化层次较低的受众,创意若还是追求"阳春白雪"的高雅,其结果一定是"和者盖寡"。如我国为鼓励下岗职工再就业制播的公益广告,下岗职工是主要目标受众,有的广告他们一看就懂,有的广告却不易理解,如以古代篆字、蒲公英等为创意元素的广告。下岗职工中懂得篆书的人比例较小,也并不都能明白蒲公英的比附意义,他们需要依靠广告语的解说才能理解其义。这样的创意脱离了受众的文化层次,其结果是启而难发。为农村受众制作公益广告,创意及设计同样要注意到农民受众的接受能力和接受习惯,既不能简单地把公益广告当作道德说教的传声筒,也不能过于追求高超的艺术性,最好是根据广告主题对农村素材进行选择、提炼,用农民熟悉的事物去诠释理念,以亲切的乡土气息感染受众,通过农民易于接受的方式说服教育他们。总之,创意人员不能站在自己的文化层次上创意,而应站在目标受众的文化层次上创意,以受众的文化圈层为创意背景,让广告首先实现文化层面上的沟通,进而在思想上沟通,达到广告目的。

3. 公益广告创意和媒介选择

广告教材通常按照广告活动中调查、策划、创意、媒介发布、效果评估几个环节的顺序安排章节,将媒介选择和广告发布置于策划创意之后,但在广告活动的实际运作过程中,创意和选择媒介几乎是在策划阶段同时完成的,有时创意是在媒介选择之后开始。因为媒介选择也直接影响着创意,制约着创意,创意时必须把媒介作为一个重要因素,在进行信息编码的时候要根据策划所确定的媒介载体,结合媒介的特性,充分利用媒介的优势,去寻求广告信息的传达方式,不能脱离媒介策略、无视媒介的特性去创意。

(1)媒介传播特性对创意的制约

艺术领域以物质手段作为艺术分类的标志,由于所使用的物质手段不同,造型艺术、表达艺术、语言艺术、综合艺术等各有相对独立的艺术特征,各以互不相同的方式和形态反映现实世界。传播领域同样以物质手段作为媒介分类的标志,由于各种媒介的媒介介质、传播符号不同,因而各具传播特性,各有传播方式。纸质媒介——报纸、杂志等是视觉媒介、空间媒介,以静态的文字、图片以及色彩、线条等版面语言为传播符号,传播符号具有存在于一定的空间和可以复读的特点;广播是听觉媒介、时间媒介,以有声语言和音响为传播符号,传播速度快,但是声音转瞬即逝,不像纸质媒介符号那样可以复读;电视媒介是视听媒介、时空媒介,既具有平面绘画、摄影作品和立体雕塑的表现力,又以其运动性突破了绘画、摄影、雕塑等静态艺术的局限,用动态的图像、声音和文字等多种符号传递信息。这种时空、视听、动静兼而有之的综合性,使电视节目可视可听,比其他媒介的传播内容更直观、形象、生动,具有多元、立体的特点,但和广播一样是线性播出,传播的速度快,消失得也同样快。非大众传播媒介如户外各种路牌、交通工具等多为视觉媒介、空间媒介,以文字、图像为符号,位置或固定或不固定,所占空间较大,比较醒目。

媒介的传播特性、传播方式在一定程度上制约着创意,造成了媒介承载广告创意能力的差异。纸质媒介没有承载声音的能力,版面限制也不太适于展开故事情节,因此若以声音为表现形式的创意,或是以故事传递信息的创意都不适合在纸质媒介上实现;广播媒介不能承载图像,不能展示色彩、线条,创意必须考虑如何利用声音;电视电影媒介可以声画合一,动态画面适合叙述故事,但是广告时间的短暂又要求表现形式必须短小精悍;路牌等户外媒介面积较大,能够放大图画,但是图画缺乏动感。互联网作为媒介集传统媒介优点于一体,既具有纸媒和广播影视媒介的一些特点,又不受时间、空间的约束,可使广告长短、动静皆宜,除此还有传统媒体不具备的交互性,能够直接与受众进行互动沟通。如果利用新媒体特点和技术手段设置互动环节,让受众参与其中,进行实际体验,那么受众能够从互动、参与、体验的切身感受中深切理解公益广告诉求。随着数字信息技术的发展,越来越多的利用新技术的广告创意通过技术打通媒体,打通互动体验,使创意与设计有了

图7-2 英国献血公益广告路牌

更多更好的实现可能。如英国一个动员义务献血的路牌广告,通过虚拟献血活动展示血液捐赠之后的转化效果,只要路人用他们的移动设备与网站链接,就开始虚拟献血,随着路人的加入,屏幕上血袋的血液就会增多,而随着越来越多的血液流动,路牌上那个等待输血的瘦弱青年的脸色逐渐红润起来,变得越来越健康。这个路牌不仅利用新技术变静为动,让路牌上的血液袋里的血液随着受众的反应而变动,而且吸引路人踊跃参与虚拟献血活动,可以亲眼看到自己血管中流出的鲜血流进了路牌上的血液袋,帮助和拯救患病的人们,这对受众会有很大的鼓励作用,可鼓励公众共同解决英国献血者数量不断下降的问题。现在,很多地方利用先进技术改善路牌公益广告的效果,当路牌因技术而改变,具有了动感

和交互性，那么这些路牌公益广告的创意、设计自然要考虑这些路牌的特点，要善于利用路牌的技术功能。

媒介各有所长，也各有所短，表现方式和表现力不同，一种媒介不能承载任何创意，某一创意也不能适合所有的媒介。不仅如此，甚至连媒介给予广告的时间、版面等都对创意有制约作用，15秒标版的电视广告创意与30秒、60秒标版的电视广告创意显然不能一样。所以，创意时不能只根据广告策略而不顾及媒介特性这一因素，否则创意虽然符合广告策略的要求，但与媒介策略却不能协调配合，广告作品和媒介执行出现矛盾，最终必将导致创意的改变或媒介策略的改变。而无论哪一种改变，都是被动的，都会影响广告活动的进程，影响广告的实际效果。

（2）广告创意与媒介符号的运用

在实际的创意运作中，创意人员根据广告策略和媒介特性，把广告诉求重点和媒介的传播符号统一起来考虑，提出广告创意策略，确定广告诉求方式。

富有创意的广告都很好地呈现了媒介的特长，巧妙地运用媒介传播符号。报刊、路牌等平面广告都是利用文字、图画等可视因素来传递信息，通过造型简洁、表意清晰确定、具有冲击力的构图和广告语来突现广告主题；诉诸听觉的广播广告则以在时间上流动的语音和音响为物质手段，主要通过人物语言、各种音响的变化，以及语言、音响与特定事物特定情感的复杂关系来创造"声音形象"，利用富于感染力的能够引发联想、引起思考的声音去完成广告表现的任务；有声有画、可视可听的电视媒介比起报刊和广播具有绝对的优势，影视广告的创意充分发挥了电影电视媒介的特长，调动起各种传播符号，以画面为中心，辅以音响和有声语言、文字语言，对广告信息进行多元表现。电视公益广告《勿忘历史》就是一个深谙媒介特性、善于利用媒介语言表现创意的范例。创意者用"全家福"照片上的人一个个消失的画面来表现战争的残酷，用枪炮声、飞机轰炸声等渲染战争的气氛，用哀婉低沉的二胡曲倾诉人民心中的悲戚。创意者用照片反映战争的视角比较独特，媒介视听语言的充分利用把这一创意演绎得淋漓尽致，使得广告一播出就吸引了电视受众，引起了强烈的反响。试想，如果未考虑到媒介的特性，未考虑到如何利用媒介传播符号，恐怕不会产生这样的创意。由于电视的画面是运动而非静止的，因而既能够瞬间变化，又能够表现画面之间承先启后的关系，可以借此进行对比、类比，也可以推进内容、展开故事情节。电视广告利用媒介的这一特点，以运动的画面来增强广告的生动性、表现力，或者创造微型故事演绎广告信息，如广为传播、脍炙人口的电视公益广告《帮妈妈洗脚》。这也是为什么在其他媒介上很少有演示型、故事型、歌舞型等类型的广告，而电视上的这些类型的广告却屡见不鲜。

电视公益广告《帮妈妈洗脚》脚本

主题:爱心传递孝敬父母

音效:贯穿全集

时间:45 秒

镜头一内景 1′ (近景)孩子的脚在水盆中,一双大手在给孩子洗脚。

镜头二内景 2′—3′ 孩子的母亲给孩子一边擦脚一边讲故事。母亲说:"小鸭子游啊游游上了岸。"

镜头三内景 4′ (镜头俯视)孩子快乐地在床上打滚,笑声十分欢乐。

镜头四内景 5′ 母亲转身开门欲出去,并对孩子说:"你自己看,妈妈待会儿再给你讲。"

镜头五内景 6′ 孩子躺在床上看书。

镜头六内景 7′—8′ 母亲拎着一桶水进了另一个房间。

镜头七内景 9′—11′ 孩子很好奇,就紧跟着也出了门。

镜头八内景 12′—13′ 孩子的母亲正蹲着在给孩子的奶奶洗脚(镜头由远及近),奶奶说:"忙了一天了。"

镜头九内景 14′—16′ 奶奶捋了捋孩子母亲的头发,(镜头是那个母亲的脸部特写),奶奶继续说道:"歇一会儿吧。"孩子的母亲笑了一笑说:"不累。"

镜头十内景 16′—17′ 切换至孩子的近景,孩子倚在门边看着这一切。

镜头十一内景 18′—21′ 孩子的母亲舀着水给奶奶洗脚,(镜头由下而上),(镜头给了奶奶特写),奶奶轻轻叹了口气,同时孩子的母亲说:"妈,烫烫脚对您的腿有好处。"

图 7-3

镜头十二内景 22′—23′ (孩子脸部特写)孩子看到这番情景以后,转身跑了出去。

镜头十三内景 24′—27′ 孩子的母亲回到孩子房间打开门一看,孩子不在房间里,房间里的风铃也丁零作响。母亲好像听到孩子的声音了,便回头看去。

镜头十四内景 28′—30′ 这

时,孩子端着一盆水由远及近走来。(镜头速度放慢)

镜头十五内景31′—34′　镜头给了孩子近景特写,孩子笑逐颜开地说:"妈妈,洗脚。"

镜头十六内景35′—38′　孩子的母亲露出了欣慰的笑容。

(母亲脸部特写)38′时画外音起。

镜头十七内景39′　镜头转换。

镜头十八内景40′—45′　坐在板凳上的孩子给坐在床边的母亲洗脚,对母亲说:"妈妈,我也给你讲小鸭子的故事",同时画外音:"其实,父母是孩子最好的老师。"

画面字幕:将爱心传递下去。(同时镜头画面逐渐模糊)

东方广播电台制作的《无偿献血》在"中华好风尚"公益广告月活动中获得全国广播广告的唯一金奖。创作者在后来谈到创意经过时,总结出"用心灵去体味人生""用形象来编织理念""用声音来嫁接情感"的经验。他的"用形象""用声音",其实就是结合广播媒介特性创意,利用广播媒介的传播符号——声音去承载信息,表现广告主题。创作者通过孩子和父亲关于"红的血""热的血"的对话形象地揭示献血的意义,用动人的音乐为献血的意义做铺垫,对话和音乐的有机合成,歌词与广告语的巧妙对接,极富感染力地用声音把"无偿献血是每个公民神圣的职责"的主题表现出来。这位创作者在创作另一个公益广告《制止噪音》时,同样注意到媒介的特性,在广告中创造了一个声响世界,让大自然优美的声音与各种噪音形成对比,用强烈的爆炸声提醒人们"最后爆炸的将是我们的身心",完全借助于声响向受众传达"降低噪音、保护环境"的理念。从这两个广告的创意,我们能够看到创作者的媒介特性意识,看到媒介特性、媒介传播符号与创意密不可分的关系。

许多公益广告活动实施媒介组合策略,同时利用两种以上的媒介播发同一内容、同一创意的广告。既然不同媒介具有不同的传播特性,承载创意的能力并不一样,何以不同媒介的广告却可以用同一个创意?利用同一个创意是否会有同样的效果?不同的媒介使用同一个创意,必须要具备一个前提条件,那就是它们的某一特性是相同的。如纸质媒介、户外媒介和电视媒介都可以用画面传递信息,所以电视广告的某个画面可以被截取作为报纸、杂志、海报、路牌等平面广告的画面。纸质媒介和广播媒介没有相同的特性,它们不适合使用同一个创意,如果把报纸广告的创意用到广播广告上,那么广播广告就等于是报纸广告的复述,广播利用声响创造形象以及用声音感染受众等特长往往难以得到发挥,广告的效果必然会打折扣；反之亦然，报纸也无法传达广播广告的声响。另外，不同媒介的广告用同一个创意，尽管给人的印象好像只是媒介变了，而广告并没有多大的差异，其实差异是存在的。以电视广告和报纸广告为例，电视是时空媒介，报纸是空间媒介，在报纸上很难再现电视广告的全部内容，往往只是剪取其中的一个画面，再现某一瞬间。我们看到的某些报纸公益广告、海报公益广告就是电视公益广告某一画面的定格，若干个画面和一个画面给人的视觉感受显然不同。况且，电视画面是运动的，即使平面广告有较多的空间能够连环画式地再现电视广告的内容和结构，但是电视广告的动感、特技、音响及由此而生的生动性，还是令平面广告望尘莫及。总之，媒介不同而内容同一的广告可以在某一特性相同的条件下使用同一个创意，但是媒介传播符号的差异，决定了这些作品必然在形态、效果等方面不会完全一样。因此，实施媒介组合策略，创意一定要注意各个媒介的特性，遵循媒介广告的创作规律，以便充分发挥媒介的特长，有效利用媒介传播符号，取得更好的传播效果。

[案例]

案例1：电视公益广告《春节回家篇》的创意

春节期间中央电视台各频道陆续播出"春节回家"系列公益广告，向全社会传递亲情正能量，呼吁中国传统文化的回归。

该系列公益广告共有五支，是由央视联合多家国际4A广告公司联袂制作，其中麦肯光明受邀负责承担该系列中最后一篇——《回家篇》。如何在众多以"回家"为主题的公益广告片中脱颖而出，如何为13亿中国人奉献一部有诚意的作品，成为摆在创意团队面前的挑战。为了应对这些挑战，创意团队颠覆传统，摆脱一味渲染回家路上艰辛与不易的思维定式，以全新的视角聚焦于社会上一些特殊群体——生活在大山中的留守儿童、为了生计奔波在异国他乡的务工人员、一别半个多世纪的海峡两岸的兄弟和分隔两地的新兴城市人，用自然而轻松的方式叙述一个个触动心灵的"回家"故事，展现中国人的乐观、真实和可爱的一面，激发大众对于"家"的情感共鸣，重新诠释"春节"对于现代中国人的现实意义。

麦肯光明团队在采访收集了400多个家庭的回家故事中，选择了其中四位主人公真实而又不平凡的回家经历，在《回家篇》中展示。其中的一则是一名长期派遣在非洲西岸的铁路工程师不远万里返回东北老家过年的故事。从非洲西岸到中国东北,整个回家过程历经 8 次换乘,35 个小时,全程近一万五千公里的距离。但在工程师刘春生看来,这些都不能阻挡他回家的脚步,再远再难也要回家过年。麦肯光明的拍摄团队远赴非洲大地,用镜头记录下中国人在这些动荡地区的真实生活状况,展现"回家"对于这些在非洲每天都要冒着生命危险工作的中国人的意义。同时,麦肯光明创意团队在选择导演上花费了大量精力,最终台湾导演何男宏凭借他的自然叙事风格与该片想要表达的主题相得益彰而成为最佳人选。在谈及此次"回家篇"最终剪辑配乐的过程时,何导演坦言他本人几乎是听一遍就被感动一遍,"回家就像是候鸟迁徙,不需要理由,这是一种天生本能的反应。我希望呈现给大家的这部作品中的感情并不是堆砌出来的,而是自然而然的流露"。除了《回家篇》视频篇以外,麦肯光明还为央视"春节回家"这一公益主题设计了一套平面广告,希望让亲情正能量能够在全社会范围内传递得更广更远更久。

麦肯光明广告有限公司董事长莫康孙从波涛汹涌的福建海面,到冰天雪地的东北牡丹江,一直亲自督战,当他提及此片时,难掩心中的激动:"'回家篇'最吸引我的是,它让我们放慢脚步,重新用心去看我们生活着的这个社会,在发掘故事和创意创作的过程中,我们一路得到了许许多多人的无私帮助,28 天的超长时间拍摄让我们结识了许多可爱的普通人,能把他们身上所具有的正能量有效传播出去,这对于我们来说,是一件特别有意义的工作。"①

附:中央电视台《春节回家》系列公益广告幕后故事记录
——专访上海麦肯光明广告公司总经理莫康孙和创意总监孙涛

---

① 《麦肯光明:CCTV 系列公益广告之〈回家篇〉》,互动中国网站,http://www.damndigital.com/archives/82225。

案例 2：春节公益广告《筷子篇》创作纪实

创意如何产生

《筷子篇》由麦肯光明广告有限公司拍摄制作。在春节这样一个特殊的时间窗口，什么样的公益广告才能让全国观众产生情感的高度共鸣？

我们把创意的视角对准了普通中国人每天都会用到的筷子。小小的筷子中蕴含了中国人极其丰富的情感，这是一个民族文化与情感传承生动的载体。我们用一双双筷子作为主要元素，贯穿了几组不同家庭发生的故事。这小小的筷子让我们感受到了不同的家庭丰富的内容与情绪。启迪——传承——明礼——关爱——思念——守望——睦邻——感恩等各种中国人含蓄的情感，这么多的情感都可以通过一双筷子来表现，于是就有了《筷子篇》。

《筷子篇》公益广告描述了一种我们经常会忽略掉的生活中的美好，广告片中有牙牙学语的孩童，有满头白发的老者，一双双筷子述说着他们的不同人生和情感，小孩通过筷子第一次尝到人生的酸甜苦辣，老人通过筷子尝到了儿孙满堂的幸福滋味，孤独的人通过添双筷子找到了人情的温暖，相守的人通过筷子找到了彼此心灵的依靠……

背后的故事

为更精准地传递筷子的含义，在执行的前期阶段，创意执行团队专门采访了筷子博物馆的专家，还补习了很多关于筷子习俗的专业知识。中央电视台广告经营管理中心专门请来中国人民大学哲学院牛宏宝教授和国学院李萌昀博士，和创意团队一起考证筷子使用的合理性。

《筷子篇》公益广告的拍摄中，有许多趣味的瞬间打动了我们，当几个月的孩子在尝试筷子上蘸的味道的时候，那个瞬间让人明白了什么是一个民族文化的传承，当2岁多的孩子在镜头面前笨拙地学习拿筷子的时候，那种渴望的情绪是那么的温馨，正是这些平常生活中会发生的片段让人感动。《筷子篇》公益广告在佳木斯、四川、福建、北京、上海等地拍摄，用筷子体现了不同地域人们生活中的共同情感，在这个过程中，每一个参与的人也重新感受了中国文化与情感中的非凡魅力。①

---

① 《春节公益广告〈筷子篇〉创作纪实》，央视网，http://1118.cctv.com/20140201/103706.shtml。

案例3：公益广告《关爱老人——打包篇》的创作故事

公益广告《关爱老人——打包篇》的创作过程就是一场感动的传递。广告灵感来自上海盛世长城国际广告公司创意人员的真实生活经历，在提报创意时，感人的故事第一时间打动了中央电视台和上海盛世长城国际广告公司的创意负责人，从众多"关爱老人"主题的创意提案中脱颖而出。在盛世长城与中央电视台的拍摄沟通会上，《打包篇》的故事再次触动了中央电视台团队的情感之弦，许多人当场泪湿眼眶。盛世长城上海执行创意总监吴凡被创意中"眼睁睁看着他父亲一点点，一点点地就把自己给忘了"这句话深深触动。香港金牌导演侯仲贤在接到故事脚本后唏嘘不已，表示"这个故事深深触动了我，我会尽全力拍好片子，把这份感动传递给更多的观众"。

图 7-4　关爱失智老人——打包篇

拍摄团队走访和调研了许多有着"失智老人"的家庭，经过多轮的策划和沟通，全片以纪录写实的风格，通过儿子站在镜头前诉说他的父亲的种种行为表现来贯穿脚本，他说着如何看着爸爸先是把一件件小事情慢慢地忘记，直到把自己也给忘掉，不认识他是谁了。片子先是从比较平淡的生活小事说起，然后慢慢去建立观众的情感共鸣，而不是一上来就给人很伤感的基调。最后让那种一点点被亲人遗忘、自己却无法挽回的苦楚感收尾整个片子。导演侯仲贤使用交叉剪辑，一方面是儿子的诉说，另一方面，拍摄老父亲不断收藏东西，把吃的食物都留一份，无论是在家里吃还是在外面餐厅吃，都会留下一份，给观众在看片子的前半部分留下悬念,最后揭开悬念的就是故事脚本中父亲与儿子去餐厅吃饭那场戏,儿子看到父亲把食物放进口袋,责问父亲:"爸!你这是干什么?"老人家充满着关怀地告诉儿子:"这是给我儿子的,他最爱吃这个……"最后的结尾切到儿子与父亲在家中,两人一起面对镜头,儿子问爸爸:"我是谁?"老父亲转过头看着儿子,良久不语,眼里一片空白。儿子难掩失望,不禁有些哽咽,镜头切回老父亲,父亲脸上挂着平静的微笑。此时出结尾语:"他也许忘记了很多事情,但却没有忘记爱你!"①

案例4:电视公益广告《感谢不平凡的自己》创意

2013年9月,CCTV面向全国10余家国际4A与国内广告公司统一发送了一封邀请邮件,是关于2014年马年春晚与春节期间公益广告的创意比稿邀请,上海麦肯创意团队作为比稿邀请公司之一,也参与了2014马年春晚与春节期间公益广告的比稿创作。

但是如何创作一条有新意,又完全不同于2013年视角的公益广告,成为摆在创意人员面前的难题,在春晚与春节期间的特殊时间窗口,什么样的公益广告才能让全国14亿百姓产生情感的高度共鸣?这是整个公益广告创意团队所面临的巨大挑战!

我们再次选择了把视角对准普通的中国人自己,我们相信,平凡而真实的生活中,每一个生活在其中的人都是伟大的主角!我们选择了几组不同地域不同职业身份的普通中国人,来述说他们自己2013年的故事。几组不同的故事人物,都是生活中的原型,有的有名有姓,有的是没有留下名字的普通中国人,他们就是平凡真实生活中的一员。于是就有了我们后来的创意主题《感谢不平凡的自己》。

《感谢篇》公益广告,它不一定能给生活中的我们方向性的指引,但它一定在给我们每一个生活中的平凡自己以鼓励和掌声!它的目的不是让受众看到它就立即行动,而是想让人们对自己为之努力的生活有更美好的期许。

广告片中包含了东南西北不同地域、不同职业、不同年龄的各类普通中国人。有在巡逻路上为了千家万户的安全不能和家人团聚的边防军人,有边照顾生病的家人还要边奋力工作的中年男人,有在无声的世界里为了让妈妈看到自己美丽的舞姿依然艰苦练习的舞者,有在地震中受到创伤的家庭里,给全家人带

---

① 《感恩父母,别遗失那份亲情——CCTV公益广告〈关爱失智老人——打包篇〉》,央视网,http://1118.cctv.com/20130701/102672.shtml.

来希望的新生命,有万千小学门口接送孙子的爷爷奶奶,有在工作后依然努力学习的城市白领,有几百万努力寻找工作的毕业学生,有肩膀上抗起一家人生活责任的艰辛小贩……这就是真实中国社会的一些缩影,我们无法准确描述每一个不同家庭的境遇,但是我们为每一个平凡家庭和个体为之努力的生活所感动。平凡的生活,总有顺流逆境。但,我们依然努力前行……①

案例 5:央视春节公益广告《门》的创作

2016 年春节中央电视台播放的公益广告《门》,将创意的视角对准了普通中国人每天都会经过的"门",通过几个门里门外的生活场景,展示中国人对家的感情、中华文化的源远流长和丰富多彩。

我国不同的地域有着不同特征的门,不同的门承载着不同地区的风俗与文明。中央电视台公益广告部跟随《门》的摄制组先后辗转河北、上海、广东、四川等地取景拍摄,从河北井陉古朴的木门、上海石库门、广州趟栊门到唐人街的中华门,寻找每扇门上镌刻的风俗文化,捕捉每扇门里的感人故事,最后选择了5个和门有关的故事呈现于屏幕:河北山村的小男孩用门夹开核桃送给妈妈吃、上海石库门里邻居们快乐地分享着象征圆圆满满的蛋饺、广州趟栊门前张灯结彩鼓乐齐鸣金狮欢腾、川东农家热热闹闹办婚礼迎娶新人进门、唐人街中华门前兴奋的爸爸和女儿。这些感人的瞬间,这些真实发生在我们身边的人与门的故事,让观众看到进门尊亲、串门睦邻、入门传承、过门连理、认门望乡,一门一家,门外世界、门里是家,门的开和关都是人生的风景,感悟到"一扇门,一家人"的意义所在,让真实的感动与愉悦落实于每一次"门"的开合之中。

该片由琥珀传播倾情创作,上海观池文化传播有限公司执行,由曾获得金钟奖、中国国际艾菲奖金奖的我国台湾导演王维明执导,金牌摄像席冰掌镜。在取景拍摄中,制作团队每一场景都竭力用最实在的天然光线,减少过度雕刻,让真实的美感与光影,可以停留在每个人的视觉当中。表演追求的角色立体感与生活真实感,让每段门的故事,都充满着朴素纯粹的实在感。②

---

① 《〈感谢不平凡的自己〉创作纪实》,央视网,http://igongyi.cntv.cn/2014/01/27/ARTI1390787085811408.shtml。

② 《央视春节公益广告:打开那扇通往内心的门》,央视网,http://1118.cctv.com/2016/02/25/ARTIw1YesRnu9mxjaXR8aH45160225.shtml。

三、公益广告的表现方法

构思完成、创意确定之后,公益广告创作进入了创意表现的阶段。这一阶段实质上就是把抽象的构思变为形象的广告作品,通过编码赋予创意具体可感的形象、形式,使之可读、可视、可听、可感受、可体验。表现是创意的形象化呈现,既是创意的一部分,也是创意的延续和再创造,如郑板桥所说,是把"胸中之竹"变为"手中之竹",通过视觉传达实现从意到象、从构思到作品的转化。从意到象、构想到作品的转化方式具有多样性,视觉传达只是一种主要方式,虽然在"图像时代"视觉传达是广告表现的重要方式,视觉语言是广告表现的主要元素,图像已成为广告信息的重要载体,但是听觉传达、文字传达等表现方式仍然发挥作用,而多种传达方式、传播符号、传播元素的编码,赋予了广告丰富多彩的形象、形式。

有广告学学者这样解说表现的作用:"表现是对创意概念的一种演绎,一种解释,一种翻译,一种阐述。"[1]"演绎""解释""翻译""阐述"的方法就是广告的表现方法,即广告的表达方式、手法和技巧。

公益广告的表现方法也很多,常用的表现方法如下。

1. 纪实写真

许多公益广告以纪实方法展示生活中的某些人物、场景,反映现实问题,让受众真切地感受现实、看到问题,从中理解广告的意义。这种纪实性作品看起来好像把生活中的人物、场景、现象信手拈来向受众展示,平实、本色得似乎没用什么表现方法,其实这正是用生活的自然状态去触动人,用生活本身的说服力去影响人。国外有一个为残疾人募捐的公益广告采用这种纪实方法,实录残疾人的生活片段,用他们的生活实况来打动受众的同情心,达到募集救济资金的目的。这个公益广告记录了一位失去双臂的残疾人如何以嘴代手做完一顿早餐,他用嘴衔着鸡蛋敲蛋壳,衔着勺子煎鸡蛋,咬着保温瓶冲咖啡。受众从这一过程中既看到了残疾人生活之艰难,也看到他们克服困难乐观生活的态度和努力。广告片尾推出字幕:"看到这一切,你开一张支票还犯难吗?"这个广告将生活的原生态展示出来,让残疾人自己出镜而不是演员表演,用生活的真实而不是艺术的真实打动受众,激发受众的同情心,不矫揉造作,无修饰夸张,却让人愿意伸出自己

---

[1] 金定海、郑欢:《广告创意学》,高等教育出版社 2008 年版,第 151 页。

的手,向他们献上一片爱心。

采用纪实写真手法创作公益广告,不是自然主义地再现原生态的生活人物、场景,而是有选择地再现,广告作品上那些原生态的镜头或画面经过了选择甚或剪裁、组接,是原生态与典型化整合的结果,因而具有典型性、代表性、生动性,能够很好地表现广告内容,突出广告的主题,具有感染力、说服力。有些公益广告采用新闻照片做画面,因为新闻记者有选择地抓拍当前的现实生活场景,将最有典型性的、最动人心魄的瞬间定格于方寸之间,照片内容真实可信,有典型意义,有动人力量,而且还有很强的视觉冲击力。在抗洪救灾、抗震救灾期间,许多媒体的公益广告都以抢险救灾新闻照片做画面,展示灾区人民的困难处境,歌颂解放军和人民群众奋勇抢险的壮举和伟大精神,表达党、政府和全国人民对灾区人民的关怀,号召各行各业、各方力量积极支援灾区,争取抗洪抗震斗争的伟大胜利。在这种特定的形势下,以纪实方式做抗灾救灾公益广告,通过新闻照片宣传群众组织群众是最恰当、最有效的方法,胜过其他艺术方法。1998年8月关于抗洪救灾的一组公益广告《抗洪救灾篇》采用新闻图片制作,《我们的领袖》《我们的军队》《我们的孩子》《我们的母亲》《我们的英雄》《我们的人民》这六个广告作品,从六个方面全景式地展现这场重大的斗争,讴歌中华民族的伟大精神。每张广告作品上有一大一小两幅照片,上面大幅照片为主题照片,下面小幅照片与主题照片呼应。如《我们的领袖》,大照片上江泽民主席手拿话筒站在江堤上号召"万众一心,夺取抗洪决战的最后胜利",小照片上是朱镕基总理在江堤上慰问抗洪军民。这两张照片表现了我们党和国家的领导人在危急时刻亲临前线指挥战斗,我们的党和政府在紧要关头领导人民破艰险闯难关的情景,昭示了有这样的党和领袖时时刻刻和人民在一起,什么样的困难我们都能克服,什么样的灾难我们都能战胜。再如《我们的孩子》,大照片抓拍的是几位战士在滔滔洪水中奋勇救孩子的动人情景,小照片是医务人员为灾区孩子看病。这两张照片说明,虽然洪水残暴无情,却有很多人奋不顾身地保护我们的孩子,很多人无微不至地照顾我们的孩子,用责任和爱护消除灾难给他们带来的身体和心灵的伤害,消除痛苦的灾难记忆,让他们重新开始幸福的生活。这组广告的每一张照片都是抗洪现场的实录,每一张都有很强的冲击力,令人感动、激动、难以忘怀。广告的文案写得也很有感情,很有力量,与照片相得益彰。后来这组公益广告在全国公益广告活动总结颁奖大会上得到评委的满分票,荣获平面广告金奖。

原生状态的生活中蕴藏着许多值得人们思索回味的东西和促人奋进的力量,把它们选择、提炼出来,以纪实写真的方法再现出来,这就是用生活本身做教材。这是公益广告一种比较常用的行之有效的表现方法,因为生活是最有说服力的。国外利用纪实手法做公益广告的较多，有的公益广告还把纪实和其他方法结合起来，如巴西癌症公益组织专门为巴西患有癌症的孩子制作的公益宣传短片，片子开始是接受放疗的孩子们讲诉自己曾经的长发是何种姿态，他们没有眼泪、没有愤怒，平静的语调和微笑的表情表现了他们的坚强。但是他们是需要帮助的孩子，在他们讲述之后，画面转换为"光头动画"，一些孩子们熟悉和喜爱的动画形象都以光头的样子出现在他们面前。他们看着这些可爱活泼的卡通光头，欢快地笑着。广告通过这些卡通光头，向患癌儿童传递一种信息，让他们感受到人们对他们的爱，感受到自己和他人并无什么差别，同时呼吁各界人士加入到关爱癌症儿童的队伍中来。这一公益广告把纪实和动画结合起来，不仅把这样一个有着沉重主题的公益广告做得生动活泼，而且会让孩子们喜欢，患病孩子从中感受关爱得到快乐，健康的孩子也会从中学到如何关心和帮助患病的小朋友。这一公益广告的创作者把纪实和动画两种方法集于一体，实现了表现方法的创意和突破。

2. 比喻

比喻作为一种修辞方法，被用于公益广告中，借以生动、深刻地表现主题。

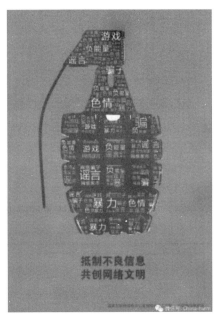

图 7-5

如某报发布的公益广告《游出去》。这则以鼓励创业为主题的公益广告以鱼喻人，以鱼儿游出狭小的藩篱跃入更大的水流，比喻走出原来的小圈子可以拥有一片广阔的新天地，以"勇敢地游出去，水活鱼活路更活"启发、鼓励下岗职工解放思想重新创业。某电视台发布的《蒲公英》以蒲公英种子飘落到何处都能生根开花为喻启发当代青年，让他们认识到自己应有顽强的适应能力，无论到哪儿都能很好地生存、发展。运用比喻来说理，既形象生动，又意味深长，发人深省。

运用比喻最关键之处在于能够抓住事物之间的相似点。因为比喻中的本体和喻体是两种不同的事物，既有相似之点，又有质的差异。通常本体比较抽象、深奥一些，喻体则比较具体、浅显一些。

比喻利用两者的相似之点,以喻体说明本体。做公益广告要运用比喻表现思想内容,使比喻和被比两个事物产生联系且喻体描绘本体恰如其分,首先要准确地把握两者之间的相似点,而且用作比喻的事物要为受众所熟悉。比喻要求新鲜、贴切、不落俗套、发人深思,但又不能因为追求奇巧而晦涩难解。如我国"中国好网民"公益广告获奖作品《抵制不良信息,共创网络文明》,把网络负面信息比作手雷,以手雷的杀伤力比喻负面信息的负能量,借此提示网民文明上网,共同维护网络文明,不要让指尖发出的负面信息像投掷出的手雷一样,给他人造成严重伤害,给社会带来危险。国外 AAMA 协会发布的一个影视公益广告就把艾滋病人和风中之烛联系起来,运用了一个既为人们熟悉又恰当贴切的比喻,呼吁公众多给艾滋病人一些关怀。片中一支蜡烛火焰如豆,随风摇曳,明灭不定。用玻璃罩把蜡烛罩上,烛火就要熄灭。拿走了罩并用温厚的手掌为蜡烛挡风,烛火就不再摇曳并燃得更大更亮。这个广告用风中残烛比喻艾滋病患者,用玻璃罩喻示隔离,用温厚的手掌比喻健康的人。艾滋病人染上了重症,生命受到危胁。如果他们因与人群隔离而孤独无依,生命之火将更加暗淡,熄灭得更快;如果人们都不歧视他们,愿意关心和爱护他们,那么他们会有信心战胜病魔,生命之火将会放射出耀眼的光芒。这个公益广告所表达的情感、对生命的关怀本来就很感人,运用比喻又为作品增添了艺术魅力,使之有了诗的韵味、散文的笔法,更为生动、更有感染力,那摇曳明灭的烛火和放射出红色光芒的烛火会使人联想很多很多,也使人不能不惊叹作品的创意。比喻,一个最寻常的修辞方法,就是这样常常可以变平凡为神奇,"喻"出一个广告精品。

运用比喻要注意与广告作品的整体风格相协调,还要注意与发布地区的社会文化背景相协调。否则,作品会令人费解甚至可能会被误解。如外国一则公益广告用乌龟由于沉重的龟壳(联合国维和部队的蓝色钢盔)而不能翻身、前行,比喻联合国的艰难处境。若是中国人做这个广告恐怕不会用乌龟来比喻联合国,而中国受众看到这个广告也未必能够立即解读,甚或弄不清楚这个广告对联合国及其维和行动的态度是理解还是嘲讽。如果这样,这个作品的宣传效应就打了折扣。所以运用比喻也要"因地制宜",要考虑文化语境这一因素。

3. 象征

象征是借助某一具体事物的某些特征来表现另外一种事物,赋予其一定的意义,或者阐释某种事理,表达某种感情。许多优秀文学作品运用象征手法,许多寻常的事物被赋予象征意义,如鸽子象征和平,红色象征喜庆,玫瑰象征爱情,松柏象征坚毅等。公益广告运用象征主要是为了形象化地抒情说理,以求表达得明白、生动,避免抽象、直白和枯燥之病。公益广告《没有弱者》成功地运用了象征手法达到了这一目的,成为颇受赞赏的优秀作品。这一作品用身躯庞大、力量巨大的大象象征强者,大象面前的渺小如尘、力量微薄的蚂蚁显然是弱者的象征,但蚂蚁努力顽强,竭尽全力擎起体积和重量都超过自己数倍的东西,用行动证明自己也是强者。作品以大象和蚂蚁都是强者来说明:生活中没有弱者,人无论力量大小、地位高低、作用巨微,只要努力拼搏,那么他就是强者,就能创造辉煌。这个广告用象征议事论理,形象而有说服力,其说服的效果、给人的启迪显然要胜过语言的直陈。

  象征作为一种"曲笔",能够引发人们的联想,从而把事物的本体意义和象征意义联系起来,更准确地理解象征意义。公益广告中的象征,就是通过启动受众的联想,引导受众在广阔的思维空间积极探索,捕捉象征形象所蕴含的思想意义,甚而探寻比作品表现的思想更深远的意义。《没有弱者》中大象卷起圆木、蚂蚁擎起树叶的象征就是这样,它不仅能够帮助受众理解作品的主题,而且能引发受众更多的联想思索,尤其是力弱身卑的"草根""小人物",或许会由此重新认识自己,鼓起勇气,振奋起精神,竭尽微薄之力去拼搏、去创造辉煌。我国台湾广告人何清辉做的公益广告《多一份小心,少一份担心》也是一个能够引发联想的作品。作品以一只婴儿奶嘴象征不期而至的孩子到来以后的尴尬和忙乱,而一只避孕套却可以避免这一切出现。作品上一只避孕套和一只奶嘴并列,受众看到这两样似同而又不同的东西,自然明白它们之间的联系,会想到因舍弃前者而出现后者的无奈情景,理解这一广告的寓意,让那些不想让家中过早出现奶嘴的人乖乖地使用避孕套,接受广告"多一份小心,少一份担心"的劝告。

  用于象征的事物多取自自然界,也有的取自社会,通常是比较寻常的、为人所熟知的事物,它们就像符号,其符号意义——象征意义是创作者所赋予的,具有很强的主观特征。有些事物的象征意义是约定俗成的,如许多国家、地区的人都用红色象征热烈,用白色象征纯洁,用希特勒象征残暴的法西斯统治。有些事物被赋予的象征意义完全不同,受众对象征意义的理解也不同。对文学作品中的象征意义,创作者和欣赏者可以见仁见智,并不要求看法必须一致。但创作公益广告用某一事物做象征,一般都选择具有共性象征意义的事物,以避免理解时出现歧义,如几乎各国都用白色的鸽子、绿色的橄榄枝象征和平,用红十字象征人道主义。或者通过广告语的提示,帮助受众理解、认同象征意义。如果受众不能理解、认同作品的象征意义,或是理解出现了偏差,那么作品的宣传效果就要受到影响,宣传目的就难以达到。

4. 对比

有比较才有鉴别，在对比中能够更清楚地辨别是非善恶，看清利弊益害，明了进退优劣，从而对事物做出正确的判断和抉择。因此公益广告经常通过对比来衬托、突出某一事物，或事物的某一方面，使受众对其有更清楚的认识，或者利用对比来说明事理，启发受众，进行正确的引导。平面公益广告《洋钉与火箭》就是一个范例。过去中国生产不出铁钉，而今我们能够发射自己制造的火箭，鲜明的对比，巨大的变化，充分表现了中华民族自强、拼搏的伟大精神和骄人的业绩，突出了"自强创辉煌"的主题。这则广告的说服力、鼓动力就来自于对比，昔日与今天，挨打与拼搏，落后与进步，贫弱与富强，屈辱与自豪……今昔对举，两相比照，受众从中国翻天覆地的巨变中，理解了"自强创辉煌"的深刻含义，认识到建设现代化的明天更需要自强、拼搏。

公益广告中的对比有纵向对比、横向对比。纵向对比是事物自身前后状况的对比，即常说的今昔对比；横向对比是事物性质的对比，即正反对比。无论哪一方面的对比都能增强广告的表现效果，都有揭示矛盾、扬善抑恶的作用，都是为了让受众在比较中得到鉴别，提高认识。

（1）纵向对比

《洋钉与火箭》就是纵向对比，从一个世纪前进口钉子到今天能够制造火箭，暗示中华民族历经了百年的艰苦奋斗，已经甩掉了贫弱和屈辱，正在走向科技先进国家的行列。这实际上也是优劣强弱、先进与落后的对比，通过对比展示今昔的变化，利用变化表现主题。一则歌颂改革开放的公益广告也用了这种对比方法，通过当年爸爸的旧自行车、妈妈的蓝布衣和今天我的小汽车、时装的对比，反映改革开放以来人民生活的变化，歌颂改革开放的伟大政策和辉煌成就。这两个作品都是以昔日的落后反衬今天的进步，但也有的作品通过今昔对比来揭示现实矛盾，以引起社会的注意。如某些环保公益广告中的对比：从前森林茂密，而今林稀山秃；从前各种禽兽栖息于山林，而今许多动物种类已经绝迹；从前江河清澈，鸥翔鱼跃，而今水黑味臭，不见鱼虾；从前蓝天白云，碧空如洗，而今大气污染，雾霾弥漫……很明显，这种今昔优劣对比的作品比那种只揭示问题的作品更能反映问题的严重性，警示作用更强。受众从对比中可以清楚地看到问题的严重程度，产生危机感、紧迫感，认识到环保的重要意义。

（2）横向对比

横向对比包括是非、好坏、善恶、美丑等诸多方面的对比。是与非，好与坏，善与恶，美与丑，是根本对立的，在公益广告中正反对举，让它们一起出现，其结果不仅是泾渭分明,而且泾愈显其清,渭愈显其浊。作品对事物臧否褒贬的态度在对比中表现出来,受众一目了然印象深刻。

是与非的对比:电视公益广告《周末》是一个提醒人们要多关心老人的作品。片中的周末,一对年轻父母陪着孩子在公园尽情玩乐,却忘记去看望独居的老父亲。晚上年轻父母牵着心满意足的孩子回到自己家中,老人失望而孤独地打发一天的时光,在电视机前昏昏欲睡。另一对年轻人带着孩子买了礼物回到父母家中,他们的到来给父母的生活平添了许多的快乐,一家人包饺子下象棋,欢欢喜喜地过了一个周末。这个广告对受众很有触动,两家老人不同的境况,孤独寂寞的神情和幸福的笑容都给人留下了很深的印象,让人心里无法平静,意识到在给孩子快乐的时候不能忽略了老人,应该给他们更多的爱和照顾。

善与恶的对比:一个人在林中用网诱捕小鸟,然后拿到市场叫卖,两个小学生看到笼中的小鸟后,跑回家拿出储蓄罐里的钱,又跑到市场把鸟买下,把笼中的小鸟放回山林。这一捉一放,正是善与恶的曝光。

美与丑的对比:《环卫工人的汗水》再现了生活中曾发生过的一个场景。一位已上年纪的环卫工认认真真地清扫公园甬道,清除花圃中的衰草残叶,给人们创造了一个美丽清洁的环境。当她坐下擦汗的时候,一位化装精致、衣着时髦的年轻女子走来,随手把饮料瓶和纸巾扔进花丛。这一广告将美与丑并列展示出来,在赞扬环卫工人之美的同时批评了无视环卫工人的辛苦劳动并破坏清洁环境的丑行,发出了"爱护环境人人自觉"的呼吁。

5. 讲故事

生活是故事的素材、蓝本,将生活故事化、典型化,具有典型意义的故事就具有了认识生活、启迪心智的功能。故事是一种公众喜闻乐见的传播形式,人们无不喜欢听故事、"看"故事,通过口述和书籍、影视、绘画等各类媒介讲述的故事收获快乐和教益。公益广告用讲故事的方式来反映现实问题,说明事理,教育受众,往往比直白地说教更易于获得关注和认同。如一些影视公益广告,虽然播出时间只有二十秒或六十秒,至多几分钟,公益微电影也只有几分钟或几十分钟,但是犹如"迷你型"影视短剧,故事生动,主题突出,单纯而感人的内容,简洁而生动的视听语言以及艺术小品的风格,对受众颇有吸引力,能够瞬间令受众动心动情。如电视公益广告《鲜花》,故事中一对夫妻相亲相爱,丈夫酒后也没有忘记给妻子买一束鲜花,而妻子在家为他准备好了美味的晚餐。但车祸还是发生了,丈夫再也不能回来,美丽的鲜花抛落在地。悲痛欲绝的妻子来到墓地,轻轻地将一束鲜花放在丈夫的碑前。这些情节在数十秒内一一展开,随着情节的进展,受众看到幸福的生活怎样被酒精可怕地摧毁,甜蜜的爱情怎样被酒后驾车撞碎,深爱妻子的丈夫却因贪杯而把无尽的痛苦留给妻子。随着情节的展开,受众的感情也在起伏变化,羡慕、担忧、难过、同情交替而来,最后在叹息中理解了广告的劝诫。很多公益广告用故事诠释主题,充分展示了故事的魅力。微电影的出现为故事型公益广告提供了新的形式和传播平台,这种视频短片的片长超过电影电视广告,短则几分钟,长则数十分钟,可以根据主题比较充分地设置和推进情节,比较完整、细致地讲述故事。它们主要通过数字媒体传播,众多数字媒体存储、播放,受众可以随时随地搜索观看,不受时间、地点等限制。

  故事型公益广告的效果说明,与其空洞地说理论道莫如讲述一个感人的故事。应注意的是,公益广告不是为了取得戏剧性的效果而编造故事、制造情节,所以不应简单地模仿影视剧,而应根据广告的特点和要求及电影、电视媒体的优势,在设计故事情节确定艺术表现方式时,既要让情节能够真实地反映现实生活中矛盾的发展过程,使故事具有很强的现实意义和教育意义,又要注重情节的单纯化、视觉化和快节奏,并利用场景和形体语言等传播元素,使作品超越文字语言、有声语言的地区及民族界限,具有共通性、共识性,能在更大范围内传播,被更多的人理解、接受。有些作品未经翻译却能让无论使用哪种语言的人都能准确地解读,就是通过可视性强的场景、情节和人物的表情动作来传达信息。人类共通的艺术语言在公益广告信息和受众之间架起一座桥梁,可使公益广告的意义跨越语言、文化等障碍,顺利到达受众心里并产生积极影响。

  平面公益广告因媒体特性而难于表现事件、人物行为的连续发展,也不能切换场景画面,所以难以给受众讲述一个完整的故事,无法用情节的波澜增加吸引力,只能选取故事中的片断、情节进程中的某一片刻,借以表现生活、表达事理。有些公益广告就抓住了情节中最有包孕的片刻,利用其中所蕴藏的丰富的意义,从而取得言简而意丰、言尽而意未尽的效果。所谓"有包孕"的片刻就是最有含义、耐人寻味、能引起人们联想的片刻。有包孕的片刻能够引发受众的联想和想象,让受众根据这个片刻通过想象自己去延伸情节,完成故事。绘画、雕塑等造型艺术的创作注重选择这样的片刻,而不去描绘情节发展的顶点。对此,德国18世纪美学家莱辛在其论著《拉奥孔》中解释说:"最能产生效果的只能是可以让想象自由活动的那一顷刻了。我们愈看下去,就一定在它里面愈能想出更多的东西来。我们在它里面愈能想出更多的东西来,也就愈相信自己看到了这些东西。在一种激情的整个过程里,最不能显出这种好处的莫过于它的顶点。"这也就是说,想象如一块磁石,把受众吸引到作品中,让受众自己开掘作品丰富的内涵。受众在延伸情节、完成故事的过程中,同时也完成了对作品的解读,完成了将公益广告的思想意义内移、转化为自己的思想认识的过程。《珠海特区报》和《珠江晚报》发布的公益广告《历史翻开了新一页》就是这样一个有包孕的精彩的作品。该作品通过香港回归这一重大历史事件，表达了"民族自强创辉煌"的主题。作品巧妙地选取了英国王子查尔斯交还香港转身离去、董建华作为特区行政长官走上港人治港历史舞台的瞬间，把中国人扬眉吐气收复香港的历史记录下来。画面上查尔斯离去时似乎对香港眷恋不舍的背影、头欲转未转和话欲说还休的情态，董建华走来时满面春风、嘴角眉间流露的胜利者骄傲的神情，令人浮想联翩、回味无穷，确如莱辛所说，从中能看到、想到许多许多。这是一则让人过目难忘的好广告，在同一题材的作品中当属上乘之作，在同一主题的作品中，也是很有特色的优秀作品，而其成功主要在于抓住了有包孕的片刻。试想，如果用"举国同庆香港回归"的场面来表现"历史翻开了新的一页""民族自强创辉煌"，其效果将会如何？场面自然壮观，气势一定恢宏，但是这浓墨重彩的表现缺少特色，也未必能给受众留下多少想象的空间。这就像莱辛说的："到了顶点就到了止境，眼睛就不能朝更远的地方去看，想象就被捆住了翅膀，因为想象跳不出感官印象，就只能在这个印象下面设想一些较软弱的形象，对于这些形象，表情达到了看得见的极限，就给想象划了界限，使它不能向上超越一步。"《历史翻开了新的一页》未选择看到的"顶点"，而是选择有包孕的片刻让受众想象到顶点，用一个精彩的情节片断代替一个完整的故事，这的确是一个聪明的表现方法。如果不是深得造型艺术创作的"三昧"，那么这就是名副其实的创意了。

一则以反腐倡廉为主题的公益广告《行贿受贿同样有罪》选取了行贿的手与受贿的手即将碰触的瞬间，这一瞬间暴露了社会阴暗处的丑恶腐败现象，反映了一个严重的社会问题。受众通过这一瞬间自然而然地联想到社会上某些人损公肥私的肮脏交易，联想到交易之后国家和人民财产的损失，联想到党和政府形象的损害。画面上的两只手更能激发受众的想象力，这是两只有表情的手、能反映人物心理的手，这两只手尤其是那只想要拿钱却又踟蹰犹疑的手特别生动，让受众一看到就会联想到手的主人此时的表情和心理：一个推出诱饵面带诡谲的微笑引"鱼儿"上钩，一个经不住金钱的诱惑却又不敢"冒进"。至于结果怎样，两只手是终于"会师"还是那只犹疑的手果断地退却，作品把这也留给受众自己去想象。作品只是在两只手中间的空白处用一句话提醒："这一刻千万要把握住自己！""行贿受贿同样有罪。"这个既有警示意义又耐人寻味的作品后来获奖，其内容的现实意义与表现的技巧颇为人称道。但是，假如这个作品没有醒目的"行贿受贿同样有罪"几个大字把"包孕"说破，那么或许会更有意味，更耐咀嚼。

6. 危险警示

有些公益广告用某些行为可悲可怕的后果向公众发出警告，劝诫公众不要沾染恶习，停止不良行为，以免将来吞食苦果，追悔莫及。这一方法与体育赛场裁判向违规运动员亮出警告黄牌如出一辙，像是一种警示、一种恐吓、一种震慑，因此这一方法也被称为"恐怖诉求"，运用这一方法的公益广告被称为"恐怖广告"。劝诫人们不要吸烟、酗酒、吸毒、违章驾车，揭示环境危机，反对发展核武器等主题的公益广告经常用到恐怖诉求。

公益广告运用警示或恐吓的方法来达到说服的目的，有其科学依据。马斯洛的需求层次论认为，人有安全需求，这是人在生存、生理需求满足之后提出的基本需求，这一需求使人们对影响自身安全和环境安全的事物能够保持警惕，对威胁、危害安全的事物加以排斥。社会心理学的研究表明，恐怖的信息能对人的心理产生强烈

图 7-6　戒烟公益广告"烟吃人"

的刺激。先行传播一些恐怖信息刺激人们的心理，引起人们的高度重视，然后再告诉人们应该怎样才能避免出现恐怖的结果，这是一种比较有效的说服方法。社会心理学家在实验中让一些吸烟者观看肺癌患者接受手术的纪录片，这些患者患病与吸烟有直接关联。观者看到肺癌患者糜烂的肺部和 X 光照片后，都产生了程度不同的恐惧反应，其中一些人由此改变了对吸烟的态度，减少或停止了吸烟。科研结果表明，恐惧可以激发出一种强大的心理激励力量，给信息传播者提供了说服的手段和方法。公益广告运用警示方法正是根据人们渴望安全的心理，用生存安全受到威胁的结果让人们正视危险的存在，接受公益广告的忠告和主张，抛弃错误的有害的行为，采取正确的有益的行动。用这种方法制作的公益广告确实有非同一般的冲击力、震撼力。我国台湾地区的公益广告《今年你想开什么车》就是一个能让人不寒而栗的作品。画面上的半截身体和轮椅的两只轮子是忽视安全违章开车的结果，这可怕的结果令任何一个开车的人都感到恐惧：谁不恐惧身体残废？谁愿意用握方向盘的双手去拨动轮椅的双轮？这个作品从反面提出严重警告，像一剂治疗顽疾的猛药，会让受众在战栗中反省，在恐惧中

思索,思索怎样为了不开轮椅而开好自己的汽车,其说服力大大超过正面诉求。2015年国外一个非营利组织制作的一个电视公益广告,也是运用恐惧诉求规劝学生不要随意逃课。广告中学生们逃离学校来到海边嬉戏,但是阳光、快乐的年轻人没有想到阳光下潜伏着巨大的危机,躲之不及的连环爆炸摧毁了他们的快乐,造成了他们的伤亡。这个广告上传至他们的Youtube后,立即引起关注和转发,观看人次两天就超过500万,很快就累计2000多万。作为客户的非营利组织认为,用这种方式能够吸引注意并造成流行。

警示主要用于说服公众避免、停止或制止某些行为的作品中。由于说服的对象和诉求的内容不一样,所传递信息的警示程度及受众的反应程度也不相同,有的作品只是提出警告,引起一些人警醒、警惕,有的作品展示严重而可怕的后果,具有很强的震慑力量。美国有一则警告青少年不要因任性而过早承担养育责任的广告,广告上一位少年满脸沮丧,无奈地抱着一个幼儿,广告语是"一个婴儿每月要花费474美元,你口袋里有多少钱?"因为说服对象是未谙世事的少年、青年,诉求内容是提醒他们不要随意任性,所以广告用提示提问的方式,比较温和而不是严厉地发出警告,让头脑容易发热的青少年警醒,避免因一时的冲动而背上沉重的负担。这种程度的警示,青少年及成年人能够接受,不会产生什么反感。对严重的社会问题则比较严厉,因为轻描淡写、不痛不痒地提示难以引起警醒,所以需要加强信息的恐怖程度,使作品具有触目惊心的震慑力量,让受众认识到问题的严重性。盛世广告公司曾为绿色和平组织发起的反核试验运动做了一个广告,这是一个令人不忍再看第二次的广告,也是一个让人不能不站到绿色和平组织一边的广告。广告上的孩子因母亲受到核辐射而天生脑水肿,他那巨大的头颅和痛苦哭叫的样子让人恐惧战栗,心痛欲碎。广告语告诉受众:"这不是经过加工的平面效果。这个孩子天生脑水肿,这个缺陷是因为孩子母亲曾暴露于辐射中所致。现在,不要谴责我们将这个悲剧展示,请谴责那些将它隐藏并强调核能试验并不冒险的人。"用真实照片做广告,能够唤醒受众对核试验后果的重视,激发受众对核试验风险的极大反感,为绿色和平组织争取了许多新的支持者。George Lois在他的《蔚蓝诡计》中也介绍了他创作的一个警示型的反核试爆的作品。"合理核武测试委员会(The Committee for Sane Nuclear Testing,简称SANE)请一位获得诺贝尔奖的科学家说明外泄的辐射物质将造成畸形儿数目增加。我们设计了一张地铁海报,画面上是一位怀孕的女士,这位女士是我当时的秘书黛安娜·嘉拉哲太太,她以神圣的剪影方式出现,旁边写着这个标题:一百二十五万名尚未出生的婴孩将因核弹测试造成畸形或胎死腹中。……在这张地铁海报中,我运用怀孕秘书的侧面剪影了拍照,呈现出一张高尚、类似15

世纪佛罗伦萨画家波拉幼奥洛(Pollaiuolo)风格的肖像,迫使读者去思考这名妇人的恐惧:因时代的愚昧,她将生下一个畸形儿。"①

运用警示的方法需要把握好"度"。心理学家曾认为,震慑强度在某些特定条件下能够有效提高恐惧诉求的影响,信息越是能引起恐惧,在改变态度和行为方面就越积极,人们会积极地对危害性后果采取预防措施。后来的研究成果却发现,事实并非完全如此。有些说服人们不要吸烟、吸毒、滥交的广告尽管用患病、死亡等警示,但还是达不到劝服、改变的目的。有些作品警示和恐怖的情景甚至引起受众反感。究竟是适度地激发轻微恐惧还是让人们恐惧万分更有效果?虽然不同的试验结果、研究成果给出了不同的答案,但有一点基本相同,那就是在创作公益广告运用警示的方法时要注意"适度",不要单纯追求强度刺激,避免引起感官和心理的负反应。这种方法的适用范围也有一定限度,不能滥用以免适得其反,留给受众"老是吓唬人"的印象。在运用恐吓诉求的同时最好能够为解决问题提供相关知识,提出有效可行的建议、指示、方案,告诉受众采取何种行动能够消除危险而不再恐惧,那么广告效果会比只有恐惧诉求更好。

7. 幽默

幽默(humour)是一个美学范畴,是一种审美形式,它通过比喻、象征、夸张、双关、寓意、谐音、谐意等手法,机智而风趣地对社会生活中的某些不合理、不正确的事物和现象进行讽喻、批评,用一种比较轻松、诙谐、有趣的形式表达否定的态度,让公众从讽刺批评中看到某些事物和现象的不合理、不正确,认识到它们的谬误和丑陋。

幽默是一种具有喜剧特征的表现形式,以幽默的方式进行讽刺批评可以取得喜剧的效果。幽默睿智地制造笑点,用智慧启开人们的笑口,而人们的笑声不仅表达了他们对智慧的会心领悟、对幽默的用意和指向的理解,也表达了他们从幽默中获得了审美的愉悦。所以,幽默不同于简单而空洞的搞笑,幽默令人发笑而又意味深长,闪耀着智慧的光彩和理性的魅力,能够产生美感效应,所以林语堂说上乘的幽默是心灵的光辉与智慧的丰富。

幽默的特质使之成为一种颇受欢迎的表现形式,富有幽默性的宣传通常能够取得较好的效果,所以幽默成为广告的常用表现形式之一。广告受众喜欢幽默的广告,欣赏幽默的睿智和风趣。商业广告中幽默佳作颇多,公益广告的幽默之作虽少却也随处可见。有些公益广告用幽默的方式提出问题、表达意见,以轻

---

① 乔治·路易斯:《蔚蓝诡计》,海南出版社1996年版。

松诙谐的语气与受众对话,寓教于乐地进行提示和劝服,让受众微笑着接受广告的诉求。某大学为了提醒工作人员不要将自行车放在楼里,在办公楼门前的广告牌上写上这样一句话:"自行车也进楼办公吗?"这幽默风趣的问句比"禁止自行车进楼"的祈使句更亲切、风趣,更易于被接受。公共场所设立这样有益而有趣的广告牌,它们会像认真而风趣的环境守望者,忠于职守却又讨人喜欢。禁止吸烟、禁止违章驾车之类的公益广告多用恐怖诉求进行警示教育,但也有些用了幽默的方式,以诙谐的语言打趣一般地劝诫人们戒烟、安全行驶,把广告做得很有意思。如墨西哥一座边境城市入口处的一块广告牌这样提醒司机:"请司机注意您的方向盘——本城一无医院,二无医生,三无药品。"美国西海岸一条公路急转弯处的广告牌却告诉司机:"如果你的汽车会游泳的话,请照直开,不必刹车。"伊利诺伊州一个十字路口的广告牌请求司机:"开慢点吧,我们已经忙不过来了!"署名是"棺材匠"。丹麦首都哥本哈根的广告牌问司机:"您打算怎样?以每小时70公里的速度开车活到80岁还是相反?"[①]这些路牌广告都有明显的提示、警告作用,但"关心+开心"的方式既表现出对司机的关心,又以机智风趣让司机开心,据说性格开朗豪爽又有幽默感的司机喜欢这样有笑点的广告。

除了机智风趣的广告语外,平面公益广告还常用漫画的形式达到幽默的效果。善于夸张的漫画有趣、诙谐,对某些事物和现象或揶揄或讽刺,无论是轻微的讪笑还是辛辣的嘲讽,都能够吸引受众,提高注意度。幽默的电视公益广告犹如喜剧小品,同样为受众喜闻乐见。获得戛纳国际广告节最佳公益广告奖的作品"吸二手烟篇",模仿曾经盛极一时的连续剧《布莱迪一家》的开场部分,用幽默乐观的形式表现儿童因父母吸烟而备受烟雾侵袭的主题,让受众在会意的微笑中再一次认识到吸烟的危害性。中央电视台曾播过一个幽默的公益广告,批评不排队抢上公共汽车的不文明现象。广告中漫画式的你挤我、我挤他以至于公共汽车都跟着东倒西歪的场面,人们争先恐后却谁也上不去车的结果,令人忍俊不禁地发笑,用讽刺的笑声否定了这种不文明现象。

但也有些公益广告的幽默令人心生痛楚之感,如运用类似黑色幽默的公益广告。黑色幽默是一种用喜剧形式表现悲剧内容的艺术表达方式,有些公益广告运用类似黑色幽默的表现方式反映社会问题,虽然它们也会让人发笑,但这笑是"含泪的微笑",是无可奈何的笑,是苦恼人的笑,让受众在含泪的微笑、无奈的苦笑中正视广告所提出的问题,思索如何解决问题。如一则以环境保护为主题的平面广告,广告上一条河流被污染变成黑色,黑色河水上的两行反白字是公众

[①] 方舟主编:《广告宣传精彩点子》,福建科学技术出版社1994年版。

熟悉的歌词"一条大河波浪宽,风吹稻花香两岸……"但这两句歌词被添加了两个"曾经",变成"一条大河曾经波浪宽,风吹稻花曾经香两岸……"旁边一行小字问道:"难道让我们的后代这样唱吗?"显而易见,如此幽默让受众看了既感到可笑又感到心里苦涩,真所谓"别有一番滋味在心头"。在我国近几年出现的有关环境的公益广告中,类似黑色幽默的作品不少。这不是因为创作者对环境问题过于悲观,而是因为让人苦笑的幽默往往更能反映问题的严峻性,对公众的触动更大。

比较而言,我国公益广告的表现似乎还显得拘谨一些,幽默作品数量不多,表现出的睿智和风趣也欠些火候。怎样做好幽默广告,尤其是做好幽默且为受众喜闻乐见的公益广告,是我国广告界需要努力解决的课题。但需注意的是,幽默因国家、民族之间的文化差异而有所不同,西方国家的幽默未必能够被我国受众接受,即使广告诉求得到认同,幽默方式也未必能被接受,所以不可轻易模仿西方的幽默,以免受到受众的抵触。

8. 巧用文字

"文字本身就是创意""文字是创意的符号",广告人对文字的认识说明了文字对于广告创意和广告表现的作用。广告创作经常把语言的书写符号当作一种表现手段,巧妙利用文字的义与形表达广告诉求。

中国汉字富有表现力,汉字特有的构造法赋予汉语非常丰富的表意符号,而且能够启动人们的想象力,调动人们的思维,引发人们的联想、思考。象形、指事、会意、形声几种造字方法还可使人们从字的构成就能理解字义,所谓"望文生义"。一些汉字能拆能合,相合之义与拆开之义不同却又常有关联,这些都为广告表现提供了广阔的空间。

在我国的公益广告创作中,创作者主要根据构字法对汉字进行拆分或组合,通过表意符号的分合变化来反映问题、传达信息、阐释观念,引发受众的思考。一个保护森林的公益广告对"森"字进行这样的拆减:森→林→木→十,这里"森"字的拆分意味着植被遭遇破坏,由"森"拆到"十",说明如果不保护生态环境、任意毁坏森林,最终必将落个自掘坟墓的下场。一个关于水资源保护的作品与其有异曲同工之妙,作品两端是非常醒目的"沃"与"夭"两个字,两字中间的一句话"没有了水剩下的是什么"说明了这两个字的关系。这两个作品因巧用文字而富有冲击力,尤其是最后的"十"和"夭"令人不寒而栗,让人不能不重视环境保护这关系生死存亡的重要问题。组合汉字也能够产生这样震动心灵的效果。如:木→林→森,将"木"字组合叠加,可以提醒受众,每个人都爱护树木、种植树木,那么不毛之地也会出现茂密的森林。

几千年来汉字形体几经演变,出现过甲骨文、金文、大篆、小篆、隶书、楷书、草书和行书等数种形体。有的形体象形性很强,有些文字犹如图画,看图既能识字,又能产生美感。汉字形体的多样及其独特的书法艺术使之成为广告设计、商标设计的重要的视觉元素。有的作品在利用汉字构造法表意的同时,利用汉字的形体及书法艺术增强作品的表现力,以求表意与表现双佳。如预防艾滋病的两幅平面公益广告就以篆书"欲""合"二字表达"存人欲,尊天理,安全措施全为你"的主题思想。篆书的形象、直观以及避孕套的巧妙利用,将传统与现代融于一体,使作品既具中国传统文化特色,又不乏新时代的开明思想,颇有意趣。但是,利用篆书要注意受众能否识读的问题。有的作品是只借助形体和书法艺术以提高作品的艺术品质,也有的只用美术字的形式书写广告语,以其优美的或独特的造型及装饰效果增强广告的视觉冲击力。总之,汉字的字形字体被广告创作者当作一种艺术表现的符号熟练地运用,既用来与图画组合,也单独作为视觉形象的主体,把汉字的价值——文字的信息功能和艺术表现力充分发挥出来。

我国公益广告中的外国文字很少,不像有些商业广告中外文并用。公益广告中所用的外国文字几乎都是受众熟知的,使用时主要是以字体、字号的变化创造良好的视觉效果。

手语是聋哑人的一种语言,他们用手语交流,手势就是他们的表意符号。为聋哑人做的公益广告自然要借助手势以达到顺利交流的目的,但有些不是单为聋哑人做的广告也用手势表现,在这样的作品中,手势就是一种单纯的表现手段或表现形式。这和用文字做表现手段本质上是一样的,只不过对健康人来说,增加了解读的难度。这样表现看似巧而实则拙,这算不算成功的创意?

图 7-7 公益广告"官民一心"　　图 7-8 公益广告"少了这一点,就不是中国"

9. 操作演示

有人心脏病发作或中暑昏厥而身边的人不知怎样实施急救,孩子们遇到失火、烫伤、割伤、陌生人闯入等突发性事故而不会自救或求救;公益设施建立起来公众却不知怎样使用……诸如此类的情况,提醒政府部门和一些公益组织:公益广告服务于公众,帮助公众排忧解难,不仅要告诉公众做什么,还应该教会他们一些方法,使他们在应付某些紧急情况的时候既知应该做什么,又知应该怎样去做。因此有些公益广告如同教科书或教学片,专就某一问题开设讲座,讲授操作规程,演示实践方法,或者教人们一些应急措施,着力培养人们的应变能力。中央电视台一则公益广告专门演示如何对突发心脏病患者进行紧急施救,外国的一个电视公益广告针对孩子们不当使用家用电器引发事故的问题,为孩子们进行安全使用和避险求救示范。从事故发生的原因到采取自救、求救措施,一招一式地演示,清楚细致地讲解,就像给孩子们上课一样。

电视演示直观性强,示范效果好,最适于通过操作演示传授知识和方法。报纸、海报等以图为示,以文为解,效果差强人意。虽然采用操作演示方法的公益广告似乎没有什么艺术性,但其服务意义突出,知识性和实践指导性很强。对于传授知识、教授方法的公益广告,这是一种有效的表现方法。

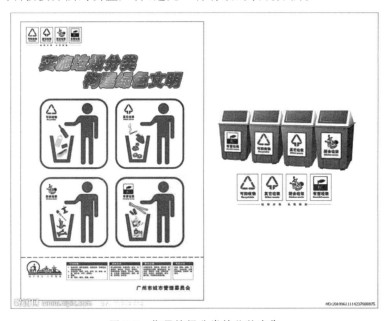

图 7-9 指导垃圾分类的公益广告

四、中外公益广告的创意表现

在创意表现方面,中外公益广告有同有异。同——主要表现在创作规则方面,异——主要表现在创作手法和风格方面。下面从创作原则、广告语和形象表现三个方面分析中外公益广告的异同。

1. 创作原则

从中外公益广告表现出的相同的美学特征,可以看出中外公益广告是在相同的原则指导下创作的。

首先,中外公益广告都遵循单一诉求的原则。无论广告使用什么载体,文字和图案是繁是简,都是只说一件事,表达一个主张,不兼顾其他方面,因此鲜有主干之外又旁枝逸出的现象。即使是播出时间较长、版面较大的允许较大容量的作品,也多是抓住一点不及其余,只将较大的时空用于渲染,而不是见缝插针地挤进一些其他信息。由于坚持单一诉求,所以中外公益广告都能做到信息传递清晰,便于受众理解和记忆。

其次,中外公益广告都力求表现简洁、平易。语言和图案是广告表现的主要手段,是广告内容的载体。中外公益广告上的文字语言和有声语言大都比较简短简练,少冗词,忌赘句。比较而言,我国公益广告说的要多一些,几乎每个作品都有广告语,外国公益广告说的少一些,无论文字语言还是有声语言都很精练,很多印刷、电视作品甚至只用图案传情达意,"一切尽在不言中",而受众却能够理解广告内涵。广告的形象编码同样简练而不繁杂,常常是一两个人、一个平常的物件或一个简单的场景就反映了一个问题,诠释了广告的意见主张。而无论语言还是形象编码都平易好懂,两部分又相辅相成配合得比较默契,广告语常常充当形象的注释,图形图像对广告语进行形象解说或渲染,所以受众一般不会有解读的困难。

再次,中外公益广告都通过创意使作品具有冲击力。中外公益广告创作者都注重创意,肯在创意上下功夫,希望通过创造性的表现使作品能够首先吸引受众的注意,进入受众的视野,继而进入受众的心里,唤起受众心灵的共鸣。创意能够提高作品的表现力,在一定程度上保证了公益广告的质量和广告目标的实现,使投入较少的公益广告能够与耗资数百万、数千万的商业广告竞争,成为广告排炮中的一发重型炮弹,避免了由于先天不足而造成后天羸弱的现象。国外一些公益广告的创意及其所产生的触目惊心的冲击力令人惊叹,我国公益广告

图 7-10 国外公益广告"老年人也需要关爱"

创意水平与商业广告相比还有距离,但是近年来提高较大,加上广告公司努力克服资金短缺的困难,尽量在制作上保证创意的实现,所以佳作精品迭出,并有作品获国际奖。我国现在的公益广告确与传统意义上的"宣传品"有了越来越大的差别,不再是"宣传品"的别称,而成为名副其实的广告,在创意方面完成了自己的定位。

2. 广告语

广告语是广告表现的重要组成部分,中外公益广告都注重广告文案工作,充分利用语言的功能,发挥广告语的特殊作用。从广告语表达的内容看,中外公益广告语的差异不大,所完成的都是同样的任务——传递信息、传授知识、注释图案、提示主题、启发心智、呼吁行动、激发情感等。若从广告语的表达形式和风格特色方面考察,中外公益广告语有以下一些不同之处。

(1) 繁与简

衡量广告语的繁与简,不能以文字数量为标准,而应看说的是否都是必须要说的话。文字数量只能显示广告文案的长与短,而长与短和繁与简是内涵不同的概念。如果广告语都是必须要说的,没有冗词赘句,没有不必要的解释、提示,没有不必要的语意重复,那么无论长短都是简洁的;如果广告语中说了不必说的话,重复了无须重复的内容,那么即使文案不长也算烦冗。

广告由于媒介时空的限制,在语言表达上尤须删繁就简,精练明快。从总体上看,中外公益广告语都体现了精练不烦冗的特色,但是分析具体的作品,我们会发现"说话啰唆"的作品还不少。比较刊载于《国际广告》《中国广告》《现代广告》几家广告杂志的中外公益广告,以及各类媒体上发布的公益广告,可以看出我国有些公益广告存在语言烦冗的现象。固然,几家杂志上的作品不能代表公益广告的全部作品,将它们作为"样本"数量的确太少,难免以偏概全之嫌,未必能够准确反映公益广告总体情况。但是这些作品都被认为是比较优秀的作品,其中不少是获奖作品。它们的优秀既体现于图案图像部分,也体现于语言部分。它们作为"一斑",还是能够在一定程度上反映"全豹"的,最起码它们能够反映一部分作品的情况。

从这些作品上看,我国公益广告创作者将广告语视为广告必不可少的部分,无论利用什么载体,所有的作品无一例外都有广告语,而国外的公益广告有些有广告语,但也有一些作品"不着一字",只用形象说话。大概是创作者认为视觉传达部分能够独自承担表达任务,因而不需要文字语言辅佐配合。这些作品虽然"不着一字",但是受众解读它们却没有什么困难。我国的一些作品形象部分也完全能够表达广告信息,没有广告语受众理解也不会有障碍,但是广告语还是出现于作品中。有些作品本来用一两个词或一两句话就可以把信息传达清楚,把主题揭示出来,但是好像还怕受众不能理解,或是为了使主题更突出,使作品更有力度和气势,在已能够说明问题的广告语上再加上一句口号,结果造成语意重复等现象。虽然这种反复告诫、谆谆叮咛有强化记忆的作用,但是有时也会令人生出"饶舌"之感。

广告语存在的问题,有的是创作方法技巧简单所致,有的是主管部门硬性要求造成的,虽属微瑕,瑕不掩瑜,但毕竟是曾经出现过的问题,而且这样的问题在很多的公益广告中都存在,广告业内人士和受众对此也都提出过批评。最近发布的公益广告中这一现象并未杜绝,但是有"蛇足"的作品明显见少。如全国优秀广告作品中公益广告,大多数广告语都扫去冗词赘句,简洁精致,颇显推敲功力。国外的公益广告语比较简练,除了写有联系办法等内容的附文之外的话语不多,很少有反复强调、语意重复的现象。

我国的公益广告语中不乏格言式的警句、诗一般的美言、富于哲理的智语,但是像"我不认识你,但是我谢谢你""没有买卖就没有杀害"这样能够流行的金句毕竟还不多。从总体上看,我们的公益广告语表达比较直白,语气较硬,说教味较浓,标语口号式的句子较多,缺乏亲和性。因而虽然它们对受众有教育作用,但是与受众之间总是存在着一定的距离。20世纪90年代的很多公益广告语从内容上看都不错,言之凿凿,掷地有声,只有个别句子比较空泛。但从表达上看,还有明显的标语口号色彩,说教多,启发少,强调多,感化少,理论多,感情少,直陈多,婉辞少,虽然慷慨激昂,但是诱导不足。有的广告语语气较硬,甚至给人一种居高临下之感,让人难于从感情上接受,如:"这只碗碎了你就不吃饭啦!"创作者好像是用激将法激发下岗职工再去找只"饭碗",殊不知,这样的"激发"对下岗职工并不合适。他们并不是不想找只新饭碗甘愿坐以待毙,而是在找什么样的饭碗这个问题上犹疑不定,有人只想找回原来那样的碗,有的却想找一只"铁碗""金碗""大碗",有的是摸不到门路不知到哪里去找。创作者现在手里有饭碗,未必设身处地真正了解下岗职工,所以才会用这样的话为他们指点迷津,但是这样"硬"的话恐怕是说不到下岗职工的心坎上的,不如"换部车子,走好每一站……"让人感到亲和一些。

国外的公益广告语也有呼告有要求,但是更注重启发、引导,语气比较婉和,较少教训口吻,体现了广告发布者和受众之间的平等关系。如法国环境部为鼓励市民使用电动轿车以缓解城市污染而做的系列公益广告,广告语分别是:"在它与我之间……电流通过。电力,改变生活的力量。""巴黎的回忆——1997(在电动轿车到来之前)""我们的孩子偏爱电动车!我们为什么不呢?"第一则的广告语是告诉人们,我们可以用电力改变生活,使用电力汽车;第二则的广告语用大气污染巴黎致使埃菲尔铁塔和蒙帕纳斯摩天大厦"雾里藏花",以此启发人们认识使用电动汽车保护环境的意义;第三则用孩子们的行为来激励大人们。这些广告虽然是政府发布的,但是既没有通告的意味,也没有居高临下的口气,而是语气轻松地启发式、引导巴黎市民使用电动轿车。再如美国的赌徒生命热线的两个广告语:"赌徒的生命热线在赌博中是不存在胜机的。""在赌博中,可能会赢回一些东西,有些东西却是永远也赢不回的。"这两则广告中的第一则侧重传递"热线"的信息,表达"热线"愿意为嗜赌的人提供帮助的意愿,在传递信息的同时,告诫"在赌博中是不存在胜机的"。第二则主要提醒赌徒赌博可能有"得",但是更有"失"——失去妻子和儿女的期望和爱戴,甚至永远失去他们。这两则广告语都针对赌徒想"赢"的心理提出忠告,话说得认真严肃,语重心长,启发性较强,但是使用的是陈述句,语气平和,没有训诫口吻。再如其他一些广告语,这些广告语有的直接表述观点,像父兄、朋友的忠告,但是语气把握得恰当,没有"逆耳"之感;有的间接表达,不乏风趣,却发人深省,令人震惊。总之,表达方法各异,风格特色不同,但无论直接委婉、严肃风趣,都注意亲和性,避免把广告语做成说教味极浓的标语,或是简单生硬的通告语。

3. 形象表现

形象表现是公益广告的重要组成部分,是最能体现广告创作者的创造力和创作风格、创作特色的部分。尽管中外公益广告的形象表现具有一定的趋同性,但是不同选题的作品,还是各有创意,各显特色,各具风格;相同选题甚至相同主题、相同素材的作品,也同样有不同的表现,正如艺术创作,"有一千个导演,就有一千个哈姆雷特"。

我国公益广告形象表现的几个特点如下:

(1) 浓郁的民族文化色彩。中华文化源远流长,内容极其丰富,是我们中华民族最宝贵的财富。我国的公益广告创作者们非常善于利用民族文化这座宝库,把民族文化当作创作的源泉。他们一方面选取民族文化中对民众教育、对国家精神文明建设最有积极意义的优良传统、正确的思想观念等大力弘扬,以抵制各种殖民文化、各种错误思想对人民的侵蚀,一方面从民族文化中获取创作素材、创作方法,用民族文化的智慧引发灵感,催化创意。丰厚的民族文化沃土使我国的公益广告作品不仅在内容方面呈现了"中国特色",而且在形象表现方面也呈现出浓郁的"中国特色"。

上海电视台创作的敬老养老公益广告《乌鸦反哺》用历史文化中乌鸦反哺的故事,以乌雏长大尚能衔食哺母的"老话",教育年轻人要懂得敬老养老的道理,关心老人,奉养父母,尽孝尽责。《北京青年报》刊登的节水公益广告,用汉字特殊的造字方法提醒人们:有"氵"的滋养土地就"沃",没有了"氵""沃"就成了"夭",水决定生命的存与亡。广州天艺广告公司创作的《为我们的抗洪战士喝彩》,用中国象棋再现人民解放军英勇抗洪的壮举,歌颂人民军队誓死保卫人民的伟大精神:在凶猛的洪水席卷而来之际,我们的"将""帅"们身先士卒冲在最前面,英勇顽强的"兵"和"卒"紧随其后,他们用自己的血肉之躯筑起了一道冲不垮的长城,用英勇无畏的精神与洪水搏斗,保卫人民,保卫家园。广州黑马广告公司为庆祝教师节创作公益广告,用描红本上描写"老师"两个字来强调尊师重教的伟大意义。

这些作品从优秀的民族文化中撷取材料进行形象编码,用民族文化的符码表达一种理念,以我国受众稔熟的事物解说广告主题,把文化事象作为载体达到广告传播的目的。像这样有民族特色的公益广告在我国数量很多。鲜明的民族文化印记和浓郁的民族文化色彩,为它们戴上了一枚民族品牌;民族文化底蕴和民族文化气息使它们形成了自己的表现个性和民族风格,同时也为它们增添了亲和力。对我国受众来说,这样的作品更平易更亲切,更容易接近一些。

(2) 严肃庄重的诉求风格

公益广告的内容是严肃庄重的,但是这并不意味着表现形式也必须严肃庄重,轻松活泼的形式同样能够表现严肃的主题,同样具有提醒、教诲及动员号召等作用。所以,公益广告的表达方式应该丰富多样,形象诉求不拘一格。可以语重心长地谆谆告诫,声色俱厉地批评,诙谐幽默地讽喻,也可以大声疾呼,热情鼓

图 7-11　讲文明树新风公益广告

励,反复叮咛甚至严正警告;可以像悲剧一般"把人生最有价值的东西打碎了给人看",给人以强烈的情感震撼和道德感召,使人们为失去美好的东西而惋惜,从此更加珍惜美好的一切;也可以像喜剧一样,"将那无价值的撕破了给人看",对落后的、错误的、丑恶的事物进行嘲讽、揭露,让人们笑起来,在笑声中对它们做出否定的裁决。当然还可以把广告创作成"正剧"。总之,在形象表现的风格上可以也应当"百花齐放",异彩纷呈。

我国的公益广告看起来有点风格单调。这主要表现在庄多于谐:轻松活泼的作品较少,大多数作品都是一副不苟言笑的面孔,尤其是批评性的公益广告,多以严肃庄重的表现形式来揭露问题,提出忠告。几次大型主题公益广告活动产生的作品和"保护知识产权""水资源""一展身手"等主题公益广告创意竞赛的作品中,以轻松、幽默的风格表现主题的作品数量很少,大多数作品都是严肃地指陈问题。严肃庄重的形象表现并非不好,但是都是严肃庄重的面孔,缺少变化,表现单一,甚至刻板,不但不符合风格多样性的创作原则,也不利于广告创意的发展。对受众来说,公益广告看起来都是一个风格,未免会觉得单调。而且作品差不多都那么严肃严正,接受时心理或许会有沉重之感。曾经有文章提出这个问题,发问"我国的广告为什么不幽默"。的确,我国的商业广告缺少幽默,公益广告更缺少幽默。而是否幽默,不仅是个表现方法问题,而且是表现风格问题,是表现风格是否向多样化发展的问题。也许有人会说,这是作品的题材和主题决定的,此话不无道理,却也有可商榷之处。从理论上说,表现形式、表达风格固然要受到内容的制约,但是风格的形成并不完全取决于内容,表达的特点也是风格形成的重要因素。从实践上看,很多题材相同、主题相同的作品由于表现形式不同而风格各异,批评性的内容也可有风格不同的形象表现。如戒烟广告,都是说明吸烟有害健康,都是规劝吸烟者戒烟,有悲剧式警钟式的作品,也有诙谐机智的作品,如《布莱迪一家》这样的喜剧小段。悲剧式警钟式的作品令人心悸、催人警醒,诙谐机智的作品、喜剧式表现让人在轻松愉快中接受了劝告,它们都具有同样的作用,但不同的风格给人的感受不同。如国外一则劝导戒烟的公益广告《我吸烟你在乎吗》,广告上一位身着西装、颇有绅士风范的男人问身边的女士:"我吸烟你介意吗?"美丽的女士面带笑意地反问:"我死了你介意吗?"这个广告要说明吸烟不仅害己还害人,希望人们能够拒绝"二手烟",以免受其伤害。用这样一种诙谐风趣的方式既达到了诉求目的,又让受众觉得活泼有趣,在轻松一笑中领会了广告之意。受众需要逆耳忠言,需要警钟长鸣,但也需要幽默,需要笑声,尤其是现代人,似乎更欣赏幽默,更乐于接受机智的批评和积极的建议。所以,公益广告的形象表现、风格特色应该丰富多样,而不应该是一样的面孔,一样的腔调,给人一种单调之感。

(3) 简单、雷同的表现手法

尽管我国的公益广告创作者始终在努力提高公益广告的创意和制作水平,要拿出既有意义又有视听吸引力的作品,但是还是有很多公益广告的表现比较平淡,特别是在进行形象处理的时候,创作手法比较简单且缺少变化。手法的简单和雷同使得作品看起来很相似,难以体现出创作个性。

从我国发布较多的公益广告——环保公益广告可以看出表现手法比较简单雷同的特点。到目前为止,我们在各种媒体上所看到的环保广告不是"绿镜头"就是"黑镜头",这两种镜头成了此类广告的主要表现手段。所谓"绿镜头",是展现美丽、和谐的自然和社会环境;所谓"黑镜头",是用触目惊心的场面揭露破坏环境的恶果。"绿镜头"是一个甜果子,"黑镜头"是一剂难以下咽的苦药。但无论"甜"还是"苦",它们都是要提醒人们保护环境,保护人类生存的空间。用"绿""黑"两种镜头展现环境,这一手法本来是不错的,虽然简单一些,但是能够表现环保主题,能够对受众起到一定的启发、教育作用,不失为一种好方法。但是如果都用这种手法,特别是在同一次同一主题的广告活动中都使用这一种手法,广告作品恐怕就难免雷同、单调了。尤其是"黑镜头"居多的时候,受众触目皆是肮脏的空气、污染的江河、干裂的土地、狼藉的森林、被吸干或被剃光的地球,还有物种的"进化"和灭绝,爷爷或爸爸指着化石、标本、图片等给孩子们讲述自己小时候看到的鸟兽和植物等。单独看这些作品,每一个的形象表现都很好地诠释了主题,但是把它们一起推出来,或者总是这样一成不变地表现,就把环保这个大题目做"小"了,做"窄"了,做"死板"了,使人因为司空见惯而产生乏味之感,甚至造成视觉"麻木"。现在这种创作手法似乎变成了一些创作者的思维定式,他们一创作环保广告就自然地想到用"黑镜头"或"绿镜头",似乎再没有别的表现手法可以使用了。从某些公益广告创意竞赛的获奖作品中也能够发现这种苗头。表面看起来,这些作品之间是有差异的,每个似乎都有创意,但是一比较就能发现它们只是在选材方面有些差异,而在手法的运用方面几乎如出一辙,并没有什么创新。

文有大法而无定法,这一创作思想也适用于公益广告创作。公益广告的表现手法的确应当多种多样,应当不断发展翻新。对于像环保这样的大题目、长期性的题目,更应该变着花样把它作成各种各样的"文章",否则会给人"炒冷饭"的印象。我们的广告创作者正在进行这方面的努力探索。现在很多优秀的环保公益广告就是这种努力的结果,它们和其他一些优秀作品能够在形象表现、创作手法方面给我们一些有益的启发,能够带动公益广告的创作步入一个新的高度。

国外优秀公益广告形象表现的特点:

(1) 富于想象

创作离不开想象,创作过程中的形象思维尤其离不开想象。想象之于创作,就像鸟儿的翅膀一样重要。有了翅膀,鸟儿才能飞翔,富于想象,广告的形象表现才能摆脱生活现实的拘束而有创意。想象孕育创意,创意是想象的硕果,没有想象难以产生创意。

从我们能够看到的国外优秀公益广告作品中,可以发现在形象编码方面,不少作品想象新奇,形象夸张,既反映现实又不拘泥于现实。这些作品的创作者把现实的真实和奇妙的想象结合起来,把看起来毫无关系的事物联系到一起,进行比喻、比拟、类比、象征等,或用非现实的情境表现现实,用富于想象力的形象表达主题,表达广告活动主

图 7-12　环保公益广告"帮助地球母亲报复人类"

体的思想感情。想象之奇特、联系之巧妙、表现之奇特常常令人赞叹不已。

很多优秀作品都有很强的原创力,而原创正是来源于独到的想象。国内很多广告创作者看到这些作品,都惊叹"我们怎么没有想到"。而这些蹊径独辟的

作品同时也能够激活受众的想象,受众通过想象接受和处理广告中的信息。

(2) 表现方法多样灵活

国外优秀公益广告的表现方法多种多样:正面肯定、反面示警、直接告知、侧面提醒、严正要求、循循诱导,现任国家领导人谆谆教诲、患艾滋病的明星现身说法等,广告从各个方面入手向受众诉求;纪实、比喻、比拟、借代、象征、暗示、对比、烘托、夸张、讲故事、表演喜剧、操作示范,创作者用各种手法传递信息,表达主题;演员表演、三维动画、影视特技、技术装置……艺术和科技联手,把公益广告的制作推向更高的层次。表现的多样性使公益广告作品异彩纷呈,不拘一格,摆脱了简单的标语口号式的低层次,深得广大受众的欢迎,走进了受众的心中,留在他们的记忆中。

(3) 诉求风格亦庄亦谐

国外的优秀公益广告,形象表现严肃庄重的作品有之,诙谐幽默令人忍俊不禁的作品也不少,亦庄亦谐,不拘一格。在前面"公益广告表现"一节,曾以交通安全广告、戒烟广告为例说到国外公益广告的表现方法,有的是用"死亡"向广告对象发出严重警告,"最后通牒",有的是用幽默甚至调侃的口吻提醒司机遵章行车,劝告瘾君子戒烟。法国的一则广播广告用新闻报道的形式向社会通报刚刚发生的车祸,告诉人们:即使小心有时也可能肇事。

亦庄亦谐,风格多样,对广告而言,会使之丰富多样,避免众多广告一副面孔、一个腔调;对于受众,好像身边有各种性格的朋友,他们或严肃或热情或诙谐或顽皮地站在面前,用不同的方式提出善意的忠告。或许,这样总比身边只有一个板着面孔的"导师"要好一些。国外公益广告的风格多样性,也值得我们学习。

五、公益广告创意表现的科技手段运用

公益广告的创意和表现方法最终要通过设计、制作体现出来,而科技在现代广告创意、设计、制作过程中发挥了前所未有的巨大作用。在这里,我们不必多谈绘图技术、摄影技术、彩印技术、材料技术等现代技术在广告领域的应用,仅从计算机应用、媒体技术、数字技术在广告设计、制作中的作用就可以看到科技手段的重要作用。计算机应用、媒体技术、数字技术等先进技术的快速发展和广泛运用,不仅对广告创意、设计、制作产生巨大影响,带动了广告设计、制作的技术进步,使之与现代科技发展同步,而且为非凡创意的实现提供了强大的技术支持,为突破视觉传达的技术性、经验性、想象性限制提供了手段和方法,从而让创作者能够更勇敢地展开想象的羽翼,让想象能够"成像"为现实的画面,让曾被认

为不可能实现的想法能够付诸实现,也让广告受众能够获得新的感受和体验。如某广告公司利用数字技术给予募捐广告一种新的形式,为某慈善组织设计制作能够刷卡的电子广告板,让广告板与刷卡机集于一身的创意得以实现,使公众的慈善捐助更方便、更快捷。

很多优秀的公益广告都是人脑与电脑合作、创意与技术合作的结果。虽然计算机、媒体技术、数字技术作为工具、手段的本质没有改变,但计算机、媒体技术、数字技术已不仅仅作为单纯的工具、技术手段进入广告创意、设计、制作过程,它们的影响和作用体现于创作的各个层面。如果不局限于公益广告或广告创意这一视角,从文化创意的广角去考量计算机应用、媒体技术、数字技术,可以发现它们的更大作用和更深影响,无数取得巨大的成功的影视作品,如《阿凡达》《指环王》等影片,都可以作为最有说明力的注释,说明创作者怎样利用计算机等设备,借助于媒体技术、数字技术创造视听奇观,为观众奉献具有强大艺术震撼力的视觉盛宴。广告作品简短而简单,设计制作非常简易,即使被称为"广告大片"的作品也是"小制作",但计算机应用、媒体技术、数字技术对广告创意、设计、制作的作用和影响基本是一样的,广告创作者运用这些先进技术创作优秀作品、让广告创造更大价值的理念和行动追求也是一样的。

数字图像处理技术为创作提供了先进的手段,在计算机上动动指尖就可以随意调用自己输入的创作资料,或探取网络存储的丰富素材,敲击键盘就可以进行各种各样的设计和制作。广告创作者要设计、制作广告作品,把抽象的创意变成可视的形象,无论是平面图形还是立体造型,无论是简单的还是复杂的,无论是纪实写真的还是超越现实富于奇趣的,只要善于利用各种图形图像处理文件,就能快捷地完成设计,创作出想要的精美而奇异的图画,看到妙趣无穷的特殊效果、特技效果。对于一些目前还无法绘制、拍摄的图景,也可以利用数字技术顺利完成。如要调换背景、底纹、字体字号,将图形放大或缩小、移位、变形或反相显示,将颜色改变或想"调制"出特殊的颜色并保存待用,同样轻击键盘立刻可以解决问题,根本无须重新展纸调色,无须重新运笔构图。利用数字图像处理技术,取用材料工具之方便,图像特效处理之快捷,工作效率之高,设计效果与构想之吻合,非传统设计、制作方法所能企及。影视广告、动漫广告、游戏广告、户外显示屏广告的特技效果若不借助数字图像处理技术难以完成,而新媒体广告更需借助数字技术不断实现形式创新、价值创新,让受众在信息接受过程中不断获得新的视听体验,让广告效果随着技术进步而提升。如利用VR技术设计制作的新型广告,让受众在虚拟现实空间中获得身临其境的体验。VR新闻已经证明利用这一技术可以产生"把受众带到现场去"的效果,美联社和VR工作室

RYOT合作,用VR手段将受众带到法国北部的Calais难民营,让受众看到那里的移民和难民为他们女儿的最后一程做准备,这位女孩准备攀爬一列运货车通过英吉利海峡开始在英国的新生活。我国财新视频和联合国联合摄制的中国首部VR纪录片《山村里的幼儿园》,把受众带到贵州松桃大湾村、湖南古丈的留守儿童身边,"走进"乡村幼儿园。这种"把受众带到现场去"的效果,能够让受众的感受和体验更真切、更强烈。如果公益广告传播能够利用VR等技术手段进行公益动员,引领受众突破时空限制而沉浸于某些场景,体会受助群体的生活状态与情感需求,一定能够取得更好效果。现在受众接受VR作品还会受到一定的技术和设备限制,随着虚拟现实设备的普及,这些问题自然迎刃而解。只要创作者善于利用数字技术,就能将一闪而过的非凡创意立即表现出来,犹如闪电过后立刻听到的雷声,使广告表现更加丰富多彩、更臻完美,广告与受众的互动性、沟通性也更强更突出。所以,现代广告与数字技术的关系愈加密切,或者说,现代广告创作越来越重视和依赖数字技术及其他现代科技的支持。

数字技术还能强化创作者的创意意识,激发创作者的创造力,为创意添加更有力量的羽翼,让想象振翅飞向更大的空间,也让创作者增强信心,相信数字技术能够让富有想象力的创意顺利"变现"。因此,随着创作者不断突破固有思维定式,改变创作方式,创新广告表现形式,以往被认为不具有可行性的创意现在成为可行而且易行的创意,越来越多颇富新意的体现数字技术特点的广告出现于公众面前。如英国某购物中心的一个LED公益广告looking for you。顾客到此购物时会得到一张传单,当他们拿着传单走到LED广告牌下,传单就会激活广告牌上一只名叫Barley的狗,这只狗与顾客互动,随着顾客走动。这个公益广告借助数字技术制造的互动,引导人们关注流浪动物,鼓励人们领养它们。公益组织Women's Aid在国际妇女节推出的一个户外公益广告同样利用了数字技术,通过一个遭受家暴的女人脸部的变化,提醒人们多给予一点关注,就会早一点促进问题解决。数字技术不仅强化了这个广告的冲击力,而且改变了传统广告形式单向传播的模式,让广告中的动物、人物与受众即时互动,使受众面对广告就能直接看到自己的行动会产生何种效果,确认自己的关注能够让家庭暴力终止。这样的公益广告会吸引人们驻足观看,让他们愿意通过自己的关注帮助他人,推进社会文明进步。

而今现代科学技术不声不响地渗透到文化创意产业的每一个领域,静悄悄地推动着创意、创作的革命。数字技术等先进技术在广告活动中发挥着重要作用,在创意、设计、制作环节大显身手。现代科学技术让广告创意的空间更广阔,广告表现将更加丰富多彩。在现代科技的支持下,公益广告可以做得更好,可以产生更大的作用。"工欲善其事,必先利其器。"广告创作者应该关注现代高新科技的进步和应用,善于利用现代科技,借助现代高新科技提升公益广告的创作质量和传播效果。

[案例]

案例1:浓情笔墨间,欢乐中国年
——春晚公益广告《中国字、中国年》创作手记[①]

冯依民

我将这支广告创意的着眼点落在了"汉字"上,因为五千年汉字文化蕴藏着悠久的智慧和人文情怀,横竖撇捺之间,记载着图像和知识,更饱含着人们的情感抒发和个性表达。尤其在目前这个数字时代,电脑、智能手机的普遍使用,它们的便利性已经让越来越多的中国人逐渐忘记了写字。但我们遗失的不仅仅是文化和传统,更是写字时想要传达的思想、情感、个性和自我。因此,我就一直在想,能否从小的、具象的视角出发,用中国人最基础的汉字,透过几个温暖感人的平常百姓家的故事,在过年这个时节,书写并传承出中国人对子孙的期盼,生活的梦想,家人的牵挂,新生的喜悦……通过《中国字 中国年》这个创意,唤醒每个人写字的初衷和美好的回味。

我有幸请到了台湾的林志鸿导演和刘世上摄影师,与这两位业界的资深前辈合作,让我获益匪浅。在跟他们反复推敲和打磨后,希望通过原始创意,在拍摄执行中展现真实生活中的情感,力求把客观拍摄与感性故事描述相融合,突出故事的真实感、叙事感、生活化,无论男女老幼,无论身在北方还是地处南方,无论国内还是海外,都能触动他们内心对于文化情感的自我探索,传达出人们在真正生活中可以体验到的写字的"价值",进而透过这种价值观,将亲情与愉悦、温馨与幸福、文化与传承,自然真切地展现之时,更能为全社会树立起回归传统特质的价值观念。为了表达这种真情实感,我们采用电影的叙事方式来展现,其中故事人物在选取上全部都是非专业的演员,从他们真实的样貌中汇集情感,透过自然的互动,找到每一个人物的心理状态,在写实的状态下,透过剪切掌握表演的节奏,让他们身临其境进入角色,从而加深这支广告与观众的内心沟通。为

[①] 《浓情笔墨间,欢乐中国年——春晚公益广告〈中国字、中国年〉创作手记》,载《中国广告》2015年第4期。

此，整个摄制组从 2014 年 12 月底到 2015 年 1 月初，辗转在内蒙古呼伦贝尔、安徽泾县查济古村落、海南鹦哥岭、北京、河北等地拍摄。从大兴安岭林区一路南下海南岛，历时半个月，全程 4688.4 公里，外景地拍摄转场 27 站，由 30 多人组成的拍摄团队在飞机上跨越 2014 年步入 2015 年。这其中有零下三十多度的雪城拍摄，地面始终都是冰雪的状态，棉衣棉帽穿戴出门依然很快会在眉毛上、睫毛上、胡碴上挂上"冰花"，为的是拍摄羊年出生的新生儿，通过一家人给他取名被赋予新的意义，让大家在羊年喜气洋洋。这其中家人之间的交流与呼应，既让观众看到生命的代代延续，又感受到家人为新生命的祝福，从而让名字汲取了来自中国文化的美好寓意。也有在北京的四合院里发生的孩童最初学写汉字的故事：小男孩端坐书桌前，由爷爷手把手指导着最容易写也最难做的"人"字。孩子神情专注，蘸墨、走笔、写好一帖、夹好晾起，爷孙俩愉悦地看着那写好的一大一小的两个"人"字，在倍感温馨的祖孙情中，孩子脸颊上的墨迹也传达出了执手写字对文化与情感的传承。南下来到安徽查济的古村里，时刻被南方阴冷潮湿的空气沁透着，在百年大宅的空间，德高望重的老者正在堂前修写着族谱，并将族谱传到了后辈的手中。族谱文字的书写，厚重又富有力度，记录着家族的历史，传家的感动。这让观众感受到中国的乡土文明，更让我觉得书写汉字，弘扬传统文化，也就是更多地在保护着中华文明的源头与血脉。告别阴湿的安徽，来到海南鹦哥岭，起落的温差顿时让所有人褪去了棉衣。这里风景如画，但没有通信，没有网络。从徒步翻山越岭到蹚过山间小溪，从凌晨 4 点起来拍摄到不断有人被蚂蟥咬，每一步都留下我们对这里的记忆。正如片子里的文案所说："在这里每天都很辛苦，但也很幸福。因为这是一场无怨无悔的青春，梦想依旧在，人生

图 7-13　电视公益广告《中国字中国年》

正当年。"

也正如在新春佳节播出后,观众们热情的反馈那样:每一次的提笔都带着力透纸背的满满希冀,让人在不知不觉之中领悟到汉字的博大精深,从而对生活更有热情,对人生更有理想,对传承更有期待,对汉字更有认知,将中国字写进中国年,催生国人对于写字、春节等中国传统文化全面复归的情感共鸣以致引导行动。

案例2:公益广告《Save a child with the power of 5》的创意及表现

2014年联合国儿童基金会(UNICEF)开展"5分钱硬币"公益活动,鼓励公众捐出自己的零钱帮助贫困地区的孩子们。UNICEF澳大利亚分部和澳航联合为这一活动创作了公益动画宣传片《Save a child with the power of 5》及广告海报,呼吁公众支持联合国儿童基金会这一行动计划。这一宣传片的广告语是:"一枚五分钱硬币,似乎毫无用处。人们甚至懒得费力从地上捡起来。其实五分硬币可以有很多用途:它足可以为一个孩子提供两天的清洁饮用水。可以消除与不洁饮水有关的一些疾病。可以保障儿童受教育,使他们健康成长。普通的硬币能够发挥巨大的作用。从现在起,支持UNICEF五分硬币公益活动,捐出

图7-14 《Save a child with the power of 5》海报

你的零钱。我们能够为世界创造美好的未来。"随着广告语的画外音,5分钱的用途一一被展示出来。为了突出表现5分钱捐助的重大意义,让公众看到自己捐出的零钱能够给孩子们的人生带来什么样的改变,广告创作者将孩子们健身、游戏、学习、生活的场景都置于放大的硬币上,并以银质雕塑的形式表现硬币、人物和景物同构的场景。虽然每一个场景都是静态的,但是多个场景的转换、画面的衔接可以让受众看到如何让小小的硬币产生更大的价值,认识到5分钱所表征的微公益的重要意义,愿意用自己的点滴之善换取孩子们的美好人生。这一广告别具一格的表现形式也会给受众留下较深印象。

案例3:Women's Aid 的反家庭暴力广告《LOOK AT ME》

Women's Aid 是一个致力于消除家庭暴力和性暴力的慈善机构。在2015年的国际妇女节到来之际,在英国伦敦、伯明翰街头设置了一个具有交互装置的数字广告牌,广告牌上的女人眼睛瘀血、嘴角流血,无言地诉说着家庭暴力给她带来的巨大痛苦。这触目惊心的画面和醒目的广告语"LOOK AT ME"让受众难以无动于衷,当受众走近这个广告牌,她的脸部就开始发生变化,血淤随着关注人数的增多而消减及至痊愈。这个广告利用了面部识别技术,通过女人脸部的变化提示人们,切莫对身边的家庭暴力问题视而不见,视而不见不会改变遭受家暴之人的处境和痛苦,而多一份关注就能早日促进这一问题的解决。

图 7-15 公益组织 Women's Aid 的反家庭暴力户外公益广告

这个关注家庭暴力的广告牌由 Women's Aid 与英国 WCRS 广告公司、Ocean Outdoor 媒体公司联合制作,是一次运用可视化技术做的 Campaign。做这个广告的目的是要公众关注家庭暴力问题,说明社会关注的作用。硕大的广告装置和具有冲击力的画面已经能够吸引过往之人的目光,再利用数字媒体技术、面部识别技术,让广告上遭受家庭暴力的女人与过往人群互动,让女人脸部的创伤随着走近人数和关注目光的增减而变化,启发公众认识到社会关注能够促进问题解决,消除家庭暴力,让女人和孩子不再遭受家庭暴力的伤害,也让受众在互动的过程中认识到自己可以为消除家暴有所作为,可以用自己的关注、关心、关怀去终止家庭暴力行为。广告创意借助先进技术发挥影响公众的作用,先进技术为广告创意提供了保证。

 思考与练习

1. 分析公益广告创意和效益的关系,理解公益广告创意的意义。
2. 在公益广告创作过程中,为什么通常是在确定媒介后进行创意?为什么说创意受到媒介制约?创意怎样发挥媒介特长?
3. 怎样理解"表现是创意的形象呈现"?请分析中外公益广告作品,理解分析创意和表现的关系。
4. 什么样的公益广告适合运用恐怖诉求?为什么说要适度运用这一表现方法?
5. 比较中外公益广告作品,说明中外公益广告创作如何运用幽默这一表现方法,分析为什么我国的公益广告创作较少用到幽默这一表现方法。
6. 我国公益广告创作怎样利用优秀传统文化?请以"讲文明,迎冬奥"为主题,以我国优秀传统文化为创意元素,创作一个平面公益广告。
7. 2015年中央电视台广告部门制作的"大众创业、万众创新"主题公益广告《我创故我在》《我23岁》,在全台17个开路频道播出。请观看这两个作品,分析它们的创意和表现形式,说明为什么采用这样的表现形式。
8. 分析现代科学技术对公益广告创作的影响,考察当下公益广告创意和制作如何利用数字技术。
9. 观看我国电视公益广告《再一次,为平凡人喝彩》,评析这一作品的创意和广告语的特点。

《再一次,为平凡人喝彩》广告语

生活没有彩排,人生也没有彩排。
总会有些时候,满心期待换来的是失望或者是不体谅。
环顾四周,似乎只有你自己在徘徊。
努力了好像还是看不见希望。
你甚至一度认为,没有人比你更加的不如意了。
渐渐的,你会开始不自信,不勇敢,不愿向前。
然而,每当这个时候,你都能在心中听到一个声音,清晰可见:再来一次。
当生活的哨声响起,再一次,选择责任与担当;
再一次,为成长积蓄力量;
再一次,只为追逐的梦想更近些;
再一次,为了更多人能分享阳光;
再一次,相爱在通往年轻的路上;
再一次,坚守心中的完美。
这一刻,每个平凡人,旧的自我离开,新的自我诞生。
成功与否并不重要,因为这不仅仅是为了自己。
我们总会在逆境中汇聚起再一次的能量,
这个民族只会越挫越强,这个世界永远欣赏每一个敢于再来一次的人。
再一次,为平凡人喝彩!

第八章
公益广告的艺术化和审美价值

很多公益广告作品显示了公益广告创作的艺术匠心和审美追求,具有一定的艺术价值和审美价值,能够让受众在接受信息,受到影响、教育的同时获得审美的愉悦。虽然艺术价值、审美价值并非公益广告的主要价值,但是具有审美价值的公益广告可以提升宣传效应。

一、公益广告的艺术化

《左传·襄公》曰:"言之无文,行而不远。"运用艺术手段设计制作广告,增强广告的表现力,可以吸引受众的视听,提升作品的宣传效应。美国著名广告大师、"艺术派"旗手威廉·伯恩巴克这样阐释艺术的作用:"写作与艺术的结合导致美工与文案融为一体,也许这样能够使整个广告在使用上更有效果。""独特的品位、卓越的艺术、非凡的撰稿手法,才是促销的好工具。""如果你没有吸引力使人来看你的这页广告,那么你在广告中说什么都是浪费金钱。"[①]威廉·伯恩巴克肯定艺术的作用,倡导借助艺术之力创作具有吸引力的广告。他的观点既适用于推销商品的商业广告,也适用于推销社会正义的公益广告。很多公益广告创作实践和宣传效果证明了运用艺术手段

图8-1 《破坏自然就是摧毁生命》(ROBIN WOOD)

---

① 丹·海金斯:《广告写作艺术》,刘毅志译,中国友谊出版公司1991年版。

的重要性,作品富有创意,富有艺术性,能够产生较大的视听冲击力和心灵震撼力,引起受众高度的注意,给受众留下深刻的印象。所以公益广告创作者注重作品的形式美和表现力,自觉运用艺术手段,努力使作品具有动人的艺术魅力和较高的审美价值。国内外广告评选活动中展播的那些创意新奇、制作精良、赏心悦目、具有很强艺术感染力的公益广告就是对这种创作取向的最好的说明,当然也是最见成效的创作导向。

艺术启迪公益广告创作者突破简单说教的思维定式,使广告超越图解标语口号的低浅层次,通过艺术化产生强大的视听冲击力、心灵震撼力。众所周知,艺术创作通过"精骛八极、心游万仞"的想象,努力使所反映的现实生活超出一般事物的简单平淡的统一性,创作出"源于生活又高于生活"的艺术形象。公益广告虽然不要塑造艺术形象,不必高于生活,但是需要借鉴艺术创作的方法和技巧,借助艺术化的表现力、感染力,以新颖奇巧、赏心悦目的表现形式,成为璀璨星空中最明亮耀眼的一颗星辰,为万众瞩目。如果创作简单化,作品平淡无奇,那么在众声喧哗的传播渠道中极易被遮蔽,难以发挥出公益广告的作用。若像艺术创作一样,反映现实而不拘泥于现实,那么就会突破传统的宣传模式束缚,调动深厚的生活积累,释放丰富的生活经验,展开充分的联想和想象,让现实生活素材与大胆的想象碰撞,在撞击中产生精彩创意。想象是创造的前提,创造是想象的物化实现,展开艺术想象的羽翼,才能产生精彩的创意。优秀的公益广告无不闪耀着想象的火花,无不是对现实生活素材的创造性的利用。

艺术为公益广告创作提供了很多手法、技巧,比喻、比拟、象征、夸张、对比、烘托、幽默、荒诞等手法被广泛运用于创作中,成为突出主题、增强广告表现力的手段。由于平面广告、影视广告等不同媒体的广告有不同的特点,创作者在创作过程中对绘画、摄影、影视、艺术设计等特别关注,研究它们的规律、特征,借鉴它们的手段、技巧,以利用媒体特长突出该媒体广告的特色,提高媒体广告的艺术价值。如设计平面广告借鉴绘画、摄影的方法和现代设计风格,力求构图新奇独特,画面主体突出,造型简洁单纯,色彩鲜明和谐,文字美观大方,使作品产生强烈的视觉效果。有些平面公益广告还采用造型艺术"选择最有包孕的某一瞬间"反映现实的方法,利用可视性、联想性、内涵丰富的"瞬间情境"吸引受众观赏并由此产生强烈的心理反应,使受众更深刻地理解广告信息,留下深刻的印象。电视是公益广告利用率最高的媒体,电视的声画合一、诉诸视听的特点赋予了电视公益广告很强的表现力和观赏性,作品中兼容文学、绘画、音乐、戏剧、影视等门类的艺术元素,审美价值和传播效果同步增长。中央电视台的《广而告之》栏目一直深受受众欢迎,除了内容好,还有"好看"即具有艺术性这一原因。最近几年,越来越多的影视公益广告和影视商业广告一样,借鉴影视剧的表现手法,出现了戏剧化、情节化的趋势。国际广告节展播的公益广告和国内荧屏银幕发布的公益广告很多都如微型电影、电视剧一般,故事感人,情节完整,主题突出,颇见艺术功力,无论是富有教育意义的内容,还是简洁而生动的视听语言以及艺术小品的风格,都能够吸引受众观看,给受众留下比较深刻的印象。但这些公益广告又不是简单地模仿影视剧,而是根据公益广告的要求和特点及电影电视媒体的优势,在设计情节、确定表现方式时,既让内容贴近现实社会生活,又注重情节的单纯化、视觉化,并利用场景和身体语言让作品超越文字语言、有声语言的某些界限,如地区及民族的界限,具有共通性和共识性,能在更大的范围内传播,被更多的人理解、接受。有些未经翻译的作品就是通过可视性强的场景、情节和人物表情动作来传递信息,让无论使用哪种语言的人都能准确地解读。人类共通的艺术语言在广告信息和受众之间架起一座桥梁,使广告信息跨越了语言、文化等障碍,顺利到达受众。

二、公益广告的审美价值和审美特征

艺术被嫁接到广告的枝干上,艺术方法、手段用于广告创作,广告就有了艺术的特征,由一种社会宣传变为一门实用艺术、一种艺术形态,正如 M.卡冈在《艺术形态学》中所指出的:艺术价值或审美价值可能作为具有对人产生艺术影响的唯一功能而被创造出来,也可能在另一种价值——功利价值的基础上被创造出来。如建筑实用艺术和工业艺术中的价值,演讲艺术和广告艺术等的宣传价值,各种宗教仪式中的祭仪价值,艺术体操或花样滑冰等体育运动的价值,艺术摄影、艺术特写、纪实艺术影片中的纪实——新闻价值。M.卡冈准确地描述了广告的审美价值产生的原因和过程,看到了功利性极强的广告的艺术价值,因而把广告当作一种艺术形态,归属于实用艺术。的确,无论是公益广告还是商业广告创作,都是为创造广告的功利价值而创造了广告的审美价值,广告作品在以其鲜明的功利价值作用于社会的同时,以自身的审美价值获得了进入艺术殿堂的资格,作为一种艺术形态占据了艺术殿堂的一席之地。

艺术化为公益广告增添了审美价值,也为它增强了生命力。广告本来不能超越时空维度保持恒长久远,一个公益广告完成任务后就失去了功利价值,退离了社会舞台,但艺术化为它增添的审美价值不会因此立即丧失或贬值,这种价值可以延长作品的寿命,使之在失去功利价值后依靠艺术价值而成为审美对象。但是艺术性不是公益广告的本质特征,审美价值不是它的恒常价值,艺术化只是手段而非目的。艺术在公益广告中无论成分多少都是作为表现手段而被运用。即使在广告艺术、广告美学备受重视的今天，公益广告仍然是以善为主要追求目标，以善为主要价值追求，善是公益广告的出发点，也是公益广告的归宿。公益广告作为公益宣传工具履行扬善抑恶的职能，使用艺术手段产生的审美价值只是附加值、衍生价值。所以，公益广告创作不同于其他艺术创作，公益广告作品同其他艺术作品相比，功利性永远是第一位的，艺术性则是第二位的。无论对广告进行怎样的艺术加工和审美处理，一切都是为了达到功利的目的。威廉·伯恩巴克在强调广告艺术性的同时也指出："你写的每一件事情，在印出的广告上的每一件东西，每一个字，每一个图表符号，每一

图 8-2　义务献血公益广告

个阴影，都应该有助长你要传达的信息的功效。对任何艺术的成功度的衡量是以它达成广告目的之程度来决定的。"[①]尽管艺术手段的运用在一定程度上能够决定公益广告宣传的成败，但是它们仍然不能等同于纯艺术。它们也不会像某些建筑、某些用品那样最终失去实用意义，成为专供欣赏的纯艺术。功利性——广告这一最恒定的本质属性，不能因创作者的审美追求和作品的艺术化而被改变。艺术在广告中不能喧宾夺主，不能用自己耀眼的光辉影响受众对内容的注意，不能削弱只能强化广告的社会效益。而那些没有运用艺术手段的公益广告作品只要能够产生良好的宣传效应，能够达到预期的宣传目的，同样是好作品，不能因为它们缺少艺术性而简单粗暴地给它们贴上"标语口号"的标签，贬低它们的宣传作用。因此，评价广告的首要标准永远是社会效益而不是艺术魅力，首先看其是否具有强大的宣传力，然后看其是否有创意和艺术性。

艺术化使公益广告有了审美价值，也有了审美特征。公益广告的审美特征不同于其他类别的艺术的审美特征，也有别于"同族兄弟"商业广告的审美特征。

---

① 丹·海金斯：《广告写作艺术》，刘毅志译，中国友谊出版公司1991年版。

公益广告的社会功利目的和任务要求,决定了公益广告在内容方面最突出的审美特征是弘扬美德善行,批判丑行恶俗,匡扶人间正义,维护社会公益,在形式方面主要有平易、简洁、有创意和冲击力等特征。

1. 平易

平易是公益广告的创作原则之一,也是公益广告的审美特征之一。考察中外公益广告会发现,几乎所有的作品尤其是优秀的公益广告作品,都是语言浅近明快,形象符号清晰易解。它们出现在受众面前,受众一目了然,即时认知,无须用心猜度。即使作品很有创意,富于想象夸张,或者含蓄蕴藉有言外之意,受众也能在极短的时间内完成译码过程,顺利地解读,快捷地领会作品的意义。如新西兰的电视公益广告《绝望》。片中一列火车驶进气氛阴森的车站,在沉重的音乐和低低的哭泣声中父母们和孩子们吻别。表情冷漠的列车员在核对孩子们的名字后,把他们带进车厢。不顾车上车下悲痛的哭声和凄惨的呼唤,列车载着孩子们远去,走向恐怖的不归之路。这是"环球视野"组织为救助可能因恶性疾病和营养不良而死亡的孩子们所做的公益广告,片中列车是一个符号,列车载着孩子们远去的场景具有特定的象征意义,受众需要译码解码才能理解

图 8-3 世界自然基金会保护野生动物公益广告

象征之意,明白广告的真实用意。受众的译码解码并不困难,他们从父母和孩子们悲痛欲绝的表情、车站阴森沉郁的气氛中能够很快明白片中发生的是什么事情,画外音也帮助他们理解该片的内涵。这是一个富有创意、富于想象的公益广告,尤其是图像部分,具有很强的艺术表现力。但是艺术手法没有成为解读的障碍,艺术表现的力度不影响作品的平易性,再加上画外音和广告语的配合,使之既易解读,又有艺术感染力。

公益广告的平易性取决于公益广告的功利性,公益广告只有彰明较著,才能收到立竿见影的效果。要让受众在第一时间内接受公益广告的信息,迅速地对公益广告的呼吁做出反应,就必须让公益广告平易简捷,让受众都能看得懂,理解得透,而且这种理解不是慢慢"悟"出来的,而是瞬间达到的。即便想要公益广

告给受众留下想象的空间,让受众有所咀嚼回味,也要首先保证让受众理解把握作品的主题,明白作品的基本意义,让作品提出的问题、思想引起受众深入的思考,而不是由于传达的艰深使受众不得不耗费心思。

公益广告的平易之美体现于内容和形式两个方面。内容平易是指所要表达的思想观点不艰深复杂,易于理解领会,发出的号召要求不超前不偏颇亦不悖情理,易于认同接受。形式平易是指对内容的表现也明白易懂,用明白易懂的形式表现明白易懂的内容。公益广告的内容是通过广告语和图像表达出来的,平易实际上就是要求广告语和图像都易于认读理解,尤其是广告语,内容是否平易在很大程度上取决于广告语是否平易。广告语是内容的表述和解释,受众几乎都要通过广告语来理解广告、记住广告。由此可见,如果广告的创意表现比较艰深费解,而广告语通俗易懂,受众根据广告语去解读,就可以准确解读广告。有调查显示,多数受众因广告语通俗易懂而看懂广告、记住广告,部分受众需要借助广告语理解图像,把握广告的准确意义。如果广告语难于理解,那么受众恐怕就没有办法准确理解广告。有媒体批评某市一则公益广告"很多人看不懂"。这则公益广告的广告语是"斑白者不负戴于道路",此句出自于《孟子》,意为头发花白的人不用自己身背头顶着东西走在道路上。用孟子之言做广告语,希望人们发扬中华民族的优良传统,尊老爱老助老,意思本来不错,但毕竟是先秦文言,受教育程度不高的人很难理解其意。如果受众对公益广告看不大明白,理解不够透彻,朦朦胧胧总似雾里看花,隔靴搔痒,那么公益广告怎能争取受众的支持?何以达到宣传目的?所以媒体提出建议:为强化宣传效果,公益宣传还是通俗为好。通俗其实就是平易而不费解。有些公益广告因追求独特创意等原因而忽略了公益广告受众的接受能力,使作品失去了应有的平易性。如一则以鼓励创新创业为主题的平面公益广告,作品的内容具有很强的现实性,但用"境由人造"的象形文字传达思想意义,造成了传者与受者之间的距离,广告的目标受众难以读懂象形文字,自然难以理解广告的意涵。从效果上看,这则公益广告不如一些由人出演的公益广告,后者的平易性在传递过程中能够转换为接近性,把受众的目光吸引到作品上。再如一则以交通安全为主题的公益广告,这则公益广告上除了广告主、广告制作和发布单位的名称外,只有一个汽车禁行标志和一个救死扶伤的红十字,外加简短的广告语"加减运算如此简单"。创意者用禁行的标志表示规范,用红十字表示伤害,认为两个符号一加一减简单明了,强烈的对比说明规范行车和生命安全的重要性,但受众中很多人并不明白广告用这两个标志表达什么意思。创意首先要保证明白易懂,不能忽略受众的接受度。

平易不等于直白,更不同于肤浅,表达直白、内蕴肤浅的作品易读易解,平易的作品却不一定直白、肤浅。就像诗歌一样,陶渊明的归隐小诗、白居易的新乐府都有平易之美,语言浅近通俗,表达质朴自然,但含蕴丰厚,意境优美,形象生动,颇具艺术感染力。同理,平易的公益广告中不乏深刻、精警、雄奇之作。如反种族歧视的《钢琴篇》、为残疾人运动会而做的《欢呼生命的辉煌》以及《自强创辉煌》中的《洋钉与火箭》《没有弱者》等作品。所以,如果把平易与直白、肤浅混为一谈,为避免直白和肤浅而把作品弄得艰深甚至艰涩,延长受众感知的过程,增加理解的困难,那就像南辕北辙,背离了创作原则,作品离受众越来越远。唐代李商隐的无题诗,构思精巧,情致婉曲,文采绮丽,意境朦胧,深受喜爱,但有些作品包藏细密,用典深僻,内容扑朔迷离,十分费解。对此元好问无可奈何地说:"诗家总爱西昆好,独恨无人作郑笺。"作诗没有什么直接的功利目的,读诗只是艺术欣赏,读不懂不会有什么更多的损失。公益广告宣传有直接的功利目的,倘若需要注释受众才能看懂,那么这则公益广告就不会有什么效应了,况且公益广告是不能做笺注的。公益广告的创作者必须真正懂得什么是平易、平易之美。这样在进行公益广告传达的过程中就不会为避免直白、肤浅而陷入另一个泥淖。

2. 简洁

受众看电视公益广告的时候,常常觉得广告太短,自己意兴未尽,广告却已播完。其实,不仅是电视公益广告作品短小精悍,发布于任何一种媒体上的公益广告都非常简洁精练。无论主题深浅,题材大小,气势风格如何,表达都一样简练。即使如《知识改变命运》《可可小爱》这样的大型系列公益广告也是如此,总体上看体量很大,而每一篇都很短小。这使得公益广告颇有些像那沉甸甸的小秤砣,看着不大,却有分量。

公益广告简洁的特征首先取决于它的载体,报刊版面、广播电视时间的有限决定公益广告必须简洁精练。以影视公益广告为例,影视时间十分昂贵,影视广告以秒为单位计算播出时间,通常一个公益广告的播出时间是30秒或60秒,最长也不过2分钟。这极其有限的广告时间决定了广告只能是微型的"小品",也决定了广告不可能淋漓尽致地铺陈详述,尽情表现。要在这么短暂的时间里传递信息、表达思想、说服受众,达到宣传的目的,不能不"精兵简政",长话短说,把广告做得非常简洁。所以影视公益广告无论有无创意,也无论用什么样的诉求方法和表现形式,都能做到简明扼要,集中凝练,"弹不虚发"。就连故事型的公益广告也不例外,只能像微型小说撷取一沙一石,而不能展示大千世界;只能紧凑快捷地推进情节,而不能洋洋洒洒迤逦而来,当然更不能拖泥带水、啰啰唆唆。广播、报刊公益广告亦是如此。时间、版面的限制对公益广告的创作提出了规定性的要求,给公益广告创作增加了难度,但也成就了公益广告,使之具有了简洁这一审美特征。

如果说因载体的限制而简洁是一种被动行为,那么为受众更好地注意、识记公益广告而简洁就是一种积极的追求了。心理学研究表明,人们注意事物的时候,注意的广度——在同一时间内能清楚把握的对象的数量与材料的数量有直接的关系,提供的材料越少,注意时把握的越准,估计的误差越少,材料越多,把握越难,估计的错误也就越多;同理,识记材料的数量对识记的效果亦有很大影响,识记材料的多少与识记时间的多少成正比。材料少,识记的平均时间则少;材料增加,识记的平均时间相应增加。识记12个音节,平均每个音节需要14秒,识记24个音节,每个音节需要29秒,而识记36个音节,每个音节则需要42秒。[①] 心理学的实验提醒广告创作者,在有限的时间和版面发布公益广告还要取得好的效果,让受众对广告信息能够理解得快,把握得准,记忆得牢,那么广告的内容不能贪多,而应精深,广告的表现不可繁复,而要凝练。与其多而繁复如浮光掠影难于把握,莫如少而精练易识易记,给受众留下深刻的印象,所谓"一步一个脚印",扎扎实实,见到切实的效果。广告实践也提出了类似的告诫,广告往往是越简洁的越好记,流传越广,一些被称为广告金句的广告语如"海尔,中国造""味道好极了""今年二十,明年十八""虽然我不认识你,但是我谢谢你"等几乎家喻户晓,很多人能够脱口而出,而那些画得多说得也多的作品却流传不开。这些都使广告创作者在创作中自觉地把简洁当作创作原则,主动追求作品的简洁性而不贪大求长,千方百计删繁就简,把公益广告做得简明扼要,精悍实在。

公益广告的简洁表现在内容、广告语和形象符号三个方面。

（1）内容简洁

通常一则公益广告只说一件事,即只传递一个信息,提出一个要求,不兼顾其他方面。如前述电视公益广告《绝望》,它只告诉人们,许多孩子因营养不良和恶性疾病而死亡,我们应当伸出手拯救这些可怜的孩子。《请不要在他开车时给他打电话》针对因开车打电话

图8-4 《请不要在他开车时给他打电话》

---

① 曹日昌:《普通心理学》,人民教育出版社1980年版。

而造成交通事故的问题,向家属发出警告,用手机迸出的鲜血警示他们,在家人开车时给他打电话极易引发伤亡事故。像这样只说一件事,可以保证信息的突出醒目,把受众的注意都集中到一点上,形成聚焦效应,受众也容易记忆广告信息。所以广告创作者应抓住一点努力说明说透,不涉及其他以免旁枝逸出。倘若贪多而兼顾其他,一则广告充斥着多条信息,看起来是充分利用了广告的时间和空间,但实际上由于信息拥挤,相互干扰,反而冲淡了主要信息,传播效果并不好。

(2) 广告语简洁

公益广告的文案句短意深,既能画龙点睛地揭示广告主题,提示、解说广告内涵,有鼓动号召力,又朗朗上口,便于记忆,便于流传。如:

> 把垃圾投入筒内,你才是个满分公民——环境保护
> 酒后,别开车——反酒驾公益广告
> 教养不是娇养——儿童教育公益广告
> 沾上容易逃脱难!毒品致命请勿尝试——禁毒
> 为了明天,请您现在就戒烟——戒烟公益广告
> 没有买卖就没有伤害——保护野生动物公益广告
> 您的消费决定我的命运——保护野生动物公益广告
> 黑与白也能够和睦相处——反种族歧视公益广告

比较而言,电视的广告语最简短,这主要是由于电视广告图文并用,以图为主,以文为辅,而且短暂的广告时间也不允许话长字多,所以电视公益广告的广告语多为一句口号,如"拒绝毒品珍爱生命""为了你和家人的幸福,请注意交通安全""黑与白也能够和睦相处"等。报刊公益广告的文字容量要比电视、广播的大一些,广告语可以写在图画以外的空白处,也可以写在图画上,即压图书写。因此有些报刊公益广告的广告语稍长,但这种长只是相对于电子媒体的广告而言,就其本身表达来看还是简洁的。大多数报刊公益广告语也像电视广播上的公益广告语一样惜墨如金,就一两句话,甚至就一两个词,没有冗赘。新加坡百帝广告公司制作的节水公益广告系列图画极其简练,广告语同样简约,每一幅上只有一句话:"尊重水资源""索马里人就靠这点水过一天""我们每人每天消耗3000升水",这简短的话语既诠释了图画形象,又提醒人们要珍惜水资源。广告创作者还认为,形象也是一种语言,只要画面形象能够把广告的意义表达出来并且受众也能看得懂,就未必要用许多文字语言说明阐释。广告语应该是画面形象的概括、提示、补充,或广告主题的揭示,不应该是广告画面形象的文字复述,

所以即使广告时间空间允许,广告语也应简洁精当,而不可说得太多。

公益广告语的简洁主要在于:它一般只提出问题,而不展开论说。无论是揭露一种现象,还是提出一个问题、一种思想、一个请求,广告语通常都不对此进行阐释论证,只告诉受众"怎么了"和"怎么办",很少解释"为什么"。即使揭示也往往是一言以蔽之,没有长篇大论。因为对某些问题不需要说明"为什么",有些画面形象已经把"为什么"表现出来了,无须广告语再说一遍。如某广告公司的保护耕地和尊老爱幼两则公益广告,前者只有一句广告语"明天吃什么",提出了城市扩建占用耕地而危及人类生存的问题。后者的广告语也很简短:"根脉同相连,偏爱总不宜。尊老爱幼,同等重要"。前者所提问题实在重大,民以食为天,谁都不能只住高楼不吃饭,所以谁看了这个广告对这个问题都不能不认真思考。后者说得也有情有理,不能不令人颔首称是。受众一般能把这样的广告语记在心里,却不会去阅读那些冗长的分析文字。广告语的说服力主要来自于问题的提示、观点的深刻和感情的动人,而不是滔滔不绝的阐释、鞭辟入里的论证。

为了做到文案简洁,字句精练,广告创作者非常注重对广告语进行精细加工。许多广告人都有过"吟安一个字,捻断数茎须"的经历,为一句广告语,仔细斟酌,反复推敲,炼字炼意,删削繁复,甚至不惜忍痛割爱。尽管我们看到的公益广告文案并不都简洁精警,浮词赘句也常常出现,但广告人对简洁的自觉追求和对语言的锤炼之功,使广告语总体上呈现出简洁之美。

(3) 形象符号简洁

某国红十字会发布一个电视公益广告,屏幕上开始只有一个红十字,后来出现了一个弹孔,紧接着又出现了一串弹孔,红十字的上部被打掉。当布满弹孔的红十字红色褪尽,变成了一个白十字时,画外音响起:"不要向我们开枪,我们是救死扶伤的红十字会!"这个电视公益广告的画面几乎是静止的,只是通过增加的弹孔和红白颜色的变化表现战争中的一幕惨剧,呼吁手持武器的人们不要把枪口对准实行人道主义的红十字会,造成更大的罪孽。形象之单纯,表现之简洁,很有代表性地反映了公益广告形象表现的特点。

公益广告的创作者在形象表现方面都力求简洁而不繁复,删弃表现力不强的可有可无的东西,尽力将形象锤炼得更加精粹,使作品中的形象部分简单、简洁而有创意,追求"删繁就简三秋树,领异标新二月花"的效果。

因此,在优秀的公益广告中几乎看不到物象堆砌、符号拥挤、菁芜混杂的现象,各类媒体上的作品都主干突出清晰,笔致流畅快捷,透露出创作者的剪裁之功。以电视公益广告为例。电视公益广告主要依靠画面传递信息,一个电视公益广告是由很多画面组接而成的,创作者在设计中一方面特别注意突出中心画面,通过它来表现最主要最重要的内容,另一方面尽可能让镜头跳跃前进,用较少的形象符号把主题信息传递清楚,使受众又快又好地把握作品的精要。如中央电视台播出的再就业公益广告《李淑芬篇》。该作品以李淑芬在街头摆摊为顾客服务为中心画面,通过她的微笑和顾客的赞赏表现下岗女工的自强不息精神及社会对她们的理解和支持,以此

图 8-5　公益广告《停止暴力》

给其他下岗职工树立榜样和信心。我们看到,创作者对中心画面以前的故事只做了最简单的交代,对中心画面却处理得比较细致,这样既充分地突出了主旨,又保证了作品的简洁精练。另一个公益广告《真正的男子汉》运用镜头剪接,通过"我的父亲"的几张照片来表现共和国同龄人的生活历程和优秀品质以及乐观旷达的人生态度。结尾用画面预示了自强不息的父亲的未来,给受众留下了一个想象、思索的空间。这个作品用几十秒描述一代人的历史、现状和未来,运笔简洁、快捷,形象符号精到、平易,体现了电视公益广告简洁精练的原则。

平面公益广告画面形象的简洁主要表现为选择富有包蕴的"瞬间情境"和简单平易而有代表性的事物反映生活事件,表达一定的思想意愿。重庆某报的一则教育公益广告选择了孩子拿着考卷回家却低头迟迟不敢开门的情景,反映了一些家长只重分数而不重视教育方法的情况,指出家长应多给孩子一些鼓励和指导。画面上的情景很有典型性,既揭示了问题,又能引发人们反思。无锡市某广告公司的抗洪救灾系列和"为了希望"系列也都是通过具有典型意义的"瞬间情境",表现我国人民团结一心与洪水奋战的壮举,呼吁全社会共筑希望工程,共同承担农村教育的责任。吉林某学院美术设计系的《太岁头上动土》以一个额头被刻上"到此一游"的怒目金刚反映一些游人不文明的行为,再一次提出了讲究文明保护文物的问题。麦肯光明广告公司的《宠坏孩子》以一个显然已是成人的"孩子"坐在痰盂上解手却毫不知羞的样子,提醒家长们不要娇惯孩子以免影响他们的成长。这些平面作品各具创意,各有特色,但是画面都很疏朗,形象表现单纯简练,没有影响主题的多余之笔。

总之,从信息内容到表达形式,公益广告都表现出简洁的特征。俄国作家列夫·托尔斯泰说:"简洁——是美的必须的条件。"契诃夫说:"简洁是才力的姐

妹。"简洁,使公益广告具有了审美必备的因素;为了简洁,广告创作者施展才力删繁削冗。可以说,简洁——美——才力,这三个词准确地概括了公益广告简洁的美学意义。受众对于表现简洁的作品没有把它看作是简单肤浅而是从简洁看到了美,看到了创作者的才力,并给予了高度的评价。我国台湾广告人何清辉创作的家庭计划生育广告《多一分小心,少一分担心》荣获戛纳国际广告奖和美国CLIO金像奖就是业界和受众对简洁之美的肯定。

3. 创新

威廉·伯恩巴克说:"我认为广告上最重要的东西就是独创性与新奇性。"广告贵在独创、新颖,最忌平庸、雷同,所以广告人无不在创意上下功夫,不抄袭他人,领异标新,刻意而执着地追求创意,这使得公益广告常作常新,佳妙迭出,总会让受众感到耳目一新。

不仅题材不同、主题不同的公益广告各有创意,各有境界,题材、主题相同的作品也求新求异,不翻旧调。戒烟禁毒、遵章行驶、慈善友爱、保护环境、珍惜资源等,都是公益广告的老话题,也是"永恒的"话题,每年各国各地这类题材、主题的公益广告很多,但是它们视角不同,手法不一,表现各异,几乎都有新异之处。从见诸媒体的以环保为题材、以人与环境为主题的公益广告作品就可以看到公益广告这一审美特征。这一主题的作品从各个方面诠释人类生存与环境保护的关系,说明破坏自然环境必然伤及人类自身,提醒受众要注意保护自然环境,维持生态平衡。虽然主题相同,但作品出自不同的创作者之手,各有创意,因而各具特色,各显佳妙。

例1:广州奥美广告公司的平面系列广告《环境污染事关你我》三则广告上都是半张人脸的特写。第一则上是一双明亮的大眼睛和一只秀美的鼻子,鼻子旁边写着"天然吸尘器"五个字;第二则上在耳朵旁边写着"噪音收集站"五个字;第三则上微张着的嘴中写着的是"污水处理中心"六个字。这一广告系列的画面非常单纯,形象符号也非常普通,只是人们最熟悉不过的鼻子、耳朵、嘴巴。广告通过这些感官成了污染处理中心揭示了人类污染了环境又被环境污染的事实,形象而简洁地表达了"环境污染事关你我"的主题,提醒人们保护环境免遭污染之害。该广告创作者所用手法平易而成熟,作品看似寻常却奇崛,警示力量很强。

例2:在《重庆晚报》的《新品即将上市》这则公益广告上,有一只手开启了易拉罐,不过这只易拉罐装的不是饮料,而是"新鲜空气",旁边写着"新品即将上市",但"新品"二字上加盖了一个红色的禁行标志。像买饮料一样来购买新鲜空气,这似乎有点夸张、滑稽,但它却反映了人类离不开空气却又不珍爱空气的状况,揭示了空气污染的严重后果,提醒人们保护空气的纯净,这是人类生存的最基本的条件。假如人类真的到了需要购买新鲜空气的地步,那么人类延续的时间恐怕指日可数了。这则广告的主题比例1更深刻一些,好像例1的续篇,在表现方面和例1一样简洁、成熟,但是构思迥异,用笔独到,作品别有一番新意。

例3：深圳大学文学院传播系的《保护生态环境》画面上一座高高的山峰上架着一块跷板,跷板的一端是一只狮子,另一端是一个人端着枪正瞄准狮子准备射击。跷板下是万丈深渊,对面是枪口,狮子无处可逃却无惊慌之状,它在想:"人类不至于那么愚蠢吧!"该平面广告运用了漫画笔法,反映了人类对生态平衡问题的忽视。画面上利令智昏的人和冷静沉稳的狮子形成了鲜明的对比,狮子思考的问题正是人类忽略的问题,人一心只想捕杀狮子,却忘记了狮子一旦被打倒,自己也难逃灭亡的命运。该广告用跷板比喻人与自然的关系,形象地说明生态平衡的重要性,提醒人们注意生态失衡的严重后果。漫画笔法制造出来的幽默也为作品增加了吸引力。受众看了这个广告,伊始忍俊不禁——为生动有趣的形象而乐,继而不寒而栗——为"跷板"失衡的可怕后果害怕,同时汗颜羞赧——为人类的愚蠢短见惭愧。

仅从以上三例,我们就可以看到公益广告创作者的创意意识和作品具有创意的审美特征。面对同样的题材和主题,创作者没有把车辙当作道路,不沿袭前人旧作,不拾人牙慧,也没有简单地炒炒冷饭,而是推陈出新,选择新颖的创作材料,采用独到的艺术手法,表现独特而真实的生活情境和经验,因而尽管许多公益广告表面看起来是老生常谈,实际上却不是简单的重复,而是具有新的形式、新的成就,给受众新的感受。即使是运用平凡的旧元素,也要进行新的组合,通过对材料创造性地运用,化平淡为神奇,赋予作品新的形式新的价值。正如鲁道夫·阿恩海姆所说的:"视觉形象永远不是对于感性材料的机械重复,而是对现实的一种创造性的把握,它把握的形象是含有丰富的想象性、创造性、敏锐性的美的形象。"[①]广告的创意同时也符合受众一种普遍的求新求奇的心理倾向,在一定程度上能够满足这种审美心理,使他们在欣赏广告时得到审美的愉悦。爱迪生说过:"凡是新的不平常的东西都能在想象中引起一种乐趣,因为这种东西

[①] 鲁道夫·阿恩海姆:《艺术与视知觉》,中国社会科学出版社1984年版。

使心灵感到一种愉快的惊奇,满足它的好奇心,使它得到原来不曾有过的一种观念。……这就是这个因素使一个怪物也显得有迷人的魔力,使自然的缺陷也能引起我们的快感,也就是这个因素要求事物应变化多彩。"[①]鲁迅也曾经生动地说过:"我本来不大喜欢下地狱,因为不但是满眼只有刀山剑树,看得太单调,苦痛也怕很难当。现在可又有些怕上天堂了。四时皆春,一年到头请你看桃花,你想够多么乏味?即使那桃花有车轮般大,也只能在初上去的时候,暂时吃惊,决不会每天做一首'桃之夭夭'的。"既然人们总是希望看到听到新鲜的事物,不喜欢单调的重复,那么广告创作就不能"炒冷饭",广告作品就不能没有创意,要通过创意使作品新颖,形成刺激性的信息,引发受众的兴趣,达到主客体一致的协调的效果。

图 8-6 "中国好网民"获奖作品《距离》

在众多的公益广告中也有一些缺乏创意的平庸之作,甚至有模仿、抄袭的作品。但是瑕不掩瑜,这些作品不能反映公益广告整体的审美特征,更不能遮掩住公益广告创意的耀眼光彩。对那些平庸之作、仿袭之作,广告界和广大受众毫不客气地提出批评、揭露,广告报刊甚至不惜版面予以曝光。这样做既是为了辨别广告伦理,捍卫广告道德,打击广告创作的不正之风,也是为了抑制平庸、仿袭的作品滥竽充数,鼓励广告人创意,保证公益广告作品的质量和效果。这种"拨乱反正"的举措,从另一个方面确定了公益广告创意的审美原则和审美特征。

4. 冲击力

媒介通道信息拥挤并且互相干扰,受众对新闻、娱乐节目兴趣浓厚而对广告无意注意,在这种环境中,广告要想吸引受众视听,必须要"抢眼""夺目",要有视听冲击力,依靠强大的冲击力量刺激受众的主要感官,把受众的无意注意变为有

---

① 北京大学哲学系美学教研室编:《西方美学家论美和美感》,上海:商务印书馆 1980 年版。

意注意,把受众对广告的消极态度变为积极热情。这种视听冲击力是广告传播的开路先锋,打动受众的先驱力量,它促使受众把视听注意转向广告,同时赋予广告竞争力量,使广告在媒介通道拥挤的状态下成为信息洪流中跃出的浪花,而不是水面下的潜流。

图 8-7　公益广告《超速驾驶,家毁人亡》

平面广告主要依靠视觉形象的冲击力进入受众的眼帘,广播广告主要依靠听觉形象的冲击力吸引受众收听,电视广告有声有画,依靠视听形象的合力作用于受众的视听感官。无论哪一种广告,它的冲击力都是来源于创意、产生于广告表现。广告有创意,形象表现力强,才能产生冲击力,进入受众的"视听之窗",进而进入受众的心灵空间。某电视台制作的公益广告《勿忘历史》就是凭借着独到的创意和表现,使作品具有强大的冲击力,强烈地刺激了受众的视觉听觉,从而引起社会较大反响。该广告用一个中国传统大家庭的照片来反映一段惨痛的历史,揭露侵略战争给中国人民带来的深重灾难,告诫公众勿忘过去的苦难,珍惜今天的和平幸福。创作者为使作品具有强大的冲击力,不但在创意上下了很多功夫,而且调动各种表现手段强化视觉、听觉形象。我们通过创作者撰写的"创作谈",可以看到这个作品的冲击力是怎样产生的。

1. 定位——对立[①]

如何使《勿忘历史》的主题更具有视听语言的生活典型性,我们选择了生活中最为平凡、普通又令当今人熟悉、最能体现昔日人们情感的生活瞬间——照相。我们之所以选择"照相"这样的情节,是因为在"照相"的一瞬间,最容易形象地体现在战争背景下人世间祈求美满、幸福、团圆的善良愿

---

① 《现代广告》1998 年第 8 期。

望,最容易形象地表现出侵略战争带来的是国土沦丧、家破人亡的人间悲剧,最容易令今天的人们较为直观地去接近50年前那段历史以面对现实。战争与和平的对立是"照相"的艺术内涵所在,又是《勿忘历史》的定位所在。如果把"照相"仅仅局限在简单的照相过程上和对战争场面的表面交代上,是远远反映不出战争与和平的现实意义的,更难于建立"照相"的历史真实。正是基于这一点的考虑,我们力求该片定位的历史感要对立、对立,再对立些,"照相"的历史感要强烈、刺激,且富有创作个性,从而为视听语言的深化奠定准确的心理依据。

2. 视觉——生活化

我们把"照相"的视觉形象建立在一个四世同堂的大家庭与残酷战争相交叉的对立之中,构成四组有序的视觉情绪点:喜气洋洋→黯然神伤→悲痛欲绝→一无所有。一个完整的大家庭的成员先后被战争的硝烟给吞噬掉了,只剩下一幅耐人寻味的空白相框。我们在表现"照相"的视觉形态上,加大了视觉节奏的频急感,内容的变化感,影调的闪烁和不稳定感,景别的跳跃感,拍摄手法的客观感,形成一种迎面而来的强烈视觉冲击力。我们运用强化的视觉手段的目的,一是考虑到把侵略战争的残酷、无情、灭绝人性表现得更加淋漓尽致,二是考虑到把今天的人们带进全家福的特定生活情境中,产生情感的波澜,思考如果侵略战争发生在今天,我们每一个人的命运会怎样,我们国家和民族的命运又会怎样?

为了营造出逼真的历史真实的视觉语言,必须用生活化的尺度来感悟照相的艺术真实,在光线、色彩、人物、环境、氛围的表现上,都力求生活、生活,再生活化些,才能真正创造出艺术化的"照相"的历史真实的视觉语言。

3. 听觉——客观化

表现这么大的主题,往往容易依靠一定的旁白叙述,如何把握听觉形象表现的尺度是至关重要的。我们在创作过程中,把创作听觉形象的真实性放在首位,捕捉真实听觉形象的客观性,充实我们的创作灵感,以丰富它的艺术魅力,采用风格化的表现手法来强化听觉形象的客观性,不采用一句人为的旁白叙述。所谓风格化就是更加贴近生活的本质,更加客观地反映生活。客观的枪声、炮声、飞机声、炸弹声、坦克的轰鸣声与充满哀婉的二胡曲相结合,形成有规律、有节奏感、有逻辑性的情绪链条,建立起可以感觉到的活生生、客观化的听觉语言,这样就能很自然地与视觉语言形成既互补又对立的关系。电视听觉形象应该是靠听感觉到的,而不是靠旁白叙述出来的。

……

由于创作者有意识地调动各种手段强化作品的视听形象,《勿忘历史》确实产生了很强的冲击力量,受众对这个广告的注意度很高。照片上的男女老少一个个消失,一帧"全家福"最后变成一片空白的画面牢牢地抓住了受众的目光,每一个镜头都让人触目惊心,各种武器发出的声音和二胡曲同样强烈地刺激听觉。冲击力不仅冲击受众的视听感官,而且穿越了视听之窗冲进受众的心灵,在心灵上引起震撼。很多受众看了这个广告后写信或打电话给电视台,报纸对该广告做了报道,广告界也给予它很高的评价。资深广告学者、全国电视广告"印象奖"评委唐忠朴在全国第二届电视公益广告研讨会上做专题演讲时,特别提到了《勿忘历史》。他说:"在这则公益广告里,视听语言的作用得到了淋漓尽致的发挥。整个广告没有一句解说词,完全依赖非语言的沟通。生动的画面映像和恰到好处的音效音乐,既把主题意义传达得很完整很清晰,又对观众的情绪给以强劲的刺激,使照片产生一种无法阻挡的震撼力。"[1]广告能够产生"无法阻挡"的力量,这就是广告成功的主要原因。

《勿忘历史》是公益广告中的一个优秀作品,有代表性地反映出了公益广告具有视听冲击力的审美特征。从各种媒介上,我们可以看到,现在像这样"抢眼""夺目"的作品越来越多。创作者运用各种表现方法和技术手段,调动各种材料,千方百计使广告作品能够引起受众的视听注意,广告因此越来越受到关注。今天我们客观地去看广告,能够发现受众掌握着广告视听的自主权,广告除了傍靠黄金节目、重复发布等强迫性因素外,主要还是靠自身的冲击力吸引受众;广告特别是公益广告与受众的距离越来越小,除了受众的广告意识增强外,主要是广告自身的水平在不断提高,越做越好的公益广告让受众不能视而不见,听而不闻,受众常常不由自主地被公益广告吸引,逐渐地由无意注意变为有意注意。

[案例]

案例1:中央电视台制播"二十四节气"公益广告

二十四节气是我国农历中表示季节变迁的二十四个特定节令,是我国历法的独特创造,是反映我国古代农业文明的宝贵遗产,几千年来我国劳动人民一直遵循二十四节气从事农业生产活动,国际气象界把二十四节气誉为"中国的第五大发明"。2006年5月20日,二十四节气作为民俗项目,经国务院批准列入第

---

[1] 唐忠朴:《追求卓越创意制作公益广告精品》,载《现代广告》1996年第2期。

一批国家级非物质文化遗产名录。2016年11月30日,二十四节气被正式列入联合国教科文组织非物质文化保护遗产代表作名录。为配合二十四节气申遗工作,同时让公众更多地了解二十四节气,认识二十四节气的历史文化价值,中央电视台以"赏二十四节气,品五千年文明"为主题,独家制播二十四节气主题公益广告《立秋》《白露》《霜降》《立冬》《冬至》,从农业生产、健体养生和文化旅游等多个视角引领受众"赏"节气、"品"文明。这些公益广告的表现形式与以往中央电视台制作的公益广告的表现形式明显不同,呈现了"艺术化"的特点。3D水墨画的背景,主持人康辉、海霞、朱军、鲁键、李思思身着古装吟古诗说气节的文艺范儿,整个画面疏朗淡雅的格调,使这些广告别具一格,诗意盎然,清新优美,既有古风古韵,又透出当代的文化气

图 8-8

息。艺术化赋予这些公益广告很高的审美价值,受众"赏"这些公益广告,既学到了关于节气的知识,加深了对二十四节气历史文化价值的理解,"品"出了中华文明的魅力,又得到审美愉悦。所以,这些公益广告具有吸引力,颇受欢迎,在电视上一播出就吸引了受众目光,在"央视公益传播"微信号推送后,一天内阅读量破万。

"赏二十四节气,品五千年文明"系列公益广告的效果说明,虽然公益广告不是艺术作品,不以审美为旨归,但是如像艺术作品一样令人赏心悦目,还是会受到欢迎。

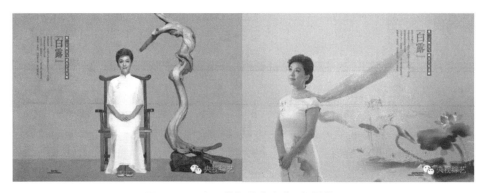

图 8-9　二十四节气公益广告《白露篇》

案例2：电视公益广告《父亲的旅程》

2016年春节公益广告《父亲的旅程》在中央电视台播出后，受众为这个温暖的故事深深感动，而且被广告中如大山一样质朴的父亲形象、令人动心动容的故事情节、雄伟壮丽的自然风光，以及颇显功力的镜头影像所吸引，从这个几分钟的广告片中既能感受到父爱如山的伟大亲情，又能获得艺术审美的愉悦。

《父亲的旅程》虽然是一个电视公益广告，却有微电影的特点。内容改编自一个真实的故事，再现了一位独居深山的父亲辛苦跋涉进城看望儿子的真实经历。父亲从深山小村出发去看望在城里打工的儿子，先要在乡间土路搭上拖拉机，然后乘坐汽车，汽车沿着高山悬崖旁的蜿蜒公路奔驰，似乎开向遥远的天边，当他再换乘火车终于到达儿子打工的城市后，却因电话号码被邻家孩子抄错而无法与儿子联系。当父子在好心人的帮助下终于见面时，父亲伸手抚摸儿子面颊，心疼地问道"你怎么瘦了"。父亲粗糙的大手让儿子第一次扑进父亲怀中，也瞬间戳中了受众的泪点。为了让广告更贴近生活，摄制组特意邀请了一位一直生活在山村的在妻子去世后独自拉扯四个儿子长大的纳西族父亲来出演，选择金沙江峡谷中的宝山乡石头城作为拍摄地，这里三面皆是悬崖绝壁，一面石坡直插金沙江，纳西族民众辟岩建屋，房屋柱石和房沿石均随势打成，颇有地方和民族特色。纳西老人的朴实表演、深山民居的古朴自然、遥远山区的蜿蜒公路、车站熙熙攘攘的人群、城市的车水马龙，摄制组用这些元素讲述了一个温暖感人的故事，精心处理每一个镜头，营造一种厚重、深沉却又波澜壮阔的情感氛围，引导受众跟着这位父亲的长途跋涉走进父亲的生活、父亲的内心世界，深切地感受深厚而又深沉的父爱。

对这个用精彩的镜头语言讲述感人故事的公益广告，受众纷纷点赞，业界也给予很高评价，不仅肯定了作品的内容意义，而且肯定了作品的艺术水平。在2016年金鼠标·数字营销大赛上，《父亲的旅程》获得视频广告类的金奖和"最佳创意表现奖"。

担负这一公益广告摄制任务的上海维拉沃姆传播公司执行创意总监表示：我们非常幸运能有机会做一支全球数十亿华人都能看到的片子。我们希望为大家献上一部富有时代精神、令人耳目一新的作品。从某种意义上来说，它不仅代表了我们的创新和探索，也代表着中国式情感表达的更多可能性。

图 8-10 电视公益广告《父亲的旅程》

 思考与练习

1. 公益广告是否应有艺术性和审美价值？艺术化能够为公益广告提供什么？

2. 审美价值虽非公益广告的主要价值，为什么公益广告还要有较高的审美价值？

3. 鉴赏获得黄河奖的优秀公益广告，分析我国公益广告的审美价值和审美特征。

4. 请多看一些中外优秀公益广告，分析这些作品的审美特征。

第九章
公益广告的媒介传播

广告需要借助媒介传播才能实现广而告之的目的。如何发挥媒体的传播平台作用，利用媒体的传播资源，借助各类媒介的传播力，通过媒介组合实现整合传播效果，直接决定公益广告能否产生广泛的社会影响力。

一、公益广告的传播媒介及媒介传播力

1. 公益广告的传播媒介

"传播媒介大致有两种含义：第一，它指信息传递的载体、渠道、中介物、工具或技术手段；第二，它指从事信息的采集、加工制作和传播的社会组织，即传媒机构。这两种含义指示的对象和领域是不同的，但无论哪一种意义上的媒介，都是社会信息系统不可或缺的重要环节和要素。"[①]

公益广告的媒介资源赡富而多样，不仅发达的大众媒介、随着互联网技术发展而出现的新兴媒介为公益广告传播提供了丰富的传播资源，而且生活环境中还有很多可以利用发布公益广告的地方和物体。媒介资源的丰富和多样，为公益广告的广泛传播提供了优裕条件。

大众媒介是公益广告传播的主要媒介，虽然其主流地位受到强势崛起的新兴媒介冲击，但迄今并未因此被新兴媒介颠覆。世界很多国家的大众传媒业快速发展，有着非常丰富的大众传播资源，其中一些媒介资源用于广告发布。随着报纸增厚和电视播出时间增加，用于发布广告的版面、时间不断增多。还有很多媒介内容被植入广告，也成为广告载体。我国现有近万份报纸和杂志、千余座广播电台和千余座电视台以及数万块银幕，它们还有自己的网站、微博、微信公众号、手机客户端等数字化形态，除此还有众多网站，媒介资源体量巨大、传播

[①] 郭庆光：《传播学教程（第二版）》，中国人民大学出版社2011年版，第115页。

形态多种多样。虽然这些媒介资源并非全部用于广告发布,用于公益广告传播的资源更少,但如果能够充分利用这些公益广告传播资源,按照国家相关规定保质保量地发布公益广告,那么数亿受众可以每天数次、数十次看到公益广告。

随着互联网技术、数字信息技术、移动通信技术发展而出现的新兴媒体,同样是公益广告的重要的传播平台,众多信息网站、新闻网站、移动网络等新媒介都为公益广告奉献传播资源,通过电脑、手机、户外视频、iPad等终端传送公益广告。新媒介的特点、新媒介的优越性不仅可以使之为公益广告奉献更多的资源,还可以突破时空和传播模式的制约,使公益广告传播不必受到发布时间、发布次数等诸多限制,因此快速"晋升"为公益广告传播的重要媒介。除此,还有专门的公益广告网站,为公益广告搭建发声的平台。2008年12月28日,"中国公益广告网"正式上线,成为中国首个具有专业性、权威性的公益广告门户网站。

生活环境中可以利用发布公益广告的媒体也很多,既有较大体态的墙体、路牌、电子显示屏、交通运载工具、宣传展板,也有较小体态的电梯间广告屏、各种提示牌、落地灯箱等,很多公共设施、公共用品也被当作公益广告的载体,如候车亭、电线杆、灯柱、公园椅等,连垃圾箱都成为公益广告发布之地。如澳大利亚道路安全组织为了保护上学孩子的安全,把有孩子形象和交通标示的贴纸贴在路

图 9-1 澳大利亚道路安全组织在垃圾箱上做广告

边的垃圾桶和其他可以起到警示作用的地方,用这些贴纸提示司机们驾车时注意上学、放学的孩子,保证孩子们行路安全。利用路边的垃圾箱发布公益广告,既利用了公共设施的媒介价值,又有很好的提示作用,因此这一公益广告获得2016年国际创意节媒介类广告金奖。公益广告出现于日常生活空间,润物无声地发挥作用,公众在日常生活中可以随时随地接触公益广告,耳濡目染地受到了积极的影响。

而今公益广告的传播渠道不断拓展,发布媒介多种多样,以电视、广播、报纸、杂志、网络、户内户外、线上线下广覆盖,图文字幕、音频视频、动态静态全辐射的大阵式,形成全媒介传播的大格局。

公益广告媒介资源的数量和类别已有如此之多,还有新的传播资源不断被发现和利用,如近年我国很多地方利用工地围挡发布公益广告,不仅宣传了社会主义核心价值观,还美化了环境。如果公益广告的传播资源能够得到充分利用,可以形成全媒介、全方位、立体式的宣传态势。关键在于能否比较充分地利用和整合这些资源,如何选择具有较大传播力的媒介、载体以收到较大的传播效果。

[案例]

10元人民币背后看哭每个人的故事

中国抗战老兵现已不足万人,他们中的很多人还生活在贫困的边远山区,迫切需要社会的关注与帮助。在世界反法西斯战争胜利暨抗日战争胜利70周年之际,腾讯99公益与龙越慈善基金会联合开展"10元背后看哭每个人的故事"互动活动,让人们透过最普通的10元纸币,看到一段被人遗忘的真实战场。手机用户只需拿出一张10元纸币,打开手机程序,对准纸币上的场景,即可观看一段和10元背后图案风格相同的战争回顾,认识那些曾为国家和民族浴血奋战的抗战老兵。

"10元背后的故事",是数字媒体时代利用手机进行公益传播的活动。手机媒介是移动化媒介,随身携带手机的用户随时随地可以参与这次活动,通过简便的操作就能回眸当年的战场,缅怀在战场上流血牺牲的英烈,了解抗战老兵的过去和现在,生发尊敬、感恩之情,愿意为这些已是风烛残年的抗日英雄捐款,用自己的爱心向他们表达感恩之情。这个广告获得了2016亚太广告节ADFEST的移动类金奖,该年度广告节的主题为"Creative Intelligence"(创造性智慧),获奖作品都是创意与科技结合的成果。"10元背后看哭每个人的故事"既有创意,又借助先进技术实现纸币图案的情景再现,让用户能够"重返"抗战战场,从而达到宣传和募捐的目的。

图 9-2　腾讯 99 公益"10 元人民币背后看哭每个人的故事"

2. 公益广告媒介的传播力

传播力即传播的能力,媒介的传播力直接影响公益广告的传播效果,选择使用媒介并对媒介传播力进行评估,不仅要看媒介的信息传播形式、传播特性,要通过发行量、收视率、收听率、点击率等量化指标评估传播能量,还要审视媒介与受众的关系、亲密程度等,考量媒介组织的形象、声誉、公信力,借助优质媒介的品牌影响力扩大公益广告传播的影响力。

媒介传播力取决于多种因素,首先取决于媒介的生产力。媒介的生产力主要是媒体介质及其技术水平,由信息技术的先进性和效率决定,表现为介质和技术手段的力量。媒介的介质及其技术水平、传输能量,以及受众的媒介接触及其与媒介的关系,是决定媒介传播力的基本因素。所以,大众媒介与户外媒介传播力不同,同属于大众媒介的报刊、广播、电视、电影、互联网的传播力也有明显不同,互联网的先进技术不仅使之具有了其他媒介的传播功能,而且显示了超越其他媒介的传播力。

就大众媒介而言,由媒介介质决定的信息传播形式、传播特性及文本形态等,能够给受众带来不同的感官体验和心灵反应,受众翻阅报刊、收听广播、收看电视、通过电脑或手机上网,会因媒介的差异而有不同的感受和体验,即使接触同一内容的文本也会因媒介不同而有不一样的感受、不一样的收效。而无论是何种介质的媒介,其技术水平与传播能量总是同步增长,技术越先进,传播能量越强。因此,就总体而言,基于电子技术的媒介传播力大于基于印刷技术的媒介传播力,通常情况下前者的传播效果也优于后者的传播效果。仅就公益广告传播而言,通常情况下电子媒介上的公益广告认知度更高、影响力更大,电视技术、新媒介技术在赋予公益广告媒介呈现形式、传播形式的同时,还赋予了公益广告独有的审美特质和审美价值,使之更易吸引和打动受众,从而获得更大的传播力。如我国的梦娃系列公益广告,虽是同一个梦娃形象,同一个宣传中国梦的主题,但不同介质的梦娃公益广告还是存在差异,所以中央精神文明办公室制作了平面和视频形式的梦娃广告。动画版的梦娃公益广告片突破了平面公益广告的局限性,穿红衣的梦娃从一个静态形象变成一个动态形象,用清脆的童声念着"国是家""勤是本",更具有表现力,更适于电视、网络、手机及其他各类视频媒介播放,从而增添了传播力。

不同类别的媒介传播力不同,同类媒介的传播力也有差异。除了传输速度、覆盖面等技术指标,还有到达率、发行量、收视率、收听率、点击率等。数据是说明媒介传播力的量化指标,这些指标也被称为"注意力"指标,能够说明媒介传播状况,体现受众的媒介关注度。受众通过阅读、收听、收视选择表达对媒介的评价和态度,通过这些量化指标可以了解受众的需求、意愿以及他们对媒介的关注、利用情况,因而这些量化指标被用来衡量媒介价值,也成为广告媒介选择、广告传播资源购买的主要依据之一。不仅商业广告的媒介选择用这些量化指标、数据衡量媒介传播力,公益广告的媒介选择同样如此,广告活动主体尽力争取将公益广告投放于发行量大、收听收视率高、点击率高的媒介,借助这些媒介较大的传播力实现广泛且有深度的传播。

但是传输速度、覆盖面、发行量、收视率、收听率、点击率等并不能完全等同于传播力,相关数据所反映的传播力也不能等同于影响力。有些媒介的传播力很大而影响力不强,有些报纸的发行量、电视台的收视人口量不是最大而影响力却超过同类媒介。如果说传播力主要表现为推送信息(内容)的能力,那么影响力主要表现为改变受众观念、行为的能力。传播是影响的前提,影响是传播的目标之一,影响力的大小不仅取决于传播力,还取决于其他重要因素,如传播的内容,如媒体的形象、声誉、公信力等。形象好、美誉度和公信力高,才能建构媒介品牌,建立受众的媒介信任,培养受众的媒介偏好、媒介忠诚,增强媒介的吸引力、凝聚力。所以,评价和选择媒介不能只用一些量化指标衡量媒介的品质和价值,不能只注重其传播力而不注重其影响力。商业广告的媒介选择已经把媒介影响力作为重要参考依据,媒介组织也把影响力作为吸引广告投放的重要资源。虽然公益广告与商业广告的利益目标不同,但是吸引公众关注广告、影响公众观念和行为的传播目标相同,为公益广告选择媒介,除了要看发行量、收视率等数据,还要看媒介的形象、声誉、公信力,不能忽略对受众思想和行为产生积极影响的非量化因素,不仅要借助媒介的强大推送力,还要借助媒介的良好形象、良好声誉和公信力。媒介形象、声誉反映了公众对媒介的印象和评价,媒介公信力说明了受众对媒介的信任程度。利用媒介发布公益广告,无论是传播先进文化观念还是动员公众参与公益活动,都要选择公众印象好、评价好、信任度高的媒介,借助媒介的影响力取得水涨船高的效果。我国的中央电视台等媒介机构具有强大的传播力,并已建构了国家媒介形象,具有很高的美誉度和公信力,也有很大的影响力,传播力+影响力使这些媒介发布的公益广告传之广远且深入人心。我国大众传媒业发展迅猛,媒介机构数量众多,既具有传播力又有影响力的优质媒介是公益广告发布的主流媒介,应善于利用国家法规、政策给予的有利条件,用好这些优质媒介发布公益广告,同时做好户外、公共场所的公益广告设置,提高公益广告传播媒介的传播力、影响力。

二、传统媒介与新兴媒介的整合传播

传统媒介一直是公益广告的主要载体,新兴的数字媒介为公益广告提供了更多的传播资源,充分而有效地利用传统媒介与数字媒介发布公益广告,发挥媒介资源整合的作用,增强公益广告传播力,扩大公益广告影响力,是公益广告媒介策略的必然选择。

1. 传统媒介的主体作用

从公益广告的发轫阶段到公益广告被各国政府、各类社会团体普遍应用的发展时期,被称为传统媒介的报纸、杂志、广播、电视一直是公益广告的主要传播载体,即使在新兴媒介迅猛崛起、传媒业发生结构性改变的当下,仍然一如既往地给公益广告提供传播资源,免费或降低收费发布公益广告,发挥公益广告传播的主体作用。其中一些权威媒介为公益广告提供了更多优质资源,为公益广告传播做出了更多贡献。

美国等国家的传统媒介主要以贡献报刊版面和广播电视时间的方式参与公益广告传播,我国传统媒介不仅发布公益广告,而且自己创作或者组织创作公益广告。我国传统媒介以党政媒介为主体,党和政府将发布公益广告作为党政媒介的政治任务,并通过立法、行政指令明确了各类媒介发布公益广告的数量和质量要求。媒介机构的责任意识与国家法律、行政文件的责任要求,确定了传统媒介特别是主流媒介在公益广告活动中的主体地位。作为国家媒介的中央电视台和《人民日报》,在我国的公益广告活动中发挥了领军作用。中央电视台于1987年10月创办了《广而告之》公益广告栏目,这一栏目的诞生不仅体现了国家媒介为社会公益服务的责任意识和文化自觉,表征着我们国家公益广告事业的起步和发展,而且带动起地方电视台的公益广告传播,形成了电视公益广告传播的规模化和常态化。地方电视台迅速跟进,制播公益广告,创办相关栏目,很多电视台实现了公益广告的栏目化。《广而告之》有多个片源,除了中央电视台自制的公益广告,还有地方电视台、各级各类宣传教育机构和广告公司提供的公益广告,近30年中发布了很多公益广告作品,其中很多优秀作品脍炙人口并深入人心。而今《广而告之》不仅是中央电视台的一个名牌栏目、一个公益品牌,而且成为我国公益传播的高地、国家的公益品牌。《人民日报》是党中央机关报,人民日报社在利用公益广告引导正确价值取向、营造和谐舆论环境以及特殊时刻凝聚力量共克难关等方面,走在中国党报的前列,发挥了引领示范作用。近几年设计制作了数百幅公益广告,其中百余幅已经发布。地方媒体也基本能够做到守土有责,在前行乏力而谋求突破和转型的过程中,努力为公益广告保留一块"绿地",尽管地方媒体的公益广告传播存在一些问题,但是它们依然是各地公益广告传播的主力。应当肯定,中央电视台和《人民日报》作为中国传统媒介的旗帜,很好地发挥了引导和示范作用,地方各类媒介作为公益广告传播的主力部队,保证了公益广告传播的燎原之势。正是传统媒介发挥了主体作用,我国公益广告的传播才能实现高频率和全覆盖,公益广告的影响才能遍及城乡并深入人心。我国媒介在海外的影响也在不断扩大,截至2016年12月底,《人民日报》海外版的全球综合发行量102万份,覆盖86个国家和地区。中国国际电视台(CGTN)也于2016年12月正式开播。有6个电视频道、3个海外分台、1个视频通讯社和新媒介集群的中国国际电视台将以丰富的内容和专业品质为全球观众提供服务。我国官方媒介在诸如推特、脸书等海外社交平台的吸引力也在增强,《人民日报》、新华社、中央电视台海外社交平台账号粉丝量分别达到3370余万、2200万、5335万。① 随着我国对外媒介的影响扩大,这些媒介上的公益广告也同步传向海外。

传统媒介在正在进行的媒介变局中,在努力突破难关实现转型的过程中,依然能够尽职尽责地发挥公益广告传播主体作用,并且顺势而动向数字媒介领域拓展,一边进行传统业务的改进和突破以吸引受众回归,一边呼应数字技术时代的受众需求,进行数字化、网络化、移动化的变革和建设,建立自己的网站,进驻其他网站,创建手机客户端,推出博客、微博、微信,从而呈现多种媒介形态,衍生多种形式的产品,聚集更多的"粉丝"。对于公益广告,传统媒介或在坚守原有阵

---

① 《人民日报海外版2016年全球综合发行量逾百万》,新华网,http://news.xinhuanet.com/zgjx/2017-01/02/c_135949122.htm。

地的同时进入新媒介开拓路径,在网络和手机平台上为公益广告开创新的传播空间、传播形式,或在自身的数字化、网络化、移动化的变革和建设中,借助技术手段赋予公益广告新的样态、新的载体。无论是被当作媒介责任还是媒介产品,无论是在非数字化报刊广播电视上还是数字化、网络化、移动化的报刊广播电视上,公益广告都有自己的位置。多个平台传播推送必然提高公益广告的曝光频率,增强公益广告宣传效应。

2. 数字媒介的强大传播力

互联网技术、数字技术、移动技术开启了新媒介时代,催生了网络、手机等数字媒介。数字媒介是以数字技术为基础,以互联网、无线通信网为载体,通过电脑、智能手机、数字电视机、iPad 等终端,向用户提供信息等服务。虽然数字媒介也被视为大众媒介,但数字媒介的传播特点、传播模式与传统媒介有所不同,不仅以"点对面"的单向传播模式向网络用户提供统一的信息,还以点对点的双向传播模式进行直接的交流沟通和信息互换,以面对面的模式实现所有人对所有人的传播,还可以通过多层级传播扩大传播效果,借助四通八达的人际网络产生裂变式传播效应。

受众接触最多的数字媒介是网络和智能手机,或者说受众主要通过电脑、手机利用数字媒介。被联合国称为"第四媒介"的网络以互联网为依托,强势崛起并且很快就实现了网罗天下。被称为"第五媒介"的手机原本只是人际交流的工具,随着手机智能技术的不断改进和手机业务的不断拓展而成为一个媒介,一个网络终端,并在"三网融合"后变成一个用户随身携带的移动平台,将人际传播、群体传播、组织传播、大众传播的功能集于一体。网络和智能手机的优势对用户具有很强的吸引力,中国互联网络信息中心(CNNIC)发布的第38次《中国互联网络发展状况统计报告》的数据显示:截至 2016 年 6 月,中国网民规模达 7.1 亿,互联网普及率达到 51.7%,超过全球平均水平 3.1 个百分点。我国手机网民规模达 6.56 亿,较 2015 年年底增加 3656 万人。网民中使用手机上网的比例由 2015 年年底的 90.1%提升至 92.5%,手机在上网设备中占据主导地位。同时,仅通过手机上网的网民达到 1.73 亿,占整体网民规模的 24.5%。网络和手机服务不断丰富,与用户的工作、生活、消费、娱乐需求紧密贴合,使网络和手机与用户之间的黏度很高,成为离不开的"必需品",而随身携带的智能手机又能够让用户随时随地上网,所以用户几乎将每一个碎片时间都用来上网。使用电脑和手机上网的每个用户作为一个节点共同形成了关系网络,构建了数字社区、数字社会,这个虚拟空间的数字社会与现实社会交叠互动,反映并影响现实社会。

网络和手机具有一些传播共性,"无论是网络还是手机,其传播中所具有的复合性、双向性、开放性、多级性、网状化等特点,都是过去的传统媒介所不具备的。"网络和手机各自还有传播个性:网络的媒介利用全时性、媒介空间的海量性、信息文本的非线性化、媒介使用的个性化等,手机媒介的信息接收贴身性、传播情境的私密性、信息落点的明确性、信息传播的碎片化等。① 传播共性使网络和手机有别于传统媒介,传播个性又显现了它们之间的不同,使网络和手机既有相同用途,又各有其用,适用于不同的需求、不同的情境,可以满足用户的多样化需求,解决需求差异化的问题。用户既需要网络,又离不开手机,即使在移动互联网时代也是利用电脑、手机等多个终端进行信息处理。

网络、手机的传播形式多样,网络的传播形式有Web网站传播、即时通信传播、网络社区传播、搜索引擎传播、维基传播、SNS传播、博客传播、微博传播等,手机的传播形式有短信传播、WAP网站传播、"应用"传播、微信传播等。多样化的传播形式提供了多个传播途径、传播方式,人际传播、群体传播、组织传播、大众传播都可以找到自己的传播途径和传播方式,点对点传播、点对面传播、面对面传播都可以顺畅进行,单向传播、双向传播以及诉求式传播、分享式传播都可以实现。

网络、智能手机等数字媒介的传播特性、传播形式为公益广告传播提供了新型载体、新型样态,不仅使公益广告传播突破时空限制成为可能,而且弥补了传统媒介单向传播带来的缺欠,实现了传播的双向性,让传受双方能够互动呼应,激发受众的参与热情。如2013年4月20日四川雅安芦山地震发生后,新浪微公益平台第一时间发布系列公益广告,号召公众支援地震灾区,网友积极响应并通过微博等转发公益广告,仅在90分钟内就筹集善款超过1000万元,显示了数字媒介的传播优势。2016年岁尾公益组织Sandy Hook Promise发布了一个关于校园枪击案件的公益广告,这个名为《埃文》的视频广告一上网就产生了巨大反响,仅仅几天时间Youtube上已有200多万次的浏览量,并在微博、微信热传,迅速传遍整个国家,传向世界很多地方。数字媒介现已成为公益广告传播的新平台,"上网"已是公益广告传播的必行之路。网上有专门的公益广告网站,政府网站、新闻网站、经营性网站设有公益频道,在网站、客户端、核心产品的显著位置发布原创公益广告、公益广告通稿,或是其他公益性信息。很多公益性组织通过官方网站、博客、微博、微信公众号和朋友圈、APP等传播形式推送公益活动信息,发布劝募广告和其他主题公益广告,不仅进行群内动员、跨群动员,还利用

---

① 彭兰:《数字媒体传播概论》,高等教育出版社2011年版,第47页。

新媒介进行从网络到社会的超群动员，以较低的运作成本取得较高的传播效益。庞大的网民群体、忠诚的"粉丝"群体是传播效果的基本保证，他们接受公益广告的信息之后不仅与广告活动主办方进行互动沟通，还与他人分享公益广告，交流信息和观点，共同讨论公益广告所反映的社会问题、所倡导的理念和所提出的解决方法，推波助澜地扩大了公益广告的影响。数字媒介还让捐献等公益行动变得更为方便快捷，线上支付帮助受众瞬间达成心愿，而线上的及时反馈和感谢在让受众感到欣慰的同时，提升了公益组织、公益活动的信任度，激发受众更多参与公益活动的热情和信心。随着数字媒介的快速发展，公益广告活动主体必将越来越多地利用数字媒介，借助数字媒介的巨大传播力和多样化形式，让公益广告传得更快捷、更广远，与受众的互动性更强，被受众分享得更多。

随着媒介的智能化进程的发展及智能广告时代的开始，数字媒介新技术在广告领域的研发应用，公益广告活动主体还应将新的传播技术、传播形式运用于公益广告传播，如运用 LBS 技术和大数据技术提高主题公益广告传播的精准度，利用 LBS 对公众生活轨迹的捕捉能力和大数据分析，有针对性地推送主题公益广告，传递公益性信息。还有虚拟现实技术 VR（Virtual Reality）、增强现实技术 AR（Augmented Reality）。VR、AR 给人类带来感知世界的新方式，利用 VR、AR 技术制作宣传短片，借助 VR、AR 技术创造的三维立体交互环境为公益信息传播提供新的方法和手段，让受众产生 360 度的进入感，通过沉浸于虚拟现实的方式，能够在"还原"或塑造的场景中，如被垃圾环绕的生活环境、乱砍滥伐造成的荒山秃岭，更深切地"经历"、体验某些现实世界的环境、情景，更深刻地认识公益广告提请关注的社会问题。基于这种逼真的形式产生的感知会激发更强烈的共鸣，激发更积极的公益行动。商业广告等营销传播已经尝试利用 VR 等新技术，给消费者创造新颖的消费体验。公益广告传播应向商业广告传播一样，快捷地进入媒介技术前沿，成为新媒介、新技术应用的先行者，积极探索如何利用新媒介、新技术带来的新方式进行公益传播。利用新媒介、新技术需要突破一些技术壁垒，更需要资金支持，而资金问题仍是公益广告事业发展的瓶颈。尽管这一问题暂时难以得到彻底解决，但是公益广告活动主体还是应该利用相关制度、政策，以及企业、机构日益提升的社会责任意识和公共关系意识，尽力争取资金支持或技术支持，为公益广告传播的创新创造条件。

3. 户外媒介及其他生活环境媒介

户外开放空间的大型广告牌、电子大屏幕、灯箱、宣传栏、围墙等一直是广告传播的"重镇"，这些户外媒介被设置在城镇的商业区、主要街道和公路、铁路等

图 9-3 《关注残疾人》路牌广告

主要交通干线的两侧,通常设置时间较长。相对于其他媒介广告而言,户外媒介广告制作比较简易,制作成本低廉,发布的时间却比较长久,可以形成累积效应,算是一种性价比较高的媒介。但是,户外广告媒介也有局限性——传播区域小,辐射力弱,受众接触有限,而且由于接触户外媒介的受众一般是流动的人群,他们经过户外媒介通常不会长时间驻足观看,往往只是浮光掠影般地投去一瞥,注意的时间短暂,难以对广告信息产生深刻印象和记忆。如果受众只有一次接触机会,而且信息缺乏冲击力,那么户外媒介的作用更小。所以,无论是设置还是选择使用户外媒介,都需要调查和掌握设置地点的人流、车流等情况,把握受众活动的规律和路线,尽力让更多的受众接触户外媒介,让受众更多次地接触户外媒介,通过累积印象理解并记住广告,同时通过户外广告的创意、设计、制作来扬长避短,使广告具有很强的冲击力,能够在"三秒钟的竞争"中让受众过目不忘甚或"一见钟情",愿意为之驻足观看,积极响应公益广告的召唤。

以往户外广告比较粗糙简陋,近年来很多地方对户外广告媒介进行整体规划,提高了户外广告设施的设置标准,应用电子喷绘、数字技术、光电子技术等现代科技制作户外媒介,提高了户外广告的整体质量,使之既能以大形制、高亮度的视觉冲击力吸引受众目光,又能以文字、图案的美观大气、色彩的鲜艳绚烂激发受众的美感。近年流行的 LED 显示屏具有高亮度的大屏幕,图像清晰,色彩丰富,既可静止如画,又能像影视呈现动态图像,以其显示效果好、适用性强而被广泛应用于户外室内。随着媒介智能化进程加快,越来越多的户外媒介应用先进的媒介技术、数字技术及其他技术,实现了数字化、智能化,让户外广告更具吸引力。如西班牙交通总局与奥美合作,在马德里一个要道立起一个装有二氧化碳传感器的广告牌,当汽车排放的二氧化碳气体浓度达到一定阈值,广告牌上的男孩就会咳喘,广告语也随之显示出来:并不是所有的交通道路受害者都遭遇了意外。西班牙每月都有接近 400 名儿童患上哮喘疾病。这样的户外广告不仅让过路司机感到新鲜,而且让他们直接看到汽车尾气排放给孩子们带来的灾难,触动他们思考如何减少排放。随着先进技术的广泛应用、智媒化程度的提高,户外广告媒体必会突破固有的局限,带给受众不一样的认知方式和心灵触动。

图 9-4　西班牙会呼吸的公益广告路牌

现在户外媒介不仅仅是传递商品信息的一种载体、展示商业经济的一个窗口,也是一道文化景观,是国家和地方精神文明建设的缩影。如上海浦江岸上的巨型 LED 显示屏、深圳蛇口"发展就是硬道理"的广告牌,已经成为城市的景致和地标。大型广告牌、电子大屏幕、灯箱、宣传栏、围墙等作为户外媒介中的"排头兵"一直是公益广告传播的重要资源、常用媒介,车体、霓虹灯、模型、旗帜、条幅、招贴、提示牌及一些公共设施等,也是公益广告的载体。城市的户外广告媒介已经能够成为公益广告传播媒介的"主力军",主要商业街、景观路、车站、码头、机场等人流较大的地方,都有刊载公益广告的巨型广告牌或电子显示屏。尽管优质地段户外媒介发布公益广告的数量远远少于商业广告发布的数量,商业广告"抢版面"的问题比较突出,但是公益广告还是能够利用户外媒介发挥作用。我国党政机构发起的公益广告活动总是强调利用户外广告媒介,并对公益广告户外媒介做了相应的规划和规定,除了大型广告牌、电子大屏幕、灯箱、宣传栏等,还利用了建筑工地围挡、候车亭、景观灯竿等构筑物。为保证户外媒介的公益广告传播,我国的《公益广告促进和管理暂行办法》及一些地方法规明确规定了在公共场所广告设施刊播公益广告的义务和数量,要求在户外媒介经营期间保留一定时段专门用于发布公益广告,政府机构也保留一定数量的户外广告资源专门用于发布公益广告。

图 9-5 "讲文明树新风"户外公益广告

除了上述户外媒介,我们的生活环境中还有很多可以承载公益广告的媒介,如公共场所的一些较小的服务设施——休息长椅、垃圾箱、纸巾盒、公告板等,如公众常用的名片、磁卡、票据、包装袋等。某地巧妙利用斑马线提示公众遵守交通规则,某社区利用路边垃圾箱提醒司机注意过路的孩子,有负责环保工作的人员在其名片的背面印上环保公益广告。电话磁卡出现以后,随着用卡、集卡的人数增多,磁卡也被当作一种广告媒体,既有商业广告,也有公益广告。如一个艾滋病咨询所在磁卡上提醒人们:"保护自己,比任何时候都更有益。"公众带有这样一张印着公益广告的磁卡,犹如身边有一位经常提出忠告的朋友。《公益广告促进和管理暂行办法》提出"工商行政管理、住房城乡建筑等部门鼓励、支持有关单位和个人在商品包装或装潢、企业名称、商标标识、建筑设计、家具设计、服装设计等日常生活事物中,合理融入社会主流价值,传播中华文化,弘扬中国精神"。"国家支持和鼓励在生产、生活领域增加公益广告设施和发布渠道,扩大社会影响。"这些日常生活中的设施、物品以及为宣传特意制作的设置,也被称为社会媒介、环境媒介,如果带着公益意识进行设计,将公益性提示附着于包装、商品或设置,那么它们就具有了媒体价值,成为公益广告载体,如在烟草制品包装上印上焦油含量和"吸烟有害健康"的警示,在包装袋上印上环保提示,虽然这些提示未必能够即刻见效,但是总会潜移默化地影响公众的意识和行为。诸如此类,公益广告可利用的媒介很多,每一种媒介都以自己特有的方式把公益信息送达受众,关键在于是否善于发现和利用,是否能够将公益广告巧妙地附着于某些设施和物品上,让公益广告能够借助于它们完成传播过程,发挥积极作用。

[案例]

案例1：Greenpeace 的公益广告《2020年的国家领导人》

2009年12月世界气候变化大会即《联合国气候变化框架公约》第十五次缔约方会议（COP15）在丹麦首都哥本哈根举行，绿色和平组织利用此时在哥本哈根机场内外设置了一些公益广告牌。乘坐飞机到达的参会人员和其他乘客出入机场时能够看到这些非常醒目的广告牌，看到广告牌上2020年的美国总统奥巴马、法国总统萨科齐、德国总理默克尔、波兰总统图斯克、巴西总统卢拉、西班牙首相萨帕特罗、英国首相布朗、加拿大总理哈珀等国家领导人。2020年的他们满头白发，面容衰老，神情沮丧。他们的头像旁边是几行带有引号的文字"I'm sorry, we could have stopped catastrophic climate change… We didn't."（"很抱歉，我们本应能够阻止灾难性的气候变化……而我们没有去做。"）道歉语"I'm sorry"巨大而醒目，道歉后面的话"we could have stopped catastrophic climate change… We didn't"说明了道歉的原因，表达了这些国家领导人的反思和追悔。当然，与其十年之后追悔莫及，莫如今天及时采取行动，所以广告最后呼吁："2009年在哥本哈根，立即行动，改变未来"，敦促这些能够影响世界、影响未来的国家领导人立即行动起来，应对全球气候变化，改变世界未来。

绿色和平组织多年来一直通过各种形式关注地球生态问题，采取各种行动保护人类和其他生物的家园。全球气候变暖危害非常严重，1992年联合国专门制订了《联合国气候变化框架公约》，世界各国期盼《联合国气候变化框架公约》缔约方会议（Conferences of the Parties, COP）即世界气候变化大会能够为应对全球气候问题发挥重要作用。在哥本哈根举行的气候变化大会即《联合国气候变化框架公约》第15次缔约方会议暨《京都议定书》第5次缔约方会议是一次非常重要的会议，要商讨《京都议定书》一期承诺到期后的后续方案，就未来应对气候变化的全球行动签署新的协议，而这一协议是继《京都议定书》后又一具有划时代意义的全球气候协议书，会对地球今后的气候变化走向产生决定性的影响。绿色和平组织希望哥本哈根气候大会达成目的，从而促进各国减排行动，控制温室效应，阻止全球气候进一步恶化，为此专门制作了这一系列公益广告。广告的创作者 Toby Cotton 说，绿色和平组织要传达的意思很简单，就是给世界领导人们施加压力，促使他们在哥本哈根达成公正合理又能有效执行的决议。该组织在哥本哈根机场设置这样的广告牌，是要让这些国家领导人及192个国家的环境部长和其他官员们一踏上丹麦土地就能听到绿色和平组织的呼声,感受到民间对气候大会的严重关切和迫切希望。用国家领导人 2020 年的追悔和道歉这样的创意,是希望他们能够认识到他们今天的决定直接影响未来,敦促他们能够为改变气候变暖采取积极行动,在这次会议上达成一份公平合理又能有效执行的决议,不要因今日的无所作为而追悔莫及。无论这一系列公益广告能否真正触动这些国家领导人,能否达到此次活动的目标,绿色和平组织利用与会者必经的机场等公共场所发布公益广告,并将系列广告做得具有冲击力,使之受到高度关注又成为一个热议话题,这一行动本身和所采取的广告策略应当得到肯定。

图 9-6　绿色和平组织在哥本哈根机场内设置的公益广告牌《2020 年的国家领导人》

图 9-7　绿色和平组织在哥本哈根机场设置的路牌公益广告《2020 年的国家领导人》

案例 2:公益互动装置"家暴橱窗"

圣诞节期间,商家都精心布置橱窗,营造温暖而热烈的节日气氛,吸引消费者前来购物。加拿大多伦多的一个商店橱窗被布置成一个家庭过节的场景,圣诞树、祝福贺卡、木偶等节日装饰营造出浓浓的节日气氛,一对夫妻和他们的两个孩子围着摆满酒杯、烤鸡等美食的餐桌而坐,这看似一个幸福而祥和的家庭。但是那男人会突然挥起手臂似要掌掴女人,女人慌忙向后躲闪,孩子害怕地用双手捂住自己的眼睛。原来这是某公益性组织请广告公司帮助设置的一个用于演示家庭暴力的橱窗,橱窗里演示家庭暴力行为的装置循环进行演示,但是如果有人驻足观看并愿意为反对家庭暴力捐款,它就会暂停 60 秒。捐助的路人用手机发送指定信息到指定号码进行捐款时,施暴的男人就会停止暴力行为,60秒过后又会向女人挥舞手臂,直到下一次捐款被确认。

公益性组织在节日期间利用橱窗设置这一装置,是因为这一组织在节日期间收到的女性求助电话比平日多出30%,因此决定利用圣诞节的商场橱窗演示家庭暴力场景,希望能够引起公众对这一社会问题的关注、对遭受家庭暴力的女性的关心,让公众认识到在自己与亲人共度佳节的时候,还有很多女性正在受到家庭暴力的打击,她们的孩子也会受到心灵伤害。公众的捐款会被转交至相关非营利机构,用于保护或安抚遭受家庭暴力的女性。

图 9-8　加拿大的圣诞节"家暴橱窗"

4. 公益广告媒介的选择和使用

公益广告可利用的媒介很多,在实际利用的时候既有全媒介皆用、各"兵种"齐上的集团军作战,也有某一媒介的"单兵作战"。如何选择利用媒介进行公益广告传播,不仅要看哪些媒介组织愿意为公益广告传播免费或以优惠价值提供资源,还要看能否达成公益广告传播的目标。所以,公益广告的媒介选择利用与商业广告传播的媒介利用选择一样,不仅要进行媒介调查,充分了解媒介的传播力,并争取得到媒介的支持,还要认真分析公益广告传播的目标、受众以及广告环境等因素,在综合分析的基础上确定媒介策略,选好用好媒介。

(1) 公益广告目标与媒介选择

广告目标是媒介选择的首要参照因素。因为媒介的特点、传播力不同,传播的广度和深度存在差异,所以选择媒介首先要弄清媒介传播的深广度与广告目标的要求是否一致,要考虑哪些媒介能够符合广告目标的要求、怎样利用媒介能够达成广告目标,以保证能够选择最合适的媒介及媒介组合方式。

公益广告目标既有总体目标,也有具体目标。总体目标是社会公益,具体目标是指每一次公益广告传播所要达到的目的及所要完成的任务指标。公益广告传播的目的不尽相同,有以营造舆论氛围为目的的,有以宣传某些观念为目的的,有以行为规范为目的的,有以募捐钱物为目的的,有以促进社会问题的解决为目的的,有以组织公益性活动为目的的等。根据具体目的确定任务指标就是公益广告目标,目标体现了目的,又比目的更为具体。因为每次活动的目的不尽相同,可能只有一个目的,也可能有多个目的,既要宣传先进理念,又要改变或促进行动,所以公益广告传播的目标既有认知目标,也有行为目标,或还有其他目标。公益广告传播的目标不是用模糊语言表达的虚化目标,而是和商业广告目标一样的具体的量化的指标。即使有的广告目标无法量化,目标要求也应是具体实在的、可进行衡量和评估的。

选择媒介要根据公益广告目标的要求,选择最有利于达成目标的媒介。如广告目标要求把公益性活动信息在一定时限内传送到全国各地,不但达到家喻户晓,而且能够动员公众积极响应参与,那么就要选择覆盖面广、传播速度快、能够反复诉求、易于感动人心、激发人之热情,并且具有良好社会信誉和较强公信力的媒介。如广告目标是向某一地区或某一群体发布告知事项、进行组织动员,那么应选择这一地区的人民群众或这一群体最常接触、最易接收信息的媒介。现在地方政府发布洪水预警,提示公众做好预防以保安全,或发布雾霾信息,呼吁公众绿色出行,通常都选用本地最有影响力的电视报纸和政府微博、微信、手机短信等。总之,对于公益广告传播而言,能够达到广告目标的媒介就是最好的媒介,根据广告目标进行最恰当的媒介选择就是最佳选择。

(2)广告目标受众与媒介选择

每个广告都有自己的目标受众,每个媒介也都拥有自己的受众群体。广告目标受众与媒介受众具有一定的重合度,是媒介受众的一部分,在媒介受众中占有相当的比例。广告目标受众在媒介受众中的比例决定广告的到达率,广告目标受众的比例越大,广告的到达率越高。因此,选择媒介还要分析广告目标受众与媒介的关系,看其在媒体受众中所占比例,把媒介覆盖广告目标受众的情况作为选择媒介的决策依据。

从总体上看,现在受众与媒介的关系越来越密切,对媒介的依赖程度不断提高,但对受众与媒介的关系做具体分析,会发现受众对不同媒介持有不同态度,与各类媒介、各级媒介的关系存在较大差异。受众的社会特征或生理特征使他们在接触媒介的类别、内容以及使用媒介的方式上表现出不同的特点,如青年群体偏好新媒介,都是网络用户、手机用户,无论接受信息、娱乐还是购物几乎都是从 PC 端或手机移动平台上网,与网络、手机的黏度很高;从事社会管理、企业管理和科技教育事业的人群更多地接触纸媒、网媒的权威媒介,更多地选择和接收新闻类信息类内容;已不参加社会工作的老年人看电视、听广播的时间明显多于在职人群。掌握各类受众接触和利用媒介的特点和规律,选择媒介就会减少偏差,避免盲目性,提高公益广告传播的效益。某广告公司要为政府交通管理部门制作一个规范出租车司机驾车行为的公益广告,他们分析了广告目标受众与各类媒介的关系,发现出租车司机收听广播的时间大大多于看电视和读报刊的时间。他们通常一边行驶一边收听电台广播,利用广播获得信息、消除寂寞。他们收听交通台的时间又多于经济台信息台,主要从交通台了解交通信息,及时掌握有关道路顺畅或拥堵情况,以及与工作、生活相关的信息。很多出租车司机都是当地交通台的忠实听众、热情"粉丝"。根据电台提供的听众材料及听众分析,广告公司建议政府交通管理部门选择交通电台作为广告媒体,让公益广告跟随着信息节目滚动播出。这次公益广告宣传活动取得了很好的效果,效果调查显示,全市出租车司机超过半数收听到了这个公益广告,记住了广告的主要内容。某些群体接触利用媒介的特点和规律易于掌握,如以他们为目标受众,应该根据他们与媒介的关系有的放矢地进行选择。有些目标受众群体庞大,成分复杂,群体成员的年龄、职业、文化程度、经济状况、价值观念和生活方式等都有所不同,影响他们接触和利用媒介的因素很多,要掌握他们与各种媒介的关系有很大的难度,选择媒介的难度相应也要大一些,如劝说戒烟的公益广告受众、动员无偿献血的公益广告受众、为某些需要救助的社会成员募捐的公益广告受众、保护环境的公益广告受众。通常这类公益广告都把覆盖面广的电视、广播、综合性报纸和网络作为选择目标,利用中央电视台这样具有很大影响力的媒介或组合多类多个媒介,以便能够覆盖庞大的受众群体。

媒介机构为公益广告提供版面、时间或空间等传播资源,应像对商业广告客户一样,提供媒介覆盖面、发行量、收视率、点击率等资料,提供受众群体的分析资料,使公益广告活动主体能够比较准确地把握媒介传播力特别是受众情况,以可靠的第一手材料作为媒介选择依据。国内外很多媒介机构都定期或不定期地进行受众调查,向广告客户提供内容比较详细的调查报告,报告中关于受众的分布区域、性别比例、年龄段层、婚姻状况、职业类别、职务级别、分属阶层、消费特点、兴趣爱好及媒介意识、媒介利用率等数据,能够帮助广告客户了解媒介受众、估算广告目标受众在媒介受众中的比例。有些行业性组织定期对媒介进行调查,提供媒介信息服务,如发行量核查局对报刊发行量进行核查,公布核查报告。

公益广告活动主体除了从媒介机构和某些组织获取媒介受众资料外,还应该自己或委托认真负责的调查公司对媒介受众情况进行调查,以确保媒介选择依据的真实性、准确性。

我国公益广告活动主体重视媒介选择,重视媒介与受众的关系,无不希望利用中央电视台、省级卫视和中央级报纸发布公益广告,然而这些优质媒介提供的公益广告传播资源有限,提供的免费版面、时间更是难以满足需求,所以必须利用各级各类媒介。但是,公益广告的媒介调查、媒介分析始终没有得到高度重视,媒介选择缺乏足够的依据。因为公益广告活动主体普遍资金不足,捉襟见肘,不仅难以制作出有创意、高质量的作品,更难以进行媒介调查和媒介策划,只能看哪家媒介机构愿意免费或优惠发布公益广告,而不能选择更合适、更有效果的媒介,所以公益广告内容与媒介不搭配、不协调的现象时有发生,既有广告受众与媒介受众重合度较小的现象,也有优质广告作品不得不发在非优质媒介等现象,这必然影响公益广告传播的效果。

(3) 单一媒介与媒介组合

媒介选择的结果是制定媒介使用方案,明确是利用单一媒介还是采用媒介组合策略。选择单一媒介,如在某一报纸或者某一电视台发布广告,通常效果不如媒介组合传播的效果。选择单一媒介的关键是选准媒介,需要在了解各种媒介信息之后,通过比较分析,找出拥有广告目标受众最多、传播效果最为理想的媒介。只要选准,媒体覆盖的目标受众多、影响力大,单一媒介也能产生比较理想的社会效益。如中央电视台春节期间独家发布的一些公益广告都取得了很好的宣传效果,腾讯公益频道发布的慈善募捐广告也收到网友们的积极反馈。若是应付差事而随意选择,或以是否免费、优惠为选择标准,那么或许能够碰上优质媒介,也或许就会因为媒介不当而影响效果。

如果同时选择几种媒介传播同一公益广告,各"兵种"组建集团军协同作战,就不仅能够形成一种强大的宣传阵势,而且媒介之间可以取长补短,弥补单一媒介在传播范围、频率乃至表现上的不足,提高公益广告的到达率,扩大公益广告的影响。那些重大的需要在较短时间内制造大声势、产生大影响的公益广告活动大多利用媒介组合方式,以便迅速达到广告目标。媒介组合方式有传统媒介与新兴数字媒介组合、大众媒介与大众媒介组合、大众媒介与非大众媒介组合、全国性媒介与地方性媒介组合、综合性媒介与专业性媒介组合、媒介与线下公益性活动组合等多种方式。我国的希望工程等募捐公益广告、抗震救灾等赈灾公益广告、讲文明树新风等宣传文明公益广告,都采用了媒介组合的方式,报纸、广播、电视、网络、手机、路牌、显示屏、车外体、候车亭、宣传栏、工地围挡等多种媒介整合，形成了浩大的宣传潮流，显示出集团作战的巨大声势和力量。

如何组合媒介使之形成整合传播效应？常用方法有根据媒介个性组合、根据媒介效应组合、根据广告时间和频次组合等多种方式。

根据媒介个性组合。媒介各有长处和短板，根据它们的个性特色组合，可以利用媒介的长处弥补短板之不足，强化广告的宣传效果。如报纸广告不够生动但可容纳较多信息，电视广告形象生动但是广告时间短暂，互联网具有多媒体特点，兼有图文、视听多种功能。如将几种媒介组合，进行优势互补，以电视广告的形象生动引发受众关注，利用报纸广告内容的丰富性增强说服力，利用互联网表现方式的多样性和网民获取信息的易行性满足受众的多样需求，那么广告效果必可倍增。在众多媒介中，电视广告最生动形象、最有吸引力，一般媒介组合都利用电视的特长，以电视为主要媒介，让电视充当传播主角。互联网已经成为信息集成平台和公众自寻信息的主渠道。根据各类媒介特色组团，进行整合传播，可以唱好公益广告这台戏。

根据媒介效应组合。有的媒介覆盖面和影响力均大，公益广告能够产生广泛的影响，有的媒介传播和影响范围较小，如地方性媒介、专业性媒介、各类户外媒介，广告只能产生局部效应。公益广告宣传既需要面上广泛的影响，也需要见缝插针到达某一个媒介传播领域，所以可将传播广远、影响面大的媒介和传播面较小的媒体组合利用，通过点面互补，既保证覆盖面，引起广泛的注意，又增加受众的媒介暴露频次，加强局部宣传效应。如国家级媒介和地方性媒介的组合，覆盖广大的媒介和覆盖较小的专业性媒介的组合都可能产生这种效果。

根据广告时间、频次组合。电子媒介的广告时间短暂，转瞬即逝，一次广告难以给人留下深刻的印象，纸质广告和户外广告存在的时间相对长久。倘若大众传播媒介播出的广告频次少，那么用户外海报、路牌、灯箱等媒介广告配合，可以保持广告及广告效应长久一些。不同媒介的广告发布频次也有不同，报纸杂志等纸媒广告频次较少，电子媒介广告一天可重复播发数次，广告频次少的媒介和频次多的媒介组合，可弥补广告数量的不足。除此还要选择公益广告搭载的频道、时段、版位、网站页面以及户外媒介的地段等进行优化组合。公益广告所搭载的频道、时段、版位、网站页面以及户内户外地点等也是关系到广告效应的重要因素。频道和时段的收视率、版位和页面、户内户外地点的优势与广告的到达率成正比关系。商业广告千方百计地争取"黄金资源"，担负着宣传和教育群众重要任务的公益广告同样应该当仁不让，争取在收视率最高的频道和时段，最具强势的版面版位、页面和最适宜的地点发布,应当利用政府和媒体给予公益广告的优惠政策,努力争取搭上黄金时段和强势版位、页面、地点的"特快列车",快速达到目的。目前我国电视媒介各个频道各个时段都可以发布公益广告,很多公益广告在电视黄金时段播出,在社会上产生了较大的反响。报纸的强势版位也能刊登公益广告。当然,非黄金资源并非不在选择之列,只要能够对准目标受众,同样能够产生比较理想的效果。如在电视广播的少儿节目时间播发与少儿有关的公益广告,在女性受众为主的报刊刊登以妇女为目标受众的公益广告,效果或许并不亚于黄金时段、黄金版面。

除了以上几种组合策略,还可以根据受众与媒介的关系、受众的社会文化背景、广告主的资金投入等进行媒介组合。无论采用哪种组合方式,都应该是优化组合,都要利于达成广告目标,争取最大的社会效益。

除此,公益广告的媒介策划还应兼顾公益广告的发布形式。公益广告的发布形式与商业广告的发布形式基本相同,所不同的是后者要根据广告商品的特性、市场态势、受众特点等选择广告发布方式,如广告商品目前所在的市场生命周期、商品的季节性的特点、市场的需求变化、竞品广告发布策略等,而公益广告主要以广告的任务要求、广告的内容性质和社会形势特点为参考依据选择发布形式。如某些要解决燃眉之急的募捐广告采用集中式的发布形式,尽力短时达成劝募目标;倡导社会公德、宣传价值观念的公益广告选择连续式发布,用滴水穿石的精神方式达到以德润心的目的。集中式能够短时引发社会高度关注,连续式能够以其持久而达到目的,集中式和连续式既可分别运用,也可以组合运用。目前我国的公益广告发布还不能像商业广告那样主动,还不能完全根据公益广告任务要求等选择发布形式,并常常由于缺少媒介购买资金而不得不减少投放量,致使很多应当长期发布的公益广告不能经常与受众见面,无法从发布形式方面保证广告的效果。要从根本上解决这一问题,需要建立一个正常化的公益广告运作机制,从制度和机制上为公益广告传播提供保障和必要条件。

[案例]

案例1:中央电视台"海陆空"三位一体的立体式公益传播体系

传统媒体与新媒体融合发力,是当下进一步提高公益广告影响力的重要途径。中央电视台广告中心近年来一直在探索两者结合进行公益传播的方式,力求实现"海陆空"立体传播。2013年以来,中央电视台构建了"屏幕广告、线下活动、新媒体推送"三位一体的立体式公益传播体系,首先在电视屏幕上大量播出公益广告,形成空中传播优势,同时在视频网站上发布视频,在微信、微博上设置互动话题,形成海量传播规模,引导受众分享、转发、评论。如在电视上发布《父亲的谎言》公益广告之时,在央视网以及官方微博、微信推送,引发话题讨论,让这些公益广告随着网友的评论、分享、转发而继续扩散。除此,中央电视台还会发起线下传播活动,让公益广告落地生根,以实际行动践行公益理念。2015年1月,中央电视台开设了微信公众号"央视公益传播",为公益广告传播再建一个新媒体平台。

案例2:光明日报社公益广告传播的媒体组合拳

《光明日报》是一张中共中央主管主办、以知识分子为主要对象、面向国内外广大受众的报纸。报社积极响应中宣部、中央文明办等单位发出的关于刊登"讲文明树新风"主题公益广告的号召,自主设计了多个选题的系列公益广告。"讲文明树新风"系列广告选取郭明义、裴春亮、孟佩杰、吴斌、张丽莉、刘真茂、高铁成、杨善洲等道德模范和时代楷模作为主角,展现他们的满腔热血和无私奉献,力求为社会树立时代楷模,弘扬时代精神。"志愿服务"系列广告的4幅作品遴选了最具代表性的志愿服务事迹作为素材,展现了志愿者开展志愿服务时温馨的生活场景,讴歌了普通人在平凡岗位上的无私奉献,达到了弘扬雷锋精神、倡导社会志愿服务的宣传效果。除此之外,还有"寻找最美乡村教师"大型系列公益活动,这一活动利用征集到的一些最具视觉冲击力的摄影照片,配上极具感染力的主题文字,制作了12个半版的"寻找最美乡村教师"系列公益广告。这些公益广告除了在《光明日报》发布,还在光明网、光明云媒、光明日报手机报、手机光明网、云端读报等网络和新媒介公益平台展播,实现公益广告的全方位刊播。光明网推出"讲文明树新风"公益广告专题页面,分类展示各类公益广告,并对优秀作品进行集中展播。云端读报平台也制作出版了"公益广告"专刊,定期向手机用户推送光明网及其他媒介制作的优秀公益广告。

案例3:因地制宜,公益广告"潜入"长沙市民生活

社区篮球场内、公园小道边、机场的候机大厅……今年10月起,长沙组织开展公益广告提质示范点建设推广工作,在主要城区范围内建设了5类(社区、广场、路段、公园、单位)共12个公益广告提质示范点,并进行了验收。星辰全媒体

记者发现,各个示范点根据自身特点,将社会主义核心价值观的培育践行、生态文明的建设宣传、文明礼仪宣传教育和志愿服务宣传等内容通过电子显示屏、户外广告、橱窗展板等多种形式呈现在市民眼前。

"现在我们小区里面的'牛皮癣'不见了,各种各样的公益广告多了,你看,这墙上画的就是我们社区的模范人物。"家住长沙市望麓园街道荷花池社区的居民李大姐热情地告诉记者,现在社区里的公益广告越来越多,在平时居民休憩的广场、上下班路过的小巷、楼梯间、电梯间随处可见。"现在的公益广告和以前也不一样了,不再是生硬的口号和千篇一律的图片。除了我们身边的好人好事外,还有一些文明小故事。感觉离我们近了。"

"这次公益广告提质建设,各个区县花了不少心思,都因地制宜地做了统一规划设计,并在原有基础上进行了更新和完善。"长沙市文明办主任郭润葵介绍,提质后的公益广告能更好地融入周边环境,分布不再像以前那样比较零散,更有视觉冲击力,主题也更加突出。"像我们刚刚看的荷花池社区,本来社区就一直坚持诚信建设,他们社区公益广告的主题也着重突出了'以诚立身'主题。"

"只有更加贴近市民生活的作品,才会让大家更有亲切感、感受更加深刻。"郭润葵表示,下一步公益广告提质示范点好的做法在全市推广后,希望在保持目前长沙公益广告数量上的优势外,要在公益广告作品上多用贴近市民生活、大家喜闻乐见的原创作品;要结合社区、行业、单位的自身特色和受众人群,挑选相应主题的公益广告作品进行主题宣传。"比如在商业零售区重点发布诚信经营类型,在医院重点发布全国道德模范医生类型,在车站、机场、码头重点发布全国模范司机系列,在风景名胜和各大公园重点发布生态文明系列。"

据了解,长沙市公益广告已占城市户外广告、工地围挡围墙面积的30%以上。在长沙市10个中心公园,11个市民广场,368个公交站台、4517辆公交车发布社会主义核心价值观公益广告;在长沙市主城区616个工地围挡发布9933幅,总面积72650平方米。其中,2016年新增及更换公益广告4310块,小区电梯2315幅。同时,年嘉湖、浏阳河隧道、营盘路、南湖路湘江隧道共11块电子屏全天滚动播放时长超过2小时,日均播放量达1.5万次;在八一桥、浏城桥等设置固定广告牌8块。①

---

① 《因地制宜,公益广告"潜入"长沙市民生活》,中国文明网,http://www.wenming.cn/syjj/dfcz/hn_1680/201612/t20161219_3954761.shtml。

思考与练习

1. 分析各类传播媒介对公益广告效果的影响,深入理解媒介的特性和作用。

2. 通过公益广告案例分析,掌握整合传播策略及其方法。

3. 考察"讲文明树新风"公益广告,分析这一公益广告战役如何运用各类媒介开展传播,总结这一公益广告活动的媒介运用经验。

4. 考察你所在城市的户外公益广告,看看哪些户外媒介和公共设施被用于发布公益广告,观察和分析这些广告媒介的传播效果,提出有效利用公共设施发布公益广告的建议。

5. 了解数字媒介的特点和优点,分析数字媒介公益广告传播的效果,深刻认识媒介智能化对公益广告传播的影响。

6. 开展调研,了解当下智能手机公益广告传播的情况,为如何更多、更好利用智能手机进行公益广告传播提出建议和创意。

7. 参与本地区的公益广告活动,为某一主题公益广告活动进行媒介策划,制定媒介使用方案。

8. 阅读和讨论

2015年11月初,国内多家媒体报道"武汉建成首个'广告公厕',向市民征集公益创意"。请阅读下面这个报道,思考公厕的媒介价值以及如何利用公厕发布公益广告、怎样取得良好效果。

武汉建成首个"广告公厕" 向市民征集公益创意[①]

荆楚网消息(记者郑青 通讯员 周玉琴 张吉) 如果你有个"创意大脑",如果你对城市文明尤其是如厕文明有话要讲,现在有个发布平台:武汉第一座"广告公厕"落成,公厕内的广告位虚位以待,向市民征集各种文明公益的创意广告。

这座公厕位于汉阳滨江大道,靠近汉阳江滩7号门,近汉阳江滩游泳池。记者巡视附近半径500米区域,这是唯一一座公厕,此外江滩内设置有公厕,但距离较远。

---

① 《武汉建成首个"广告公厕" 向市民征集公益创意》,荆楚网,http://news.cnhubei.com/xw/wuhan/201511/t3436248.shtml。

据了解,这座公厕外观比较动感时尚,不过与其他公厕最大的不同是,该公厕的墙面以及很多内部区域,都设置了广告位。外墙广告位面积最大,每个约 4 平方米,此外类似内部墙壁、每个隔间、小便池上方,均设置了广告位,整个公厕广告位 14 个。

公厕建设投资方为汉阳区城管委,但将广告位的设置与维护权交由第三方公司,广告的制作成本由该公司负责,城管部门不另外承担费用,广告发布内容要以公益广告为主,商业广告部门收入用于公司维持广告发布运营。

这是武汉第一座以公益广告为主题的公厕,汉阳城管委相关负责人表示,广告公厕的设立,主要目的是宣传公益文明,尤其是如厕文明,提倡对公共设施的保护。

图 9-9　武汉的"广告公厕"

第十章
公益广告传播效果

公益广告效果体现了公益广告的功能实现程度和目标达成状况,对公益广告效果进行科学评估,不仅可以检验公益广告传播是否发挥作用、达成预期目标,正确评价公益广告活动的绩效,而且可为以后的公益广告传播提供经验和教训,有助于不断改进公益广告传播,提升公益广告传播的水平和效益。

一、公益广告传播效果的层次

效果体现于公益广告对公众的认知、态度和行为产生的影响。一项环境意识调查表明,我国公众主要的环保经历是接受环保信息,他们所接受的环保信息其中一部分来自于公益广告或标语。一项名为"大众传媒对大学生环保观念的影响"的实证研究表明,环保公益广告强化了被调查者的环保意识,其中多数被调查者对部分优秀环保公益广告给予很高评价。一个关于反酒后驾车广告的说服效果研究证明,反酒驾广告不同程度地降低了司机的酒驾意向,减少了酒驾事故率。一个慈善组织肯定自己发布的劝募广告发挥了作用,让公众愿意为帮助他人而捐出钱物。这些调查研究结果说明了公益广告的有效性,显示了公益广告的价值和力量,同时也说明公益广告对受众的影响不同,或影响认知,或影响态度和行动,或动之以情,或晓之以理,或产生多层次的综合性的影响,也就是说,效果体现于多个方面、多个层次。

学界、业界从不同的角度、用不同的标准为广告效果分类,从传播角度将广告效果分为传播效果和影响效果,根据广告的效益分为认知效果和行为效果,基于受众的反应分为心理效果和行动效果,按照效果发生时间分为即时效果和近期效果、远期效果,按照效果持续时间分为短期效果和长期效果,还有依据广告效果发生模式如DAGMAR模式、AIDAS模式进行分类,等等。各种分类方法都有其依据,有其合理性。但要注意的是,公益广告效果与商业广告效果不同,公益广告传播以实现公益目标为目的,并不宣传商品、品牌,因而没有销售效果、经济效益,即使劝募公益广告产生了募集财物的效果,也属于社会效益而非经济效益。所以,不能简单地套用一般的广告效果分类方法,应当根据公益广告的特点、功能、目标,进行效果评估。

因为公益广告通过对人的影响发挥作用,所以本教材根据公益广告对受众产生的影响评价公益广告效果,按照受众的反应将公益广告效果分为认知、态度、行为三个层面。

1. 认知效果

人是认知主体,认知是人的一种认识活动,是人获取信息、处理信息的过程和结果。换言之,认知是人在接触信息、事物时所产生的心理反应,是对信息、事物的感知、了解、理解、判断、记忆,认知效果反映了认知的程度和认知的收获。广告认知是指受众获取和处理广告信息的心理活动,是受众对广告的注意以及对广告信息的接收、解读、记忆,广告的认知效果就是广告传播对受众认知所产生的影响。商业广告的认知效果主要体现于受众关注广告并理解、记住广告所传递的商业信息,建立关于商品或品牌的印象。公益广告的认知效果体现于受众知晓公益广告的信息,理解公益广告诉求,对公益广告提出的问题、诉求有所认识,或是认识有所强化、深化。如世界艾滋病日的主题公益广告让受众理解了"红丝带"标志的意义,认识到关怀感染者和预防艾滋病同等重要。国际禁毒日的主题公益广告使公众看到青少年吸毒问题的严重性,感受到"救救孩子"的紧迫性。

虽然认知效果只是对受众认知的影响,而认知并非公益广告的目标,受众的态度和行为变化才是公益广告传播要达到的终极目标,但是认知是前提,认知影响态度和行为变化,认知效果先于其他效果而产生,并对公益广告最后的实际效果产生影响。广告效果发生模式也说明了这一点,无论是 DAGMAR 模式还是 AIDAS 模式,都显示广告效果首先发生在认知层面,首先引起注意、理解,进而激发兴趣和行动。公益广告的研究和实践亦已证实公益广告传播的认知效果与态度效果、行为效果的相关性,公益广告传播首先要获得受众关注,给受众留下印象和记忆,取得认知效果,才能进一步发挥影响作用。认知度与效果呈正向关系,认知度高则影响大,受众的卷入度也相应提高。我国的希望工程公益广告《我要读书》、讲文明树新风公益广告等通过全媒体广泛而长期的发布,广告上的"大眼睛"女孩、穿红衣的梦娃给受众留下深刻的印象,受众通过这些广告作品理解了希望工程、讲文明树新风的重要意义,于是积极支持,踊跃行动。如果公益广告传播没有一定的认知度,受众对公益广告视而不见听而不闻,没有兴趣也不理解,那么公益广告怎能引发社会共振?怎能达到宣传、教育、动员等目标?所以,公益广告效果评估首先要掌握公益广告的认知度,并将认知效果视为评估公益广告效果的重要指标。

影响广告认知效果的因素很多,既有广告作品自身的因素,如公益广告的内容诉求、表现形式,也有媒体因素,如广告发布数量、媒体影响力,还有受众和社会环境等因素。有些公益广告作品以内容、表现形式的震撼力吸引受众目光,如希望工程的"大眼睛"等公益广告、关爱老人系列公益广告;有些公益广告成为话题之后提高了认知度,如《爸爸的谎言》;有些利用优质媒介传播资源——重要媒体、黄金时段或主要版面得到高度关注,如中央电视台的春节系列公益广告;有些公益广告通过较长时间的重复发布加深受众的印象,利用多次认知的积累效应促成较好的认知效果,借助认知频率实现效果的最大化,如讲文明树新风公益广告。当然,也有因综合因素而获得较高认知度的作品。学界和业界通过经验总结或科学实验探寻提高认知效果的因素,在公益广告实践中利用这些有效因素,让公益广告引起高度关注。

2. 态度效果

认知影响态度,对态度的形成具有重要作用。态度是认知之后所产生的一种心理反应,包含着认知主体对客体的认知、情感和评价。态度或者通过言论、表情、行动表达出来,或者通过情感倾向、观点倾向、行为倾向等表现出来。尽管影响态度的因素很多,但是认知是一种能够直接产生影响的因素,不仅使认知主体对客体有了态度,还会促使态度转变,而态度又会影响行动。广告作用于受众的观念或价值体系,如果受众看过广告之后产生了情感倾向,做出了评价,说明广告对受众的心理影响已经从认知进入态度层面,而受众的态度不仅有对广告作品的态度,还有对广告信息、诉求的态度,对广告作品的态度影响对广告信息、广告诉求的态度,而对广告信息、广告诉求的态度直接影响是否接受广告信息、认同广告诉求,是否愿意呼应广告的观念和行动导向,采取相应的行动。受众表现出的是积极态度还是消极态度或是没有态度、是好感还是反感或无所谓,是认可还是不认可或认为无关紧要,都反映了广告传播的效果,好感度、认同度等就是用来衡量态度效果的指标。

就公益广告总体而言,公益广告的公益性使之比较容易获得公众的价值认同,公众普遍以积极态度看待公益广告及其所代言的公益活动,愿意响应公益广告号召,支持社会公益事业。这是公益广告、公益事业能够获得广泛支持的主要因素,是公众的社会责任意识和公益意识的体现。就公益广告具体作品而言,受众的态度不尽相同,有些公益广告获得普遍赞誉,引起广泛共鸣,如中央电视台的春节系列公益广告、《爸爸的谎言》等主题公益广告,广告内容能够激发受众情感,触动受众心灵,广告创意也很精彩,制作比较精良,受众不仅为之点赞,而且自发通过网络、手机媒体转发,产生了公益广告大众传播与人际传播结合的效应,使这些优秀作品通过二次传播乃至 N 次传播扩大了影响。有些公益广告因创意、制作水平较低而难以赢得好感,好感度、认同度不高的作品自然难以引起共鸣。由此可见,虽然公益广告的公益性影响受众态度,但是受众并不因为公益性而降低对公益广告的要求。

受众对公益广告的态度直接关系到公益广告的目标达成、目的实现。公益广告的目标是影响公众的态度和行为,有些公益广告就是要唤起或激发公众的情感,向公众传输思想观念,建立社会共识,或要改变公众的某些观念,调整公众的态度,让公众用正确的理念、积极的态度对待公益广告所提出的问题、观念、生活方式。如中央电视台春节公益广告《回家》等系列,就是利用春节这样一个时间节点和中华民族的传统习俗,通过人们千里迢迢回家团聚、家人喜气洋洋共度佳节的情景,表现中华儿女对祖国、对民族、对家乡、对亲人的热烈感情,弘扬中华优秀传统文化,展示中华民族的凝聚力和中华文化的向心力。受众从这些广告中感受到浓郁的节日气氛、朴实而至深的故乡情,内心深处的家国情怀,从而更深切地理解中华民族和中华文化,增强了文化自信、文化自觉。这些作品引起了热烈反响、热烈称赞,它们唤起的情感呼应、文化呼应说明了它们的效果。再如国外的反种族歧视广告,这些广告宣传种族平等观念,呼吁公平对待各个民族,说明不同种族和谐共处的意义,揭露种族歧视造成的种族不平等和种族隔离,努力消解种族歧视者的偏见,改变种族歧视者对少数族裔的态度,清除种族歧视的社会影响。态度影响行动,情感、观念、行动倾向的调整转变,会潜移默化地影响行为选择,甚至会成为行为动力,带动公益广告的行为效果。当公众认同广告的观点,与公益广告产生共鸣,对公益广告采取支持态度,可能就会按照公益广告的行动指向,用积极行动呼应公益广告。

3. 行为效果

行为效果是指对行为产生的影响、作用,引起的行为变化。公益广告的行为效果作为一种受众反应,体现在受众领会广告意图后,按照广告的导向、示范采取行动,调整行为方式,以实际行动对广告诉求做出回应。公益广告对行为的影响、作用已经得到确认,无论是科学实验还是调研结果、评估结果都证实了公益广告是影响行为的一个因素、一个变量。在重大社会事件中,公益广告号召和引领社会行动。在日常生活中,公益广告对日常生活行为、微公益行为等也有比较明显的影响。如某一公益广告效果试验发现,在学生宿舍张贴"节约用电"公益广告海报之后,这些学生宿舍的耗电量降低,明显少于对照组——未张贴公益广告宿舍的耗电量。被测试的学生并不知晓这个试验,是公益广告对学生的消耗行为产生了正面影响。[①] 显而易见,这些公益广告犹如身边的良师益友,时时提醒受众从随手关灯、避免不必要的长时充电等"小事"做起,改变自己的消费行为。将公益广告张贴于宿舍这样的生活空间,无疑可以提高受众的参与度和自觉性,使广告所倡导的良好行为成为受众的自觉行为。一些公益组织通过网络媒体发布公益项目广告,得到数十万、数百万人的支持,其中很多捐助者是工薪阶层、学生,公益组织的"微公益"募捐方式使非高收入群体愿为公益事业献出一己之力,实现"泰山不择土壤,故能成其大;河海不择细流,故能就其深"的效果。公益广告作为影响、改变行为的一个因素,公益广告的诉求主题、论据强度、受众自身的一些因素等都会不同程度地影响行动效果。

  行动是解决问题的关键步骤,解决社会问题需要全社会的关注和行动。多数公益广告活动是以受众行动为最高目标,希望通过公益广告促使受众采取某些行动,或者改变某些行为,获得良好的行为效果。如环保类公益广告无论是发出危机警示还是倡导绿色生活,都是希望公众更加重视生态环境保护,积极参与环境保护活动,选择简约的生活方式、绿色生活方式,改变某些不利于环境保护的行为,用自己的实际行动改善生态环境。宣传社会主义核心价值观、中国梦的公益广告让公众了解社会主义核心价值观、中国梦的内涵,将社会主义核心价值观、中国梦植入到公众的思想意识中,引导公众自觉践行社会主义价值观,为实现中国梦而奋斗。志愿者招募、慈善募捐等公益广告的行动目标更明确,行动效果更重要,公众是否广泛响应、积极行动,直接反映了这些公益广告目标的实现程度。

  公益广告效果的三个层面并非互不关联,公益广告的效果也绝非只能到达某一个层面。无论考量公益广告总体效果还是考量具体作品的效果,都可以发现传播效果往往是多层面的、综合性的,而且从认知到态度再到行动,是效果扩大、累积、深化的过程。受众看到、听到并理解公益广告,对其有了印象和记忆,是公益广告在认知层面产生的效果;当受众对公益广告诉求做出积极的反应,认同公益广告的观念传达,愿意接受公益广告的建议、主张,说明公益广告发挥了

---

① 罗光帆:《公益广告对消费者消耗行为的影响效果——一个自然实验现场的证据》,载《商业经济研究》2015年第12期。

影响、说服作用,在态度层面产生了效果;当受众接受了公益广告的观念、主张之后,在公益广告的导向和促进下参与公益广告所倡导的活动,或者调整自己的某些行为、生活方式等,那么公益广告的效果就从认知、态度进入到行动层面。公益广告效果基本上遵循着认知——态度——行为的逻辑和规律发生,认知影响态度,态度影响行动,如果没有认知就不会有态度,态度积极与否不仅决定受众是否会采取行动,而且决定是否会采取支持性行动。诚然,公益广告传播活动很多,目标不尽相同,如果完全按照认知——态度——行为的逻辑顺序评估公益广告效果发生及其关系,似乎有些简单。某些公益广告及其效果或许会有其特殊性,但一般情况下无论是宏观或微观,公益广告效果基本体现了这样的规律和特点。就公益广告总体效果而言,公益广告不仅引导公众关注社会、民生、生态环境等重要问题,关心社会公益事业,关怀某些弱势群体,而且要改变公众的思想观念,调整公众的社会行为,引领和激励公众支持、参与公益性活动,从而促进解决社会问题,推动社会文明进步。就具体的公益广告作品而言,多数公益广告都能在作用于受众的认知和记忆之后,一定程度上引起受众情感、观念、道德的变化,进而影响受众行为,只是每一次公益广告传播效果的产生和持续时间、效果的大小不同而已。就公益广告引起的受众群体反应或是受众个体反应来看,公益广告的效果也不仅仅停留于认知层面或态度层面,受众或许会在公益广告引导下很快做出行动反应,或许这种行动反应会在以后表现出来。而且,公益广告活动在达成具体目标、实现预期效果之后,还会有非预期效果,那就是公益广告对受众的道德观念、对社会公益文化、对社会精神文明、对自然生态环境等产生的长远影响。

二、影响公益广告效果的因素

传播活动由传播者、传播内容、传播媒介、受传者、传播效果几个基本要素构成。拉斯韦尔提出的"五W"模式描述了传播的要素、环节和过程。虽然这一模式只是一个单向直线模式,没有揭示传播的双向性和互动性,也没有对每一要素进行具体分析,但是毕竟为传播研究建立了基本框架,说明了传播因素之间的关系。此后传播学者建构的传播模式、模型都注意更为全面地反映传播过程各个要素之间的关系。在广告传播研究领域,有研究者吸纳了拉斯韦尔"五W"模式及其他传播模式等成果,根据广告传播的特点和实践经验,提出了广告传播模式。如美国学者芭芭拉·斯特恩提出了"改进的广告传播模式",这一模式体现了广告传播要素的特点,如根据各自作用将信源这一要素分为出资者、作者、文本人物，根据表达方式将信息这一要素分为自传式、叙述式、戏剧式，并将消费者分为暗示性的、出资者的、实际的。这一模式说明了广告传播要素的特殊性和复杂性，但是忽略了传播媒介等要素。另一位美国学者佛瑞德立克·韦伯斯特提出了"广告传播终极模式"，这一模式描述了广告传播始于信源又反馈回到信源的过程，说明了传播过程中信源、信息、受者之间以及编码、信道、解码、反应之间的关系，提示了信道中噪音对解码的影响，还标出了作者的经验域和受众的经验域以及两者之间的交集重合，指出经验域的交集重合大小直接影响传者与受者之间的沟通顺畅程度。这一模式涵盖了广告传播的各个因素，用编码、解码、噪音、反应以及经验域等解释了广告效果的差异性，更清晰而细致地反映了广告传播要素和效果的关系。

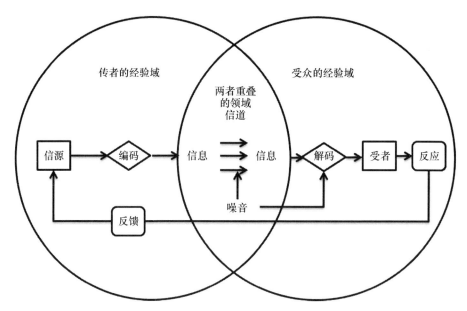

图 10-1　韦伯斯特的"广告传播终极模式"[①]

因此，考量传播效果需要了解各个因素的影响作用，关注它们之间的关系，既要考量单一要素与效果的关系，如传播者和传播效果、传播内容与传播效果、传播符号与传播效果、传播技巧与传播效果、传播媒体与传播效果、受众与传播效果、社会文化与传播效果，等等，还要要综合考量诸多要素对效果的影响，因为广告效果往往不仅受某一因素影响，还是多个因素相互作用的结果。

---

① 　张金海、余晓莉主编：《现代广告学教程》，高等教育出版社 2010 年版，第 93 页。

公益广告传播与其他传播活动一样,公益广告传播过程中各个因素都可能对传播效果产生影响。关于公益广告效果,中外已有一些研究成果,这些成果多是运用实证研究方法,探讨某一方面因素对公益广告效果的影响,如受众对不同广告主的信任态度、恐惧诉求对受众心理和行为的影响、某一内容框架对受众的说服效果、名人劝导的有效程度等。随着效果研究的进展,我国学者开始全面探寻公益广告效果的影响因素,丁汉青等对影响公益广告效果的自变量和因变量进行了梳理,基于文献资料梳理出了自变量的分类特征,即信源特征、广告信息特征和广告接收者特征,三类自变量又经细化,构成了自变量的一级指标、二级指标、三级指标,效果研究就是通过测量二级指标来评估一级指标,通过测量三级指标来评估二级指标。信源特征这个一级指标,通过代言人、赞助商等二级指标测量;广告信息特征这个一级指标由广告主题、叙事框架、广告诉求方式、论据强度等二级指标测量;信息接收者个体特征这个一级指标通过年龄、性别、种族等人口统计学特征以及受众卷入度、个人经验和经历、群体之间的互动等多个二级指标测量。各个二级指标的情况则由三级指标测量结果得出,如通过是否为明星、公众信任度、与广告内容一致性三个指标测量代言人对公益广告效果的影响。[①]

通过这些研究成果,可以了解中外公益广告效果研究的内容、方法、路径,看到公益广告效果研究者主要关注信源、内容及诉求方式、受众的影响作用,对其他影响因素如公益广告发布时机、传播载体、宣传力度、社会环境等研究较少甚至没有涉及,对单一因素的影响研究较多,对诸多因素所产生的综合影响也甚少开展研究。实际上媒体等因素对公益广告效果也有较大影响,而诸多自变量往往交叉混杂着共同影响、制约着公益广告的效果,公益广告与新闻传播、公民传播、线下公益性活动的整合传播通常能够产生更高的认知度、更大的鼓动力,对受众群体的态度和行为影响更为突出。

一级指标	二级指标	三级指标
信源特征	代言人属性	是否为明星
		公众信任度
		与广告内容的一致性
	广告主性质	偏公共性
		偏商业性

---

① 丁汉青、王军、刘旻:《公益广告效果研究:自变量与因变量梳理和确认》,载《郑州大学学报》2015年7月。

(续表)

一级指标	二级指标	三级指标
广告信息特征	主题与现实的拟合度	高
		低
	叙事框架	
	诉求方式	感性诉求和理性诉求
		恐惧诉求
	论据强度	高
		中
		低
	传播方式	单向
		互动
信息接收者个体特质	人口统计学特征	年龄
		性别
		种族
		……
	受众接触特征	对内容的卷入度
		个人过去的经历
		群体间的互动
		信息接触强度

公益广告效果研究的自变量[①]

公益广告传播与其他传播效果一样，效果的产生是一个比较复杂的过程，从公益广告活动主体发出信息到受众接受信息，这一过程中的每一因素、每一环节都可能是影响效果的变量，其中传播主体、广告主题及诉求方式、创意制作、媒体发布、受众群体、社会环境是影响效果的一些主要因素。

1. 传播主体

公益广告的传播主体包括公益广告活动发起者、赞助者和代言人。广告发起者的组织身份、公信力和影响力等，直接影响公众对公益广告的认知和态度，进而影响行为效果。公信力、影响力大的政府机构、公益性组织发布的公益广告通常能够引起较高的关注度，更易获得公众的信任、认同和广泛响应。

---

① 丁汉青、王军、刘旻：《公益广告效果研究：自变量与因变量梳理和确认》，载《郑州大学学报》2015年7月。

赞助企业的赞助动机和社会声誉既影响公众对企业的态度,也影响公众对公益广告的态度。隐藏着企业商业动机的公益广告易受公众质疑,甚至被当作公关广告,而企业的声誉影响公众对企业赞助动机的判断和评价。如果企业隐于幕后并不在公益广告上留下标识,那么可避免公众质疑和负面评价。

代言人因其代言作用而成为传播主体,影响受众的关注和情感倾向、行为倾向。其中的名人能够以其知名度、良好声誉和个人影响力提升公益广告的认知度、认同度和号召力,发挥意见领袖的作用,如姚明等为世界动物保护组织代言的公益广告就有很高的认知度,他们说出的广告语"没有买卖就没有杀害"已经深入人心。普通人代言既能以其接地气的形象消解阶层隔阂,易让受众产生亲近感,又以所代表的群体形象打动受众心灵。如希望工程宣传海报中的"大眼睛"女孩、《父亲的谎言》中的父亲、《我是谁》中的普通党员等。但是此类代言人知名度不高,不像名人那样能够立刻吸引受众注意,所以应有广告主题、创意等因素的配合,借助多因素的合力取得良好效果。

2. 主题、论据强度及诉求方式

主题与社会关切的重合度影响传播效果。如果公益广告提出的问题是社会关切的现实问题,是公共领域的热点、焦点问题,广告诉求表达了社会焦虑,触碰了社会的痛点,那么这样的作品易于引起公众关注和共鸣。主题与社会关切的重合度高,共振性强,引发的共鸣自然强烈。如反映雾霾、水污染等环境问题的公益广告作品总能引起强烈共鸣。同一主题广告因内容不同效果也会有所不同,如只是揭示污染问题严重性的广告会强化受众的保护和改善环境的意识,既揭示污染问题又提出公民行动建议的广告可能还会在行为层面产生效果。

论据强度是指用事实、道理、感情等证明和支持观点主张的强弱程度,强论据的效果通常显著优于弱论据的效果。如捐资助学广告表现失学儿童的生活困境,比单纯表现孩子的读书渴望更易激发捐助行动。动物保护组织广告用鱼翅消费导致大量鲨鱼被捕杀的血腥事实劝阻这种消费,让消费者认识到拒绝鱼翅消费就是保护生命、保护生态,能够比简单地呼吁"拒绝消费鱼翅"取得更好的实际效果。论据的强弱决定公益广告的感染力、说服力,影响受众的卷入度,能够引起程度不同的态度和行为变化。

说服方法也被称为诉求方式,是广告为达到说服效果而采用的言说策略。公益广告是诉诸感情还是诉诸理性,是以情动人还是以理服人,是从正面进行劝导还是敲响警钟唤起危机意识,运用不同的方法所产生的效果不尽相同。有实证研究结果说明,情感诉求对受众的捐赠意向具有显著影响。运用同一种方法所产生的效果也不尽相同,如反酒驾广告多是运用恐惧诉求发出警示,受众面对这些广告时的内心感受不同,紧张感、恐惧感有着明显差异,其中原因既有恐惧诉求强度的差异,也有受众个性、心理原因。每个人的性格、经历、文化程度等不同,感情和理性支配行动的程度有所差异,有的易被感情、气氛打动,有的善于理性思辨,所以面对同一广告会有不同的反应。

3. 创意

精彩创意能够让公益广告具有视觉冲击力和心理冲击力,能够更准确、清晰、生动地诠释作品的意义,突出广告的诉求点,使受众一见动心,瞬间理解,记忆深刻,提升广告的认知度、认同度和回忆度。精彩创意还能够让受众自发分享公益广告,让公益广告在分享的多次传播过程中扩大影响。反之,没有创意的广告因受众视而不见、听而不闻而难以发挥作用。

图 10-2　国外保护儿童公益广告

4. 媒体发布

媒体类别、媒体的传播力和影响力等都影响传播效果。报纸、杂志、广播、电视、电影和新媒体中的网络、手机等媒体,以及各种户外媒体,各有特性和功能,各具优点和缺点,无论是长处还是短板都会对传播效果产生一定影响。受众的媒体偏好、选择性接触也会影响广告的到达率。媒体的传播力、影响力对传播效果的影响更为直接,传播能力强、影响力大的优质媒体能够聚集更多的受众,获得更多的信任,产生更好的传播效果。如中央电视台播放公益广告的效果显著好于地方电视台,除了广告创意制作优良这一原因,就是国家电视台具有强大的传播力、影响力,能够让数亿观众看到这些优秀公益广告。如果运用媒体组合策略,不同类别的媒体整合传播,发挥各个媒体的优势,不仅可以利用"集团军"的优势实现宽广覆盖、精准传播,而且可以通过传统媒体与新媒体的联动实现双向互动传播,增强公益广告传播的有效性。

公益广告投放的时间、版位、次数等也是影响广告效果的因素。电视黄金时段、报刊重要版面的受众关注度高,能够为公益广告带来较为理想的认知度,而重复发布会给受众留下较深的印象。但在广告效果研究中,有一种观点认为广告传播也有边际效应,即广告投放超过一定范围的绝对量,随着广告发布次数的增加,广告对受众的冲击会逐渐减小,广告效果会降低。如果广告发布数量还在继续增长,甚至会产生负面效应。这种边际效应递减现象被称为广告效果的有限性。边际效应理论是经济学领域的公理,揭示了边际效应递减这一规律,这一规律适用于很多领域,但是广告投放是否也有边际效应需要科学验证和实践检验。目前,我国公益广告效果评估尚未被视为一项必要工作,公益广告效果研究也比较薄弱,还没有相关成果证实公益广告效果的边际效应。但是这一理论可以提示我们避免"投放越多效果越好"的惯性思维和单纯以数量、强度评价效果的评估方式,重视影响公益广告效果的诸多变量,从多个方面入手提升广告传播效果,实现公益广告传播边际效应的最大化,不要简单地追求公益广告传播的轰轰烈烈,也不要只求创造舆论氛围,而要注重如何让公益广告入脑入心,使之内化于心,外践于行,促进公众观念和行动的改变,促成公益广告传播目标的实现。

5. 传播对象

公益广告的传播对象既有不分年龄、性别、职业、阶层、文化程度的"广大人民群众",也有某个群体,前者人数多、规模大,后者是具有某一共同特点的群体。如宣传社会主义核心价值观的公益广告以广大人民群众为传播对象,戒烟广告则主要以吸烟者和被动吸烟者为传播对象。受众个体的群体属性不同,文化背景、知识结构、生活阅历、价值取向、对事物的看法和观点、行为习惯等或基本相同,或存在一定差异,这些都会对公益广告的信息接受产生直接或间接影响,因而对公益广告的反应既可能基本一致,又可能有所不同。如宣传社会主义核心价值观的广告得到普遍的认同,而戒烟广告虽然得到广大群众的一致支持,却难以得到所有吸烟者的积极响应,有些吸烟者对广告的警示、建议不以为然,甚至反感、抵触。对烟草的嗜好、对吸烟危害的轻视、对吸烟行为的文化解读,以及对广告诉求的反感等个性因素,使这些吸烟者忽视或是抵触戒烟广告。也有些吸烟者比较愿意接受诉诸理性的公益广告,排斥用疾病、死亡进行威胁的"恐惧诉求"。这也说明,公益目的并不能让受众都心悦诚服地接受公益广告的劝服,公益广告受众的个性特征不仅会影响他们的选择性接触,还会影响他们的态度和行为。

卷入度反映了受众的信息处理程度,卷入度影响效果已经得到科学和实践证明。对于公益广告,卷入度高低意味着受众对广告的重视程度、思考程度的高低。高卷入度意味着受众被广告引入一定的情景中,甚至将自己的体验、感受融入其中,比较认真地看待广告提出的问题、观点、建议主张,比较深刻地理解广告的公益意义,从而对广告呼吁做出积极的反应。反之,低卷入度难以带起积极的态度和行为。卷入度也受多种因素影响,其中个人的知识、经验、经历和需求,社会焦点问题和热点话题,传播方法和技巧等都会影响卷入水平。

6. 社会环境

全社会的共同利益需求,突出的社会问题、社会矛盾及其广泛影响,公众舆论和媒体舆论同构的舆论氛围,政府宣传、社会团体动员形成的强大呼声以及社会文化潮流等,也是不可忽视的影响因素。公益广告内容与这些环境条件的互动性、重合度影响公益广告的效果,与效果呈正相关关系。因此,确定公益广告选题、主题总要先进行社会调查,关心公共利益,关注社会问题,表达公众诉求,开展社会动员,让公益广告传播与时代同律动,与社会共行动,与公众同声相应同气相求,在与时代、社会和公众的互动中发挥作用。

以上是影响公益广告效果的部分因素,公益广告效果往往是多种因素共同发力的结果。在具体的公益广告传播活动中,或许某一因素发挥主要或重要的影响作用,但若没有诸多因素的协同作用,恐怕也难以达到预期目标,取得良好效果。因此,要重视影响效果的每个因素,力求传播过程的每一阶段、每一因素都能发挥积极作用,争取实现效果的最大化。

三、公益广告效果的评估方法

虽然总体上可以肯定公益广告的有效性,但是进行个案分析会发现,公益广告传播的结果并不相同。有些只是影响受众的认知,有些会促进受众态度和行为改变,产生综合性影响;有些公益广告达到或超过预期目的,有些未取得明显成效;有些能够立竿见影地引起反响,有些则需要长期不断宣传方能显现效果;有些不仅为某些公益项目赢得支持,对某些群体、某些人产生积极影响,还对社会意识形态、社会精神文明建设产生积极影响。如果从效果的形态和发生时间看,既有显性效果,也有隐性的潜移默化的影响;既有物化效果,也有意识形态效果;既有直接性、即时性效果,也有间接性、滞后性、累积性效果;既有可量化评估的效果,但有时完全依赖量化方法也无法准确、全面地衡量效果。

效果的多样性、复杂性决定了效果评估的复杂性,对公益广告效果进行评估,保证评估的科学性、准确性,需要运用社会科学方法进行测量,不能依靠主观推测和判断。有些公益广告效果是比较直观的显性效果,如募捐广告发布后募集的钱物数额、招募广告发布后应招而来的志愿者人数等,似乎根据这些成果就可以对募捐广告效果做出基本评价。但是实际上这只是募捐广告一个主要的易见的效果,除此还有募捐广告对受众情感、价值观的影响,对社会慈善文化的影响等。所以,进行公益广告效果评估不能简单地从结果看效果,公益广告对受众认知、态度、行为的多层次影响,对受众个体、群体的影响以及对社会文化的影响,显性效果与隐性效果、即时效果与长期效果的交织并行等,都决定了公益广告效果评估是一项复杂程度较大的工作,应建立多项测量指标和科学的评估体系。况且效果评估不仅仅是结果评估,还要考察传播主体、广告内容、媒体、受众等因素对效果的影响和制约,探求激发公益广告效力的主要变量及变量之间的关系,为以后的公益广告传播提供经验或借鉴。迄今公益广告效果评估的指标和体系尚未确立,效果评估中的主观推论多于科学评判。学界的效果研究也多是定性研究、个案研究,多是对单一因素的影响作用进行测量。随着公益广告传播效果重视程度的提升,效果评估指标和体系逐渐确立,评估方法多样化、科学化,评估对公益广告传播的总结和促进意义会更加突出。

目前,公益广告效果评估方法主要有调查法、实验法。

1. 调查法

公益广告活动组织者、参与方、相关研究机构自行或者委托某一调查机构,运用一定的调查方法和手段开展调查,然后对获取的数据、资料进行统计分析,掌握公益广告的到达率及其对受众认知、态度、行为产生的影响,分析主题、诉求方式、媒体、受众等变量对广告效果的贡献,最后将调查分析结果写成调查报告。调查者要根据调查项目进行调查设计,制定调查方案,选择调查方法,搜集数据、资料并对数据、资料进行审核清理,保证数据资料的有效性和可信性,在此基础上进行统计分析,得出结果、结论。

常用的调查方法有问卷法、文献法、访问法、观察法、焦点小组等。

问卷调查是目前使用较多的一种调查方法。"中华好风尚"公益广告月活动之后,《国际广告》杂志社、国际广告研究所发放调查问卷对这次公益广告活动进行效果调查,发布调查结果《对"中华好风尚"主题电视公益广告的调查》。这份报告显示,南方两市被调查者中的 8%、北方三市被调查者中的 31.8% 能够写出印象深刻的公益广告名称和广告语,南北五城市分别有 35.56% 和 42.05% 的被调查者能够写出所看到的电视公益广告的主题。但也有 3% 的被调查者对公益广告表现了消极态度。调查者分析了认为"没有必要"的问卷,发现持此观点者都是成年人,都是受教育程度较高的在职人员,他们认为"没有必要"的原因是看到一些公益广告徒有其表,难以动情或给人隔靴搔痒之感。① 这些数字可以说明电视公益广告的认知度、好感度,既肯定了公益广告月期间中央电视台播出的一些公益广告给受众留下比较深刻的印象,也反映了主题诉求、创意制作等方面存在的问题,提示那些空洞单调、不痛不痒的公益广告难以收到良好的效果。通过这样的调查不仅可以掌握公益广告传播的实际效果,还可以总结经验、发现问题,为以后的公益广告传播提供前车之鉴。因此,后来政府相关主管部门和中央电视台在开展"再就业"主题公益广告活动时,要求多出精品,希望能够生产一批震撼人心、影响力巨大的作品,并为此向社会征集广告创意。中央电视台是我国最具影响力的媒体之一,是公益广告传播的重要平台,多年来创作和发布的公益广告在受众中有很大影响。2013年中央电视台发布《中央电视台公益广告传播效果调查问卷》,以进一步提升中国电视公益广告的创作水平和影响力。

公益广告效果调查既有线下调查,也有线上调查。进入新媒体时代,社会调查实现了网络化、智能化,调查者经常借助网络进行问卷调查,运用某些软件进行统计分析,某些互联网机构也提供专项调查服务。线上调查具有突破时空限制、快捷高效等优点,也有难以掌握调查对象真实信息、样本代表性不足、无法确保问卷回收等问题。无论是在线上还是线下开展调查,最重要的都是调查方案和问卷设计、样本规模、数据采集和清理、测量的信度和效度,以及调查过程中的管理和质量监控等,这些因素、步骤都会影响调查结果。

2. 实验法

实验法是用实验方式测试效果的方法,通过在实验中获得的数据进行效果评估,分析自变量与因变量的因果关系,确定制约、影响效果的主要因素及其影响程度。这种方法将实验求证运用到传播效果评估和研究中,因对实验对象、实验环境、实验条件等具有一定的可控性,因而也被称为控制实验法。"传播学中的控制实验,主要用于测试特定的信息刺激或环境条件与人的特定心理或行为反应类型之间的因果关系。"②

根据实验所用的测试方式和工具,实验法分为对比实验法和认知神经科学的实验法。广告心理学研究较早引进这两种方法,公益广告效果测评和研究也经常运用这两种方法。

---

① 国际广告杂志社、国际广告研究所:《对"中华好风尚"公益广告月电视公益广告的调查》,载《国际广告》1996年第11期。
② 郭庆光:《传播学教程》,中国人民大学出版社2011年版,第272页。

(1) 对比实验法

对比实验法也被称为古典实验法,是一种常用的实验法,主要用问卷作答方式进行对比实验,在将被测试者置于特定的实验控制环境之后,向他们提供测试材料,通过他们填写的问卷获得反应数据,观测认知、态度、行为意向等指标的变化,考察引发变化的影响因素,在此基础上做出判断、评价。实验的步骤通常是陈述问题、确定测试内容和测试指标、提出假设、建立实验组和控制组(有的只有实验组)、实施测试、实验组和控制组填写问卷回答问题、进行数据整理和分析、提出结果和结论。实验的信度和效度是检验实验是否成功的主要指标,信度是实验结论的可靠性和重复实验前后一致性的程度,效度是是否有效、达到实验目的的程度。陈瑞等关于反酒驾广告的说服效果研究运用这一实验方法,这一说服效果研究项目为获得不同主题说服力的相关数据,根据6个主题建立了1个控制组和6个广告主题实验组,招募的232名被测试者被随机分入7个组中,以组别为固定因子,拒绝酒驾为因变量,控制年龄和性别变量,检验反酒驾广告的说服效果以及6个主题说服效果的差异。方差分析数据结果显示:六个反酒驾主题均显著增强了受众的拒绝酒驾意向,任意一个组的意向都显著高于控制组。从6个主题实验组得到的数据显示:三组伤害主题和三组约束效能主题的说服效果对比没有显著差异,但是不同的约束效能主题在不同情况下说服效果有所不同。[①]这种对比实验既检验了反酒驾公益广告的总体效果,也证实了约束主题广告可以有效削弱受众的酒驾意向,为反酒驾广告如何选择主题框架,如何针对不同情景、不同受众进行有效劝说提供了参照。

这一实验法既有实验组与控制组的对比试验,也有单一实验组的事后测试的对比实验。

(2) 认知神经科学实验法

认知神经科学研究人脑的信息处理,探测人类认知活动的脑机制。认知神经科学方法属于心理学的一种研究方法,已经被人文社科多个学科采用。传播学运用认知神经科学方法进行传播效果研究,主要是借助认知神经科学的研究方式和手段,通过观测被测试者的信息处理动态,捕捉他们接收信息后的生理、心理反应数据,考察人类信息处理过程中的注意、情感、态度等反应活动,探寻制约、影响传播效果的因素和机制,不仅使传播效果测试和评价能够客观、科学、精确,具有较高的信度,而且为提高媒体传播效果如电视节目效果、广告效果提供

---

① 陈瑞、李小玲、林升栋:《反酒后驾车广告的说服效果:规避伤害与克制冲动》,载《国际新闻界》2016年第3期。

参考。广告界不仅运用认知神经科学方法研究广告效果,而且运用眼动和脑电技术进行投放前的广告效果测试。公益广告效果研究、测评运用认知神经科学方法,目前主要是通过眼动、脑电实验获取数据,掌握信息处理过程中的生理心理反应,测量公益广告在认知神经层面的效果。

眼动实验利用眼动仪追踪视线活动,测量眼睛注视点的位置,记录眼动轨迹特征,通过眼动研究掌握受众的视觉信息加工情况,根据眼动数据发现受众的选择倾向和关注程度,找出眼动数据和受众关注度、好感度等效果指标的相关性,探究某些自变量与因变量的关系。

脑电实验是通过记录、采集脑电波变化,观测被测试者的信息接收、处理活动,了解受众的认知反应和卷入程度,知道哪些因素能激发受众认知和情感。

眼动、脑电主要用于广告投放前的测试,对于优化公益广告、提高公益广告传播效果具有重要意义。目前我国已开始用眼动实验来研究和测试公益广告传播效果,如通过眼动实验探测主题、诉求对公益广告效果的影响,测试名人和普通人代言公益广告的认知反应。如果在公益广告投放前运用眼动和脑电实验进行效果测试,那么可以及时"提取"受众的心理活动信息,捕捉受众的反馈信号,对公益广告效果进行预判,明确如何保证和提升公益广告传播效果。

对公益广告效果的测试和评估,可以在广告发布之前,也可以在传播过程或传播结束后,所谓事前测定、事中测定和事后测定。

[案例]

案例 1:卫生部控烟公益广告评估结果:全国九成非烟民渴望无烟环境

2012 年 3 月,受卫生部委托,中国健康教育中心在中央电视台和全国 10 家卫星电视播出名为《二手烟——无形杀手》的公益广告,为期一个月。这一公益广告播出效果的评估报告显示,超九成的烟民和非烟民表示看到广告后,更有可能采取措施避免暴露于二手烟中,且近七成的烟民认为室内无烟法律可以促成其戒烟。

活动评估工作由独立的第三方市场研究公司在主办方的指导及监督下组织完成。调查结果显示,被调查人群对广告片播出的回忆率达到 24%。广告成功地传递了有关二手烟危害的信息,并对吸烟者、非吸烟者及曾经的吸烟者都产生了积极的影响。在被调查人群中,吸烟者中有 96% 的人担心吸烟对孩子的影响,80% 以上意识到无烟环境对大众健康的益处,并有 69% 表示会支持政府关于"吸烟有害健康"的宣传活动;94%的曾经吸烟者愿意继续保持戒烟状态;非吸烟者中的91%认为待在室内的人有权呼吸无烟的清洁空气,94%表示广告使他们更有可能保护自身免受二手烟危害,90%以上认为控烟法律将有益于大众健康。同时,91%的吸烟者及96%的非吸烟者在看过广告后更有可能采取措施避免孩子暴露于二手烟雾中;83%的非吸烟者和64%的吸烟者都认为室内无烟法律会帮助吸烟者戒烟。

国际上已有的研究数据表明,全国性的大众传播活动可以作为一个有效和独立的手段帮助实现烟草控制的目标。大众传媒在倡导社会规范的过程中发挥了重要作用。电视在城市成年人群中拥有广泛的覆盖面和较高的到达率,在集中传播控制相关信息时被证明是非常有效的传播载体。《二手烟——无形的杀手》广告片在中央电视台、中国教育电视台、北京电视台等11家媒介播出,这是我国探索利用大众传媒宣传烟草控制的一次尝试,覆盖范围之广、统一播出时间之长,在我国均为首次。

《二手烟——无形杀手》公益广告的调研评估采用定量研究方法,随机抽取10个城市共2000个主样本、1000个追加样本进行入户访问。所选城市均列于2010年全球成人烟草调查(GATs)中国的城市清单中。抽样的主要依据是这些城市的个人消费力指数(CCP index,基于各地经济发展水平以及人口规模计算而成),此外还考虑广告播出电视台的覆盖范围等。在每个城市,都覆盖了市中区以及城郊结合部两种地区,被访者年龄为15岁至55岁、在当地居住时间超过2年的居民。他们过去半年未接受过类似访问,本人或直系亲属不在市场研究公司、烟草公司工作,是吸烟者,或曾经吸烟但现在已经戒烟,或从不吸烟。①

案例2:情感诉求对交通安全广告效果的影响

采用GNAT和眼动技术,探究唤醒程度不同的积极与消极情感诉求的交通安全广告对受众态度改变和注意力的影响,检验哪种唤醒度的广告能够更好地吸引被试的注意力,哪种类型的公益广告能够更有效地改变受众的内隐态度。

1. 试验方法

1.1 被试

随机抽取共132名北京师范大学本科生和研究生(男45人,女87人,组间无显著差异),年龄在17~26岁之间,平均年龄20.99岁,"简记"为M=20.99

---

① 《卫生部控烟公益广告评估结果出炉》,中国健康教育网,http://www.nihe.org.cn/news.php?id=41612http://www.nihe.org.cn/news.php?id=41612。

岁,标准差 2.26 岁,"简记"为 SD＝2.26 岁(记法下同),视力或矫正视力正常。将这些人分成 5 个组:① 高唤醒度积极组:28 人(男 7 人,女 21 人);② 低唤醒度积极组:28 人(男 11 人,女 17 人);③ 高唤醒度消极组:25 人(男 10 人,女 15 人);④ 低唤醒度消极组:24 人(男 9 人,女 15 人);⑤ 控制组 27 人(男 8 人,女 19 人)。

1.2 试验材料

1.2.1 广告材料

所用的交通安全题材公益广告均从网络中获得,经筛选和统一处理后,最终得到 100 张广告。另外招募 33 名大学生对 100 张广告从材料熟悉度、愉悦度、唤醒度这 3 个维度,根据 9 点评价量进行测定,评定程序参考刘潇南等所用方法。从 100 张广告中选出 4 类情感诉求广告各 12 张。高积极的情感诉求(效价:$M=5.71, SD=77$;唤醒度:$M=5.79, SD=0.46$);低积极度的情感诉求(效价:$M=5.24, SD=0.57$;唤醒度:$M=5.39, SD=0.47$)。

1.2.2 GNAT

为确定 GNAT 的目标词(错误驾驶行为、正确驾驶行为)和属性词(积极词、消极词),通过检索国内外文献、《机动车驾驶证申领和使用规定》以及主流媒体,共搜集错误行为 53 条,正确行为 22 条,消极词 54 条,积极词 54 条。33 名被试用 5 点量表对词语的典型程度进行打分,在平衡每个词语的得分和净选择率后,得到错误行为、正确行为、消极词、积极词各 10 条。

1.3 仪器

试验用眼动仪为 SMI High-Speed 型眼动仪(采样率 350 Hz),并用仪器自带的 Experiment Center、I-View、BeGaze 分别进行广告呈现的编程、记录和眼动数据的初步分析。

GNAT 用 Inquisite 3.0 编制

1.4 试验设计

试验采用试验组与控制组对照的前后测设计,包括 4 个试验组和一个控制组。试验组采用 2(情感诉求的效价:积极、消极)×2(情感诉求的唤醒度:高、低),2 因素被试间设计构成了 4 种试验处理水平:①高积极的情感诉求;②低积极的情感诉求;③高消极的情感诉求;④低消极的情感诉求。试验的因变量为对驾驶行为的内隐态度和眼动指标(首次注视时间、总注视时间、总注视点个数)。

在被试阅读过知情同意书后,就正式开始试验。试验的基本流程如下:试验组,第一步进行安全驾驶行为和威胁驾驶行为的内隐态度的前测,第二步进行试验处理(广告干预),并记录眼动,第三步进行安全驾驶行为和威胁驾驶行为的内隐态度的后测;控制组,用风景图片替代了广告干预,并取消眼动记录,其他步骤和指导语与试验组完全相同。

1.5 试验程序(略)

1.6 数据处理(略)

2. 结果(略)

2.1 IAT 结果(略)

2.2 眼动数据的结果(略)

3. 讨论(略)

4. 结论

(1)与低唤醒的道路交通安全广告相比,高唤醒的道路交通安全广告更能吸引个体的注意。

(2)个体对驾驶行为的内隐态度可以改变,高唤醒消极情感诉求广告会降低个体对正确驾驶行为积极的内隐态度。

(3)避免选择唤醒度过低的广告,或只有消极高唤醒而没有适当建议的广告,可以尝试多投放具有积极情感诉求的广告。

(4)在未来的研究中可以增加延时后测,以确定广告对驾驶行为的长期影响。①

案例3:"你丑你横穿":一则标语的"文明"实验

一则"你丑你横穿"的标语,近日登上了新浪微博的热搜榜,一天时间内,拥有了近1600万的阅读量和七千多条讨论。

这是厦门大学学生完成的一组实验。他们在厦门大学白城校门口,贴上"你丑你横穿"的交通警示标语。除此之外,还有两个标语同时挂出,"请走人行天桥""走天桥比横穿平均只多花9.4秒"。实验结果显示,"你丑你横穿"的标语效果最显著,行人横穿率直降三成。

该实验小组成员、厦大新闻传播学院广告系2013级研究生高诗勍告诉记者,这场实验的主题,是检验"公益广告语的言语力量"在改变不文明行为中的作用。

今年2月28日,"全国文明城市"称号第四次被厦门揽入怀中。该课题任务的布置者、厦门大学新闻传播学院副院长林升栋说,希望从学科角度为厦门的文

---

① 万薇洁、张雅迪、李博闻、马子奇:《情感诉求对交通安全广告效果的影响》,载《中国安全科学学报》2015年第2期。因篇幅所限,未引用全文。

明建设做点贡献,引导市民向不文明行为说"不"。

相比传统标语,"你丑你横穿"创意十足,迅速在网络上蹿红。网友们纷纷仿效,自创"你胖你闯灯""你蠢你别车""我帅我看灯""我美我让座"等标语。微博号"创业家杂志"发表微博称,"生活中还可以用'你＿＿＿＿你＿＿＿＿'来规范我们的言语和行动"。

不过,这样的标语并不为所有人认同,网友张轩格认为,该标语有侮辱性;网友小贾 Dick 认为,该标语带有语言暴力。"有人身攻击之嫌。"中国人民大学社会学博士苏女士说,不过她承认,"恐怖和威胁暴力等宣传策略永远效果显著"。

针对网络上的"交通警示标语'简单粗暴'更有效"这一说法,林升栋于 16 日发表声明:不鼓励人们以暴制暴,用不文明的方法来制止不文明的行为。他认为,"你丑你横穿"就像"随地吐痰是不文明行为"之类的标语,谈不上粗暴。

随着话题的升温,实验小组的成员也做了更多的思考。成员熊烨告诉记者,年轻人比较关注流行语,该标语成为热门话题是意料之外,也是情理之中。

"'你丑你横穿'这个标语是针对目前网络流行语设计的,涉及的变量比较复杂,不可能很精准地控制,只是一种额外的探讨和补充。"他说,这次实验只是给标语设计者一些新的构思,能否推广还要具体分析,因地而异。

公益广告已成为现代传播体系中的重要传播形式,尤其在社会文明建设方面,发挥的作用日益明显。目前的中国,随地吐痰、乱扔垃圾、插队、闯红灯等不文明现象依然可见,一个有力的标语可以起到一定程度的劝阻作用。

林升栋教授认为,好的公益广告要跳出口号式的"请"或命令式的"勿",要能改变人们观念和行为,"中国的标语设计任重道远"。[①]

案例 4:韩国放送公社的公益广告效果调查

为了评估公益广告的效果,KOBACO 委托专业公司在全国进行问卷调查,该调查不是在一个主题的公益广告活动结束后马上进行,而是在两三个主题结束后一起进行效果评估。该效果评估的调查对象是全国 5 大城市(首尔、大邱、釜山、大田、光州)的居民——15—59 周岁的男女 1500 名。KOBACO 的公益广告效果评估主要评估公众对公益广告的认知度、喜好度、态度变化效果、主题适度性以及有关媒体的评价。

KOBACO 的公益广告效果评估调查问卷主要有甄别问卷、一般公益广告相

[①] 《你丑你横穿》:一则标语的"文明"实验,新华网, http://news.xinhuanet.com/local/2015-06/16/c_1115638219.htm。

关的问卷、特定公益广告效果评估问卷、对于KOBACO制作的公益广告整体评价问卷、媒体活用实态、受访者的特征,一共五个部分。一、甄别问卷是为了保证接受调查受访者确实是所调查的目标对象而设计的一组问题。二、一般公益广告相关的问卷包括受访者平时接触公益广告的频率、公益广告协议会的广告歌曲、对公益广告的重要性评价等问题。三、特定公益广告活动的效果问卷是主要测试某个特定公益广告活动的效果。四、对于KOBACO制作的公益广告整体评价是主要测试对KOBACO制作的公益广告与有关机构、企业等制作的公益广告和商业广告的差异,以及KOBACO制作的公益广告的改善点。五、媒体活用实态部分主要包括:最近三个月看到公益广告的媒体有哪些;看到公益广告后,对态度变化影响最大的媒体是什么;对于各媒体评价如何;希望在什么媒体多看到公益广告;具有说服力的媒体是什么;一天看多少电视、听多少广播等内容。

KOBACO的公益广告评估是在公益广告活动结束后进行,因此效果评估结果出来以后,由其结果导出对公益广告制作方面的启示。[①]

思考与练习

1. 为什么要认真做好公益广告效果评估? 目前我国公益广告效果评估工作比较薄弱的原因是什么?
2. 掌握公益广告效果的三个层次,分析它们之间的关联性。
3. 上网查看、统计网络跟帖,分析中央电视台春节系列公益广告产生了什么效果?
4. 了解影响公益广告效果的因素,通过公益广告效果调查和分析,看看哪些是影响效果的主要因素。
5. 了解公益广告效果调查方法,掌握调查法和实验法的特点。
6. 如果有条件,请用眼动和脑电方法进行公益广告效果调查。

---

① 金撂美:《韩国公益广告运作机制的现状及其借鉴——以韩国KOBACO为例》,载《广告大观(理论版)》2013年第2期。

附录

公益广告促进和管理暂行办法

(国家工商行政管理总局　国家互联网信息办公室　工业和信息化部　住房和城乡建设部　交通运输部　国家新闻出版广电总局令　第84号)

第一条　为促进公益广告事业发展，规范公益广告管理，发挥公益广告在社会主义经济建设、政治建设、文化建设、社会建设、生态文明建设中的积极作用，根据《中华人民共和国广告法》和有关规定，制定本办法。

第二条　本办法所称公益广告，是指传播社会主义核心价值观，倡导良好道德风尚，促进公民文明素质和社会文明程度提高，维护国家和社会公共利益的非营利性广告。

政务信息、服务信息等各类公共信息以及专题宣传片等不属于本办法所称的公益广告。

第三条　国家鼓励、支持开展公益广告活动，鼓励、支持、引导单位和个人以提供资金、技术、劳动力、智力成果、媒介资源等方式参与公益广告宣传。

各类广告发布媒介均有义务刊播公益广告。

第四条　公益广告活动在中央和各级精神文明建设指导委员会指导协调下开展。

工商行政管理部门履行广告监管和指导广告业发展职责，负责公益广告工作的规划和有关管理工作。

新闻出版广电部门负责新闻出版和广播电视媒体公益广告制作、刊播活动的指导和管理。

通信主管部门负责电信业务经营者公益广告制作、刊播活动的指导和管理。

网信部门负责互联网企业公益广告制作、刊播活动的指导和管理。

铁路、公路、水路、民航等交通运输管理部门负责公共交通运载工具及相关场站公益广告刊播活动的指导和管理。

住房城乡建设部门负责城市户外广告设施设置、建筑工地围挡、风景名胜区公益广告刊播活动的指导和管理。

精神文明建设指导委员会其他成员单位应当积极做好公益广告有关工作，涉及本部门职责的，应当予以支持，并做好相关管理工作。

第五条 公益广告应当保证质量，内容符合下列规定：

（一）价值导向正确，符合国家法律法规和社会主义道德规范要求；

（二）体现国家和社会公共利益；

（三）语言文字使用规范；

（四）艺术表现形式得当，文化品位良好。

第六条 公益广告内容应当与商业广告内容相区别，商业广告中涉及社会责任内容的，不属于公益广告。

第七条 企业出资设计、制作、发布或者冠名的公益广告，可以标注企业名称和商标标识，但应当符合以下要求：

（一）不得标注商品或者服务的名称以及其他与宣传、推销商品或者服务有关的内容，包括单位地址、网址、电话号码、其他联系方式等；

（二）平面作品标注企业名称和商标标识的面积不得超过广告面积的1/5；

（三）音频、视频作品显示企业名称和商标标识的时间不得超过5秒或者总时长的1/5，使用标版形式标注企业名称和商标标识的时间不得超过3秒或者总时长的1/5；

（四）公益广告画面中出现的企业名称或者商标标识不得使社会公众在视觉程度上降低对公益广告内容的感受和认知；

（五）不得以公益广告名义变相设计、制作、发布商业广告。

违反前款规定的，视为商业广告。

第八条 公益广告稿源包括公益广告通稿、公益广告作品库稿件以及自行设计制作稿件。

各类广告发布媒介均有义务刊播精神文明建设指导委员会审定的公益广告通稿作品。

公益广告主管部门建立公益广告作品库，稿件供社会无偿选择使用。

单位和个人自行设计制作发布公益广告，公益广告主管部门应当无偿提供指导服务。

第九条 广播电台、电视台按照新闻出版广电部门规定的条（次），在每套节目每日播出公益广告。其中，广播电台在6:00至8:00之间、11:00至13:00之间，电视台在19:00至21:00之间，播出数量不得少于主管部门规定的条（次）。

中央主要报纸平均每日出版16版（含）以上的，平均每月刊登公益广告总量不少于8个整版；平均每日出版少于16版多于8版的，平均每月刊登公益广告总量不少于6个整版；平均每日出版8版（含）以下的，平均每月刊登公益广告总量不少于4个整版。省（自治区、直辖市）和省会、副省级城市党报平均每日出版12版（含）以上的，平均每月刊登公益广告总量不少于6个整版；平均每日出版12版（不含）以下的，平均每月刊登公益广告总量不少于4个整版。其他各级党报、晚报、都市报和行业报，平均每月刊登公益广告总量不少于2个整版。

中央主要时政类期刊以及各省（自治区、直辖市）和省会、副省级城市时政类期刊平均每期至少刊登公益广告1个页面；其他大众生活、文摘类期刊，平均每两期至少刊登公益广告1个页面。

政府网站、新闻网站、经营性网站等应当每天在网站、客户端以及核心产品的显著位置宣传展示公益广告。其中，刊播时间应当在6：00至24：00之间，数量不少于主管部门规定的条（次）。电信业务经营者要运用手机媒体及相关经营业务经常性刊播公益广告。

第十条　有关部门和单位应当运用各类社会媒介刊播公益广告。

机场、车站、码头、影剧院、商场、宾馆、商业街区、城市社区、广场、公园、风景名胜区等公共场所的广告设施或者其他适当位置，公交车、地铁、长途客车、火车、飞机等公共交通工具的广告刊播介质或者其他适当位置，适当地段的建筑工地围挡、景观灯杆等构筑物，均有义务刊播公益广告通稿作品或者经主管部门审定的其他公益广告。此类场所公益广告的设置发布应当整齐、安全、与环境相协调，美化周边环境。

工商行政管理、住房城乡建设等部门鼓励、支持有关单位和个人在商品包装或者装潢、企业名称、商标标识、建筑设计、家具设计、服装设计等日常生活事物中，合理融入社会主流价值，传播中华文化，弘扬中国精神。

第十一条　国家支持和鼓励在生产、生活领域增加公益广告设施和发布渠道，扩大社会影响。

住房城乡建设部门编制户外广告设施设置规划，应当规划一定比例公益广告空间设施。发布广告设施招标计划时，应当将发布一定数量公益广告作为前提条件。

第十二条　公益广告主管部门应当制定并公布年度公益广告活动规划。

公益广告发布者应当于每季度第一个月5日前，将上一季度发布公益广告的情况报当地工商行政管理部门备案。广播、电视、报纸、期刊以及电信业务经营者、互联网企业等还应当将发布公益广告的情况分别报当地新闻出版广电、通信主管部门、网信部门备案。

工商行政管理部门对广告媒介单位发布公益广告情况进行监测和检查,定期公布公益广告发布情况。

第十三条 发布公益广告情况纳入文明城市、文明单位、文明网站创建工作测评。

广告行业组织应当将会员单位发布公益广告情况纳入行业自律考评。

第十四条 公益广告设计制作者依法享有公益广告著作权,任何单位和个人应依法使用公益广告作品,未经著作权人同意,不得擅自使用或者更改使用。

第十五条 公益广告活动违反本办法规定,有关法律、法规、规章有规定的,由有关部门依法予以处罚;有关法律、法规、规章没有规定的,由有关部门予以批评、劝诫,责令改正。

第十六条 本办法自 2016 年 3 月 1 日起施行。

后　记

公益广告是一种被广泛运用的社会宣传工具、一种公共传播形式,近年来我国高度重视公益广告的作用,利用公益广告宣传促进社会精神文明建设,并通过实施《公益广告促进和管理暂行办法》,推动公益广告事业健康发展。公益广告传播研究和教育应与公益广告传播实践活动同步前行,及时总结公益广告传播实践的新鲜经验,为公益广告传播实践提供知识和理论支持,引导学生们关注公益广告,关心公益广告事业,掌握相关专业知识和基本专业能力,让富有进取精神、创造精神的青年学子成为推动公益广告事业发展的有生力量。

中外公益广告传播实践,特别是当下我国红红火火的公益广告宣传活动,为公益广告研究和教材撰写提供了鲜活的素材,很多优秀作品为公益广告传播实践积累了宝贵经验,成为公益广告创作的范本和公益广告研究的案例。这些优秀作品及其创作故事通过各种渠道传播,在各个传媒平台展示,在推介和分享过程中不仅进一步扩大了它们的影响,而且丰富了受众的知识,加深了受众对公益广告价值、作用、创作的认识。当它们进入教材,就成为教师教学和学生学习共同利用的知识性和经验性资源。从事广告教学和研究的学者则通过科研生产,推进公益广告传播的理论建设。基于公益广告传播实践及众多优秀作品,借鉴一些公益广告研究的成果,本教材初步建构了关于公益广告传播的知识体系,并为学生学习编写了具有参考价值和示范意义的优秀案例。

因此,首先真诚感谢广告公司、媒介机构及其创作人员的推介和分享,感谢学者的科研成果分享!还要真诚感谢北京大学出版社的信任,感谢编辑周丽锦女士的指导和帮助!如果说是教师的责任使我愿意为公益广告理论建设和教材建设做一些工作,那么北京大学出版社和周丽锦女士的信任和帮助让我必须努力而认真地做好这些工作。

在研究、写作过程中,那个给妈妈洗脚的小男孩、那位为了让女儿安心工作而"撒谎"的父亲、那位忘记儿子模样却没忘记儿子爱吃饺子的失智老人、那对给女儿带回新衣的打工夫妻、那些吃上营养餐的山区孩子、那个穿着红色衣服的"梦娃",还有被污染的空气、被杀死的野生动物……总是浮现于面前,经常进入字里行间。公益广告让我们的国家、民族更加文明,让我们的生活更加晴朗温暖,也让我认识到撰写这部教材的意义。但我知道,一个人的能力有限,我独自撰写的这部教材会有一些缺欠,所以工作并未真正结束,今后还应继续深入研究公益广告传播。我希望有更多的广告学界同仁关注和研究公益广告,为公益广告传播的理论建设和教材建设、为公益广告事业贡献自己的才智。

宋玉书

2017 年 3 月